THINK DEEP

在 深 圳 思 想

THINK DEEP

21 世纪海上丝绸之路丛书

学术顾问（按姓氏笔画排序）

丁学良　王赓武　陈志武　林载爵

项目主持

魏甫华　许　蔓

项目统筹

韩海彬

深圳市宣传文化事业发展专项基金资助项目

陈国栋 著

东亚海域一千年

深圳出版社

版权登记号　图字：19-2019-119号
東亞海域一千年／陳國棟 著
＊本書由財團法人曹永和文教基金會策劃、臺北遠流出版公司授權出版，限在中國大陸地區發行

图书在版编目（CIP）数据

东亚海域一千年 ／ 陈国栋著. -- 深圳 ：深圳出版社，2025. 3. --（21世纪海上丝绸之路丛书）. -- ISBN 978-7-5507-4214-7

Ⅰ. F753.109

中国国家版本馆CIP数据核字第2024QC1518号

审图号：GS(2022)3007号

东亚海域一千年
DONGYA HAIYU YIQIANNIAN

出 品 人　聂雄前
责任编辑　韩海彬　靳红慧
责任校对　万妮霞　彭　佳
责任技编　郑　欢
装帧设计　彭振威设计事务所

出版发行　深圳出版社
地　　址　深圳市彩田南路海天综合大厦（518033）
网　　址　www.htph.com.cn
服务电话　0755-83460239（邮购、团购）
印　　刷　深圳市华信图文印务有限公司
开　　本　889mm×1194mm 1/32
印　　张　16.5
字　　数　400千
版　　次　2025年3月第1版
印　　次　2025年3月第1次
定　　价　78.00元

代　序

丁学良

　　我斗胆同意写这篇代序言，是以一个热心于*丝绸之路*优质出版物的长年读者的身份，而不是以这个领域里具有大量研究成果的作者的身份。假如读者诸君耐心读了这篇代序言后，阅读这类书籍的兴趣显著增加、阅读鉴赏力也有一些提升，那就令我非常的宽慰了。假如有人读了这篇代序后，能够贡献出他本人的有关研究成果，或推荐别人的优质研究成果，为本套丛书加油、输血，那就更令我开心了。

一个刺激和一个机缘

　　我开始对有关丝绸之路的书籍作比较系统的阅读，得益于一个刺激和一个机缘。先说说这个刺激，因为它和诸位眼前的这套海上丝绸之路丛书有直接的关联，而且说不准某些在海外学习和工作过一段时间的读者也有过类似的感触。

　　1995年年底，通过国际学术界的标准竞争程序，我获得了澳大利亚国立大学亚太研究院（Research School of Pacific and Asian Studies, The Australian National University，简称ANU）的

一项为期三年的研究基金，于是就辞掉在香港的大学教职，去所谓的"Down under"做全职研究员。"Down under"这个英语词汇是指从英伦三岛往世界地图的下部看，那里就是澳大利亚和新西兰，它们都是位于地球底下的那一面。这种方位感很有趣，和我下面细说的受到的刺激分不开。

我所在的ANU亚太研究院是澳大利亚联邦政府的学术研究和政策分析及咨询的重点机构，因为近代史上由欧洲移民组建的澳大利亚在国家层面上，不论哪个党执政，都是把自己当作欧洲的一部分，虽然该国地理上是处在和亚洲更接近的大洋洲。这种源于历史联系却有悖于地缘政治经济关系的自我定位，越是到20世纪的后期，越是不符合澳大利亚的国民利益基本面。随着来自亚洲的移民和投资逐年增加，随着亚洲几个后发展国家的综合国力持续提升，随着跨国界的互动日益密集，澳大利亚政界终于不得不与时俱进，把国家的定位慢慢地由"以欧洲为指标"转向"以亚太为指标"。我所在的ANU亚太研究院，是澳大利亚联邦政府倾力支撑的首要国际关系机构，服务于重新定位的国民利益。因为它的研究人员大多数不是来自本国而是全球招聘的，本国退休的高级官员（主要是外交、外贸和军事安全系统的）也常兼任学术或管理的高级职务，所以我们的研究资讯及时准确又丰富多彩。

得益于此，我就有机会在好几年的时间里（从1995年年底到1998年年底的全职，其后我还延续了四年通讯研究员的协作关系），与来自世界各地的研究亚太区域的资深学者做常规的座谈交流，与来自亚太区域的研究生有教学相长的互动。在这过程中，我学到的知识多多，受到的启迪更多，它们也就是我所说的"刺激"之总和。在从来没有长期离开过中国大陆的人们的生活经验中，那些被视为天经地义和不言而喻的诸多事件和问题，如果你有机会与那些来自"Down under"及周边区域的人的家族记忆和生活经验面对面碰撞，会立马呈现出非常不一致的感受和图像。比如，关于郑和下西洋的由来和过程，欧洲人和亚洲人早期的交往，印度在西方东渐和东方西渐大循环中的作用，丝绸之路的名和实，阿拉伯人的海上贸易和传教，形形色色的海盗和海上强权，种族或民族的相处和相斗，日本经营东南亚的跨世纪曲线，等等，"Down under"那儿的学者和研究生们（这些研究生的家族多半是在"靠海吃海"的社区里工作的）都能够给你提供许许多多的独特见解和故事。①

当然，对于我这样出生成长在中国大陆背景的听众，他们提供的有些见解和故事并不那么容易使人接受，事后我还要时不时地去查阅出版资料。于是，我对广义的丝绸之路相关的书籍的求知欲望，就这么被刺激出来，延续至今。其中有一例是关于长程移民和语言保真。ANU亚太研究院的研究生很多是来自东南亚和南太平洋岛国的，其中不乏华人。通常像我这样说普通话的中国大陆人，潜意识里把会不会说普通话等同于the degree of Chineseness（"正宗汉人"的表现程度），对他们的汉话口语都不敢恭维。他们的口语最多是属于闽南语和潮汕话系列，还有少数是属于客家话。我对客家群体的来历不太陌生，知道那是源于中原的古老部落。好几次，源于闽南和潮汕系列的华人留学生很客气地告诉我：你的普通话不是正宗的汉

① 我在中国内地几所大学的报告会里，都提到过曾任ANU亚太研究院院长的王赓武教授的一个演讲给我的深刻印象，参阅丁学良：《中国的软实力和周边国家》，北京：东方出版社，2014年，第26-29页。

话，我们的闽南语和潮汕话才是更正宗地道的汉话。因为大清王朝在统治中原的漫长时间里，为了让来自东北亚最远处的满族人尽快学会说汉话，有意推广最不复杂的汉语，乃至着力编辑口语汉话教材，尽量采用简易的发音和通俗的表达方式。这些才是20世纪初以降蔚然成风的国语——普通话（也即是北方简化版的汉语）的源头。相比起来，闽南话和潮汕话的发音和措辞，保留了更多的大清王朝之前的古汉语元素。我开始对此半信半疑，后来请教了专门的语言学教授，又读了相关的移民历史资料，才明白从语音考古尺度来看，粤语、潮汕话、闽南话是古汉语的更加"纯血统的"后代，是来自古代中原移民潮带到南中国和南洋的华夏"国粹"。①

多年以后——其中很大程度上是靠了阅读与丝绸之路相关的书刊和观看优质记录片而获得的启迪——我的反思是：我在"Down under"那里从资深学者和研究生处吸取的各类资讯，绝大部分是以海洋—海岛—海岸沿线为基础的知识，简称为"海基知识"。而在这之前，我的成长背景使我获取的，绝大部分是以内陆或大陆为基础的知识，简称为"陆基知识"。这两种知识系统虽然也有交叉和重叠的部分，但更多的部分是反差显著：二者立足点不同，谋生方式和经验不同，观察角度不同，综合视野不同，评价标准不同，最后归结为"世界观—地球观—人类观"不同。举一个浅显的例子，在"陆基知识"系统里，土地自然是一切财富的根本，由此而视"漂洋过海"为人生际遇的下行，不得已而为之。可是对于那些已经在"海

---

① 参阅日本学者竹越孝："清代满汉合璧会话教材在汉语史研究上的价值"，《文献语言学》第四辑，第95—111页，北京：中华书局，2017年5月。我所请教过的语言学教授，包括曾任台湾"中央研究院"第一所——历史语言研究所所长的丁邦新先生，他是接替赵元任先生讲座教席的汉语音韵学大家。

基"大环境里立足成长的人来说，海洋才是无穷机会的源头，各种海产自然包括在内，更大的机缘则是海上贸易，尤其是长途贸易。①

如果我们往更深一层去比较两种知识系统，在"陆基"大环境里，历史上的绝大多数重要事件，都是发生和了结在以"王朝""王国""帝国"或近代形成的"民族国家"这类政治框架里，因为陆地上的划界相对来说更明确和固定一些。可是假如我们把立足点转至"海基"大环境，一直以来的划界就不那么明确了，绝大多数的重要事件就很难放在以上提及的那些政治框架里予以描述。描述者必须把他们的坐标图聚焦在海岛、港口、海上航道、沿海商贸带、沿海武装据点或近代以来的海军基地之上。如果描述者把他们的对象即事件及其过程硬性地置于上述的"陆基"政治框架里，他们的故事就会被削足适履、失却真相。海洋给敢于冒险的人们提供了活动的更大空间和更高的自由度，若是立志把他们的故事——本套丛书就是围绕着这类故事展开的——讲得更合乎实际，讲者就得具备更加超脱的心智平台。这是我在"Down under"那里所受到的刺激之简要总结。

此处有必要说一下和"陆基"与"海基"两大视野有关联的、发生于十九世纪晚期的一场政策大辩论。那时的大清王朝在西北边面临着崛起的俄罗斯帝国的威胁和陆地侵犯，在东北边面临着崛起的日本帝国的威胁和海域侵犯。究竟要把有限

---

① 大史学家Fernand Braudel在他的最有名的著作里，强调的就是这一点，详阅布罗代尔：《菲利普二世时代的地中海和地中海世界》，北京：商务印书馆，1996年译，第一卷。中国历史上的"陆基"观念的研究资料，参阅专题介绍："海贼，商人与船工：明末福建海洋社群研究回顾"，香港：《近代史研究通讯》，Vol. 1，2016年11月，第22—27页，Baptist University, MHRC.

的资源集中在哪一边对抗强敌？以左宗棠为首的一派力主"塞防"更要紧，以李鸿章为首的一派力主"海防"更要紧。结果我们都知道，大清朝廷采纳了"塞防"一派的建议。① 我读这段历史的时候常常不由自主地设想，假若类似的政策争论发生在英国或日本，那会怎样？十有八九是"海防"派占上风，因为这两个国家都是海岛型的，其帝国主义势力和相关的经济利益都是基于海权。

我开始对有关丝绸之路的书籍作比较系统的阅读，还得益于一个机缘，那是我即将从澳大利亚返回香港工作的前夕遇上的。我1984年出国之前便深交的一位朋友，后来任北京"中国改革开放论坛"研究员的赵曙青先生，早期在西北地区工作，他极为负责地给我介绍了该地区几个省和自治区的研究部门，支持我做中国和周边国家当代经济文化交往的政策研究项目。原先我并没有把丝绸之路的漫长历史作为本项目的构成要素，可是在沿途考察中国西北地区和中亚、西亚的关系过程中，我经常要了解当代的这种关系有哪些历史渊源。② 这就自然而然地和丝绸之路挂上了钩，而且越挂越紧密。于是我就趁在历史上丝绸之路的必经之地依靠车载步行做调研的夜间——白天太紧张没空闲，夜里不能乱跑，否则会误入沙漠或遭遇沙尘暴而失踪——找来相关书籍资料细细阅读。加上自费购买书刊，其中有些是稀有出版物，就走上了系统学习陆上丝绸之路的迷

---

① Immanuel C.Y. Hsü, "The Great Policy Debate in China, 1874: Maritime Defense vs. Frontier Defense", Harvard Journal of Asiatic Studies, Vol 25 (1964—1965): 212—228.

② 较近期的历史如佐口透：《十八—十九世纪新疆社会史研究》，乌鲁木齐：新疆人民出版社，1983年译；更遥远的历史如谢弗（Edward H. Schafer）：《唐代的外来文明》，北京：中国社会科学出版社，1995年译。

人道路。① 从20世纪末开始，有大约十年的时间，我在夏秋两季抽空横穿那片广漠的大地做调研，心得体会堪称多层次多维度，补上了我原先的知识系统的一大缺口。

所以，得益于一个刺激和一个机缘，从20世纪90年代中期开始，我快乐地陷入有关丝绸之路的书海而不能自拔，先是读有关海上之路的，随即读陆上之路的。遗憾的是，我只能阅读中文和英文的书刊，研究丝绸之路成果丰硕的法文、德文、日文、意大利文、葡萄牙文、西班牙文、荷兰文等巨量书刊，我唯有望洋兴叹，除非已经出版了高品质的汉语翻译作品，如何高济先生和耿昇先生的出色译本。他们不仅仅是翻译文字，而且是纳入研究考证的范畴，把人名、地名、物名、船名、术语等等，都尽力做交叉验证。这样的翻译大家，现在是越来越少见了。

读后感和读前感

基于过去二十余年的阅读，我的总体感受是：第一，丝绸之路无论是陆上的还是海上的，都是一个涉及多民族或种族、多部落、多王朝、多文化或文明、多国家的复杂历史进程，时起时伏。在不同的历史时期、不同的路段和航段，各个民族或种族、各个部落、各个王朝、各个文化或文明、各个国家，各有绝招，各领风骚；绝没有只是其中的一个在始终发挥领先的

---

① 所有当今国际媒体关注的要害地带，大部分都是古代丝绸之路的必经之道，参阅《东西文明的交流通道——叙利亚遗迹巡礼》，台北：《牛顿杂志》，第16卷第10期，第190号第96-107页。

或主导的作用。① 因此，讲丝绸之路的大故事，必须要讲"多家"的故事，哪怕一本书只能讲"一家"，也不应该在总的视野和框架里排斥"他家"，对于丛书项目来说尤其应该如此。

第二，在每一"家"里，推动或参与丝绸之路进程的具体行动者也是形形色色，大体上可以分成几大从业类别——商人、传教士、武士、学者；也许还可以再加上官员和盗匪。这些分类并不是绝对分明的，具体到行动者个人或一个组织，往往是糅合了两种或更多的从业动机和目的。

第三，由于以上的复杂大背景，讲好丝绸之路的故事，就需要广开正门和边门，不仅仅是要搜集官方的正史资料，也要搜集民间的乃至地下的资料（当一个王朝或政权实施海禁的期间，海上丝绸之路的活动就极难记载于官方正史）。解读具体的时段、路段、航段、事件、人物、机构，更是要具备多元视角。越是依据来自不同民族、不同地域、不同文化、不同教派、不同国家的资料，发生于丝绸之路上的故事就越是接近于真相。比如，在公元一世纪晚期，古罗马世界出版了一本了不起的无名氏著作：《埃里特拉安海（红海）航海录》（*Periplus of the Erythraean Sea*）。它是为航海者和商人作航海指南的，内容覆盖了广大范围，包括红海、非洲东岸远至桑给巴尔、印度洋北边远至马拉巴尔（Malabar，即宋朝元朝时的中文文献称为"马八儿国"的地区）海岸南端。② 这个范围正好与郑和下西洋所到达的西部疆域重叠，这其中有多少迷人的典故可供挖

---

① 参阅主要聚焦于海上丝绸之路"史前史"（pre-history）的文献之精练概述，钱江：《古代波斯湾的航海活动与贸易港埠》，泉州：《海交史研究》，2010年第二期，第1—24页。

② 詹姆斯和马丁：《地理学思想史（增订本）》，北京：商务印书馆，1989年译，第50—51页。

掘！因此，如果一本书依赖的资料更多元，其潜在的价值或贡献就更大——这里的"多元"包括语言文字，只依据一种文字资料的，就不如依据多种文字的；也包括资料的性质，只依据书面资料的，就不如再加上考古资料、口述资料、实地考察资料的。我拿到一本书，首先是翻阅它的注释和参考文献；越是多元资料的，越是对我有吸引力，越是单一资料的，越是激不起我的阅读兴致。

第四，"丝绸之路"的名称越是朝古代回溯，越是准确；越往后来，这个名称越是一个广泛的符号，因为通商贸易的内容越来越多样化。古代世界的稀缺货物丝绸，"奇货可居"能赚到超额利润。等到后来这种产品的"知识产权"被其他民族和王国盗窃转化之后，华夏中土不再是丝绸的独家产地。而且一旦横跨亚洲、欧洲、非洲、大洋洲的通商途径开辟成形，其他的"奇货可居"也趁机钻空子增添发财的机会，如茶叶、瓷器、各种香料包括草药、动物尤其是马匹、珍贵金属、玉石、珍贵木材，等等。① 被我们大部分中原背景的人称为"丝绸之路"的通商途径，在别处有更加被当地人惯用和熟知的名称，距离近的有"茶马古道"，稍远的有"茶叶之路""香料之道"（The Route of Spices：英文用route 而不是road，便于区别陆地上的路径和海洋上的航道）、"陶瓷（瓷器）之路"等。更进一步远眺，鉴于丝绸之路往西方的延伸，连接上的就是古代环地中海世界的国际贸易大通道，那里的航海民族腓尼基人早在三千多年前，已经忙于大宗商品如雪松圆木和青铜等的长

---

① 在中国周边的海域对历代沉没商船的多国考古发现，验证了这一点。参阅有关材料的罗列，吴春明：《环中国海沉船》，南昌：江西高校出版社，2003年。即使考虑到丝绸不易在海水里保留长久，也不能改变越晚近时期、大宗商品越是属于非丝绸类的状况。

途贩卖，还有葡萄酒。所以，"丝绸之路"的符号之下花色品种多着呢！

以上几点读后感，是我和本套丛书编辑小组座谈时提出来供他们参考的，他们在客观条件允许的情况下，会尽量参照我的建议和其他方面的考量来选书出书。我希望这套丛书能够延续下去，因为只有累积起来，才会发挥更大和更深的效果。这套丛书的读者若是感到丛书内容既有趣也可靠，还有帮助从事实际工作的参考价值，那就"善哉！善哉！"了。① 若是这套丛书被内地大学生们选为相关课程的参考读物，那就更是一件大好事！因为我还没有读过本套丛书的所有卷帙，所以最后说的这几句话只能算是"读前感"，是预感，它们等待着被一一验证。

2017年8月26日起笔，2018年1月18日成稿

---

① 这本在全世界流行甚广的书，则是极有趣而极不可靠的例证：Gavin Menzies, *1421: The Year China Discovered The World*. London: Bantam Books, 2002-2003；中译本似乎有不止一个版本，其中之一是孟席斯：《1421年：中国发现世界》。这本集体操作的畅销书里所有最关键的论证部分，都是以遥远的、间接的、模模糊糊的、缺乏实物的推论为主干。国际历史学界对该书的详细批评背景参阅 Quentin McDermott:"Junk History. Four Corners explores an extravagant claim by one auther", http://www.abc.net.au/4corners/junk-history/8953466.

目　录

导言：近代初期亚洲的海洋贸易网络

　　本书收录本人过去三十年间有关海洋史研究的一些作品。个人研究的重点原本放在明、清社会经济史，但因为硕士、博士论文都与国际贸易有关，不知不觉走进了海洋史的领域。海洋无限广大，海洋史涉及的问题也茫然无际。因为我长期不在历史学界就业，与本地的主流学者往来不够频繁，经常独立摸索，也就难免异想天开，东冲西撞。不过，老天待我不薄，一路上还是得到国内外很多朋友的启发；而我也有机会接触到许多珍贵的资料与资讯；有时候竟然也有机会亲身到海上漂泊。由于海上的珍奇太多，常叫我流连徘徊，以至于多年来想完成的一本通论东亚海洋史的专书，一直无法杀青。现在借着出版论文集的机会，把一篇讲稿改写如下，请读者指正。因为是讲稿，因此有时东拉西扯，内容不算均衡，也不够周延。附注原本只供自己参考，因此有些出处并未注出。不过，我的目的只是陈述部分的想法，作为一个引子。稍微深入的研究，还是有劳读者翻阅后面的文章吧。

　　我研究的时代，大致上以十七、十八世纪为中心，往前后再推移一些。往前，可以推到1540年代，往后则推到1840年代，实际上以1540—1840年这三百年间为重点。这段期间相当于明代中后期至清代后期。选取这段期间的原因如下。

（1）就中国来说，1567年以前实施海禁，法律上"片板不许下海"。（2）十六世纪中叶以前，琉球（冲绳）经营东南亚贸易，其所买卖之商品通过朝贡贸易，转销中国，使中国人民可以取得合法的南洋胡椒、苏木等商品。（3）日本在十六世纪中叶以前未曾与南洋直接贸易，主要通过与中国的"勘合贸易"取得南洋商品，或者借由鹿儿岛萨摩地方与琉球之交易取得少量同样的东西。但1549年以后，"勘合贸易"永远停止，同时琉球又中止其南洋贸易。这两件事合起来使日本无法获得南洋产品供应，于是日本船开始南下，发展成为所谓的"朱印船贸易"。（4）葡萄牙人在1514年首度出现在中国沿海，其后在广东到舟山之间流窜，1548年被朱纨击败，逐出宁波双屿地区；1554年占领澳门，并在三年之后永久占领该地，将它发展成为一个贸易中心。（5）西班牙人在1567年占领菲律宾群岛南部的宿雾（Cebu），1571年建立马尼拉，成为其东亚之交易中心。……（6）1840年代，中国因为鸦片战争而开放通商口岸；日本则在1852—1853年间，因佩里（Commodore Perry）来航而打开门户；1858年英国取消东印度公司，将印度等东方殖民地移交给王室，也就是由英国政府接手管理。英国工业革命在1760年代发轫，但其在亚洲取得经济上的优势，也要等到十九世纪中叶才具体化。另一方面，英国在工业化开始之后，"自由贸易帝国主义"（free-trade imperialism）当道，主张借由廉价商品打开市场，不以建立有形殖民地为目标。然而到了十九世纪中叶左右，因为法国、日耳曼及美国等国家也工业化成功，其产品加入竞争，英国被迫放弃"自由贸易帝国主义"而走回有形帝国的老路。

在这三百年间，活跃于东亚地区海域的海洋贸易家，主要为西欧、北欧来的商人与华人贸易家，其次则为其他的亚洲在地商人。这些人和他们所经营的贸易，也就是我个人的研究兴趣所在。

不过，出于种种不拟细说的因缘，收在本书里的文章，也有几篇超出我平常研究的年代。这包括了《谈熙宁十年注辇与三佛齐入贡中国事——关于地华伽啰（Deva Kulottunga）》《宋、元史籍中的丹流眉与单马令——以出口沉香到中国闻名的一个马来半岛城邦》与《郑和船队下西洋的动机：苏木、胡椒与长颈鹿》等文。虽然逸出我的主要研究时代，倒也因为要写这几篇文章而让自己有机会熟悉较早时代的海洋史，接触更多的中外文献。此外的其他文章，大抵为有关近代初期东亚海洋史的作品。

亚洲是世界最大的洲，除了以乌拉山系与欧洲分隔的部分外，都被海洋包络。不过，鄂霍次克海及北极海通常不被利用来从事海上贸易，其他广大的亚洲海域则都加入了近代初期的海上贸易。伦敦大学的教授乔都立（K. N. Chaudhuri）在其大作《印度洋的贸易与文明》（*Trade and Civilisation in the Indian Ocean*）一书中，称呼这一部分的亚洲海域为广义的印度洋。在近代初期，欧洲人，特别是荷兰东印度公司（Vereenigde Oostindische Compagnie, the VOC）及英国东印度公司（East India Company, the EIC），就把这个区域称作"de Indië"或"the Indies"。所以乔都立也不算错，但是听在东亚人士的耳中，可能不甚入耳吧。一般人还是认为马来半岛以西到非洲东岸的海域，才是真正的印度洋。

　　海洋四通八达，不易分界。对海洋史感兴趣的人，更不想画地自限。以下的叙事会提到涉及海洋贸易的全部亚洲临海地区，不过重点会摆在东亚，也就是东北亚与东南亚。然而，在近代初期的亚洲海洋贸易史上，印度其实扮演过相当重要的角色，它一方面提供棉花、棉布、蓝靛及鸦片等重要商品在亚洲范围内行销，另一方面也吸收了大量的亚洲金、银，因此有关印度的问题不免也经常会被提到。印度以西的西部印度洋地区，包括红海与非洲东部在内的海洋贸易也很发达，但是在近代初期对东亚贸易的影响较小，原则上也就暂且略过了。

　　"海洋贸易网络"包含着丰富的内容。以下主要只讲三个问题，分别是：（1）航道与靠泊港；（2）商品与人员的流动；（3）文化交流。

　　十五世纪末年欧洲人开始由海路前来亚洲，十六世纪以后转趋积极。直到十九世纪中叶蒸汽轮船发达以前，帆船为主要的运输工具。这三百年间的亚洲贸易，因为有欧洲人的介入，因此在航道的部分，我们还可以细分成以下三个范畴来认识：（1）跨洲贸易，由欧洲船舶主导；（2）亚洲内部的国际贸易，英文称作"intra-Asiatic trade"，但在近代初期的通行用法则称作"the country trade"，当时的中文译作"港脚贸易"，欧洲船舶与亚洲船舶共同经营此一范畴的贸易；（3）各国的沿海贸易或岛际贸易（nusantara trade），由亚洲船舶来承载贸易商品。

　　就近代初期海洋贸易所涉及的国际贸易（包含跨洲贸易及亚洲境内的国际贸易在内）商品而言，名目繁多，不过丝绸、棉货、香料及茶叶被当成是最大宗的商品。此外，蔗糖、食品和其他文化性的商品也同时在沿海贸易及岛际贸易中占有重要地位。人员伴随着商品一起移动，暂时性的也罢，永久性的也罢，人口移动往往带来文化上的相互学习与容受。这种学习与容受事实上是交互作用的，而非有所谓文化程度较高者向文化程度较低者灌输的单边现象。

以下将先行讨论港口与航道，谈一下航道的经营者，再谈一下贸易商品的内容，最后则要讲离散社群以及文化交流。因为重点在贸易，所以花在处理商品的篇幅会多一点。

一、航道与靠泊港

航行是海洋贸易的先决条件。我们说过，在近代初期，航海的交通工具是帆船，而贸易商所使用的航道则受到以下三个因素影响。第一，航行条件。诸如季风、海洋地形（沙洲、礁石之类），以及洋流（如黑潮）。第二，靠泊港（ports of call）的位置。一个港口会被航海贸易家选定前往停靠，那是因为该港口可提供集中商品、分销商品的服务，或者是可以避风以便等待季风的转换，或是该地可提供新鲜饮水乃至于新鲜食物的补给。第三，在地政权的态度。

在近代初期，舟船是联系为水面所隔开之陆地的唯一工具，因为那时候还没有飞机。各种形式的舟船，不管把它们叫作ships、junks、perahus，或是其他的名称，绝大多数的亚洲航海家都得想办法利用季风以加快航速，都得留意规避浅滩、珊瑚礁以及其他的海洋地形条件。如果行程不算短，这些航海家还得找地方补充生水，要是可能的话，也要找寻新鲜食物① 。最后，因为航行的根本目的就是贸易，所以决定靠泊港的最重要因素还是那个特定的港口有没有可供出口的适当商品，或是那个港口是否有良好的腹地或具有不错的行销系统，能让进口的商品销售得出去。但是这也不能由航海贸易家单方面的一厢情愿来决定，因为每个港口都属于某种政权，要不要让外来者到某个港口进行贸易，就要看该港口政权的享有者怎么想、愿不愿意。

基于以上的考量，近代初期东亚的贸易航道多少就已经被划出来了。如果读者有兴趣，不妨去看一看1617年张燮所编辑的《东西洋考》这本小书，该书的卷九《舟师考》的一大部分，就记录了十七世纪初中国贸易商船的航道，分成"西洋针路"与"东洋针路"。当然，向达从英国牛津大学抄到的《两种海道针经》也是不可错过的。

张燮在叙述针路，也就是航道时，为每一个定点指出下一步航程所应选用的罗盘针指向。此外，他更提到了几个关键性地点，所有的航海家都必须在那里为其续航的进程做一抉择。我们把《岭外代答》《诸蕃志》《岛夷志略》《东西洋考》《海国闻见录》《海岛逸志》《海录》等航海文献合起来看，就很容易发现这些关键点，举例来说，至少包括了中南半岛南端外的昆仑山（Pulo Condore）、马来半岛东南端的地盘山（Pulau Tioman，今译作潮满岛，古代文献亦作地

---

① 新鲜食物，特别是蔬菜、水果，是中国船员很少罹患坏血症（scurvy）的最大功臣。从欧洲来的海员往往在出海大约半年之后，开始出现坏血症的症状，死亡率很高，就是欠缺蔬果中所含的维生素所致。一直到十八世纪，英国人才发现吃柠檬可以预防坏血症。中国船通常尽量近岸航行，补充新鲜饮水及蔬果都相当容易；加上其航程通常不长，而且船上又不时携带蜜饯，不乏维生素的补给，是以罕患坏血症。

盆或茶盘）及竺屿（Pulau Aur）、爪哇岛西部雅加达港北边的十二子石山（Kepulauan Seribu，意为"千岛群岛"）等地点，都是航海上的重要地标，帆船必须锁定这些地标才不至于迷航。

不只是中国航海家这样做，就是欧洲船舶也不能例外。这在他们的文献中也常有记载。在此不妨举《巴达维亚城日记》的一条记录做例子：在该书1653年1月12日条就提到Kepulauan Seribu（千岛群岛）为一航行地标，书中用荷兰文称为"Duysent Eilanden"。中村孝志在注中就说Duysent Eilanden"意指千岛屿，位于Djakarta湾外北北西五十公里，爪哇海上（南纬五度四十五分，东经一百零六度三十五分）之小岛屿群"。① 其他如潮满岛、昆仑山等也经常被提到。

中国清代的著作者有时更明确地指出地点的关键性。这里我们直接拿两件十八世纪的中文文献来给读者参考。其一为1730年陈伦炯著的《海国闻见录》，该书云：

> 茶盘（Pulau Tioman）一岛，居昆仑（Pulo Condore）之南，毗于万古屡山（Pulau Bengkalis）之东，皆南洋总路、水程分途处。②

十八世纪末旅居爪哇的王大海在其《海岛逸志》中也说：

---

① 村上直次郎日文译注，中村孝志日文校注，程大学中文翻译，《巴达维亚城日记》第三册（台中：台湾省文献委员会，1990），第116页及第117页，注二。
② 陈伦炯，《海国闻见录》（台北：台湾商务印书馆，"四库全书珍本五集"），上/27a。

> 噶喇吧（Kelapa）在中国西南洋中，从厦岛扬帆，西
> 过广东外七洲洋①，至安南港口②转南，经昆仑（Pulo
> Condore）、茶盘（Pulau Tioman），至万古屡山（Pulau
> Bengkalis），又转西经马六甲、三笠，南过屿城③，而至
> 其地。④

两种文献都指出昆仑岛与潮满岛皆是重要的转折点。专就中国船而言，不但在十七、十八世纪时如此，其实打从宋、元以来也都以昆仑岛、地盘山和邻近地盘山的竺屿为转折点。

其次，我们得考虑靠泊港的问题。在近代初期，也就是欧洲人东来之前，许多的亚洲贸易港早已存在。欧洲人介入亚洲贸易之后，有一些新的港口冒出来，也有一些旧有的港口被取而代之。我们翻一下地图，可以发现以下的港口，在近代初期的国际贸易（包括跨洲贸易及亚洲内部贸易）中，都扮演过一定的角色。

对马　Tsushima

长崎　Nagasaki（广义而言，包括平户 Hirado 与出岛 Deshima）

冲绳　Okinawa（那霸；Naha）

---

① 一称乌猪洋，在海南岛东北方，附近港口南为文昌，北为北口。
② 其他文献通常在此一场合会提到"尖笔萝"（Cu Lao Cham），与临近的港口会安（Hoi-an）在咫尺之遥，因此推断此处之安南港口即惠安，亦即《东西洋考》之广南港。
③ 屿城当为Pulau Karimun岛上聚落Tanjungbalai（"tanjung"，海角；"balai"，厅、堂），而三笠则为Pulau Bengkalis南端之聚落Sekodi。
④ 王大海，《海岛逸志》（郑光祖编，"舟车所至"本。台北：正中书局，1962）。

上海　Shanghai

乍浦　Zhapu

厦门　Xiamen （Amoy）

广州　Guangzhou （Canton）

台湾府　（安平；鹿耳门；台南）

马尼拉　Manila

噶喇吧　Kelapa （Batavia；Jakarta）

泗水　Surabaya

三宝垄　Semarang

马辰　Banjarmasin

锡江　Makassar（网加萨；Ujung Pandang）

下港　Banten（万丹；Bantam）

会安　Hoi-an（Faifo）

大城　（Ayutthaya）

北大年　Patani（大泥；Pattani）

巴邻庞　Palembang（旧港）

亚齐　Aceh

马六甲　Melaka（Malacca）

吉打　Kedah（Alor Star）

丹老　Mergui（在缅甸Myanmar的Tenasserim）

继续往西而去，接下来就是印度沿海各口岸。

我们拿十八世纪初年清廷对南洋地区实施海禁时（1717—1727年）学者蓝鼎元的观察来看，他提到当时中国船靠泊的国家与港口的情形如下：

> 南洋番族最多：吕宋、噶喇吧为大；文莱、苏禄、
> 马六甲、丁机宜、亚齐、柔佛、马承、吉里门等数十国皆
> 渺小。……安南、占城势与两粤相接；此外有东（柬）埔
> 寨、六坤、斜仔、大泥诸国，而暹罗为西南之最。[①]

引文提到的国度或港口，包括了吕宋（马尼拉）、噶喇吧（巴达维亚、雅加达）、文莱、苏禄、马六甲、丁机宜（Indragiri，在苏门答腊）、亚齐（Aceh）、柔佛（Johor）、邦加马辰（Banjarmasin）、吉里门（Cirebon）、安南（铺宪，Pho Hien）、占城（会安）、柬埔寨[②]、六坤（Ligor；Nakhon Si Thammarat）、斜仔（Chaiya，一称赤野，今称猜耶）、北大年（大泥，泰文Pattani、马来文Patani）、暹罗（大城，阿犹地亚Ayutthaya）。

不是每一座港口都向有意前来的贸易家开放。当地的统治者往往有一定的决定权。如果这个统治者实力雄厚，则可径行决定是否要开放贸易、对谁开放。举个例来说，十七世纪上半期，由于荷兰东印度公司与越南中圻的阮（Nguyen）氏政权不甚相得，因而无法在会安顺利地展开贸易；相反地，他们倒能取悦北圻的郑（Chin）氏，因此也成功地在铺宪建立起一座

---

① 蓝鼎元，《论南洋事宜书》，《鹿洲初集》（1880年闽漳素位堂刊本），卷3，第2a页。参考《清实录》：康熙朝，卷277，第20b—21a页（康熙五十七年二月初八日丁亥条）。

② 柬埔寨的港口在湄公河的出口，当地为一冲积平原，港口特多，包括狪犹（Dong Nai）、美湫（My Tho）等等。此外，柬埔寨在暹罗湾方面也有一个经常为外国船造访的港口，就叫作"港口"，亦名河仙（Ha Tien）。参考陈荆和，《郑成功残部之移殖南圻（上）》，《新亚学报》，5：1（1961），第437—438页；陈荆和，《河仙镇口十镇郑氏家谱注释》，《台大文史哲学报》，第七期（1956），第77—139页。

商馆，并且维持到该世纪末年。另一个例子是西属菲律宾群岛及其主要港口马尼拉。西班牙人只许澳门的葡萄牙人、中国人及亚美尼亚人（the Armenians）的船舶进港。英国船因此经常雇用亚美尼亚人当名义上的船长（nakhoda），挂亚美尼亚旗帜，以便顺利进港贸易。一直要等到1780年代以后，马尼拉港才陆续对各国开放。

二、商品与人员的流动

商人开发并且利用航运网络来从事海洋贸易。如前所述，我们可以将船运及贸易的网络区分成三个层次。跨洲贸易由欧洲人经营。在近代初期，那就是荷兰东印度公司、英国东印度公司、瑞典东印度公司、丹麦亚细亚公司、法国印度公司（Compagnie des Indes）等。

来到东方以后，欧洲人也经营亚洲境内的跨国贸易。英国人把这种亚洲境内的跨国贸易称作"港脚贸易"（the country trade）。亚洲境内的跨国贸易占欧洲人贸易的一大部分，特别是在十七世纪前半叶。不过，早在欧洲人到来之前，亚洲境内的跨国贸易就已经长久存在了。因此，即使是在欧洲人现身东亚之后，也仍然有相当高比例的亚洲境内跨国贸易还是由亚洲人自己来操作，由不同国家的人在不同的单一或多条航道上从事贸易。我们把这种亚洲人自己经营的亚洲境内的跨国贸易简单概括如下：

1.东亚

（1）东北亚（主要由华人经营，有一小段时间日本人也南下从事南洋贸易）；

（2）东南亚（由华人及在地土著经营；后者特别指马来人及武吉士人，the Bugis）。

2.南亚（主要经营者为印度人，印度教徒及伊斯兰教徒都有，民族种类复杂）。

3.西南亚洲及东非（主要经营者为印度人及出身阿曼的阿拉伯人）。

此外，还有一些没有强大祖国可以归属的亚洲国际商人，例如亚美尼亚人、祆教徒（the Parsees，Parsi），甚至于犹太人[①]。他们都在亚洲的海洋贸易上拥有独树一帜的地位。

当欧洲人来到亚洲时，他们得调适自己以加入这种亚洲境内国际贸易的架构。为了节省篇幅，稍后的论述将只举荷兰及英国两家东印度公司为例。

若就亚洲海域各国的沿海贸易及岛际贸易而言，它们几乎全由该国的商人来经营。这里也举几个事例说一下。例如日本就有所谓的"北前船"（kitamae-fune），从事以北方海产交易南方农产品的买卖；在中国，沿海及大陆与台湾之间，也有名目繁多的各种帆船从事农产品、手工业品的买卖；至于印度尼西亚各岛之间，则有当地船舶perahu运载粮食、香料、日用品（包括吃槟榔用的茗叶sirih）等等。随着时间推移，华人也加入了印尼的岛际贸易，这多少也是因为喜欢"分而治之"（apartheid）的荷兰人在背后支撑。

接着是有关商品的问题。以下将分成两个部分来讨论东亚海洋贸易的商品。第一部分针对欧洲人所交易的跨洲贸易及

---

① 犹太人买卖香料、钻石及珊瑚。关于犹太人在亚洲的钻石及珊瑚交易，请参考Gedalia Yogev, *Diamonds and Coral: Anglo-Dutch Jews and Eighteenth-Century Trade*（Leicester: Leicester University Press, 1978）。

港脚贸易的商品，第二部分处理亚洲人所经营的亚洲内部跨国贸易、沿岸贸易及岛际贸易的商品。请随时记得：亚洲人所主导的贸易网络同时也是欧洲人贸易的补给线。换言之，亚洲人利用境内贸易、沿海贸易及岛际贸易，一方面也为欧洲集中货物，另一方面也行销欧洲人进口到港的商品。

（一）欧洲人所交易的跨洲贸易及港脚贸易的商品

对欧洲人而言，其来到亚洲的最初目的，本是取得特定的亚洲产品运回欧洲以销售谋利，因此在乎的是可在欧洲找到市场的亚洲商品，一如达伽马（Vasco da Gama）回答到古里贸易的突尼西亚商人的话，说葡萄牙人前来亚洲，为的是"寻找香辛料（spices）及基督的信徒"。以荷兰东印度公司在十七世纪时的情况为例，其买卖的内容可以简单摘要如下：

> 主要出口商品：香辛料（胡椒、豆蔻、丁香及肉桂）。
> 次要出口商品：蓝靛、蔗糖、赤铜及瓷器。
> 交易媒介或支付手段：白银、黄金、赤铜、丝绸及棉布。

再重复一次，荷兰东印度公司或者其他的亚洲商人，在十七世纪上半叶时，最主要的目的是取得亚洲所产的香辛料，并且将之运回欧洲销售。四大香辛料当中，胡椒的主产地为印度西南海岸（马拉巴儿海岸，the Malabar Coast）、苏门答腊及爪哇，不过，东南亚其他地方亦有少量产出；豆蔻主要产于班达群岛（the Banda Islands），安汶（Ambon）为集结地。此外，附近的西兰岛（Pulau Seram）亦有所产；丁香产于大部分的香料群岛（the Spice Islands，亦称摩鹿加群岛，the Moluccas，Maluku）地区，千子智（Ternate）及直罗里（Tidore）为集结中心；肉桂有两种，cassia及cinnamon，中国及锡兰皆有所产，苏门答腊西部以及爪哇岛亦有产出。荷兰人很快就发现：要取得主产于东南亚的胡椒、丁香与豆蔻，尤其是只在印尼群岛东部才有的丁香与豆蔻，首先就得弄到印度棉布。因为在香料群岛一带，货币经济并不发达，丁香、豆蔻的生产者只在乎获得稻米与棉布。棉布的主要产地为印度，印度的许多地方都生产棉布。在十七世纪初，主要的供应点为西北部的固加拉特（Gujerat）地区以及东南部的科罗曼德尔海岸（the Coromandel Coast）。前者以白银为币材，后者使用金币。无疑地，在现代信用体系建立起来以前，金、银本来就是国际支付上清偿债务的主要工具。因此，荷兰东印度公司若要取得印度棉布，少不了就得先设法筹措金、银。方法之一是由欧洲运来，但当时有困难。一则那是重商主义（mercantilism）的年代，欧洲各国都把金、银视为国富的保障，不愿输出；再则长程运送，风险也大，船难及海盗都是可怕的因素。十七世纪前半叶，世界上的白银主要生产于中南美洲以及亚洲的日本。中南美洲为西班牙人的殖民地，而荷兰正在从事独立战争，与其领主西班牙对抗，不可能由西班牙或其殖民地获得白银。所以，日本成为荷兰人就近在亚洲取得白银的主要地点。产银的日本在十六世纪末以来，经过战国时代，诸侯兼并，只剩下一些霸主当权。霸主与其属下竞相奢侈，对生丝及丝绸织品有着广大的需求，而中国恰巧又是生丝与丝绸的盛产地。早在十六世纪后半期，葡萄牙人对此已有深切体认，他们建立起澳门与长崎之间的贸易航道，将中国生丝与丝绸运入日本，换出大量的白银。步武其后的荷兰人想得更多，他们建立起一整套介入亚洲境内国际贸易的办法，辗转从日本输出白银，最后实现取得东南亚香辛料运回欧洲的目标。在介入亚洲境内的国际贸易之后，这一部分的贸易因为利润可观，因此也不劳从欧洲运出金银到亚洲，也不用费心费力去另外筹措资金。

葡萄牙人展开的亚洲内部贸易，在荷兰人东来以后得到更长足的发展。1619年，荷兰东印度公司的东印度总督昆恩（Jan Pietersz. Coen，1587—1629）写信给阿姆斯特丹的理事会，描绘出利用亚洲内部贸易来活络其资金运用的构想：

> 1. 来自固加拉特的布匹，我们可以拿来在苏门答腊的海岸交换胡椒与黄金；2. 来自（印度西部）海岸的银币（rials）与棉货，（我们可以拿来）在万丹（Banten）交换胡椒；3. 我们可以（用印度南部的）檀香木、胡椒与银币来交换中国商品与中国的黄金；4. 我们可以借由中国的商品把白银从日本弄出来；5. 用来自科罗曼德尔海岸的布匹以交易香辛料、其他商品与来自中国的黄金；6. 以来自苏拉特（Surat）[①] 的布匹交易香辛料、其他商品及银币；7. 以来自阿拉伯的银币交换香辛料及其他形形色色的小东西。环环相扣！所有这一切都不用从荷兰送钱出来即可办到，只要有船。[②]

我们看到在昆恩的构想中，黄金、白银（银块与银币）、

---

① 固加拉特的主要港口。

② 引自 R. Steengaard, *The Asian Trade Revolution of the Seventeenth Century* (Chicago and London: The University of Chicago Press, 1973), p. 407。

香辛料、棉货（主要为棉布）与中国商品（主要为丝绸）是印度以及印度以东的东亚贸易的主要商品。印度以及印度以东的这个广大的海域，是当时亚洲境内贸易的关键性区域。借着掌握此一区域内这几样商品的供需状况，荷兰东印度公司可以由进行亚洲内部的贸易而获利。如此不但获得了购买香辛料回欧洲的资金，同时也扩大了公司的利润。

我们以昆恩的构想为基础，加上我们对当时亚洲各地贸易状况的理解，可以把十七世纪上半期亚洲境内贸易的情况进一步说明如下：

1. 胡椒盛产于马拉巴儿海岸、苏门答腊、爪哇，马来半岛也有所生产。丁香及豆蔻多产于摩鹿加群岛。欧洲人所取得的胡椒及香辛料，主要运销回欧洲。虽然我们也知道胡椒在中国也有很好的市场，不过中国人也自行进口胡椒，因此荷兰人要平行输入就不见得有利，所以虽然《巴达维亚城日记》与《热兰遮城日志》都记载了一些荷兰人卖胡椒给华商的事情，但规模毕竟不太大。

2. 黄金来自中国及苏门答腊。荷兰人把黄金拿来卖给日本、科罗曼德尔海岸及阿拉伯世界。有一些黄金也被运回欧洲。

3. 布匹，也就是棉织品，出自印度次大陆的两个地区，即西北角的固加拉特和东南角的科罗曼德尔海岸。不过，接近十七世纪中叶时，东北角孟加拉地区也开始供应欧洲人棉货。在苏门答腊北部也可获得印度棉布，主要是因为在十七世纪初期，固加拉特商人也自行将棉布运到该地求售。① 棉织品是荷兰人交换东南亚胡椒和香辛料的媒介，不过他们也拿印度棉布到阿曼及亚丁交换阿拉伯人的银币。其实，印度棉布在中国也

———————
① 稍后不久，固加拉特商人就被荷兰人逐出东亚市场了。

有一定的市场。

4.除了东南亚之外，在亚洲许多地方，白银都是主要的支付工具。获得白银的途径有二。其一是从阿拉伯地区，甚至于苏门答腊北部，以阿拉伯银币的方式取得。不过，在十七世纪初期，最主要的途径还是来自日本。中国及固加拉特分别吸收了荷兰人到手的大多数白银。

5.虽然在昆恩的构想当中，生丝及丝绸的字样并没有具体出现，可是我们明白生丝及丝绸正构成昆恩所谓的"中国商品"的主要内容。就换取日本白银这件事来说，中国丝绸扮演了至为重要的角色。中国航海贸易家从国内运出可观数量的丝绸到东南亚，荷兰人也是买主之一。不过，华人及澳门的葡萄牙人也运出一些丝绸到菲律宾的马尼拉以换取由西班牙大帆船从美洲运到的白银。

6.昆恩提到拿来交换中国商品的小东西当中有一项是檀香木。当时檀香木的主要产地为东印尼的帝汶岛、东南诸小岛①以及印度南部。

再把以上的分析精简一下。我们发现除去黄金及次要商品不管（白银则当成是一种商品），我们可以把所有相关的商品分成四大类，亦即胡椒与香辛料、棉货、白银与丝绸。这四大类商品是亚洲商品当中被卷入欧洲人交易的绝大部分。也就是在这四类商品的交易上，欧洲商人的贸易和亚洲在地人的贸易互有重叠。千万记得：虽然荷兰人也买卖胡椒与香辛料、棉货、白银与丝绸这四大类商品，但在同一时间，亚洲人经手这四大类商品的交易也很多。更重要的是，还有很多种类的商品依旧只有亚洲商人交易，荷兰人或其他

---

① 即Nusa Tenggara，指帝汶以东诸岛。

欧洲人根本无从染指。

以上所谈几乎针对十七世纪上半期，大约1600—1650年之间的情形。在该世纪的后半，荷兰人不再那么倚重中国丝绸或印度棉布来从事亚洲境内贸易的操作，他们也开始把这两类商品大量地运回欧洲，并且在欧洲卖得很好，获利不赀。也差不多就在这个时候，日本的银矿产出迅速减少，以中国或其他亚洲丝绸交换日本白银的做法变得行不通。凑巧，欧洲经过"三十年战争"（1618—1648年），结束了旧教与新教的对抗，荷兰与西班牙握手言和，并且在"西发里亚条约"中获得独立的承认。此后，荷兰人可以在欧洲取得西班牙人进口到欧洲的美洲白银，运到亚洲，供其贸易周转。

一般说来，就欧洲势力在亚洲的活动而言，十七世纪是荷兰人当令的时代，十八世纪则是英国东印度公司高居上风。不过，两家公司，乃至其他欧洲公司，大都买卖以下商品：

　　主要出口商品：棉布、茶叶、瓷器。
　　次要出口商品：香辛料，丝绸，孟加拉硝石，暹罗、马六甲及邦加岛的锡。
　　交易媒介或支付手段：白银、汇兑工具、棉花及鸦片。

如同以上所指出的那样，十七世纪中叶以后日本不再出口大量白银。有一段时间，赤铜被用为国际支付的工具。不过，当十八世纪降临时，我们发现在日本贸易的最主要的外国商人，也就是华商，已经不得不以出口越来越多的干海产（日本人称为"裱物，tawara-mono，装在袋子里的东西"，包括海参、鲍鱼和鱼翅等干料）来平衡其贸易。此时赤铜的生产也已经减少，幕府不太愿意中国人运出太多的日本铜。

就荷兰东印度公司而言，亚洲不再提供资金及交易媒介给他们，因此只好在欧洲想办法。他们在阿姆斯特丹购买西班牙人的墨西哥银币，熔铸成银锭，然后运到亚洲应用。此事意味深长。它表示：虽然荷兰东印度公司还是继续经营一部分亚洲境内的国际贸易，可是亚洲境内的国际贸易已经不再是公司事业不可或缺的一环。荷兰东印度公司到亚洲贸易的重点，已经转到跨洲贸易，以将亚洲商品直接卖到欧洲为目标。

我们可以把十七、十八世纪时荷兰东印度公司经营的概要摘述如下，以见其转变：

十七世纪时，荷兰东印度公司从万丹及巴邻庞购得苏门答腊产的胡椒，他们也在马拉巴儿取得胡椒。两者加起来，每一年他们运回欧洲的胡椒就高达6,000,000荷兰磅，约当2,700,000公斤；换成中国单位，差不多是4,500,000斤，或45,000担。进口胡椒及其他香辛料到欧洲为公司带来约60%的利润。

这样大的数量和这么高的获利率，到十八世纪时，全都不见了。在十八世纪时，荷兰人运回欧洲的亚洲产品，由茶叶、咖啡及印度棉布构成其主要部分。荷兰公司不再那么积极介入亚洲境内的区间贸易。除了加强与欧洲地区的贸易外，其亚洲总部转向致力于东印度殖民地，也就是印尼及锡兰的农业发展。

对英国东印度公司来说，故事有些不同。十七世纪时，英国东印度公司介入亚洲境内贸易的情形并不严重，因为他们在整个东亚地区，包括东南亚和东北亚都没有强大的据点。不过，英国东印度公司在1699年进入广州贸易以后，快速立足，并且很快地就让中国茶叶成为主要的出口品。当然，这并不完全是英国东印度公司努力的成果，时代环境有以致之。英国东印度公司其实也要等到十八世纪末才完全支配欧洲的茶叶进口事业。

现在多说一点茶叶。早在十七世纪中叶，茶叶就已经少量出口到欧洲，并且可能是由荷兰人引进的。同一世纪后期，英国东印度公司与台湾郑经磋商贸易时，郑经也拿茶叶当礼物送给英国国王。令人好奇的是：葡萄牙人早在1557年就长期定居在澳门，可是为什么把茶叶运销到欧洲的却不是他们?

当十八世纪揭开序幕时，曾经在东南亚香辛料贸易中扮演关键角色的印度棉布开始大量输入欧洲。同时，比较粗糙，但更为厚实的中国松江棉布（欧洲人称作"nankeen"），也有相当数量被欧洲公司出口，供其殖民地驻军制作制服。曾经用来交换日本白银、赤铜的中国生丝、丝绸及孟加拉生丝、丝绸，在十八世纪也运销欧洲。胡椒及香辛料继续销往欧洲，但其获利率已大幅度下降。茶叶在一时之间，成为欧洲人从亚洲进口最多、获利率最高的商品。其实蔗糖、咖啡及巧克力也是十八世纪欧洲人从其海外殖民地进口的大宗商品，但不完全生产于亚洲，我们权且不进一步说明。

欧洲人为什么在十八世纪时兴起喝茶的风气呢？部分的原因与"中国风尚"（chinoiserie）的流行有关。"中国风尚"的流行是明末以来，中国与西方长期交流下，透过传教士及欧洲知识分子对中国文明的阐释，以及中国文物在欧洲的大量出现，而使得欧洲人产生对中国人生活方式的想望。喝茶是体现这种想望的方式之一。而当时世界上只有中国产茶、出口茶叶。因为喝茶，使用茶具，所以中国瓷器也普遍流行。到十八世纪中叶时，不只是上流社会饮茶，下至庶民也都喝茶。不但有专门的茶店（teahouses），而且也有人沿街叫卖泡好的茶。欧洲原来的无酒精饮料只有白水，蔗糖、咖啡、茶叶及巧克力的输入，大大丰富了他们的生活情趣。但是茶价最为低廉，因此也就最容易普及。

英国人从1699年开始就已经在广州立足，直接出口丝、茶和瓷器。1715年起，他们更在当地设立商馆（factory）。可是荷兰人因为早期与中国交涉，被列为朝贡国家之一，清朝体谅他们的国家遥远，只要求他们"八年一贡"，也只有八年才能以朝贡的名义到中国朝贡一次，顺便做生意。荷兰人不能常到中国，因此就放弃与中国直接贸易。他们的亚洲总部就在中国贸易商称之为噶喇吧的巴达维亚，中国帆船经常造访。他们就在那里等中国帆船从厦门或广州把茶叶运来。巴达维亚相对靠近胡椒、丁香、豆蔻的产地，当香料贸易有利可图时，真是个理想的地点。可是，在巴达维亚被动地等待中国商人供应茶叶，就远不如英国人直接在中国采购所享有的优越条件了。

于是从1729年开始，荷兰东印度公司也到广州建立商馆。清朝政府默许他们的贸易，不提朝贡那档子事。他们也不算来得太晚，因为其他欧洲公司，如法国印度公司、丹麦亚细亚公司、瑞典东印度公司等等，也都在1730年代初才到广州设立商馆。英国人在茶叶贸易上捷足先登了，但是没有独占市场。以单一的国家来说，他们的出口价值及数量虽然最大，但是在1780年代以前，其他欧洲公司所出口的中国茶叶的全部数量加总起来，也还是大于英国公司。而在这些其他公司当中，出口

中国茶最多的，也还是荷兰东印度公司。（参考表一）

表一　1772—1781年间英国东印度公司及其他欧陆公司出口中国茶叶的比较

贸易年份 （止于该年3月）	他国船数 （艘）	出口茶数量 （英磅）	英国船数 （艘）	出口茶数量 （英磅）	总船数 （艘）	出口茶总量 （英磅）
1772	8	9,407,564	20	12,712,283	28	22,119,847
1773	11	13,652,738	13	8,733,176	24	22,385,914
1774	12	13,838,267	8	3,762,594	20	17,600,861
1775	15	15,652,934	4	2,095,424	19	17,748,358
1776	12	12,841,596	5	3,334,416	17	16,176,012
1777	13	16,112,000	8	5,549,087	21	21,661,087
1778	15	13,302,265	9	6,199,283	24	19,501,548
1779	11	11,302,266	7	4,311,358	18	15,613,624
1780	10	12,673,781	5	4,061,830	15	16,735,611
1781	10	11,725,671	13	7,970,571	23	19,696,242
合计	117	130,509,082	92	58,730,022	209	189,239,104

英国私商出口量　　　1,450,000
欧陆公司出口量　　130,509,082
总　　计　　　190,689,104

原注：欧陆各国公司用来从事中国贸易的帆船皆较英国公司所用者为大。
说明：原数字的错误，已依平衡计算式的方式加以调整。
资料来源：Thomas Bates Rous, *Observations on the Commutation Project, with a Supplement*（London,1786），p.28.

十八世纪时，包括英、荷在内的所有欧洲公司前来亚洲，虽然也出口丝绸、瓷器和其他次要商品，不过他们最主要的目的还是出口中国的茶叶。茶叶使得十八世纪欧洲人的亚洲贸易基本上成为一个以"中国贸易"（the China Trade）为重心的贸易。在十八世纪大部分时间，英国东印度公司的出口总量都不及欧陆各公司的总和。如表一所示，在1770年代，英国公司的总出口量还不及其他公司合计的一半。不过，1784年发生的两件事情却迅速地改变了这种态势。

第一件事是荷兰东印度公司在第四次英荷战争（the 4th Anglo-Dutch War, 1780—1784）中陷入财政危机，当战争结束时，该公司债务缠身，一蹶不振，终致在1799年宣告破产（1800年1月1日起生效）。所谓第四次英荷战争指的是荷兰独立运动开始以后，英国与荷兰的战争，前三次都发生在十七世纪，而这回则发生在十八世纪。在战争期间，荷兰母国与东亚殖民地之间的联络，完全被英国海军给切断了，荷兰人无法进行欧、亚之间的贸易，财务当然深受打击。更严重的是当战争结束、荷兰人想回中国市场时，他们发现所有的有利条件都已消失了。

第二件事则与英国的立法有关。英国在十八世纪后半，发展成为欧洲饮茶最多的国家。进口到欧洲的茶叶，不管经由哪一国商人之手，最终都在英国被消费掉。可是在英国，茶叶的进口税及内地通过税都很高，加起来超过茶价本身，因此欧陆各国就把从中国进口来的茶叶，通过沿海走私活动，转售到英国。英国曾透过加强查缉走私与轻度减税的方式来对付这一现象，收效不大。

几经思虑，年轻的首相庇特（William Pitt）在1784年向国会提出新的立法，并且获得两院通过，是为"折抵法案"（The Commutation Act）。依据此一法案，茶叶税总共约减收90%，因此大大降低了市场上的茶价。然而当时英国政府岁入的三分之一原本来自茶叶税，这也意味着财政收入的减少。政府当然无法承受这种损失。因此在减收茶叶税的同时，开征一种名为"窗户税"（window tax）的新税。其论点如下：喝茶不是维持生命所非做不可的事，一个人有能力喝茶，表示他至少拥有些微财产，或者说拥有房舍。既有房舍，必有窗户。减收茶叶税的目的是避免走私，结果将使国库遭受损失。因此，应该由有能力喝茶的人来分摊这笔损失。做法是把全部政府减收的数目除以全国的窗户总数，得到一个基数；此一基数乘以家户所拥有的窗户数目就得出该户人家应该分摊缴纳的窗户税。聪明的台湾人一定说，那我就把窗户封死好了！的确有人这么做，但不多，因此英国政府能以窗户税的收入弥补减收茶叶税所造成的损失，"折抵法案"也就获得原先设计时所想要的效果。

于是，当欧陆的公司从中国把茶叶运回欧洲时，他们发现不再能够卖给英国的走私者。出口中国茶叶不再有利可图[①]，对欧洲大陆的公司当然是沉重的打击，出口茶叶量快速下跌，他们只好淡出中国贸易。（参考表二）

表二　英国及其他外国贸易家自广州出口之茶叶数量的比较

（单位：担；1担=133.3英磅）

贸易年份	1776—1780	1786—1790
英国东印度公司	210,207（31%）	774,386（67%）
法国、荷兰、丹麦及瑞典	488,372（69%）	322,386（28%）
美国	尚未加入广州贸易	52,184（5%）
合计	698,579（100%）	1,148,645（100%）

资料来源：H. B. Morse, *The Chronicles of the British East India Company trading to China*（Oxford: Oxford University Press, 1926—1929），vol. II. p.118.

荷兰东印度公司失去此一获利管道，财务窘况也就雪上加霜。另一方面，茶价在英国下跌，英国人民普遍有能力买茶来喝，英国进口中国茶叶的数量也就水涨船高，使得英国东印度公司成为中国贸易中睥睨群雄的外国商务机构。英国购买很多中国茶叶，其资金来源也就严重不足，于是英国便透过"港脚贸易"来筹措现金，弥补这个缺口。然而，英国东印度公司并不自己经营港脚贸易，他们让印度当地居民及不属于公司的

---

① 因为到十八世纪时，世界上咖啡的生产增加、欧洲进口得比以往多，售价也变得比以往低廉。欧陆人士不但觉得咖啡比较好喝，也喝得起。

英国公民来操作这个贸易。方法是将棉花及鸦片由印度运到中国，售与中国商人，所取得的现金或债权移转给英国东印度公司的广州商馆，由公司商馆开立支付凭证或汇票给当事人，让他们在印度或在伦敦兑现。从印度来的港脚商人，从中国出口极少的商品，至多也不过是一些糖果之类的东西而已。所以移转给公司的债权相当高。这样一来，英国东印度公司就不用自备现金。

（二）亚洲人所经营的亚洲内部跨国贸易、沿岸贸易及岛际贸易的商品

综上所述，在十八世纪末以前，欧洲人直接介入亚洲内部贸易的情况尚属有限。可是讲述十七、十八世纪亚洲海上贸易史的人都太强调欧洲人的角色了，以至于我们往往有一个印象，好像说欧洲人来了以后，亚洲人自己经营的贸易就衰落了。其实不是这样，而是我们对这一部分的历史研究不多、认识不多。造成这样的误解，有一个原因是学者太过于倚重欧洲人所建立、所留下来的文献。我们在此引用一段非洲史学者，同时也是"跨文化贸易史"研究的提倡者柯丁（Philip D. Curtin）的看法如下：

> 1.亚洲以及欧洲的历史学家们，一直都得利用欧洲文献来做研究，因为在我们所拥有的描述亚洲商业的材料当中，这些材料最好；甚至连欧洲人没有直接参与的那部分贸易亦复如是。
>
> 2.有关这几百年中海洋亚洲的历史文献传达了一个印象，那就是欧洲人就是指导、支配贸易的动态因素，并且可

能也从事当中大部分的交易。即便说在十七世纪初年，英国人及荷兰人确实有办法有效地支配销往欧洲的香辛料贸易，到了致使前往地中海地区的香辛料商队实质消失那样的程度，在十八世纪以前，其实不是那样，某种（将亚洲贸易）转成"欧洲人的时代"的那种过渡世纪尚未来临。[1]

这也就是说，在十七、十八世纪期间，存在着一个在地的亚洲人贸易网络，甚至好几个这样的网络，与欧洲来的闯入者所建立的网络并驾齐驱。然而，如同柯丁所指出的，只有欧洲人留下来有系统的资料，所以所有的历史故事都用这些资料来建构。不用说，这样重建的历史是不完整的。一方面，作为亚洲的历史学家，我们不能忽略英国、荷兰、瑞典、丹麦、法国等所藏的资料；另一方面，我们如果不设法开发亚洲自己的文献的话，很多疑问还是无从获得解答，而完整的真相无从建立。我们现在就开始花一些时间来描述亚洲人所经营的亚洲内部跨国贸易、沿岸贸易及岛际贸易，并且顺便举几个例子以供参考。

首先，我还是要借用他人的研究来开始。以下的引文是位于吉隆坡马来亚大学（Universiti Malaya）的Mohammad Raduan bin Mohd Ariff教授研究苏禄海地区的一些发现，他说：

> 1750—1850年间，【以和乐（Jolo）为中心的苏禄地区】销往中国的主要项目就是真珠、玳瑁、海参、珠母贝、鱼翅、燕窝、蜡、樟脑、肉桂、胡椒、藤以及黑檀。这些东西体积、重量并不大，可是价值高，而且商人的获

---

[1] Philip D. Curtin, *Cross-Cultural Trade in World History*（Cambridge: Cambridge University Press, 1984），p. 158.

利空间很大。中国帆船出口到此一地区的则有中国所制造的物品，诸如瓷器、砖瓦、丝绸衣物、黑白棉布、薄细棉布、印花棉布、铜器、熟铁、武器弹药、米、糖、植物油及猪油。①

"制造的物品"除外，亚洲人（中国人）所交易的商品可以分成四个范畴，即海洋产品、森林产品、农产品以及文化性商品。

海洋产品放到后面再说，先来看看另外三个范畴的东西。

森林产品包括了苏枋木（苏木，英文有sapanwood、Brazilwood、logwood 等种种叫法）、沉香（名目很多，英文叫作aloeswood或eaglewood）等等。主要为熏香料（incenses）、香辛料（spices）、药材（materia medica）及染料（dyes）。

农产品当中，稻米最属重要。缅甸的亚拉干（Arakan）、暹罗、越南、菲律宾群岛、台湾以及印尼群岛的毕马（Bima）都是主要供应者；至于中国大陆和摩鹿加群岛则是主要输入者。其他农产品如儿茶（catechu、gambier）等等，因时因地而异，但很容易辨认。

至于说到文化性商品，那是指在特定文化熏陶下，拥有那种文化的人才消费的东西。我们在此举两个例子：一是线香和纸钱。当华人移居海外时，也带着他们原乡的信仰，敬佛拜祖需要线香、金银纸。若当地没有生产，则由祖国进口。以台湾为例，台湾一直到日据初年都不自行制造金银纸，因此由福建石码进口。日据之初，日本人禁止这种东西进口，南台湾

① "The Sulu Sea（1750—1990）: The Regionalism of National Histories," paper presented in 13th IAHA（Tokyo, 1994）.

才开始制造。所谓"台南帮"的创始人之一的吴修齐夫妇，年轻时即以贩售金银纸为生。不过，线香倒是很早就在台湾生产，台南有一家很有名的线香店叫作"曾振明"，从康熙年间就已经开业，道光时还在。当时台南府城有一条街，还叫作"曾振明街"呢！另一个例子则是儿茶。儿茶的主要用途有二：一是用来当鞣革剂，也就是软化皮革并且为皮革染色；另一用途则是包到槟榔里咀嚼。我们注意看人家吐槟榔渣，不是每一个人吐出来都是红色、赭色的汁渣，只有吃加料槟榔的人才会吐出那样的东西。吃槟榔所加的料，多时可包含荖叶、蜃灰（石灰）、儿茶及冰片（龙脑），连槟榔本身总共有五种成分。台湾人卖槟榔，通常不加冰片，太奢侈了。包槟榔时，石灰与儿茶事先混合好，将槟榔切开，用刀子涂上石灰及儿茶的混合物。也就是这种混合物产生赭红色的效果。清代中国大陆的人也吃槟榔，不加儿茶。东南亚居民则都加儿茶，所以儿茶又叫作"槟榔膏"。这只有东南亚文化有，所以也可以算是一种文化性商品，在马来、印尼世界曾经有过广大的市场。

现在我们回头花多一些篇幅讲海洋产品。本文开头提到过乔都立和他的"印度洋"概念。他还在其名著一开始，就提到燕窝与海参两项海洋产品。其实，这两样东西也可以当成是"文化性商品"。乔都立说：

从新几内亚还有从西兰海域（the Ceram Sea）的阿卢群岛（the Aru Islands）运过来的燕窝与海参，是很多人垂涎的佳肴，也是华人以外的人群所不能欣赏的东西。①

---

① K. N. Chaudhuri, *Trade and Civilisation in the Indian Ocean*（1985），p. 21.

海参这种东西，英文有两种叫法：一是"海蛞蝓"（sea slug），听起来很恶心；另一是"海黄瓜"（sea cucumber），听起来口感相差很多。英文也用法文的叫法，把海参称作 bêche-de-mer，法文听起来很美，好像很有学问，不过事实上 bêche 的意思却是英文的"grub"，因此 bêche-de-mer 翻译成中文就成了"海蛆"，更恶心了吧。再说日本人怎么说吧。日本人把处理过、熏干的海参称作"煎海鼠"（iriko），把海参看作海鼠，听起来都没有海参高贵。马来人把海参叫作 trepang。

　　新几内亚是座大岛。西半部是一个独立国家，东边比较小的一半称作 Irian Jaya，属于印度尼西亚共和国。Irian Jaya 以及位于它西海岸外的阿卢群岛（印尼文写作 Kepulauan Aru），都距离印尼世界的行政中心与商业大城巴达维亚十分遥远。然而早在十八世纪，以爪哇岛为主要活动地区的印尼华人，就来到阿卢群岛，为的是搜集海参。华勒斯（Alfred Russell Wallace），他是达尔文（Charles Darwin）的同时代人，可能是演化论的首创者，曾经花了六年的时光在印尼诸岛猎取动物的标本。他在 1857 年时也来到了阿卢群岛。他很惊讶地发现：当适合贸易的季节开始时，华人就来到该地，暂时住在那里。他们穿着白色的衬衫和蓝色的裤子，干净整洁。他们是头家，他们是商人。他们来从阿卢土著的手上购买海参！华勒斯也发现当地有华人的坟墓，墓碑是从新加坡运过来的。于是他询问土著：华人何时开始来到阿卢购买海参？不用说，没有任何土著说得出来确切的时间。他们回答说，早在他们的父亲、他们的祖父在世时，华人就已经来到阿卢了！换言之，早在十八世纪末以前，为了追逐海参，华人已经光临这遥远的阿卢群岛。①

华人会跑到那么远的地方购买海参，无疑是因为在中国方面有着强大的需求，而从事此业有着很不错的利益可得。那么，究竟打从什么时候开始，中国人开始食用海参呢？这很难说吧。我们或许可以推断，中国人食用海参的时间，大约在十六世纪中才开始，同时也可能是中日之间贸易接触的结果。就法律层面来说，十五世纪及十六世纪前面三分之二的期间，明朝实施海禁，中国人不许下海营生。不过，铤而走险，违禁下海的人显然也不会彻底消失。走私者的目的地之一为日本，特别是九州的离岛。在1567年海禁解除之前，前往东南亚的中国帆船比较少。虽然说东南亚地区已经有一些华人移民定居在该地，但是除了权充东南亚国家的朝贡使节团成员的场合外，他们也不会前往中国。再者，日本人早就食用海参，而东南亚人并没有食用海参的传统。既然如此，华人从日本人那里学会食用海参的可能性应该比较大吧！前面提过，十八世纪初以后，日本因为银、铜不足以应付出口，要求华商以出口"裱物"（tawara-mono）作为替代物，其中包含了干海参，可见得日本人亦早早就开始大量食用海参。日本人擅长处理海味，海参又多产于鄂霍次克海、日本海，应该也是"北前船"② 的重要商品吧。

张燮的《东西洋考》前面已经提到过，在该书卷一至卷

---

① 李若晖（Louise Lavathes）说华人因为捞捕海参，因此早早就到了澳洲。这个说法，如果将时间点定在郑和下西洋之时，恐怕不可能。澳洲地近阿卢，时间应在十八世纪吧。

② "北前船"主要往返于北海道与大阪之间，于诸多商品之外，也将大量海带运到大阪，作为日本料理汤头的基础。大阪之所以成为日本的"天下的厨房"（天下の台所），与此甚有关系。

六记录了当时中国贸易商船所造访的各个邦国，记录其形胜、贸易及物产，然而不管是物产还是贸易商品当中，都还没有海参这项东西。相反地，不到两百年之后，有一位名叫谢清高的人却记录了许多亚洲生产海参的地点。谢清高花了十四年的时间（1782—1795），搭乘欧洲人的船舶，造访过世界上许多地方，包括亚洲临海的许多港市，他也去过欧洲。他所指出的海参产地很多，举几个来说，至少包括了暹罗、宋卡、丁加奴、锡兰、打冷莽柯（Travancore）、马英（Mahé）、唧肚国（Kathiawar）等等。后面两个地方都在西部印度洋。他既然观察到亚洲海域有这么多地方产海参，于是就下了一个结论说，亚洲海域的任何地方都出产海参了。事实上，他也发现在苏辣（即苏拉特）及孟买（Bombay，今称Mumbai）都有人在交易海参。更令人惊奇的是，他发现在呢咕吧拉（尼克巴尔群岛，the Nicobar Islands）也有华人从吉德（吉打，Kedah，在马来半岛西岸）到那里采集海参！尼克巴尔群岛位于东部印度洋的主要群岛安达曼群岛（the Andaman Islands）稍南，中国古代文献称为翠蓝屿，安达曼群岛古代称为裸人国。两处群岛虽然位于航道上，但位置偏僻，文化落后，可是华人为了采集海参，竟然也到了这样的地方。所以，当我们看到华勒斯记载十九世纪时阿卢群岛有中国商人前去搜集海参时，也就不用感到意外了。

乔都立说华人是唯一消费海参的人群，或许还应该加上日本人。不过，即便是华人，在十六世纪初欧洲人出现于东亚海域之前，可能还不太认识海参这种东西。然而，就在往后两百年之内，海参产业已经让华人的足迹踏遍大部分亚洲海域，甚至于到达人迹罕到的地方。同时，他们也教会了不同地方的土著熏制海参的技术，所以阿卢群岛的人在非贸易季就采集、熏制这种东西，静待季风带来华人贸易商。采购海参，让华人延展了他们的航道、扩大了他们的贸易网络。采购海参的华人所到之处，经常也是欧洲人的活动空间，但是后者并不参与这项产业，至多只是为了财政，而将他们的触手伸进来罢了。

许多著作都常提到海参，可是很少有学术性的专著来探讨，特别是其贸易以及因为这项贸易而出现的贸易网络。就个人所知，前面提到过的马来亚大学倒是有一本博士论文研究马来西亚的海参产业，可是重点放在当代的生产，而非历史上的行销。这本论文用马来文书写，对非马来世界的人而言，也用不上。既然中国人食用大量海参，则近代初期由海参产业所形成的贸易网络便是一个重要而有趣的议题。它涉及了亚洲人在欧洲势力介入后，自行开发出来的新商品、新贸易网络，与南亚及东南亚的亚洲内部跨国贸易、沿岸贸易以及岛际贸易都有所关联，应该加以重视。

海洋产品当中，燕窝也是一个值得重视的东西，同时也应进一步再加以研究。我看过两篇很有趣的文章。一篇是包乐史（Leonard Blussé）写的，题目叫作《赞美商品：论跨文化贸易当中的燕窝》[1]；另一篇是台湾"中央研究院"民族学研究所的蒋斌写的，题目叫作《岩燕之涎与筵宴之鲜——砂劳越的燕窝生产与社会关系》[2]。两篇文章的重点都摆在生产关系，

[1] Leonard Blussé "In Praise of Commodities: An Essay on the Cross-Cultural Trade in Edible Bird's Nests," in Roderich Ptak et al. eds., *Emporia, Commodities and Entrepreneurs in Asian Maritime Trade, c. 1400—1750* (Stuttgart: Franz Steiner Verlag, 1991), pp. 316—335.
[2] 蒋斌，《岩燕之涎与筵宴之鲜——砂劳越的燕窝生产与社会关系》，收在张玉欣编，《中国饮食文化学术研讨会论文集：第六届》（台北市："中国饮食文化基金会"，2000），第383—425页。

对因为燕窝交易而形成的贸易网络，包乐史的文章谈得多些，指出燕窝产地与华人贸易网络的联结，但未多加申论；蒋斌的文章则不大谈贸易网络。因为燕窝的故事和海参差不了太多，在此便不赘言。我只是要指出，在类似海参与燕窝这类的议题上，如果能下功夫研究，或许能进一步深入探讨近代初期亚洲人贸易网络的发展吧。

只要一个地方生产海参或燕窝，那里就会有华人活动。他们经常以商人的身份出现，更胜于以生产者的方式。他买下当地生产者所能供应的所有产品，好像在中国市场的需求永远无法饱和一样。他们提供给南亚、东南亚的居民新的工作机会，也为统治当地的政权带来新的租税收入。而对我们来说，要平衡近代初期亚洲贸易由欧洲人主导的这种观点，海参及燕窝所构成的贸易网络实在是很值得切入探讨的题材！

在结束有关贸易商品的叙述之前，且稍稍提一提前面略过的亚洲的制造品。如同前面的引文提到过的那样，中国出口瓷器、丝绸之类到亚洲其他地方；可是另一项大量的制造品——印度棉布——通常都被认为只销到东南亚和西亚。其实日本也辗转进口一些，同时中国也有相当数量的进口。徐光启就曾经观察到印度棉布要比中国自身所产的棉布更细致！另一方面，学术界都只注意到印度棉布在亚洲具有广大的市场，甚至于有一位印度史的专家还说，从好望角到日本，整个亚洲，所有的人都穿戴着由印度织机拿下来的布匹。这当然不对。在十四世纪的时候，也就是元、明之交，中国棉布已经长足发展，绝大多数的中国人如果穿着棉衣，一定是本国的产品。更应该注意的是，中国也出口棉布到亚洲其他地方。

中国棉布最早卖到韩国及日本，十八世纪初《恰克图条约》以后也卖到俄国。然而，在东南亚世界，中国棉布也有一定的市场。稍早我们已经提及松江棉布。松江棉布在西方文献中称为"nankeen"，也就是南京棉布，经常出现在十八世纪以后的西方文献，因为欧洲贸易公司或殖民统治者往往从中国出口松江棉布，运到他们的各处据点，以供制造军服之用。中国棉布质地比较厚，既保暖又耐穿，适合缝制军服。

不过，另外一种更加粗糙的中国棉布也早在十六、十七世纪时，甚至于更早之前，就已经出口到东南亚地区。由于研究亚洲贸易网络当中之棉布市场的人，大多数是欧美学者，一向认定亚洲贸易中的棉布都是印度棉布，因此欧洲东印度公司早期文献当中的"cangan"这种商品，就被当成全都是印度的织物。几乎所有的诠释者都说"cangan"是印度科罗曼德尔海岸的粗制棉布。多年前，我在仔细阅读中译本的《巴达维亚城日记》时，发现至少在东亚所交易的"cangan"其实大多直接来自中国。

传统说法指出"cangan"这个词来自原产地科罗曼德尔海岸的土语。由玉尔（Henry Yule）等人所编辑的*Hobson-Jobson*这本英文外来语辞典，专门提供来自印度、东南亚及中国等语源的词汇，可是在该书中却找不到"cangan"这个词条或相关的说法。我个人认为"cangan"一词不是源出于假定的原产地科罗曼德尔海岸，而是源出于消费它的东南亚，特别是印尼、马来世界。马来语称单匹的布匹为"kain"，这个词重复一次，变成"kain-kain"，就成了布匹的集合名词。而"kain-kain"应当就是"cangan"的字源。印尼、马来世界对布匹十分讲究，品质高、花色俏丽的布匹经常用于宗教性、政治性或社会性的仪式当中，并且也作为传家之宝（heirloom），因此这类布匹都有特殊的专有名称。但是粗糙的、日常穿的、普通人家使用的布匹就是布匹，因此只用集合名词来叫，那也就是"kain-kain"了。

"cangan"的品质粗糙，价格也相当低廉，东南亚的一般居民也有能力消费。菲律宾群岛地区进口相当多，特别是吕宋岛的北部。华商经常造访这些地方，拿"cangan"与土著交易。这些"cangan"的产地极可能是中国，而且不是产于长江三角洲的松江棉布，大概是福建、广东沿海地区所生产的土布。福建及广东在明朝时，从长江三角洲一带进口很多棉花，在十八世纪以后又从印度的孟买及孟加拉大量进口，用来织作土布，当地使用之外也用于再出口。所谓的"cangan"应该就是这种东西。

十分有趣的是，一直到十九世纪初期，在一本英国人编写的《贸易指南》[①] 当中，我们还发现了以下的事实：菲律宾居民惯用中国粗棉布的历史持续得非常久。现在属于菲律宾的苏禄群岛（the Sulu Islands）在当时尚无铸币，通货使用sanampoory、cangan与cowsoong。sanampoory只是一个虚拟的名称，四个单位的sanampoories换取一匹六英寻（fathoms）长的cangan；cowsoong又名nankeen，也就是松江棉布，每四单位的sanampoories可换一匹四英寻长的cowsoong。该《贸易指南》还说：cangan"是一种粗糙的中国棉布，用于支付商品的对价，认定为相当于西班牙银元一圆"。相对之下，松江棉布应该是指品质较为细致的中国棉布了。这项记载显示在苏禄群岛一带，中国棉布是当地人的交易媒介，但也当成实物使用。

---

① William Milburn, *Oriental Commerce* （London: Black, Parry & Co., 1813）, p. 424.

cangan这种东西，在部分菲律宾群岛，一用就长达四五百年！在亚洲内部跨国贸易、沿海贸易与岛际贸易之中，cangan的确扮演过少许角色，这是我们在重建亚洲贸易网络的历史时不可忽视的一项讯息！

（三）离散社群（diaspora）与贸易网络

贸易网络经常还涉及所谓"离散社群"的问题。这个所谓的"离散社群"与海外华人或华侨，乃至于他国的侨民有很大的关系。他们的存在，对贸易网络的构成有不小的贡献。

"离散社群"的英文"diaspora"这个词，源自希腊文，本来是用来讲纪元前犹太人被虏掠到巴比伦的"巴比伦大监禁"（the Babylonian Captivity）。研究非洲土著的人类学家首先使用这个词中所隐含的"脱离故国"的含义来建构一种概念，用来说明跨文化、跨部族的贸易网络的形成方式。研究非洲的历史学家柯丁借来建构他的跨文化贸易理论，带进了"文明世界"的历史。对柯丁而言，随着农业的发明，"离散社群"就已出现，而随着工业时代的开始，"离散社群"也就逐步消失。他认为"离散社群"的概念与贸易网络的概念没有什么差别。那么，请问：什么是"离散社群"呢？

"离散社群"是一种嵌入寄居地社会的暂时性或永久性的聚落，对寄居地而言，"离散社群"的成员都是外地人或外国人，皆是他族而非我族。"离散社群"之内的居民，拥有自我认同的文化，独立于寄居社会之外。来自同一原乡或者同一国度的人，可能在不同的异乡建立起一个个的"离散社群"。"离散社群"的成员，一方面保存了原乡的文化，另一方面也学习寄居地的部分文化，特别是当地语言，因此他们能充当在地人与新从原乡来的人之间的沟通桥梁和贸易媒介。同一原乡的人，在不同的异乡分别建立"离散社群"。这些分散开来的"离散社群"因为分享相同的原乡文化，所以不难串成一条条跨越空间的人际网络；用于贸易，就组成了人际关系的贸易网络。单一的"离散社群"提供服务给新从原乡来的人，也提供同样的服务给来自由同乡所建立的另一个"离散社群"的成员。原乡有时与"离散社群"失去联系，或者根本消失不见，都不会影响由"离散社群"所构成的网络的运作。

举例来说，多年前王赓武先生写了一篇文章，叫作《没有帝国的商人》，实际上讲海外华人的贸易网络。在近代初期，中国人若出国而不随原船返航、居留他乡异地，则永远不能回国。另一方面，明、清政府也不支持华人在海外建立殖民地，原则上不会向海外华人伸出援手。因此，对照于欧洲人所建立的亚洲贸易网络，背后总有强大的帝国在支持，居留地的成员拥有返国的权利，住在"离散社群"的华人虽然可以接待自祖国来访的商人，自己却回不了国，得不到祖国的关爱，所以他们是一群"没有帝国的商人"，他们的贸易网络是一种自然形成的网络，不是一种有计划、有组织的贸易网络。

事实上，就近代初期的亚洲贸易家而言，不只华商是"没有帝国的商人"，其他民族亦复如是。不同的亚洲贸易家都在亚洲境内建立"离散社群"，形成贸易网络。例如，前面很早就提过的亚美尼亚人、祆教徒以及犹太人，他们在很多港口都建立起"离散社群"；又如印度的坦米尔人就在苏门答腊的亚齐、马来半岛的马六甲等地拥有"离散社群"聚落；十七世纪上半叶，日本人在越南会安、菲律宾马尼拉、暹罗大城（阿犹地亚，Ayutthaya）等地拥有其"离散社群"日本町（Nihomachi）；华人在爪哇有"八芝兰"
（pecinan），在马来世界有"中国村"（kampung cina），
在马尼拉有"涧内"（parian），这些都是他们的"离散社群"。同样地，马来人与武吉士人也在东南亚各地岛屿拥有
"离散社群"聚落。马六甲是一个极为有趣的地方，因为它
根本就是一个由数个"离散社群"联合组成的港市，周边住
的才是在地的马来人。

　　"离散社群"不只是商人的居所，它也吸引来自原乡的
其他职业的人，或者招致他们前来。王大海（《海岛逸志》的
作者）便是一例。他被招聘到爪哇教书，后来入赘于爪哇三宝
垄（Semarang）的富商家中，最后跑回中国，一去不复返。另
一方面，久居"离散社群"的人也可能与在地女子成亲，哺育
后代，因此"离散社群"中也充满了混血的一群。例如马尼拉
的mestizo、爪哇的peranakan和马来世界的峇峇（baba）和娘
惹（nyonya）。华人与当地居民也诞育了一些混血后代，称作
"土生仔"或"土生团"。混血者及其父亲们往往是在地跨文
化贸易的最佳媒介人物。

三、文化交流

　　不论是因为暴露在异邦文化的人群中，还是因为与土生
仔母亲的一方做文化上的抗衡，住在"离散社群"里的人，都
必须靠着原乡的文化来强化社群的自我认同。即便祖国的政权
不关爱他们，他们还是可以从祖国或其他的同民族"离散社
群"获得文化商品的补充，借以维持或丰富其所执着的文化

要素。十九世纪海峡殖民地（马来半岛附近一带的槟城、马六甲与新加坡）的华人，不断地向广东订制所谓的"娘惹窑器"（Nyonya wares），可说是一件有名的个案。

然而贸易"离散社群"的存在就是要与别的民族进行贸易，为了沟通上的需要，或多或少都得学习一些对方的语言与文化，因此文化的交流终究不可避免。峇峇与娘惹就是一个显著的例子。所谓的峇峇与娘惹，就是父亲的一方为华人、母亲的一方为马来人，双方结合所生下来的子女。这样的家庭，其家庭语言系以马来文为基础，掺入一些华文语汇，构成其"母语"（mother tongue）；饮食也以马来食物为主，因为主持中馈的毕竟是马来人妈妈。然而在其他方面，则以华人文化为主，表现在物质文化上的，就是向中国订购各种家具及摆设。造访一位十九世纪的峇峇家庭，往往看到屋内吊挂着汉字对联，书写工整、辞义典雅，而家屋的主人却一个字也不识得。这是文化认同或是华人文化行礼如仪的缘故。当然，峇峇家庭内部也有互相调适、相互涵容的地方，从而产生出折中的文化。例如，前述的"娘惹窑器"，基本形制都是广东瓷器，但其设色和图案却专属于峇峇、娘惹的一群人所有。

进一步来说，彼此并不互相通婚，只是相互贸易往来的人群间，也会发生文化的交流，并且还将交流的结果传回原乡，再被原乡文化吸收，成为原乡文化的一部分。举一个例子来说。当葡萄牙人到日本、中国澳门等地进行贸易的时候，因资金不足，往往以葡萄牙人惯有的"海事保险借贷"（respondencia）的做法向当地人借贷。所谓"海事保险借贷"是指一种借贷方式，贷入款项的一方拿这笔钱来租船、办货，出海进行贸易。借出钱的一方，以一个航行来回向贷款者收取本利，其利率水准通常高于一般的借贷；不过，贷款者只在船舶安然返航时才归还本利，若遭事故不能返回，则借出款项的金主不能主张其权利。在这样的安排下，"海事保险借贷"也就具有保险的功能了。完全使用自己的钱去租船办货，一旦船只失事，全部的资金都付诸流水。如果部分资金采用"海事保险借贷"，虽然要付出高额利息，但也分摊掉一些风险。显然就海事贸易而言，"海事保险借贷"是一种很有创意、很具理性的做法。

于是，近代初期的亚洲海洋贸易家们就抄袭了葡萄牙人"海事保险借贷"的做法。荷兰人称之为"bottomrij"、英国人称之为"bottomry"、日本人称之为"投银"或"抛银"，都读作"nagegane"。中国人也学到这种做法。那么，中国人怎么叫这种"海事保险借贷"呢？答案是"海利"或"水利"。广东人称为"海利"，台湾人称为"水利"，后面的叫法与埤圳这类灌溉设施完全不相干。

在制度上，也还有多种现象可以观察。例如，在《诸蕃志》《岛夷志略》《星槎胜览》《瀛涯胜览》等十五世纪以前的中国文献中，提到东南亚地区的公用度量衡，通常会提到"婆兰"或"播荷"（Bahar），那是印度的量词（unit）。可是十六世纪以后的欧洲文献，却经常提到pikul（picul）、kati（catty）、tahil（tael），拼写略有出入，其实其内容就相当于中国度量衡当中的"担""斤""两"。这一方面说明了十六世纪以后，华人在东南亚的影响力取代了印度人，另一方面也说明了华人在东南亚世界的商业活动中扮演积极角色，从而使得中式度量衡成为普遍接受的用法。

当然，文化互动是双向的。我们不能老是以为中华文化高于周边国家。谁高谁低，其实很难说。况且，朝贡使节的往来其实对文化交流的贡献很少，因为那是仪式性的、表象式的。真正从事往来的，其实以商人为主，以水手为主。而其间文化性的自我防卫比较少，交流的目的出于实用或者无心插柳，自然成荫。所以我们看到波斯人的"nakhoda"制度，通行于全亚洲，成为中国人的"船主"或"出海"；马来人的"abang"成为中国船上的职司"亚班"或"阿班"。另一方面，汉语当中的"公司"变成马来字根"kongsi"，成为好几个字的构字基础。再回来提一提张燮的《东西洋考》卷九《舟师考》吧。在这一部分，张燮经常提到两种海洋地形"坤身"与"老古"。"坤身"在现在的台湾写成"鲲鯓"，可能来自越南文，意指沙洲；"老古"我们写作"硓𥑮"，源出于阿拉伯文，意思是珊瑚礁。这些名词不只是名词，背后还隐含着一些与海洋活动相关的知识。

四、结语

一位英年早逝的荷兰社会学家梵勒（Jacob van Leur）在二十九岁时写了一篇论文，获得了莱登大学的博士学位。这篇论文在1954年被译成英文，收录于他的书中，书名为《印度尼西亚的贸易与社会》。虽然说书名单独点出"印度尼西亚"，梵勒倒认为他的论点适用于全部的东南亚社会。他主张：在现代资本主义，也就是工业资本主义降临之前（十八世纪末以前），亚洲的海洋贸易拥有一个"历史常数"（historical constant），虽经欧洲人的侵入，也不受影响。他所谓的"历史常数"指的是亚洲人自己经营的海洋贸易,并且这个海洋贸易的特色就是一种由"小本经营的贸易"(peddling trade)所构成的。本钱不厚,载货不多的小贩们,共乘一船,在港口与港口间从事小规模的贸易。我们可以同意:近代初期的亚洲海洋贸易的确有许许多多的小商人参与,特别是在沿岸贸易与岛际贸易上是如此,而亚洲境内贸易当中也常出现搭船贸易的小商人。可是梵勒只见其小,不见其大,他竟然忽视了每一艘贸易船上通常都有一"船主",为他自己或代表他的雇主经营大规模的交易。不过,如同前面所言,在欧洲人到达东亚之后,一直到十八世纪结束以前,亚洲内部各层次的海洋贸易不但没有消失,反而还有新的发展。这点,梵勒的看法还是极为可取的。

由于欧洲人留下有系统的历史文献,并且向善意的读者开放,且学术界当中,能利用欧洲语文的人比能使用母语之外其他亚洲语文的人多,因此不管是欧洲学者还是亚洲学者,都倾向于利用欧洲文献来重构亚洲的历史图像。然而梵勒早就提醒研究者,欧洲文献是一群站在堡垒里面、站在船舱甲板上向外观察者所得到的记录,既不客观,且不周延。如果只凭借这样的记载来重建历史,难免会落入"以欧洲为中心"的思维。我们也发现,利用欧洲文献的好处虽然很多,但不在欧洲人观察范围内的史实,就无法被找出来加以重建与认知。这是为什么过去的研究都认为欧洲人来到东亚以后,亚洲人就退到历史舞台幕后的原因吧。想一想,当时有多少欧洲人到东方来呢?以十七世纪的台湾为例,当时住在台湾的汉人有好几万,当地居民人数更多,而荷兰人却只有一千出头。然而,当我们参观台北"故宫博物院"在2003年举行的台湾特展时,我们却只能看到不多的台湾当地居民、少数几个汉人，好像十七世纪台湾的历史就是片断的荷兰史，或者是荷兰殖民地史。是这样吗？历史的真相真的是如此吗？不是的。只是学者若不用尽各种办法去均衡地重建一个时代的历史，而只是贪图方便，或是缺乏反省能力，那就不免落入同样的谬误了。在近代初期的亚洲贸易网络中，参与者不只是欧洲人，也不只是华人。如何去开发更多的议题，寻找更多的文献，特别是当地文献，应该才是正确认知历史事实的不二法门。

此回修订，将原本收录于第一版的三篇英文文章全数改写为中文。① 此外之其他各篇则只做了些微的订正。相关的现代学术研究成果颇为丰硕，难以遍览。笔者虽然努力阅读，失之交臂者亦必不少。本书所收虽旧作，当时皆曾用心，略可供读者批判。保存旧貌，幸望细心读者指正。

原为2005年1月22日在日本大阪大学的演讲稿，此据英文稿本改写。

---

① 《十七世纪日本的丝割符制度与中日间的生丝贸易》《1760—1833年间中国茶叶出口的习惯做法》《"旧中国贸易"中的不确定性——广东洋行福隆行的个案研究》。

谈熙宁十年注辇与三佛齐入贡中国事

——关于地华伽啰（Deva Kulottunga）

前言

注辇为南印度的一个国家。其作为一个政权存在的时间，约当公元850至1278年间。这个国家以坦焦耳（Thanjavur）为首都，以那伽八丹（Nagapattinam）为首要的港口。在罗荼罗乍（Rajaraja I，在位：984—1014）、罗阇印陀罗（Rajendra I，在位：1014—1044）与地华伽啰（Deva Kulottunga I，在位：1070—1118）三个名王统治时期，盛极一时，拥有南印度大部分的土地，曾经数度向中国朝贡。

三佛齐为东南亚的一个国家。这个国家在七世纪末出现时，中国文献称为"室利佛逝"；九世纪末以后，"室利佛逝"一名不再出现于中国载籍，但对其原来占有的地方，中国人给了"三佛齐"这样的一个国名。十九世纪末以前，学术界对"室利佛逝"与"三佛齐"的认识，无法超出中国文献的记载，对于它是怎样的国家，是同一个政权还是两个相续政权，也都没有清楚的了解。然而，经过不断的努力，在二十世纪初，学者已能证明"室利佛逝"与"三佛齐"正是同一个国家，并且以梵文Sri Vijaya（吉祥胜利）作为它的国名。在其盛

世，它拥有苏门答腊岛的东岸与马来半岛的南段，而影响力则
超出这个范围。[①] 无论是在"室利佛逝"还是在"三佛齐"阶
段，它都曾断断续续地遣使到中国朝贡。

依据《宋史》的"三佛齐"条及"注辇"条的记载，注
辇与三佛齐适巧在北宋神宗熙宁十年（1077）都遣使入贡。更
巧的是因为所提到的人物颇为雷同，大陆学者戴裔煊等人因此
怀疑《宋史》可能有误。大致上，戴裔煊一方面认为两个朝贡
事件的关键人物，也就是派出使节团的人"大首领地华伽啰"
与"国王地华加罗"应该是同一个人，因为名字很接近；另一
方面却因为一个是三佛齐的"大首领"，另一位却是注辇的国
王，既然分别为两个不同国家的领袖，则不得不怀疑这两位不
会是同一个人。面对这样一个奇怪的现象，他指出了《宋史》
有"注辇役属于三佛齐"的说法，同意注辇与三佛齐有相互依
属的关系，确认地华伽啰与地华加罗为同一人。但是，对于
"注辇役属于三佛齐"的记载，他认为是宋朝人弄错了两国的
关系，做了错误的判断，在仪节上给了注辇较低的待遇。因为
就在十一世纪初注辇才征服过三佛齐，注辇应该比三佛齐强，
应该是"三佛齐役属于注辇"才对。

戴裔煊的论证努力，值得赞许。但是他所依据的文献，
太过偏重中文材料。他本人对三佛齐与注辇历史的认识可能也
不够充分，只能在中国文献中打转，结果是治丝益棼，未能建
立真正的理解。本文的目的就在于结合中外的文献与研究，厘
清这个问题，并且借此介绍这两个东南亚与南亚的重要国家在

---

① 虽然学者已考订室利佛逝即三佛齐，也就是 Sri Vijaya，但是相关的文
献有时候却用"Kadaram"或近似的文字来称呼这个国家。"Kadaram"指的应
该是该国在马来半岛的部分，或在马来半岛的主要港市。至于其确切的地点，
请参考本文第四节。

十一世纪时期的相互关系，并说明这两个国家在宋代国际贸易上的地位。

一、熙宁十年注辇与三佛齐的联合使节团

首先，我们先抄录《宋史》的"三佛齐"与"注辇"条有关此次进贡事件的文字。"三佛齐"条云：

> 熙宁十年，使大首领地华伽啰来，以为保顺慕化大将军，赐诏宠之，曰："吾以声教覆露方域，不限远迩，苟知夫忠义而来者，莫不锡之华爵，耀以美名，以宠异其国。尔悦慕皇化，浮海贡琛，吾用汝嘉，并超等秩，以昭忠义之劝。"[1]

"注辇"条云：

> 熙宁十年，国王地华加罗遣使奇啰啰、副使南卑琶打、判官麻图华罗等二十七人来献豌豆、真珠、麻珠、瑠璃大洗盘、白梅花脑、锦花、犀牙、乳香、瓶香、蔷薇水、金莲花、木香、阿魏、鹏砂、丁香。使副以真珠、龙脑登陛，跪而散之，谓之撒殿。既降，诏遣御药宣劳之，以为怀化将军、保顺郎将，各赐衣服器币有差；答赐其王钱八万一千八百缗、银五万二千两。[2]

---

[1] 《新校本宋史》，第14090页。
[2] 同上注，第14098—14099页。

这两条记载都是讲熙宁十年外国进贡之事。"三佛齐"条说是该国"使大首领地华伽啰来"。史笔简略，不免令人误以为"大首领地华伽啰"亲自率领这个使节团。事实上并非如此，后文所引述的戴裔煊的文字即证明了"判官麻图华罗"才是该团的代表人物。该条同时也指出，宋朝封给大首领地华伽啰的名号是"保顺慕化大将军"，并且"赐诏宠之"。然而该使节团呈进何种贡品，该使节团的成员为何，还有宋朝赏给他们个人的名号与财物如何，该条全部只字未提。

"注辇"条则明确地说"国王地华加罗"并没有亲自来中国，而是派遣了"（正使）奇啰啰、副使南卑琶打、判官麻图华罗等二十七人"组团来朝贡，朝贡团举行过"撒殿"的仪式。几位主要使节分别被赐予"怀化将军"与"保顺郎将"等名号，但未提到另外颁赐名号给"国王地华加罗"，只答赐他一些财物。这样的讯息其实隐含着宋朝人确实认知"大首领地华伽啰"与"国王地华加罗"本为一人，所以没有重复赐予名号的必要。

比较下来，除了"大首领地华伽啰"与"国王地华加罗"的名字极为接近，同时也都发生在熙宁十年外，"三佛齐"条与"注辇"条的记载内容极少重复。原因很简单：宋朝人确知这个使节团是个"双重使节团"，同时代表注辇与三佛齐，从而把同一回朝贡的事实分割写到不同的条目里。

将"大首领地华伽啰"与"国王地华加罗"认定为同一人，戴裔煊还有更强的依据。他根据《重修广州天庆观碑记》，首先论证"地华伽啰"这个人在熙宁十年以前就以三佛齐人士的身份和中国发生过朝贡关系。他说：

这个碑是宋神宗元丰二年重九日（1079年10月6日）三佛齐地方大首领地华迦啰捐资修复广州天庆观落成时，住持何德顺所立。……

根据《重修广州天庆观碑记》，三佛齐地主都首领地华伽啰在宋英宗治平年间（1064—1067）就已经遣亲人至啰啰押舶至广州。至治平四年（1067）又遣思离沙文来，熙宁元年（1068）回国；二年又来，又回国；三年又遣亲人来，又回去了。在这以后，相隔了七年，到熙宁十年（1077），遣判官麻图华罗来奉贡，正式具章奏，并申明捐资修天庆观事。得到朝廷的嘉许，封地华伽啰为保顺慕化大将军。……①

戴裔煊把得自《重修广州天庆观碑记》的资料加到《宋史》"三佛齐"条所记载的熙宁十年三佛齐入贡事以后，也发现该年三佛齐与注辇的进贡都是地华伽啰（地华迦罗、地华伽啰）派遣的。既然地华伽啰同时为注辇与三佛齐的统治者，那么，两国之间的相对关系如何呢？孰强孰弱？哪一国为上国，哪一国为附庸呢？

从《宋史》"三佛齐"条记录赐予统治者名号及诏书，"注辇"条却着重在使节方面，已经隐隐约约地看出《宋史》的编者或宋朝人士是认定三佛齐的地位是在注辇之上。《宋史》"蒲甘（今缅甸）"条更明确地透露出这样的讯息：

蒲甘国，崇宁五年（1106），遣使入贡，诏礼秩视注辇。尚书省言："注辇役属三佛齐，故熙宁中敕书以大背

___
① 戴裔煊，《宋代三佛齐重修广州天庆观碑记考释》，《东南亚历史论丛》第二集（广州：中山大学东南亚历史研究所，1979），第105页及第118页。

纸，缄以匣襆，今蒲甘乃大国王，不可下视附庸小国。欲如大食、交趾诸国礼，凡制诏并书以白背金花绫纸，贮以间金镀管篅，用锦绢夹襆缄封以往。"从之。①

崇宁五年讨论对待蒲甘国的礼仪问题时，提到了熙宁年间的案例，坐实当年确实以低于三佛齐的礼秩来对待注辇。（虽然这个使节团同时代表两国，可是有些仪式显然是分别举行的。）

宋朝把注辇当成是"役属（于）三佛齐"的"附庸小国"，就宋朝对待朝贡国家的礼仪，给予比大食（阿拉伯）、交趾（越南）为低的待遇，亦即低于三佛齐的待遇。换言之，宋朝宫廷认为三佛齐是注辇的上国。戴裔煊同意地华伽啰是三佛齐地主都首领（大首领），同时又为注辇国王，因此他的遣使虽然被分别记录在三佛齐与注辇之下，其实是同时发生的一件事。可是，另一方面，针对宋朝宫廷分别给予三佛齐与注辇两国的特定待遇而言，戴裔煊就认为宋朝人弄错了。他认为注辇是大国，不可能是三佛齐的附庸，因为注辇曾经征服过三佛齐。②

没错，根据前引《宋史》各条记载，在熙宁十年的入贡事件中，注辇确实是被当成地位下于三佛齐一等的"附庸小国"。但是，宋朝人当时并没有弄错！宋神宗熙宁十年时，宋朝政府的确有理由以三佛齐之附庸的地位来对待注辇。关于这点，我们稍后再来证明。在此先总结一下熙宁十年两国使节入

---

① 《宋史》，第14087页，"蒲甘"条。

② 同上注，第122页。所谓注辇曾经征服三佛齐这件事，也就是1025年左右注辇从海路而来，征服三佛齐属下各港市这件事。相关的研究很多，暂不列举。

贡的史实。

　　依我个人的看法，熙宁十年三佛齐与注辇两个使节团其实是同一个，都是地华伽啰派遣的，并且同时代表注辇与三佛齐两个国家。因为《重修广州天庆观碑记》提到"判官麻图华罗"是代表三佛齐都首领而来的，而《宋史》"注辇"条却说注辇的使节为"奇啰啰、副使南卑琶打、判官麻图华罗等二十七人"，也包括了麻图华罗。而"注辇"条所提到的注辇使节团中的"奇啰啰"其实也可以看作是《重修广州天庆观碑记》所提到的长期代表三佛齐都首领地华伽啰的"亲人至罗罗"。两个使节团的成员至少有部分重复，因此可以看作是个双重使节团。宋朝政府对待此一双重性质的使节团的赏赐是：给三佛齐的大首领地华伽啰"保顺慕化大将军"的头衔，并颁赠诏书；又以赏赐注辇国王的名义，给他"钱八万一千八百缗、银五万二千两"。至于在场的使节则既有财物赏赐，又有头衔的颁给。值得注意的是：针对同一个人的赏赐却完全没有重复！

二、历史谜团的答案

　　在上一节，我们肯定地说在熙宁十年的场合，北宋政府有理由把注辇当成是三佛齐的附庸小国。我们也说，当年的使节团既代表三佛齐，又代表注辇。可是，我们并没有否认戴裔煊所说的：注辇是当时的大国，而且曾经征服过三佛齐。注辇既然征服过三佛齐，而不是三佛齐征服过注辇，为何我们说宋朝政府以三佛齐的附庸国地位对待注辇是有理由的呢？为什么不是反过来说三佛齐是注辇的附庸呢?

这个问题的答案牵涉到十一世纪时,南亚与东南亚两大政权的错综复杂的关系。直接的答案却很简单:那就是地华伽啰是三佛齐的王子,因为王室联姻的关系,在1070年继承了注辇的王位。因为同时是两国的统治者,所以可以派出一个使节团(或部分成员相同的两个使节团),同时代表两个国家。不过,因为他本人以三佛齐统治者的身份去统治注辇,因此让宋朝政府官员有注辇隶属于三佛齐的印象。

答案很简单,故事却很复杂。且让我们从十一世纪注辇作为海上大国一事说起。

十一世纪初,跨世纪的注辇国王称为罗荼罗乍,他在印度次大陆与锡兰四处征战,把注辇变成南印度的大国。他的首要港口那伽八丹吸引许多外国商人前来做生意,而本国人(坦米尔人)也前往三佛齐属地做生意。注辇国的基本宗教信仰为崇信湿婆(Siva)及毗湿奴(Vishnu)的印度教(Hinduism),可是他采取了宽容的政策。拜此政策之赐,获益最大的就是已在发源地北印度失势的佛教。

佛教的源生地在北印度。可是在吉慈尼(Ghanzi)① 入侵之后,佛教就已绝迹。不过,在十世纪以前,佛教早已传布到马来半岛及其以东,包括中国在内的地方。佛教虽然在北印度销声匿迹,但印度是佛教创生地的信念却在佛教徒心中屹立不摇。到印度从事佛教礼拜仍然是佛教徒难以磨灭的愿望。注辇国包容而且护持佛教,使印度仍然可以成为佛教徒朝圣的去处。

三佛齐就是一个信仰大乘佛教的国家,他的王室也到南印度兴造佛寺,而注辇国王则加以护持。

---

① 在今阿富汗境内。

罗茶罗乍在位期间，三佛齐国王思离朱罗无尼佛麻调华（Sri Culamanivarma-deva）请求在那伽八丹建立一座佛教丛林（vihara），称为"朱罗无尼佛麻丛林"（Culamanivarma Vihara）。罗茶罗乍应允，并且布施了一个名叫Anaimangalam的村落给这个佛教丛林，把一切的租税徭役的征收权赐给它，用为丛林的维持与僧众的供养。这整个佛教丛林花费许多时间才完成。落成时，注辇国王已经换成罗阇印陀罗，而三佛齐的王位也由摩罗毗阇瑜藤伽跋摩（Maravijayottungavarman，即《宋史》所载的思离麻罗皮）继承了。不过，一切的布施仍然照旧。

显然罗阇印陀罗对三佛齐并没有特别的恶意，可是在1025或1026年时，他却发起了一场海军远征，攻陷了三佛齐大部分的港市。[①] 虽然如此，注辇军队并没有在三佛齐的领土上停留很久。三佛齐很快地恢复自主，而且继续成为东南亚的海上大国。它也与注辇维持友好的关系，而注辇国王对"朱罗无尼佛麻丛林"的布施与护持也未曾改变。

其后注辇王朝与三佛齐的关系是：在罗阇印陀罗的一个儿子毗罗罗阇印陀罗（Vira Rajendra）在位的第七年（1069）的碑文，记载了第二度征服三佛齐之事。有关此碑文内容，既有的研究都提到毗罗罗阇印陀罗"取得三佛齐，赐予俯伏于其装饰美丽的脚板前的国王"。彼之远征当为1069年或者稍稍前面进行的吧。俯伏于其脚板前的国王究竟是谁？不得而知。[②]

---

① 有关此次远征的背景或动机，讨论得很多。远征的记载主要为"大莱登铜版文书"。相关史事可参考K. A. Nilakanta Sastri, *History of Sri Vijaya*（University of Madras, 1949）等文献。

② 以上参考辛岛申，《シュリーウィジャヤ王国とチョーラ朝——一一世纪イント·东南アジア关系の一面》，收在石井米雄、辛岛申、和田久德编著，《东南亚アジア世界の历史的位相》（东京：东京大学出版会，1992），第12页。

　　罗阇印陀罗当国王一直当到1044年，这以后他的几个儿子依序继承了注辇的王位，但皆不永年。① 到了1069或1070年，我们却看到另一回注辇攻击三佛齐的事件！更奇怪的是，战争结束后，三佛齐王子地华伽啰却成了注辇的新国王，并且也同时成为注辇西邻遮娄其（Chalukya）东部的统治者。他的在位时间为1070至1118年。

　　关于1069或1070年注辇攻击三佛齐事件的来龙去脉，史料记载的确不多。不过，至少可以确定的是地华伽啰确实原来是三佛齐王子。这也由本文前一节的考证证实。因此，失落的历史环节给我们留下广大的想象空间，配合间接证据，我们做如下的推断：

　　在第一次远征三佛齐之后，注辇很快地撤军。毕竟要跨越印度洋东部统治另外一个国家不是一件简单的事情。然而，它可能没有空手而回。除了虏获金银财宝之外，三佛齐的国王可能与注辇国王联姻，娶了罗阇印陀罗的女儿注辇公主为后。这个联姻所生下的王子就是地华伽啰！在1069年左右，先后继承罗阇印陀罗的诸子都去世了，该谁来继承王位，一时出现争议。于是地华伽啰便因血统的因素提出继位的主张。而在南印度方面，罗阇印陀罗虽无直系的继承人，不免有旁系的争位者吧。这位争位者于是派遣海军攻击三佛齐，并且招致失败，于是地华伽啰顺利地入主注辇。

　　地华伽啰在继承注辇王位之前，中国文献称之为三佛齐"大首领"或"地主都首领"，南印度文献称之为三佛齐王子。显然，他是以王子的身份治理三佛齐。依照东南亚古代

────────────

　　① 细节见V. Balambal, *Studies in Chola History*（Delhi: Kalinga Publications, 1998）。

国家的习惯，他当时的头衔"大首领"或"都首领"其实就是"副王"（uparaja）。[1] 在他以副王名分治理三佛齐时，已经数度派遣亲人至啰啰等到中国朝贡，并且捐钱修建广州天庆观。在他继承注辇王位后，还惦记着这件事。因此，熙宁十年注辇与三佛齐的入贡，仍然以至啰啰为正使，同时代表两国。至啰啰是三佛齐人，中国人当然知道。他以三佛齐人的身份兼做两国代表，无论如何，是要向宋朝政府提出合理解释的。于是，他报告了三佛齐王子出任注辇国王的这个事实，而宋朝皇帝与官员当然也就得到"注辇役属三佛齐""附庸小国"的印象了。针对至啰啰所代表的三佛齐，宋朝以对待大国的方式处理，封给大首领地华伽啰"保顺慕化大将军"荣衔和"大将军"的名号。至于针对至啰啰也代表的注辇，宋朝则以"附庸小国"待之，只封给使节"怀化将军""保顺郎将"荣衔和低于"大将军"的"将军""郎将"等名号。

三、朝贡的目的

明太祖（在位：1368—1398）时制定有名的"朝贡贸易"政策，规定"有贡有市，无贡无市"，以朝贡为外国人获准在中国贸易的必要条件。然而，在此以前，外国对中国的朝贡与贸易，通常是各自分开的，至少不是非得合并举行不可。

宋、元时代，海上国家遣使到中国朝贡，一般的说法是为

---

① 陈国栋，《宋、元史籍中的丹流眉与单马令——以出口沉香到中国闻名的一个马来半岛城邦》，收入本书。

了借助与中国的交往，树立本国在邻邦中的地位；另一方面也是为了贸易。不过，与在明代"朝贡贸易"体制下贸易由使节团的随员进行的情形不同，宋、元时代前来中国朝贡的使节团通常不进行贸易。与其说他们遣使是为了贸易，不如说他们是借诸进贡，把本国的商品介绍给中国人罢了。

我们只以十一世纪为限，看一下注辇与三佛齐贡使所呈献的礼物清单。先看一下注辇这个国家。《宋史》"注辇"条记该国的物产为：

> 地产真珠、象牙、珊瑚、颇黎、槟榔、吉贝布。兽有山羊、黄牛。禽有山鸡、鹦鹉。果有余甘、藤罗、千年枣、椰子、甘罗、昆仑梅、婆罗蜜等。花有白茉莉、散丝、蛇脐、佛桑、丽秋、青黄碧娑罗、瑶莲、蝉紫、水蕉之类。五谷有绿豆、黑豆、麦、稻。地宜竹。①

可以当成出口商品的就是"真珠、象牙、珊瑚、颇黎（玻璃）、槟榔、吉贝布（棉布）"。然后我们看一下该国历次贡使所呈献的礼物。

注辇第一次向中国遣使是在罗茶罗乍在位期间。北宋真宗大中祥符八年（1015）九月，派遣侍郎娑里三文（Sri Samanta）、副使蒲恕、判官翁勿、防援官亚勒加等来贡。三文等人"以盘奉真珠、碧玻璃"走进金銮殿，陈列在皇帝的座位前。② 其进贡表文说：

---

① 《宋史》，第14095页。
② 同上注，第14096—14097页。

谨遣专使等五十二人，奉土物来贡，凡真珠衫帽各一、真珠二万一千一百两、象牙六十株、乳香六十斤。

此外，三文等使节又奉献真珠六千六百两、香药三千三百斤。[①]

这里提到的贡品，分别有真珠、玻璃、象牙、乳香和其他香药。前三者数量颇多，正是南印度的特产。乳香产于阿拉伯半岛与非洲东岸，是透过印度洋西部贸易而得到的。也可能是经过三佛齐时采买的。其他香药则为印度和东南亚的产品，往往集中于三佛齐，也可能是在该地搜集的。进贡乳香与其他香药，纯粹是为了投其所好，以取悦中国皇帝。

第二回进贡是在明道二年（1033）或景祐元年（1034），注辇在位的国王为罗阇印陀罗一世（《宋史》记为"尸离啰茶印拖啰注啰"，即Sri Rajendra Chola）。他派遣了"蒲押拖离等以泥金表进真珠衫帽及真珠一百五两、象牙百株"[②]。贡品虽不丰厚，但全都是南印度特产。

再下一回的朝贡则是熙宁十年的事件了。这一回的贡品为"豌豆、真珠、麻珠、瑠（琉）璃大洗盘、白梅花脑、锦花、犀牙（犀角、象牙）、乳香、瓶香、蔷薇水、金莲花、木香、阿魏、鹏砂、丁香"[③]。看来种类繁多，其中真珠、麻珠、琉璃大洗盘、象牙等显然为南印度所产。其余大部分的贡品则是在三佛齐搜集的国际贸易商品了。这也反映了该使节团分别代表两个国家的事实。

三佛齐在北宋初年就已开始进贡。但是《宋史》并未完

① 《宋史》，第14098页。
② 同上注，第14098页。
③ 同上注，第14099页。

056

全加以记载。戴裔煊根据李攸《宋朝事实》卷十二《仪注二》说，由宋朝开国（960）至英宗治平年间（1064—1067）三佛齐大首领地华咖啰派遣亲人至啰啰来中国奉贡以前，三佛齐派遣使者来中国总共就有十六次之多。① 《宋史》"三佛齐"条则提到熙宁十年以后，三佛齐还有贡使前来。其文云：

> 元丰（1078—1085）中，使至者再，率以白金、真珠、婆律、熏陆香备方物。广州受表入言，俟报，乃护至阙下。天子念其道里遥远，每优赐遣归。二年（1079），赐钱六万四千缗、银一万五百两，官其使群陀毕罗为宁远将军，官陀旁亚里为保顺郎将。毕罗乞买金带、白金器物，及僧紫衣、师号、牒，皆如所请给之。五年（1082），广州南蕃纲首以其主管国事国王之女唐字书，寄龙脑及布与提举市舶孙迥，迥不敢受，言于朝。诏令估直输之官，悉市帛以报。②

这大概是十一世纪结束前的最后几次交往了，虽然元丰五年的事很难说是朝贡，但也因孙迥上闻，而为朝廷所知。这里提到三佛齐通常以"白金、真珠、婆律、熏陆香"作为贡品。其中白金，即银子，为国际贸易通货；真珠为南印度所产；"婆律"即龙脑，也叫作冰片，为苏门答腊岛西北部所产，产地并不属于三佛齐管辖；熏陆香为乳香的别名，前面已经提到过了。三佛齐本身虽无特产，但是因为是海上贸易的十字路口，亚洲各地的商品在那里集散，因此贡品内容虽不具本国特

---

① 戴裔煊，《宋代三佛齐修广州天庆观碑记考释》，第113页。
② 《宋史》，第14090页。

色，却可以反映本国在国际贸易与交通上的重要地位。

总之无论是注辇还是三佛齐，其向中国朝贡，就贸易的目的来说，只能透过贡品的呈献介绍本国商品而已。真正的贸易事务仍得交给商人去进行。至于说突显本国在邻邦的地位，注辇与三佛齐本身都是区域性大国，应该没有这方面的必要。不过，注辇与中国的外交往来，正好只发生在三大名王统治时期，我们或许可以说，在他们治下，注辇追求某种向外扩张的政策吧。

四、注辇、三佛齐与中国之间的船运与贸易

关于贸易的事情，需要稍微再细谈一下。首先得说的是，亚洲船运的地理性结构变化。十世纪的阿拉伯作家 Mas'udi（卒于956年）在所著的《黄金牧地》（*Muruj al-Dhahab*）一书中有如下的记载：

（在回教纪元264年，亦即877—878年以前）来自巴斯拉（Basra）、栖拉甫（Siraf）、阿曼（Oman）、印度、阇婆格群岛（Zabaj，爪哇、苏门答腊及马来半岛南段），以及占城（Sanf，今越南中圻）的船只，带着他们的商品、他们的货物前往广府（广州）的河口。随后（这些贸易家）由海上到达箇罗（Killah，亦即Kalah）境内，这差不多是前往中国的半路。现在，这个城镇正是来自栖拉甫和阿曼的伊斯兰教船舶的终点。在那里，它们与从中国下来的船只相遭遇，以前可不是这样

啊！……这些贸易家接着便在箇罗城换搭中国船只以便前往广府的港口。①

说明了九世纪以后，中国船主导箇罗以东的船运。箇罗（Killah），也拼作Kalah，一说为今名Kedah、中文作吉礁或吉打的城市；亦有主张在稍北或更南的，但都认为应在马来半岛西岸。关于这点，Kenneth R. Hall的主张或许很值得参考。他认为十一世纪中叶以前，阿拉伯方面的来船，以Takuapa（大瓜巴）为终点，其后则下移至吉礁。这一带地方阿拉伯人都以"Kalah"呼之。②

从九世纪末开始，中国船西行以箇罗为终点的情形，在十二世纪中有了变化。最后的结果是：中国船将航程延展到南印度西海岸的故临这个港市。在1225年著成的《诸蕃志》卷上"南毗国·故临国"条讲到故临其实为南毗之属国。"其国最远，番舶罕到"，说南毗【即马拉巴儿（Malabar），今印度喀拉剌（Kerala）省】离中国很远，外来船（"番"是"外来"的意思，此处之"番舶"显然包括中国船）很少前至这里。该书接着又提道：

---

① 转引自John S. Guy, *Oriental Trade Ceramics in South-East Asia: Ninth to Sixteenth Centuries, With a Catalogue of Chinese, Vietnamese and Thai Wares in Australian Collections*（Singapore: Oxford University Press, 1986），p. 13。

② Kenneth R. Hall and John K. Whitmore, "Southeast Asian Trade and the Isthmian Struggle, 1000—1200 A. D.," in Kenneth R. Hall and John K. Whitmore eds., *Explorations in Early Southeast Asian History: The Origins of Southeast Asian Statecraft*（Ann Arbor: Center for South and Southeast Asian Studies, The University of Michigan, 1976），p. 307.

土产之物，本国运至吉啰达弄、三佛齐。①

引文中之"吉啰达弄"应该就是Kalah（即Kedah）。Kedah在梵文中称为 Kadaram，读音与吉啰达弄相近。依赵汝适的认知，到十三世纪初的时候，中国船前往南毗的还不多。文中也说南毗以吉啰达弄和三佛齐为转口港。

如果赵汝适的认知正确，中国船延航至故临，或常川前往故临靠港，应该是十三世纪初年以后的事情。不过，他所了解的或许只是泉州出航船的情形吧。因为1178年时，周去非已经明确指出故临是中国船常往的地方。

周去非《岭外代答》卷三"航海外夷"条云：

大食国之来也，以小舟运而南行。至故临国，易大舟而东行，至三佛齐国，乃复如三佛齐之入中国。②

同书，卷二"故临国"条云：

……中国舶商欲往大食，必自故临易小舟而往。③

故临，一称俱蓝（Quilon或Kulam），就在印度西岸、南毗境内。因为十二世纪后半叶时，故临已经是阿拉伯船的主要终点港，因此周去非也说"其国有大食国蕃客寄居甚多"④。

---

① 冯承钧校注，《诸蕃志校注》（台北：台湾商务印务馆，1986），第32页。
② 周去非，《岭外代答》（上海：商务印书馆，1936），第32页。
③ 同上注，第23页。
④ 同上注。

赵汝适也说"大食人多寓其国中"①。

即使周去非的观察不能确定中国船完全支配故临以东的海运，至少也可以证明中国帆船在十二世纪时延航至故临的也已经不少了。这是南印度西海岸的情形。至于东岸注辇人的根据地呢？注辇的首都为坦焦耳，首要港口为那伽八丹，同属卡维利（Kaveri）河流域。《诸蕃志》"注辇国"条云："欲往其国，当自故临易舟而行；或云蒲甘国亦可往。"② 换言之，所确定的走法是先到故临，再从故临（换当地船？）转到那伽八丹。至于经过蒲甘（缅甸）前往的路径，赵汝适只是听说，未能证实。由以上的描述，我们可以想象：十二世纪以后，中国船前往故临的已经不少。中国商人虽有前往南印度东海岸的那伽八丹者，但要经过换船转运，可能不是很常有吧。但是注辇在十一世纪对中国的遣使，多少也有一些效果。元代汪大渊《岛夷志略》"土塔"条就记录了：

> 居八丹之平原，木石围绕，有土砖甃塔，高数丈。汉字书云："咸淳三年八月毕工"。传闻中国之人其年旼（？贩）彼，为书于石以刻之，至今不磨灭焉。土瘠田少，气候半热，秋冬微冷。俗好善。民间多事桑香圣佛③，以金银器皿事之。④

"八丹"即指那伽八丹；"咸淳"为南宋度宗的年号，三年即

---

① 冯承钧校注，《诸蕃志校注》（台北：台湾商务印书馆，1986），第32页。

② 同上注，第35页。

③ 桑香圣佛，Sangam，印度教神祇。

④ 苏继庼，《岛夷志略校释》（北京：中华书局，1981），第285页。

1267年。当年有中国商人到那伽八丹，立了那段铭文。这也证明1267年以前确实有中国人到那里进行贸易。

无论如何，中国船在十二世纪往西延航以后，选择造访的主要南印度港口是西岸的故临，而非东岸的那伽八丹。这一方面是因为季风与航向的便利，另一方面则是因为故临所在的马拉巴儿为胡椒产地的缘故。胡椒从十二、十三世纪以来，开始成为中国的主要进口品。如果中国商人需要注辇的特产，可以就便在故临或回航途中必经的三佛齐采买，不是太有造访那伽八丹的必要。

至于中国商人前往三佛齐，根本不在话下。注辇与三佛齐的商人当然也可以搭乘中国船前往中国进行贸易。文献上相关的记载很多，毋庸在此引述。

五、结语

注辇进贡（与中国维持外交往来）与故临成为亚洲世界的换船港这两件事，促成了中、印之间较稳定的长期接触，特别是国与国之间的往来，在元代以后仍然继续。虽然到明初以后，由于商品需求和供给两方面的改变，中国商人已不再前往印度，可是南印度与中国还是维持着外交上的关系。明成祖即位之初，西洋及注辇还是前来朝贡，成祖遣人报聘，开启了郑和七下西洋的壮举。明代前期所谓的西洋，若指国家的话，实际上是指南印度的西海岸，阿拉伯人及西方人称为马拉巴儿海岸，现在属于喀拉剌省的地方，故临就在那里；所谓"西洋琐里"的"琐里"即是"注

辇"（Chola）的异译，"西洋琐里"指南印度的东海岸，
阿拉伯人称之为马八儿（Ma'abar），欧洲人称为科罗曼德
尔海岸（Coromandel Coast）①，而现在属于坦米尔那度省
（Tamilnadu）的地方。

因为南印度与中国维持着外交上的往来，明成祖在为帖木
儿（Timur）侵扰中国一事烦心时，或许也获知帖木儿也侵袭
北印度，从而考虑加强与南印度的关系，以便抢到战略上的优
势。或许是在这样的考量下，郑和奉使下西洋。虽然郑和七下
西洋，所去的地方从占城（越南中圻）、爪哇、苏门答腊、马
六甲、南印度，一直延伸到非洲东岸；可是他原初几次奉使的
主要目标还是南印度的东、西两岸。

至于马六甲这个地方，则在郑和第三次奉使之后被选为他
的舰队分綜及会船的地点。此时马六甲刚刚开始建国，得郑和
之助得以免除来自北方的大城（Ayutthaya）王国的威胁，迅速
发展成为控制马六甲海峡的重要国家，填补了三佛齐解体以后
的位置。马六甲的兴起，使它成为亚洲海域东、西船运的会合
点：印度及其以西的船舶，原则上以止于该地为常；中国及其
以东的船舶，原则上也到了该地就不再续航。双方来船在马六
甲会船与交易商品。就作为一个转口港的地位来说，马六甲一
如三佛齐时代的巴邻庞；然而在三佛齐时代，中国船原来还走
出马六甲海峡，到箇罗与西方来船会合（九至十二世纪），后
来更前进到故临（十二至十四世纪），在那里与阿拉伯船交换
商品与乘客。在马六甲兴起以后，无论是船运或是交易，都以

---

① Coromandel就是Chola Mandala，即注辇人的国度之意。参考Henry
Yule and A. C. Burnell, *Hobson-Jobson, The Anglo-Indian Dictionary*（London:
Wordsworth, 1996），pp. 256—258。

它为转口港了。

马六甲的盛世维持一个世纪多。1511年葡萄牙人攻下它，亚洲世界的海上贸易从此以后有了革命性的改变。不过，回到那以前五百年，我们看到注辇、三佛齐与中国之间的密切往来，对中间五百年亚洲海上贸易的定性，不得不说是一件值得大书特书的事。

原刊于《南洋学报》第五十六卷（2002年12月），第17—29页。

宋、元史籍中的丹流眉与单马令

——以出口沉香到中国闻名的一个马来半岛城邦

现今泰国南部的大城那空是贪玛叻（Nakhon Si Tham-marat），位于马来半岛中段东岸，北纬8°29′，在克拉地峡（Kra Isthmus）附近。地理大发现以后到达东方的欧洲人将之称为"Ligor"，明、清时代的中国人将之称为六坤、陆坤或洛坤（坤有时也写作昆）。宋、元时代南亚和东南亚，以梵文为主的文献，记录其当时的地名为 Tambralinga。因其统治者的称号中有"Sri Dharmaraja"（吉祥法王）一语，同时也称为 Nagara Sri Dharmaraja（吉祥法王城）。今称 Nakhon Si Thammarat，即由 Nagara Sri Dharmaraja 转化而来。

以 Nagara Sri Dharmaraja 为都城的 Tambralinga 为一个传国久远的城邦（国家）。这个城邦的范围，大致介于现在的赤野（一作斜仔，Chaiya）与北大年（一作大泥，泰文"Pattani"，马来文"Patani"）之间。从泰国速古台（Sukhothai）王朝以降，它以 Nakhon Si Thammarat 之名，作为整个马来半岛的权力中心，在"十二生肖城"（"the Twelve Naksat Cities"）制度下，成为马来半岛其他十二个城邦的共同领袖，代理北方的泰人王朝统治马来半岛。[1]

---

① 伯希和（Paul Pelliot）著，冯承钧译，《交广印度两道考》（台北：台湾商务印书馆，1966），第75—76页。

这个 Nagara Sri Dharmaraja 或 Tambralinga 应该就是宋、元文献中的"登流眉"与"单马令"。过去的学者已有这样的主张，但学术界始终未能就此说法做一定论。本文的目的即在综合过去的研究成果，配合新接触到的中外文献，进一步肯定此一论点，并且探讨这个城邦在宋、元进口贸易史上的重要地位。

一、关于"登流眉"

有关"登流眉"的原始记载有两个来源。其一是该国在北宋真宗咸平四年（1001）遣使入贡，在官方留下有关记载，从而成为部分著述的基础。其中，《宋史》将其国名写成"丹眉流"。首先，我们要证明"丹眉流"为"丹流眉"或"登流眉"的误写。

《宋史》卷四八九"丹眉流国"条云：

> 四时炎热，无霜雪，未尝至中国。咸平四年，国主多须机遣使打吉马、副使打腊、判官皮泥等九人来贡：木香千斤，鍮、鑞各百斤，胡黄连三十五斤，紫草百斤，红毡一合，花布四段，苏木万斤，象牙六十一株。
>
> 召见崇德殿，赐以冠带服物。及还，又赐多须机诏书以敦奖之。[1]

可能为《宋史》史源的《宋会要》则记为"丹流眉"。同一件

---

[1]　脱脱等撰，《宋史》（北京：中华书局，1977），第14099页。

事,《宋会要辑稿》"蕃夷七"则记为:

> (真宗咸平四年)七月三日,丹流眉国主多须机遣使
> 打古马、副使打腊、判官刳皮泥来贡。①

《宋会要辑稿》"蕃夷七"又提到十五年后(大中祥符九年,1016)的一项记事,但也还是用"丹流眉"这个国名:

> 四月二日,命礼仪院修四夷述职图。……
> 七月七日,秘书少监知广州陈世卿言:海外方国贡方
> 物至广州者,自今……每国使、副、判官各一人;其防
> 援官:大食、注辇、三佛齐、阇婆等国勿过二十人;占
> 城、丹流眉、渤泥、古逻、摩迦等国勿过十人,并来往
> 给券料。②

礼仪院修"四夷述职图"一事,系出于上一年直史馆张复的建议。宋代王栐《宋朝燕翼诒谋录》云:

> 大中祥符八年九月,直史馆张复上言:乞纂朝贡诸国
> 衣冠,画其形状,录其风俗,以备史官广记。从之。
> 是时外夷来朝者,惟有高丽、西夏、注辇、占城、三
> 佛齐、蒙国、达靼、女真而已。③

随后在1085年左右,庞元英的著作也还是把该国称为"丹

---

① 《宋会要辑稿》(台北:新文丰出版公司,1976),第7832页。
② 同上注,第7835页。
③ 收在"百川学海"(台北:新兴书局),第1290页。

流眉"。庞元英云：

> 主客司所掌诸番，东方有四……；西方有九……；南
> 方十有五。其一曰交趾……。其二曰渤泥……。其三曰拂
> 菻，一名大秦，在西海之北。其四曰住辇，在广州之南，
> 水营约四十万里方至广州。其五曰真腊，在海中，本扶南
> 之属国也。其六曰大食……。其七曰占城，在真腊北。其
> 八曰三佛齐，盖南蛮之别种，与占城为邻。其九曰阇婆，
> 在大食之北。其十曰丹流眉，在真腊西。其十一曰陀罗
> 离，南荒之国也。其十二曰大理，在海南，亦接川界。其
> 十三曰层檀，东至海，西至胡卢没国，南至霞勿檀国，北
> 至利吉蛮国。其十四曰勿巡，舟船顺风泛海二十昼夜至层
> 檀。其十五曰俞卢和，地在海南。……①

庞元英所著书为《文昌杂录》。依《四库全书提要》，
庞元英字懋贤，单州（今山东曹县）人，丞相庞籍之子。
于元丰末年官主客郎中，庞氏在该书"补遗"中云："余
自壬戌（元丰五年，1082）五月入省，至乙丑（元丰八年，
1085）八月罢。每有所闻，私用编录。"则所记为1082—1085
年间之见闻。易言之，到1085年时，政府档案中还是使用
"丹流眉"一名。

综合以上资料所见，《宋史》之"丹眉流"显然为"丹流
眉"之误。亦即只有"丹流眉"国，没有"丹眉流"国。

---

① 庞元英，《文昌杂录》。"学津讨原"，第十三集，第九册，1/2b—
4a。在庞元英任职主客郎中前十余年（神宗熙宁三年，1070），王应麟的
《玉海》记载说："是年八月丹流眉入贡。"（参考《宋会要辑稿》，第7841
页。）因此，庞元英所记的"丹流眉"一名正确性无可置疑。可惜《玉海》的记
载太过简略，而其他文献又完全未提及这个事件。

元初马端临的《文献通考》卷三三二"四裔考九""州眉流"条将该国记作"州眉流"，内容与《宋史》所记相仿。冯承钧认为马端临可能将"丹"当作"舟"，而又转写成与"舟"同音的"州"。① 因此仍应还原为"丹眉流"。换言之，"州眉流"是"丹流眉"的严重误写。

一般而言，除官方史书外，宋代文献大多很少收录有关海外邦国的事情。仅有的例外为来自市舶司的记录。如赵彦卫《云麓漫钞》"福建市舶司常到诸国船舶"条在提到一些海外国家时便云："如上诸国，多不见史传，惟市舶司有之。"市舶司之记录也就成为另一组撰述的主要来源。利用市舶司材料写成的作品，最重要的有赵汝适的《诸蕃志》和陈元靓的《事林广记》。

赵汝适为宋宗室，依清代李调元的说法，《诸蕃志》是赵汝适在福建市舶司提举任上（1225年）所完成的著作，除参考他人之撰述外，自然也利用了市舶司的档案。《诸蕃志》以"登流眉"来称呼"丹流眉"。其"登流眉国"条云：

> 登流眉国在真腊之西，地主椎髻簪花，肩红蔽白，朝日登场。初无殿宇，饮食以葵叶为碗，不施匕箸，掬而食之。有山曰"无弄"，释迦涅槃示化铜象在焉。②

《诸蕃志》的基本文义并不费解。唯一要指出的是所谓的"有山曰'无弄'"一句。在马来文中，"无弄"（gunung）本来就是山的意思。说"有山曰'无弄'"并没有指出那座

---

① 冯承钧校注，《诸蕃志校注》（台北：台湾商务印书馆，1986），第10—11页。

② 同上注，第1页。

山叫什么名字。马来半岛最出名的山是吉礁（Kedah）的吉礁峰，英文写作"Kedah Peak"；马来文正写作"Gunung Jerai"（榕树山）。然而除了吉礁峰外，马来半岛并不缺乏大大小小的山峰。[①]

较《诸蕃志》后出，完成于宋末（即十三世纪后半）的《事林广记》一书，卷八题为《岛夷杂识》。在其标题之下，特别以小字标出"此本符广舶官本"。其意不外是说本卷的记载与广东市舶司的档案资料是相符的。借诸特别标举出其与广东市舶司资料相符这点来加强其权威性。该卷"登流眉"条云：

> 登流眉属真腊，选人作地主。堆髻，缠帛蔽形。每朝，蕃主出座，名曰"登场"，众蕃皆拜。拜罢，同座交手抱两膊为礼，如中国叉手也。[②]

《诸蕃志》与《事林广记》记述的重点不尽相同，因为一个依据的是福建市舶司的材料，另一个是广东市舶司的记载。市舶司资讯的来源，除了可能得自使节团的陈述外，也应该包括采访自往来商人的描述。因此，与政府档案有所出入，亦属自然。

宋、元时代，提到"登流眉"但无细节描述的文献还有一

① Paul Wheatley, *The Golden Khersonese: Studies in the Historical Geography of the Malay Peninsula before A.D. 1500*（Kuala Lumpur: University of Malay Press, 1961），p. 65；参考郑资约，《东南亚地理志略》（台北：正中书局，1972），第147—148页，第264—266页。

② 陈元靓，《新编（群书类要）事林广记》，收在长泽规矩也编，"和刻本类书集成"（东京：汲古书院，1976）。

些。其中与沉香有关的记载（如《岭外代答》等书）留待在本文第四节再加以讨论。在此须先提出的为元代陈大震的《大德南海志》（约完成于1304年）。其"诸蕃国"条云：

> 真腊国管：真里富、登流眉、蒲甘、茸里、罗斛国。
>
> 暹国管：上水速孤底。
>
> 单马令国管小西洋：日罗亭、达剌希、崧古啰、凌牙苏加、沙里、佛罗官（安）、吉兰丹、晏头、丁伽芦、迫嘉、朋亨、□兰丹。①

《大德南海志》将登流眉列为真腊的属国。《诸蕃志》"真腊国"条亦将之列为真腊属国。后者又说真腊国的南境接三佛齐（古称室利佛逝，Sri Vijaya）的属国加罗希。加罗希即 Grahi，今之 Chaiya（赤野），并无争议。赤野位于那空是贪玛叻之北，《诸蕃志》说它是南方三佛齐的属国。而据《诸蕃志》"三佛齐国"条的记载，凌牙斯加（Langkasuka，即《梁书》之狼牙修，故城在今北大年附近之雅朗 Yarang）以南，几乎全为三佛齐之属地，如果以登流眉为 Tambralinga，则属于真腊之登流眉正好夹在两块三佛齐属地加罗希与凌牙斯加之间。Paul Wheatley 认为既然《诸蕃志》已经讲明真腊国的南境与加罗希（赤野）交界，则在加罗希以南不当再有真腊的属国。因此他认为登流眉不会是在那空是贪玛叻，必须是在

---

① 邱玄煜，《大德南海志大典辑本》（台北：兰台出版社，1994），第99页。引文中的"□兰丹"李长傅认为是"马兰丹"（Malantan），在苏门答腊岛。参考李长傅，《中国殖民史》（台北：台湾商务印书局，1990），第73—74页。

赤野以北某处。① 这个意见乍看起来很有道理，但不能完全否定 Tambralinga 为真腊之属国。因为从真腊到 Tambralinga 可以经由水路，联系上不成问题。那空是贪玛叻为暹罗湾的重要港口，可由"白血娘娘"（Lady White Blood）② 和泰国速古台（Sukhothai）朝 Luthai 王③ 有关的两个故事证明，因此其与真腊其他部分来往可以方便地使用海路。至于登流眉是否为真腊属国的问题，我们应该直接从历史事实去解决。关于这点，我们留到第三节再处理。

如果纯从读音上来说"Tambralinga"就是登流眉，大概很难令人接受。倒不如说是"丹眉流"还接近些。但从史源上来说，我们又不能否定"丹流眉"或"登流眉"才是正确的名称。无论如何，"丹流眉"或"登流眉"的读音与"Tambralinga"不甚接近的事实，也成为否定二者为同一地的论据。不少学者因此主张应于那空是贪玛叻之外去寻找另一个更可能是"丹流眉"或"登流眉"的地点。

Paul Wheatley 就曾指出 G. E. Gerini（著有 *Researches on Ptolemy's Geography of Eastern Asia*）曾将登流眉认定为十三、十四世纪之交暹罗文学作品 *Memoirs of Lady Revati Nobamas* 中的Taluma，而将之推定为博他仑（Phatthalung，一译高头廊）

---

① Paul Wheatley, op. cit., p. 65.

② A. Teeuw and D. K. Wyatt, *Hikayat Patani: the Story of Patani*（The Hague: Martinus Nijhoff, 1970），pp. 262—264. 有关"白血娘娘"的最新研究，请参考Lorraine M. Gesick, *In the Land of Lady White Blood: Southern Thailand and the Meaning of History*（Ithaca: Southeast Asia Program, Cornell University, 1995）。这个故事的详细内容见该书第84—86页。

③ Betty Gosling, *Sukhothai: Its History, Culture, and Art*（Singapore: Oxford University Press, 1991），p. 69.

附近某地或北大年南方的哆啰闽（Telubin）。①

Telubin是马来文地名，泰文称为 Sai 或 Saiburi。吴翊麟云：

> 据《新唐书》卷二二（当作二二二）下《单单传》：
> "单单在振州东南，多罗磨之西……"今北大年府之东
> 南，陶公【Narathivas（当作Narathiwat）】府城之西北，
> 沿海地方有柿武里（Saiburi）者，今为县，暹名而依闽南
> 方言译音，华侨又据亚语称该地曰哆啰闽【Teluban（当
> 作Telubin）】，《新唐书》之多罗磨即此地，亦明《武备
> 志》"航海图"之西港也。②

依此一说则《新唐书》之多罗磨＝哆啰闽＝Telubin＝
Saiburi，既在北大年之南，当然在那空是贪玛呐之南，依 Paul
Wheatley 真腊南境止于加罗希的主张，自然不可能是登流眉。
虽然多罗磨、哆啰闽与登流眉读音确实相当接近。不过，哆啰
闽其地迄今尚无重大考古文物发现或出土。征诸宋、元材料对
登流眉的记载，登流眉与中国必然有过相当繁盛的贸易，也就
应该有遗物可寻。个人也认为哆啰闽不可能为登流眉故地。

关于多罗磨，《新唐书》仅在卷二二二下，"列传第
一百四十七下·南蛮下""单单"条顺带提及而已。其文云：

> 单单，在振州东南，多罗磨之西，亦有州县。木多白
> 檀。王姓刹利，名尸陵伽，日视事。有八大臣，号八坐。

---

① Paul Wheatley, op. cit., p. 66。

② 吴翊麟，《暹南别录》（台北：台湾商务印书馆，1985），第200页。

参考 A. Teeuw and D. K. Wyatt, *Hikayat Patani: the Story of Patani*, p. 236。

王以香涂身。冠杂宝璎，近行乘车，远乘象。战必吹蠡、
击鼓。盗无轻重皆死。干封、总章时献方物。①

单单为马来半岛国家，《新唐书》说它在"振州【海
南岛】东南"，应作"西南"。这个方位认定的错误，可能
也影响它与多罗磨的位置关系。至于多罗磨的正确位置究竟
在何处，其实无法确定。事实上它可能不是今地哆啰闽，
而有可能就是宋、元文献中的登流眉。多罗磨或登（丹）
流眉所译的地名或许并不是Tambralinga，而是"Nagara Sri
Dharmaraja"中"Dharma"这个字的音。换言之，其实还是等
于 Tambralinga，也就是那空是贪玛叻。此凑巧与 Gerini 主张
登流眉也可能在博他仑附近的说法相合。这个说法的可靠性也
可以从 Tambralinga 在唐代时已以室利佛逝的属邦存在于马来
半岛版东湾（Bandon Bight）附近的事实得到旁证。②

将登流眉的所在认定在赤野以北的重要说法还有罗香
林的一个主张。他根据其学生韩振华的硕士论文《唐代贾
耽所述广州通海夷道考》，认为当在今下缅甸，而为"Tan
（a）Rahmy"或"Tan（a）Rahma"之对音。"Tana"为
马来语，意为"土角"（按：今马来文拼作tanah，意为"土
地"），"Rahma"则为地名。据阿拉伯人伊本霍达贝（Ibn
Khordabeh）的记载，Rahma 出产一种名为"hindi"的沉香
木。这个说法从对音上来看，说得过去，而出产沉香一事也与
宋代大量进口登流眉沉香的史实不相抵触。唯独有一个问题就

① 欧阳修、宋祁，《新唐书》（北京：中华书局，1975），第6306页。
② O. W. Wolters, "Tambralinga", Bulletin of the School of Oriental and
African Studies（University of London），XXI（1958），pp. 587—588.

是：tanah为马来文。马来人的影响力在十三世纪以前尚未到达克拉地峡以北，而"丹流眉"一名早在十一世纪一开始时就出现于中国文献。Rahma 地方既非马来人之地，使用马来语tanah作为地名的一部分并不合理。①

在考订丹流眉所在一事上，译音的比定当然是免不了的，但既然不能彻底解决问题，由"四至八到"来推断丹流眉的位置或许也可以作为有用的辅证。

《宋史》"丹眉流国"条云：

> 丹眉流国，东至占腊五十程，南至罗越水路十五程，西至西天三十五程，北至程良六十程，东北至罗斛二十五程，东南至阇婆四十五程，西南至程若十五程，西北至洛华二十五程，东北至广州一百三十五程。②

《文献通考》的文字与此大体相同，稍有差异处可能是两项资料各自有传写上的笔误所致。其要者如《宋史》作"西至西天三十五程"，《文献通考》则作"西至西天竺三十五程"；《宋史》作"东南至阇婆四十五程"，《文献通考》则作"南至阇婆四十五程"；《宋史》作"东北至广州一百三十五程"，

---

① 罗香林，《蒲寿庚研究》（香港：中国学社，1959），第117—118页。关于"丹眉流"（而非"丹流眉"），Henry Yule 有一个类似的说法，不过他只是在一条注中简单地主张"Tanmoeilieu is perhaps Tana-Malayu, the Malay country"。Tana-Malayu今马来语拼作Tanah Melayu，即"马来人之土地"的意思，只是一个普通名词，而非专指一特定地点的政治、地理名词，应该不是"丹眉流"（这个词本身就是一个错误）译音的根据。参考 Henry Yule（trans. and ed.），*Cathay and the Way Thither*（London: Hakluyt Society, 1915），vol. I, p. 72, note 4。

② 《宋史》，第14099页。

《文献通考》则作"东北至广州三十五程"。①

1001年丹流眉的贡使，《文献通考》与《宋会要辑稿》俱作打古马、打腊与剳皮泥，独《宋史》作打吉马、打腊与皮泥。从史源上来看，《文献通考》有可能比《宋史》抄得正确。因此据《文献通考》的"四至八到"来推断丹流眉或登流眉的位置也就比较有意义。

不过，所谓的"程"究竟是地理的距离单位还是时间的距离单位，并不能确定。而《文献通考》所提到的相关国家的位置，也只有占腊（即真腊）、罗斛、阇婆和广州是可以确知的。假定广州以外的国名指的是其都城，我们当可以推断丹流眉是在吴哥（Angkor）之西、华富里（Lopburi，一名罗武里）之西南、泗水（Surabaya）西北、广州西南。泗水西北、广州西南大约正交在那空是贪玛叻附近。那空是贪玛叻实际位置在华富里的西南西，说是西南，勉强亦可通。吴哥城比较接近那空是贪玛叻的东北方，《宋史》"丹眉流"条和《文献通考》虽说丹流眉在"占腊之西"，《诸蕃志》"登流眉国"条也作"真腊之西"。② 不过，《宋史》"真腊"条却又提到真腊"其属邑有真里富，在西南隅……，西南与登流眉为邻"③。真里富当为暹粒（Siem Reap），在吴哥附近。吴哥西南之西南仍为西南，因此也可以说登流眉在真腊之西南。如此一来，从方位上来说，丹流眉（登流眉）在那空是贪玛叻一带的可能性极高。

---

① 马端临，《文献通考》（台北：台湾商务印书馆，1987），第2612页。

② 冯承钧，前引书，第10页。

③ 《宋史》，第14087页。请注意《宋史》在这里用了正确的用法"登流眉"。

二、关于单马令

"单马令"一名，最早出现在作于十三世纪上半叶的《诸蕃志》，随后又见于十三世纪后半叶编成的《事林广记》。《诸蕃志》"单马令国"条：

> 单马令国，地主呼为相公。以木作栅为城，广六七尺，高二丈余，上堪争战。国人乘牛，打鬃跣足。屋舍官场用木，民居用竹，障以叶，系以藤。[①]

冯承钧注云：

> 单马令，梵名 Tambralinga 之对音也。《岛夷志略》作丹马令，谓与沙里、佛来安为邻国。沙里未详。佛来安本书作佛啰安，则此国亦在马来半岛中。
>
> 据1925年11月13日Coed致巴黎亚洲协会报告书，主张单马令即是昔之 Nagara Sridharmaraja，今之 Ligor 城。
>
> 唯伯希和曾主张《宋史》之"丹眉流"亦在同一地域。则亦得谓"丹眉流"为单马令之同名异译矣。[②]

《宋史》之"丹眉流"为"丹流眉"之误抄，已在上一小节依据《宋会要辑稿》等文献证明之。事实上并无"丹眉流"一地（国、城）。若依伯希和及 Coed 之主张，以为丹流眉与单马令同在那空是贪玛叻，亦即同为 Tambralinga 或 Nagara Sri

---

① 冯承钧，前引书，第17页。
② 同上注，第17—18页。

Dharmaraja 之译音，可能性其实很高。试申明如下：

《事林广记》卷八《岛夷杂识》，"单马令"条云：

> 单马令，唐舡自真腊风帆十昼夜方到其国。无王，有地主。国朝庆元二年（宁宗，1196）进金三埋、金伞一柄。[①]

这一段记载与1225年序的《诸蕃志》几乎完全没有重复的地方，正可相互补充。尤其重要的是《事林广记》提到了单马令1196年入贡的事，弥足珍贵。这个文献可能也可以说明：因为这一年有一个东南亚国家以"单马令"之名入贡，因此才在市舶司之间流传这个名字。

我们姑且先不讨论单马令与丹流眉是否为一的问题，而先去推定单马令在马来半岛的位置。因为《诸蕃志》"凌牙斯加国"条云："凌牙斯加国，自单马令风帆六昼夜可到，亦有陆程。""亦有陆程"表示在同一陆块，可以不经海道来往。凌牙斯加的所在地，今已公认为北大年的雅朗，故而可以肯定单马令必在马来半岛东岸，且可能为以下二地之一。[②]

（一）自雅朗往北"风帆六昼夜"可到，且可能为单马令的地点当为今那空是贪玛叻附近。如此一来，单马令应该是Tambralinga 的译音（梵文习惯，字尾的"a"常不发音）。上

① 陈元靓，前引书，第392页。
② 藤田丰八，《狼牙修国考》，《东西交涉史の研究：南海篇》（东京：荻原星文馆，1943），第29页；Stewart Wavell, *The Naga King's Daughter* (London: George Allen & Unwin, 1964)；H. G. Quaritch Wales, "Langkasuka and Tambralinga: Some Archaeological Notes," *Journal of the Malayan Branch, Royal Asiatic Society*, 47:1 (July, 1974)，第15页。

一小节已说明"丹流眉"可能译自（Sri） Dharma（raja）。因为 Tambralinga＝Nagara Sri Dharmaraja，所以单马令＝登流眉。

若主张单马令＝登流眉，则登流眉＝Telubin＝Saiburi 的说法完全不成立。其理由：（1）Saiburi 虽然在马来文中称为 Telubin，有可能译为丹流眉，但绝无可能译为单马令。（2）再者，Saiburi 距离雅朗水路不过数十里，一日之间即可到达，也与（往南）"风帆六昼夜"可到的说法不合。

Paul Wheatley 强烈主张单马令应该是赤野所出土的"加罗希碑文"（Grahi inscription）中的"Tambralinga"；也是南印度发现之"丹柔尔碑文"【Tanjore（今作Thanjavur）inscription】中之"Madamalingam"；也是《岛夷志略》中之"丹马令"。其实，Paul Wheatley 自己也声明这是最传统的看法。对于其他主张，他也再未进一步讨论。①

单马令应是 Tambralinga，也可从其统治者的称呼得到一些印证。本节一开始时引《诸蕃志》"单马令国"条云："地主呼为相公。"宋代人称"相公"当指宰执，如称王安石为相公之类。宋代王晔《道山清话》云："陈莹中云：岭南之人，见逐客，不问官高卑，皆呼为'相公'。想是见相公常来也。"宋代失势宰执经常被流放（安置）到岭南，所以岭南之人把逐客通通叫作相公，其本义当仍指宰执。②

《诸蕃志》的"相公"一词在单马令国的原文为何，以往的注疏家都不曾得其正解。Hirth 及 Rockhill③ 以为

① Paul Wheatley, op. cit., pp. 66—67.
② 王晔，《道山清话》（台北：新兴书局，"续百川学海"三），第1208页。
③ Friedrich Hirth & W. W. Rockhill, *CHAU JU-KUA: His Work on the*

是"mantrin"（丞相）或"pangeran"（小王）的意译。
"mantrin"一词来自梵文"mantri"，在今日的马来文中拼作
"menteri"，为英文"mandarin"一词的来源，意思是"大
臣"，未必专指宰执；"pangeran"在爪哇所使用的马来文
中，除"小王"之外也有"亲王"或"王子"的意思，可是这
些含义与"相公"都还有一段距离。苏继庼则以为"相公"可
能是"sang kurung"之对音，为一种尊称。然而此亦非仅次于
统治者之专有称谓。①

个人认为"相公"一词相当于英文的"viceroy"，通译
为"总督"，本义为"副王"，即统治者一人之下最高的职
位。梵文中有"旃陀罗跋奴"（Chandrabhanu）一语，直译
为"月光"。Tambralinga 的统治者在位时经常封给其王储
（uparaja，副王）"旃陀罗跋奴"这个尊号。至于 Tambralinga
王本人的尊号中，最重要的一个称为"Thamasokaraja"
（Dharmasokaraja），意即"法日王"。以"月"配"日"，
用"旃陀罗跋奴"为王储或副王的尊号，颇为恰当。有些王储
在即位为王后，继续保持"旃陀罗跋奴"这个尊号。而在《诸
蕃志》写作前不久的一段期间，单马令王正好被叫作"旃陀罗
跋奴"。所以《诸蕃志》称呼单马令之"地主"（当地统治
者）为"相公"，应该是意译"旃陀罗跋奴"这个尊号。陈元
靓则或许从"旃陀罗跋奴"这个称号的含义推断单马令有统治
者，却不使用王号，所以说"无王，有地主"，也是指该统治

Chinese and Arab Trade in the Twelfth and Thirteenth Centuries, Entitled Chu-fan-chi（St. Petersburg: 1911），p. 58.

　① Henry Yule & A. C. Burnell, *Hobson-Jobson: The Anglo-English Dictionary*（London: Wordsworth, 1996），pp. 550-552；苏继庼（校释），《（汪大渊）岛夷志略校释》（北京：中华书局，1981），第81页。

者未被直接称呼为"王"（raja）的事实。①

（二）自雅朗往南"风帆六昼夜"可到的地点为彭亨
（Pahang）一带地方。彭亨境内有一地名为"Tembeling"，
读起来也接近"单马令"。因此，有人即主张单马令＝
Tembeling。

《诸蕃志》说单马令地产脑子（樟脑或龙脑）。彭亨一带
确实出产樟脑。② 但凌牙斯加（北大年一带）亦产脑子，如明
代黄衷的《海语》就说佛打泥（北大年）产龙脑。③ 故若以单
马令产脑子推定其为在彭亨境内之 Tembeling，虽然也有一定
的合理性，但是北大年一带既然也以出产脑子闻名，则距离北
大年不远的那空是贪玛叻也有可能出产脑子。我们无法单从地
产脑子一事确定单马令是在彭亨。

同样地，元代汪大渊《岛夷志略》（约撰于1349年），
"丹马令"条云：

> 地与沙里、佛来安为邻国。山平亘，田多，食粟有
> 余，新收者复留以待陈。
>
> 俗节俭，气候温和。男女椎髻，衣白衣衫，系青布
> 缦。定婚用缎锦、白锡若干块。
>
> 民煮海为盐，酿小米为酒。有酋长，产上等白锡、米
> 脑、龟筒、鹤顶、降真香及黄熟香头。

---

① M. C. Chand Chirayu Rajani, "Background to the Sri Vijaya Story, part IV", *The Journal of the Siam Society*（*JSS*）, 64:1 （Jan., 1976）, pp. 275—325.

② Stewart Wavell, *op. cit.*, pp. 80—81.

③ 黄衷，《海语》（上海：文明书局，"宝颜堂秘笈"，1922），中
/4a。

> 贸易之货用甘理布、红布、青白花碗、鼓之属。①

则单马令复以产锡著名。Tembeling 的确产锡，成为单马令的可能性似乎又多了一项辅证。不过，彭亨以北的马来半岛也还有许多产锡的地方。② 以产锡一点来推断《岛夷志略》的"丹马令"为 Tembeling，理由也不够充分。

《诸蕃志》"三佛齐国"条又云：

> 蓬丰、登牙侬、凌牙斯加、吉兰丹、佛罗安、日罗亭、潜迈、拔沓、单马令、加罗希、巴林冯、新拖、监（篦）、蓝无里、细兰皆其（三佛齐）属国也。③

《诸蕃志》一处说真腊的属国之一为登流眉，但此处又说单马令是三佛齐的属国。如果说登流眉与单马令都是 Tambralinga，其间有没有矛盾呢？这个问题留到第三节再讨论。先看上面这段引文。

《诸蕃志》虽然隔了几页才分别提到蓬丰和单马令，不过这点并不重要，因为该书叙事的顺序原本就不严谨。它们仍然有可能是邻邦。换言之，单马令还是有可能为位于彭亨的 Tembeling。《岛夷志略》虽未提到蓬丰，却提到彭坑，即彭亨境内另一小邦。如果以彭坑代表蓬丰，则丹（单）马令有可能指彭坑之邻国。

事实上，以"丹马令"为 Tembeling 的说法并不乏其他

---

① 苏继廎（校释），《〈汪大渊〉岛夷志略校释》，第79页。

② H. Robinson, *Monsoon Asia*（London: MacDonald & Evans, 1966），p. 332.

③ 冯承钧，前引书，第13—14页。

佐证。《岛夷志略》提到丹马令地与沙里、佛来安为邻。传统说法以佛来（罗）安＝Kuala Berang，在丁加奴港口 Kuala Terengganu 附近，[①] 则《岛夷志略》所述之"丹马令"是有可能为 Tembeling。

F. Hirth及W. W. Rockhill 在译注《诸蕃志》一书中，推定单马令为马来半岛之关丹（Kwantan，今地图作 Kuantan），但也做了保留。[②] 关丹在今彭亨境内，正与 Tembeling 相去不远。Stewart Wavell 根据彭亨一带的口语传说，也认为单马令极可能就是 Tembeling。彭亨境内有一湖泊，名曰 Cheni（今地图作 Tasik Chini），民间传说有一古城沉埋在湖底，可能就是古代的单马令。[③] 然而今 Tembeling 一带并无多少有价值的考古发现足以证实以上的传说与推测。单马令＝Tembeling 的说法仍得存疑。

总之，单马令＝Tembeling 的说法是有一些证据支持的。可是使其完全成立的证据还不够周延。

除了那空是贪玛呺和 Tembeling 两地之外，也有学者主张单马令在苏门答腊等。这类说法不能成立，已由《诸蕃志》"亦有陆程"一语道破，不用再论。

对音之外，我们本应从"四至八到"来看单马令该在今地何处，可惜的是《诸蕃志》及《事林广记》的"单马令"条皆无进一步的资料。至于《岛夷志略》"丹马令"条也只提到"地与沙里、佛来安为邻国"。我们已讨论过了。

---

① George Coedès, *Les États Hindouisès d'Indochine et d'Indonèsie*（Paris: De Boccard, 1989），第334页；Paul Wheatley, op. cit., pp. 70.

② Hirth & Rockhill, op. cit., pp. 67—68.

③ Stewart Wavell, op. cit., pp. 60—61.

三、登流眉与单马令

以上的论证尚未完全确立登流眉与单马令都是指 Tam-
bralinga＝Nagara Sri Dharmaraja，以下我们还得继续检证。不
过，在此之前，另外还有一个问题有需要先加以澄清。那就是
登流眉与单马令这两个名字有同时出现于同一年代或同一件资
料的事实。如果说登流眉与单马令是一而二、二而一，那么这
种同时出现（使用不同名称称呼同一个地方）的情形就需要进
一步解释。我们且先看一下苏继庼对两个地名在各种史料中出
现的情形所做的观察：

> 《诸蕃志》有单马令，又有登流眉。
> 《岭外代答》《云麓漫钞》《大德南海志》皆只有登
> 流眉而无单马令。
> 《宋会要辑稿》也只有丹流眉（《宋史》之丹眉
> 流）。但《岛夷志略》却只有单马令而无登流眉。①

苏继庼说十四世纪成书的《大德南海志》只有登流眉而无
单马令，其实不正确。在该书中，两者皆被提及。至于登流眉
与单（丹）马令同时出现的情形，在十三世纪以后的文献中也
不止一见。最早当然是完成于1225年的《诸蕃志》。其次当为
十三世纪下半叶编成的《事林广记》。
《诸蕃志》及《事林广记》两书依据的都是市舶司的资
料，不过前者的资料得自福建泉州市舶司，后者得自广东广
州市舶司而已。《大德南海志》的资料来源不详，但以一般

---

① 苏继庼（校释），前引书，第81页。

修撰志书之例衡之，应该也不出广州市舶司、地方政府衙门之档案，加上《诸蕃志》及《事林广记》之类的史料及采访所得之口述资料。换言之，三部书材料的一大部分出自市舶司档案。域外邦国之所以会在市舶司留下档案，一方面是因为主事官员主动采集贸易国家的资料；另一方面则是因为这些国家向中国皇帝朝贡，市舶司为第一线的接待机关，有必要建立各国的基本档案，以便向皇帝汇报。登流眉或单马令向中国朝贡，与一般东南亚国家的情形相仿，经常带有政治的目的。

登流眉入贡于宋，有详细记录的仅有一次，时为1001年（北宋真宗咸平四年）。单马令入贡亦仅有一次，时在1196年（南宋宁宗庆元二年）。1001年与1196年左右，Tambralinga 都有相当大的政治变动。①

登流眉入贡的背景可做以下的推断：1001年前后，以华富里（Lopburi）为中心的堕罗波底（Dvaravati）地方，受到现今清迈南方的 Haripu aya 国武力威胁。当时，真腊王乌答耶的提耶跋摩（Udayadityavarman，1001—1002在位）出兵助华富里。此时，一位具有 Tambralinga 王室血统的真腊王子，乘机夺取了华富里一带，进而东向争夺真腊王位。② Tambralinga＝登流

① Stanley J.O'Connor, Jr., "Tambralinga and the Khmer Empire", JSS, 63:1 (Jan., 1975); H. G. Quaritch Wales, "Langkasuka and Tambralinga: Some Archaeological Notes", *Journal of the Malayan Branch, Royal Asiatic Society*, 47:1 (July, 1974).

② David K. Wyatt, *Thailand: A Short History*. (New Haven and London: Yale University Press, 1984), p. 28; M. C. Chand Chirayu Rajani, "Background to the Sri Vijaya Story, part Ⅲ", *JSS*, 63:1 (Jan., 1975), p. 212; O. W. Wolters, "Chen-li-fu: A State on the Gulf of Siam at the Beginning of the 13th Century", *JSS*, 48:2 (Nov., 1960), pp. 12.

眉可能支持这位真腊王子的行动，从而向中国朝贡。

单马令入贡的时机则发生于1196年。这一年前后，真腊是在名王阇耶跋摩七世（Jayavarman VII，1181—约1218在位）统治下。在他即位以前，真腊已不能有效地控制西部地方（相当于今日泰国南境），因此，即位之后，他就展开重新征服故土的工作。阇耶跋摩七世的军事行动可能一时威胁到登流眉这个国家。H. G. Q. Wales 从考古资料推断：在十二世纪末以前，Tambralinga 这个国家的都城极可能并不设在今日的那空是贪玛叻现址，而是在赤野。当时 Tambralinga 指的是以赤野为中心所统治的邦国；十二世纪末以后，为了避开真腊的攻击才将其统治中心迁至现在的那空是贪玛叻。①

不过，阇耶跋摩七世的再征服行动只获得短暂的效果。当他移师他处时，真腊西部又蠢蠢欲动了。华富里一带遂致力于脱离真腊的控制，并有向南朝单马令扩充领土的意图。1200年左右，单马令王时已年老，倾向于和平，于是与华富里的统治者协议分疆而治（以巴蜀 Prachuap Khirikhan 为界）。② 无论北方的武力威胁是来自真腊还是来自华富里，单马令在1196年遣人向中国朝贡，都意味该国正面临着强敌的侵扰。

1001年登流眉与1196年单马令进贡中国的目的，不外是借由展示与中国的关系来加强本国在邻邦中的地位。虽然两次有较详记录的入贡事件中间，登流眉曾在1070年另有一次入贡的简略记载③ ，史籍虽也可能有所遗漏，但其举不频繁

① H. G. Q. Wales, "Langkasuka and Tambralinga: Some Archaeological Notes", p. 36.

② M. C. Chand Chirayu Rajani, "Background to the Sri Vijaya Story, part IV", *JSS*, 64:1（Jan., 1976）, p. 293.

③ 庞元英，《文昌杂录》。"学津讨原"，第十三集，第九册，1/2b—

则绝对是事实。进贡不频繁，当事官员在译读地名时未必能准确地将旧译用到新的事件，因此在1196年时采用了一个新的译名。这或许是1196年的记录出现"单马令"的原因吧。

此外，如果 H. G. Q. Wales 的推断正确的话，1196年时 Tambralinga 可能正搬到新址（今那空是贪玛叻）。因而 Tambralinga 入贡有使用一个新译名的条件，也有其必要。于是，1196年以后，在市舶司及中央政府留下了"单马令"的记载，从此 Tambralinga 有了登流眉与单马令两个名字。

东南亚国家更改国名入贡的例子并不只有 Tambralinga。真腊也是另一个例子。1177年时，真腊王都（吴哥）为占城攻陷，两国发生长期的争战。阇耶跋摩七世取得王位后，在1190年俘虏了占城国王。他一方面对其周边的国家展开重新征服的工作，一方面也从事吴哥城的复建工作，创造了保留至今的吴哥城（Angkor Thom）。

有一个名叫"真里富"的国家也在1200年（庆元六年）、1202年（嘉泰二年）、1205年（开禧元年）三次入贡，[1] 都在南宋宁宗时。这个真里富国，依照《宋会要辑稿·蕃夷四》"真理富国"条文字来看，可以确定是位于吴哥附近的暹粒（Siem Reap）。我们可以推测：在十二世纪末、十三世纪初，真腊因为吴哥城的工事正在进行中，于是暂时将都城搬到吴哥附近的暹粒。"真里富"这个国名，其实就是 Siem Reap 的另一对音，换言之还是指真腊。（以都城的名字来代替国名，即

4a。在庞元英任职主客郎中前十余年（神宗熙宁三年，1070），王应麟的《玉海》记载说："是年八月丹流眉入贡。"（参考《宋会要辑稿》，第7841页。）因此，庞元英所记的"丹流眉"一名正确性无可置疑。可惜《玉海》的记载太过简略，而其他文献又完全未提及这个事件。

　　[1] 王应麟，《玉海》（台北：华文书局），第3742页。

使在今天都很平常。）其进贡及使用不同国名的动机可能正与
Tambralinga 的情形相仿。

不过，比"单马令"这个译名首次出现晚了一百多年的
《大德南海志》所记载的单马令国的版图却相当辽阔，远大于
本文开头所说的介于赤野与北大年之间。若以日罗亭为在今马
来联邦霹雳州（Perak）之奇雾令（Jelutong），① 以达剌希＝加
罗西＝赤野，则其势力几乎涵盖全部马来半岛。所属其他地名
中崧古罗＝宋卡（Songkhla），凌牙苏加＝狼牙修＝北大年，
佛罗安可能为丁加奴河河口（Kuala Terengganu）上游之 Kuala
Berang（在内陆）。沙里之今地虽不详，但各种文献都指出其
为佛罗安之邻国；吉兰丹今地名相同；丁伽芦即丁加奴，可以
指丁加奴河河口；朋亨即彭亨。只有晏头与迫嘉不知其地。总
之，北起赤野、南迄彭亨，"单马令"的辖地包括克拉地峡以
南马来半岛大部分地方，俨然为一独立的大国，赤野与那空是
贪玛叻一带只是此一广大范围内的一部分。

因此，十四世纪初的《大德南海志》所记的"单马令"国
幅员远大于旧称的"登流眉"国。旧称"登流眉"的地方应属
于这个大国"单马令"。可是，《大德南海志》于单马令这个
大国之外，又记载了真腊的属国中还有一个登流眉。这要如何
解释呢？个人认为：由于在十四世纪初时，真腊的版图大幅缩
小，已经撤离今日泰国南境，位于马来半岛中段的 Tambralinga

---

① 苏继卿（苏继廎），《南海钩沉录》（台北：台湾商务印书馆，
1989），第227页。Jelutong今作Jelutung，为一种橡树的名称。马来世界常以
植物名称作为地名，无足为怪。但日罗亭是不是就是奇雾令，其实还有争议。
如 George Coedès（1989），第262页，第334页就认为应该是在马来半岛东岸，
而不是西岸。我个人也认为比较可能是东岸的Cherating（在关丹北六七十公里
处）。唯不拘在东岸或是西岸，皆不影响我们的立论。

城治下的地区，不可能仍为真腊的属邦，一如《大德南海志》也说蒲甘（下缅甸一带）为真腊属国一样，都是抄录自旧文献的结果，而非反映十四世纪初的历史事实。

宋代最早有关登流眉的记载，当然是源自1001年该国的入贡。前面已提及一位具有 Tambralinga 王室血统的王子参与了真腊王位的争夺。这位王子，有一个说法是他取得了真腊王位，另一说法则是他失败了。无论如何，真腊王室中有具有 Tambralinga 王室血统的成员是不成问题的。说不定就是这位王子遣人向宋朝朝贡呢！相较于真腊，登流眉为一小国，一个积极争取真腊王位的登流眉王子的使臣，提到登流眉亦为真腊属国的说法，显然也表达了他的主人有继承真腊王位之资格的意味。值得注意的是"登流眉为真腊属国"这样的记事，在《诸蕃志》中是记录在"真腊国"条，而不是"登流眉国"条。在后者中记录为"登流眉国在真腊之西"，可以说是在真腊的西境，也可以说是真腊境外以西；但皆未明说登流眉为真腊之属国。

至于《诸蕃志》"单马令国"条及"三佛齐国"条都说到单马令为三佛齐的属国一事。Tambralinga 长久以来一直是三佛齐的属国（或加盟邦国），1225年前后三佛齐尚存在，但已严重地式微；而 Tambralinga 则走向实质的独立。不过，说 Tambralinga＝单马令为三佛齐之属国，名义上也还符合史实。

《大德南海志》所记的单马令为统治马来半岛地峡以南东岸地区的大国，正是三佛齐帝国瓦解的过程中，满剌加（马六甲，Malacca 或 Melaka）兴起前一段期间的事。同一时间，从阇耶跋摩七世统治后期开始，单马令先是与华富里的统治者分疆而治，继而成为后起的泰人王朝之属国，以"十二生肖城邦"体制统治马来半岛大部分的地方，一如《大德南海志》所记。①

过去以 Tambralinga （今赤野或今那空是贪玛叻）为中心的登流眉疆界大概以赤野、北大年为南北两端，十二世纪末、十三世纪初以后则乘过去控制马来半岛南段之三佛齐国瓦解之际，取而代之，奄有半岛南段广大的地方，从而被误认为另外一个国家，其实其中心（国都）仍是 Tambralinga。

《岛夷志略》比《大德南海志》晚出四五十年。该书提到在马来半岛南段有"丹马令"这个小邦。这个"丹马令"的中文读音虽然与"单马令"相同，但依《岛夷志略》的描述，实有可能是指半岛南段，属于单马令的小邦 Tembeling。读音为"单马令"或"丹马令"这样的马来半岛地名，或许是十四世纪中叶左右中国航海家心中既有的认知。汪大渊在接触到"Tembeling"这个地名时，就自然地把用来称呼整个 Tambralinga 的地名用到 Tembeling 这个小地方上来了。

关于三佛齐与马来半岛的关系，或其与登流眉（单马令）的复杂关系，现在不能细论。其实，三佛齐究竟建都何处，争议就很不少。有人主张是在苏门答腊的巴邻旁（Palembang）附近，但也有不少学者主张可能在赤野（Chaiya 可能为室利佛逝 Sri Vijaya 之"jaya"的变形）或那空是贪玛叻。此与本文非直接相关，暂略。②

从以上的论证推断，"登流眉"与狭义的"单马令"应该是指同一个地方，特别是指以 Tambralinga=Nagara Sri

---

① 吴翊麟，《宋卡志》（台北：台湾商务印书馆，1968）及《暹南别录》。

② M. C. Chand Chirayu Rajani, "Background to the Sri Vijaya Story" 各文。或亦可参考K. A. Nilakanta Sastri, *History of Sri Vijaya* （Madras: University of Madras, 1949）。

Dharmaraja 为中心之地域。不过，"单马令"这个地名出现后不久，这个政权所控制的地方就往南拓展到马来半岛南段大多数的土地。

四、登流眉沉香

登流眉的物产如《诸蕃志》等书所记，固有多种，但最主要的却只有沉香一项。凑巧的是：沉香是宋代海上贸易最重要的进口品。

宋、元时代的海上贸易，从进口方面而言，除了犀角、象牙等珠宝类外，无论是质还是量，都以"香药"为最重要。前辈学者如林天蔚、山田宪太郎、O. W. Wolters 等言之已详。不过，几位学者多据北宋毕仲衍的《中书备对》（引在《粤海关志》），以抽收乳香的多寡定明州、泉州与广州的高下，推断乳香在进口货中的重要性最高，其实这个方法并不正确。

乳香只产在阿拉伯半岛南端及非洲东岸一带，进口到中国后，单价很高，普及困难，消费量远不及沉香是理所必然。正因其价值高，因此自东南亚海路前来宋朝朝贡的团体，经常在沿途取得乳香以为贡品。在宋代，贡品以外的乳香是完全禁榷的物资，进口后全都由政府收买，因此进口量有完整的数字可寻。但沉香于抽分之后，可以"放通行"交易。政府虽有收买，民间自由流通的数量却更大。因为通常不用作贡品，也不禁榷，所以沉香不若乳香受到市舶官百分之百的重视。其实，若从宋真宗的诗及叶庭珪（一作廷珪）的论述，都可以推知沉香在宋代进口香料中的重要地位。①

沉香之重要地位可由以下引文证实：叶梦得的《石林燕语》在建炎二年（1128）编集成书，主要记北宋之事。其卷二"内香药库"条云：

> 内香药库在谀门外，凡二十八库。真宗赐御制七言二韵诗一首为库额曰：
>
> 每岁沉香来远裔，
>
> 累朝珠玉实皇居；
>
> 今辰内府初开处，
>
> 充牣尤宜史笔书。

该段文字所提及的谀门，依同书卷一指称"东华门直北有东向门；西与内东门相直，俗为之谀门，而无榜"。则内香药库当在东向门外。以上引文系以清咸丰间叶珽琯、胡珽校本（"琳琅秘室丛书"本）为依据。依该版本，真宗诗的第一句为"每岁沉香来远裔"。但杨武刻本（正德元年，1506）及"稗海"本，"沉香"两字均作"沉、檀"。即使作"沉、檀"，也表示虽然有从进贡与禁榷获得的乳香，宫中所藏香料，也不以乳香为主，反倒是以沉香、檀香分占鳌头。在真宗（998—1022）时，即十一世纪初，内府所藏香料中，沉香至少是极重要的一项。②

沉香的主要产地实为中南半岛，特别是当时的真腊及其

---

① Nigel Groom, *Frankincense and Myrrh: A Study of the Arabian Incense Trade* (London: Longman, 1981).

② 叶梦得，《石林燕语》（北京：中华书局，1984），第3页、第28页。

属国。真腊因为盛产沉香，所以阿拉伯人将之称为"沉香之国"。三宅一郎、中村哲夫著《考证真腊风土记》① 说真腊以产沉香出名，阿拉伯人称之为"al-Kumar"，即"Comar＝沉香之国"。现在住在柬埔寨和越南的华侨称柬埔寨为"高棉"或"高绵"，即为"Comar"的译音，也正是"沉香之国"的意思。②

看过日本放送会社（NHK）制作的《海上丝绸之路》的人，或许会以为最可宝贵的沉香是产于越南，而被日本人称为"伽罗"的奇楠香。的确，元、明以后，中国人盛称奇楠香，以为是沉香之最，但宋代所贵重的还不是这种产品。奇楠香产在占城。北宋丁谓的《天香传》记仁宗天圣元年（1023）事称：

> 占城所产木笺、沉至多。披（？彼）方贸选，或入方（？番）禺，或入大食。贵重沉、木笺香，与黄金同价。③

虽然还未提出"奇楠香"一名，其所称"与黄金同价"的沉香，就产地来推断，实际上指的就是后来称为奇楠木的那种。再者，南宋乾道三年（1167）占城的贡品中也已有"伽南木栈香三百十斤"的记载。④ 不过，丁谓之后二三百年间（十一至十三世纪），中国人间尚未流行奇楠香。他们先是看重海南香，但因其不易获得，转而看重登流眉香。占城所产之

---

① 三宅一郎、中村哲夫，《考证真腊风土记》（京都：同朋舍，1980），第206页。

② Yule & Burnell, *Hobson-Jobson*, p. 237.

③ 收在明代周嘉胄《香乘》（台北：新兴书局，"笔记小说大观"本），卷二十八。

④ 山田宪太郎，《香药の道》（东京：中央公论社，1977），第194页。

"奇楠香"擅场的时代要等到差不多元代中叶时，亦即1330年之后。汪大渊的《岛夷志略》曾经道及"茄蓝木"；稍早，序于1322年的《（陈氏）香谱》更有专条谈"伽阑木"（卷一），其文云：

> 一作伽蓝木。今按，此香本出迦阑国，亦占香之种也。或云生南海补陀岩，盖香中之至宝，其价与金等。①

茄蓝木、伽蓝木、伽阑木都是奇楠木的异写。其语源均为占城语"kalambak"。有趣的是"kalambak"的前半"kalam"系来自梵文，指的是"黑色"；后半的"bak"则来自南方汉语"木"字。换言之，奇楠木即占城所产的黑沉香。叶庭珪认为沉香以"坚黑为上"，丁谓也称最好的海南沉香为"乌文格"，说是："其沉香如乌文木之色，而泽更取其坚格，是美之至也。"②

出产奇楠香的占城之外，沉香在马来半岛克拉地峡一带也有不少的出产。在宋代及元初（约十二世纪后半叶至十四世纪前半叶），奇楠香尚未流行时，登流眉所进口的沉香特别受到重视与喜爱。

赵汝适《诸蕃志》"登流眉国"条记1001年左右之后Tambralinga事云：

① 陈敬，《（陈氏）香谱》（台北：台湾商务印书馆，"四库全书珍本四集"第194种），卷一。
② 山田宪太郎，《香药の道》第195—199页；山田宪太郎，《南海香药谱——スパイス・ルートの研究》（东京：法政大学出版会，1982），第70—73页。

产白豆蔻、笺、沉、速香、黄蜡、紫矿之属。①

同书"单马令国"条记1225年前（或1196年时）Tam-bralinga事云：

土产黄蜡、降真香、速香、乌㰖木、脑子、象牙、犀角。②

二者分别都提到速香。速香为沉香的一种。此外，"登流眉国"条所记的笺香亦为沉香的一种。Tambralinga出口到中国的商品应以沉香类为最重要。

《宋史》著录丹眉流（应作丹流眉）之出产为犀、象、镔石、紫草、苏木诸药，并无沉香在内。或许令人怀疑其所称之"丹眉流"并非丹流眉。但这可能是因为《宋史》之所本为进贡资料。1001年"丹眉流"进贡时，沉香并不在其贡品之列，所以未经著录。（北宋时，沉香被单独列为一项贡品，最早的记录为986年事，见《宋会要辑稿·蕃夷七》。③唯因其相对价值较低，在贡品中所占地位未若乳香重要。）而在十一世纪刚开始时，人们所贵重的沉香也还未包括马来半岛中、北部的产品在内。

叶庭珪于南宋高宗绍兴十八年（1148）起，担任南宋重要贸易港泉州的地方官。公余之暇，曾经整理平日笔记而成《海录碎事》一书，颇记海商及市舶司事。但是他还有一部更重要

① 冯承钧，前引书，第10页。
② 同上注，第17页。
③ 《宋会要辑稿》，第7831页。

的著作，即《香录》。该书著成之年代为1151年，现在已经失传。不过，陈敬在其《（陈氏）香谱》（序于1322年）大加引用，因此得以保存部分内容。

《（陈氏）香谱》卷一"沉香"条引《香录》如下：

> 叶庭珪云：沉香所出非一。真腊者为上，占城次之，渤泥最下。
>
> 真腊之真（？中），又分三品。绿洋最佳，三泺次之，勃罗间差弱。[①]

十二世纪中叶的叶庭珪尚未提及登流眉沉香。当时被认为最好的沉香产自真腊的属国绿洋、三泺与勃罗间。其中勃罗间当为佛罗安，即今 Kuala Berang（参考第二节），在登流眉之南，较靠近三佛齐，而远离真腊，应该不是真腊的属国。勃罗间沉香虽然被认为比占城或渤泥所产为佳，却又不及绿洋（可能为今泰国东北区莱府Roi Et）、三泺（一作三泊，即 Sambor，遗址在柬埔寨首都金边 Phnum Penh 北约130公里处）。

登流眉香擅场之前，即十二世纪下半叶以前，中国人最重视海南岛所产的沉香，但极为难得，没有多少经济史意义。《（陈氏）香谱》卷一"生沉香"条云：

> 一名蓬莱香。叶庭珪云：出海南山西。其初连木，状如粟棘房，土人谓"棘香"。刀刳去木而出其香则坚倒而光泽。士大夫目为"蓬莱香"。气清而长耳。品虽侔于真腊，然地之所产者少，而官于彼者乃得之，商舶罕获焉，故直常倍于真腊所产者云。

---

① 陈敬，前引书，1/5a。

稍后于叶庭珪的周去非，在《岭外代答》（1936年本，原著约完成于1178年）卷七"沉水香"条也说：

> 顷时，（海南沉香）价与白金等。故客不贩，而宦游者亦不能多买。中州但用广州舶上蕃香耳。唯登流眉者，可相颉颃。[①]

这段文字十分重要。它说明十二世纪下半叶，广州进口大量沉香，成为全国（南宋）所用沉香的主要来源。其中来自登流眉的沉香被认为品质可以与海南产品相媲美。

讲十二、十三世纪中国人贵重登流眉香者，早于周去非有范成大（1126—1193）之《桂海虞衡志》一书，该书约于1172年前后完成。其中一段文字提道：

> （先言最佳之沉香产于海南岛，但不易获得。）中州人士，但用广州舶上占城、真腊等香，近年又贵丁流眉来者。余试之，乃不及海南中、下品。[②]

范成大明白地指出"丁流眉＝登流眉"，沉香受到中国消费市场的欢迎是"近年"的事。虽然他个人认为登流眉香品第不如海南香，但民间却大为流行。有些人（如周去非等）甚至认为登流眉香可以与海南香相提并论，因为它"气味馨郁，胜于诸蕃"。

---

① 周去非，《岭外代答》（上海：商务印书馆，"丛书集成初编"，1936），第71页。

② 齐治平，《（范成大）桂海虞衡志校补》（南宁：广西民族出版社，1984），第10页。

周去非《岭外代答》卷七"沉水香"条云：

> 沉香来自诸蕃国者，真腊为上，占城次之。
>
> 真腊种类固多，以登流眉所产香，气味馨郁，胜于诸蕃。
>
> 若三佛齐等国所产，则为下岸香矣。以婆罗蛮香为差胜。[①]

此处之婆罗蛮当即叶庭珪的勃罗间或通称的佛罗安，位于登流眉之南。可以注意的是叶庭珪指出勃罗间为真腊所属，周去非则指出婆罗蛮香属于三佛齐所产的下岸香。佛罗安究竟属于真腊还是三佛齐的问题牵扯太多，此不拟再谈。有趣的是叶庭珪以佛罗安所产为真腊沉香中之最差者，而周去非则以佛罗安沉香为下岸香（三佛齐、阇婆所产之香）中之最佳者。这倒也不成问题，因为宋人皆公认真腊香优于三佛齐香。

宋代叶寘的《坦斋笔衡》"品香"条云：

> 范致能平生酷爱水沉香，有精鉴。尝谓广舶所贩之（香为）中、下品。（远不及海南香）……
>
> 大率沉水以（海南岛）万安东峒为第一品，如范致能之所详。
>
> 在海外则登流眉片沉可与黎东（即万安东峒）之香相伯仲。
>
> 登流眉有绝品，乃千年枯木所结，如石杵、如拳、如肘、如凤、如孔雀、如龟蛇、如云气、如神仙人物。焚

[①] 周去非，前引书，第71页。

一片则盈屋香雾越三日不散。彼人自谓之无价宝，世罕有
之。多归两广帅府及大贵势之家。①

《坦斋笔衡》一书提到范成大、叶庭珪与洪刍。洪刍为
1094年进士，其《香谱》完成于十二世纪初；叶庭珪撰述于
十二世纪中叶；范成大之书又晚于叶氏《香录》二十余年。因
此叶寘的意见反映的时代当为十二世纪末或十三世纪初，将登
流眉香与海南沉香视为不相上下的产品；他特别还强调登流眉
绝品的好处，只是一进口到广州就落入地方首长与权贵手中，
民间极少流通。至于登流眉的其他沉香，应该就是民间焚香料
市场的宠儿吧。

《桂海虞衡志》应该是最早提到登流眉香进口到中国的文
献。此前既熟悉市舶事务，又留意于焚香料的叶庭珪完全没有
叙述到登流眉香，可以想见该种沉香的进口（或大量进口）开
始发生于1151与1172两个年份之间。此后登流眉沉香不断进口
到中国，直到元朝末年的至正（1341—1367）年间，明州（庆
元、宁波）的进口商品中仍有"登楼眉香"一项，指的当然是
登流眉香。②

五、附论：元末以后有关登流眉的中国记载

在十四世纪开始以后，中国人所偏好的沉香品类，已经进

---

① 叶寘，《坦斋笔衡》（涵芬楼本"说郛"卷十八），18/4b-5a。
② 王元恭，《至正四明续志》（清咸丰甲寅岁甬上烟雨楼徐氏开雕本，
1854），5/2a。

入占城奇楠香擅场的时代了。从这个时候开始，登流眉沉香不再出现在时人的撰述中，而文献中却出现了登流眉出口蔷薇水到中国的记载。

宋、元以前的文献皆未著录登流眉产蔷薇水。然而明初，即十四世纪末，陈懋仁（嘉兴人，官泉州府经历）却说"登流眉有蔷薇水"。在其所著的《泉南杂志》一书中提及一项名为《泉州市舶岁课》的资料中云：

> 《泉州市舶岁课》云：香之所产，以占城、宾达侬为上。沉香在三佛齐名"药沉"，真腊名"香沉"，实则皆不及占城。
>
> 渤泥有梅花脑、金脚脑，又有水札脑。
>
> 登流眉有蔷薇水。
>
> 占城、宾达侬、三佛齐、真腊、渤泥、登流眉皆诸番名。[1]

《泉州市舶岁课》初见不知是泉州市舶司的历史资料还是当代的资料。但从推重占城（佛逝 Vijaya，今归仁 Quy Nho'n）及宾达侬（今潘龙 Phan Rang）沉香一点来看，个人认定是陈懋仁的同时代资料。到了十四世纪末，登流眉仅以蔷薇水著称，不再如宋、元时以沉香著名。

明人言及登流眉产蔷薇水的还有黄衷（弘治1496年进士）的《海语》一书（序于嘉靖十五年，1536）。其"酴醾露"条云：

---

① 陈懋仁，《泉南杂志》（台北：艺文书局，"宝颜堂秘笈"本），上/29a。

酴醾，海国所产为盛。出大西洋国者，花如中州之牡丹。蛮中遇天气凄寒，零露凝结。著他草木，乃冰澌木稼，殊无香韵。惟酴醾花上，琼瑶晶莹，芬芳袭人，若甘露焉。夷女以泽体发，腻香经月不灭。国人贮以铅瓶，行贩他国。暹罗尤特爱重竞买，略不论直；随舶至广，价亦腾贵。大抵用资香奁之饰耳。五代时，与猛火油俱充贡，谓"蔷薇水"云。①

酴醾露即蔷薇水，产于中东阿拉伯世界，早在五代时期已由伊斯兰教商人带至中国。到了明代，暹罗人爱用蔷薇水，登流眉位于暹罗南部，成为进口此类中东产品的港口。对中国航海贸易家而言，登流眉遂被当作是盛产蔷薇水的地方，其实此时登流眉所扮演的只是转口港的角色而已。②

无论如何，到十四世纪末时，登流眉沉香已不再领风骚。中国人虽然仍然爱用沉香，但最重视产于占城的奇楠香，登流眉香几乎已不再被提及。

登流眉或单马令，如果用来指现在的那空是贪玛叻的话，在进入明代以后，仍是一个重要的港口。大概也就是十四世纪后开始使用这个泰国式的名称。如同本文一开始时所言，明清时代的人改用Nakhon Si Thammarat的第一个词"Nakhon"的译音，将之称为"陆昆"或"六坤"。如黄衷之《海语》便作"陆昆"。六坤总领马来半岛的"十二生肖城"，为马来半岛的行政中心。③

---

① 黄衷（弘治1496年进士），《海语》（原序于嘉靖十五年，1536；上海：文明书局，"宝颜堂秘笈"，1922），中/4a。

② 冯承钧，前引书，第106页。

③ 黄衷，上/1a 提到暹罗国治内的要害有两处：一为龟山，一为陆昆。

　　"陆昆"或"六坤"从十四世纪末以后为一般中文文献对那空是贪玛叻的通译。至于对它所管辖下的马来半岛，则无任何专称的记载，唯一可以确定的是当地不再使用Tambralinga及Nagara Sri Dharmaraja这两个旧名。"登流眉（Nagara Sri Dharmaraja）"原本就只是一个城市的名字，不适于用来称呼整个半岛；"单马令（Tambralinga）"在十三、十四世纪时，虽然被中国人用来称呼整个地区，可是在十四世纪之后就不再有人提及。然而很奇怪的是，在明末杨一葵所编的《裔乘》卷二"南夷"篇"答儿密"条却说这个"答儿密"国就是古代的"丹眉流"，并且将《宋史》有关登流眉的记载抄到同一个条文里。《裔乘》云：

　　　　答儿密，古名"丹眉流"，自古不通中国。宋咸平初，国主多须机始遣使来贡木香、鍮镴、胡黄连、紫铆、红毡、花布、苏木、象牙等物。召见崇德殿，赐冠带服物，又赐多须机诏书。
　　　　我朝永乐中遣使十八人来贡方物，诏优礼之。其俗以板为屋，跣足衣布，无绅带，以白纻缠其首。贸易以金银。其主所居广袤五里，无城郭。出则乘象，刑用棰扑。其产犀象瑜石、紫铆、苏木之属。①

　　在《明书》卷一六七"答儿密"条中，也有"永乐间使

他又说暹罗境内"分十二塘坝"治理，可能就是指"十二生肖城"制度。不过，"十二生肖城"只是泰国王朝施加于马来半岛，透过六坤的间接统治方式，并不是涵盖整个暹罗的制度。
　　① 杨一葵，《裔乘》（台北：正中书局，1981，据万历乙卯1615年原刊本影印）。

十八人来贡方物""交易兼用金银"的记载。杨一葵显然指的也是同一件事情。他似乎从物产的雷同来断定"丹眉流"与"答儿密"为同一个地方。然而东南亚许多地方都可能生产或出口这些东西。如果没有进一步的资料参证，恐怕不能就这么认定了吧。"答儿密"的读音有一些接近"丹流眉"（而不是丹眉流），但"丹流眉"或"Dharma"在十四世纪末以后都已经不再使用了，恐怕不应该是"答儿密"的对音。至于此一国名究竟指位于何处的国家，个人未能辨明，姑且存疑以待高明。

六、结语

宋、元史籍中的"登流眉"，也写作"丹流眉"或"丁流眉""登楼眉"，甚至也出现过"丹眉流"或"州流眉"这类错误的写法。我们考证出这个名称所指的是当时马来半岛中段克拉地峡附近的一个城邦国家 Tambralinga。这个城邦国家的都城，在梵文中称为 Nagara Sri Dharmaraja。"登流眉"一名可能就译自梵文国都名字中的"Dharma"一字。

宋、元史籍中又有"单马令"一国，也写作"丹马令"，读音近于 Tambralinga，当为这个国名的译音。换言之，"登流眉"与"单马令"是指同一个国家。这个国家在十二世纪末以前，统治着介于马来半岛中段的赤野与北大年之间的一个不算大的地区。都城可能在十二世纪末时由今天的赤野一带迁至今天的那空是贪玛呦。十三世纪初以前，Tambralinga 为东南亚大国室利佛逝的重要成员之一。此后室利佛逝日益衰落，

Tambralinga 则先是转向与北方的强权结盟，继而臣属于北方的泰人王朝，获得了控制马来半岛大部分地区的权力。因此出现在《大德南海志》的"单马令"为一地跨马来半岛南北的大国，而《岛夷志略》中的"丹马令"则不一定指那空是贪玛叻或大国"单马令"，而有可能指彭亨一带的小邦 Tembeling。

"登流眉"或"单马令"之所以会在中国史籍中留下记录，一方面是因为曾经向中国朝贡的缘故，另一方面则是当地所产的沉香在中国市场得到很高的评价所致。宋、元时期，或者精确一点说，十二世纪下半至十四世纪上半的一二百年间，沉香类产品正是 Tambralinga＝登流眉＝单马令附近出口到中国最主要的商品。其有规模的进口，大约开始于1151至1172年间，持续到十四世纪中叶都一直有进口的记载。其后登流眉沉香淡出中国历史的舞台，而"陆昆"或"六坤"也取代了"登流眉"或"单马令"的名字。

原刊于汤熙勇主编，《中国海洋发展史论文集》，第七辑（台北：台湾"中央研究院"中山人文社会科学研究所，1999），第1—36页。

郑和船队下西洋的动机

——苏木、胡椒与长颈鹿

前言

"海洋科技博物馆"筹备处与吴京文教基金会合办这次
"走向海洋——郑和研究学术研讨会",邀请多位我素所仰
慕的学者与会,本人深感庆幸,能够借机向各位前辈、专家请
教。同时,也要向孙宝年主任致谢,谢谢他也让我有机会发表
一点个人的浅见。

一、郑和下西洋的原因

郑和替明朝(1368—1644)的第三位皇帝(明成祖永乐
帝,在位:1403—1424)工作。他出身穆斯林家庭。可能因为
在军事上打过几场胜仗,有助于朱棣取得政权,因此相当受到
宠信。三十四岁那年,他获选率领船队出使西洋。前后完成
"七下西洋"之举。为何郑和要带领强大的船队造访西洋? ①

---

① 所谓的"西洋",可以有两种说法。其一为西洋即南印度,其二为西
洋即西洋航道。稍后将再提及。

又为何要多达七次？这需要一些解释。

历来学者已经提出过种种推测，我不打算加以讨论，只说说自己的看法。先前在1999年10月9日《经典》杂志社举办的"郑和下西洋"演讲暨座谈会时，我曾提出解决沿海人民就业问题的一种辅助性说法。不过，那只是一种辅助性的解释，并不是要完整地考虑下西洋的动机。现在我打算提出一个我个人认为比较合理的全面性的解释。那就是："下西洋"有其外交的目的，同时也牵涉到经济的利益。而这两项目的又巧妙地纠结在一起。

外交目的不是指防堵帖木儿。外交活动的目的是指促使海外邦国前来朝贡。万邦来朝可以使永乐皇帝得到君临天下的快感。万邦来朝时，同时带来中国所无的商品，特别是大宗的胡椒与苏木，则能满足中国社会对外国商品的需求。

本来宋代的国际贸易以进口熏香料（incenses）为主，这包括了乳香、没药、檀香与沉香等西亚、南亚及东南亚产品；至于构成香辛料（spices）之大宗的胡椒当时则主要当成药材来使用。[1] 蒙古人统治中国时，胡椒被大量用为肉类的防腐剂及调味料，促成胡椒消费的普及。到明初时，已成民生必需品。苏木用作红色染料，早在唐朝时就已是珍贵的进口商品。[2] 南宋末至元初，中国开始发展木棉业。明太祖亦曾以政策推广植棉。苏木为棉布的极佳红色系染料。中国不产，仰给海外。

---

[1] 就外国产熏香料一事而言，明代不及宋、元普遍流行，部分原因可以归责于明太祖禁止使用此类商品。《明太祖实录》卷二三一，洪武二十七年（1394）正月，"甲寅，禁止民间用番香、番货。……民间祷祀止用松、柏、枫、桃诸香，违者罪之"。此后虽然不能完全禁止进口熏香料，但其使用的情形确实深深受影响。

[2] 唐诗人崔涯有《嘲妓》诗一首，提到"苏木"出现在外国贸易商流连的场所："虽得苏方木，犹贪玳瑁皮。怀胎十个月，生下昆仑儿。"

然而明太祖不喜欢华人出海贸易，甚至连下海捕鱼也加以禁止。既然他这么认为，也就成了朱家皇帝的"祖宗成法"，难以变更。

中国百姓不被许可下海谋生，不过，明代的中国人还有两种途径可以获得海外商品的供应。一是官营海外贸易，一是让外国人前来中国贸易。"下西洋"之举，一方面是尝试进行官营海外贸易，但更主要的是推动"朝贡贸易"。

官营贸易早有先例可循。不久之前才被明朝取代的蒙古政权元朝，可能早在至元二十一年（1284），即统一中国后五年，就已实施官本贸易。《元史》卷九四《食货志》"市舶"条云：

> 二十一年，设市舶都转运使于杭、泉二州。官自具船、给本，选人入番，贸易诸货。其所获之息，以十分为率，官取其七，所易人得其三。凡权势之家，皆不得用己钱入番为贾。犯者罪之，仍籍其家产之半。

海外贸易容易累积大量资本，以至于"富可敌国"。元世祖除了有财政的目标外，其目的大概也包含压抑私人资本家的意味。由政府经营，则是繁荣国家经济。这个政策立意不差，看来值得明朝皇帝效法。

让外国人前来贸易也是在禁止平民下海后，除了官营贸易之外的唯一选择。这本来不是很困难的一件事。可是在明初却有大困难。因为一旦涉及外国人，就涉及明代建国者的世界观。朱元璋强烈主张中国高高在上，其他国家皆为夷狄。夷狄要与中国开展贸易往来，就必须承认中国皇帝君临天下的地位，必须向中国朝贡。简单地说，所谓的"朝贡贸易"就是"有贡有市，无贡无市"。

　　本来若只是要外国人前来贸易，则商人们自己会考量风险与利润，有利即来，无利则否。但贸易要以遣人朝贡为前提，不免就让外国商人裹足不前。

　　朝贡的动作繁文缛节、旷时废日，而且所费不赀。对于有些邦国，如暹罗及琉球，其政权自己经营而且垄断航海贸易，因此是否进行朝贡以取得贸易机会，答案就比较直接而且肯定。

　　但是对那些政权并不直接介入贸易的邦国来说，事情就不一样了。外国的商人与该国政权未必利害一致，该国政权未必肯为商人而经常遣使。即使愿意遣使，该国商人也一定得付出相当代价，从而减少己身的利润。

　　获得因贸易而滋生的利润，固然是外国政权遣使的诱因。但遣使至中国必须下人一等地"朝贡"，并不是每个君主乐意为之的。假如该政权所得的利益不是大得不得了，也就不必委曲求全地遣人朝贡以遂行贸易目的。

　　因此，"朝贡贸易"的理念架构不容易普遍实行。

　　没办法，只好遣人出国招谕番邦前来朝贡，同时进行官营贸易。"招谕"需要提供诱因，或其反衬的形式——威胁。若是经济上、商业上、财政上的好处未能打动番邦君主时，做出某种形式的武力展示，迫使这些番邦国家为了避免遭受攻击而同意朝贡，可就成了实现"朝贡贸易"的有效手段了。

　　郑和下西洋，带了那么大一支船队，主要的目的就是"武力展示"（show of force）。当土著政权不知畏惧时，郑和的士兵便加以攻击，使之屈服。这样的战役其实也不多。因为无预警地一口气来了两万多名战士、水手在自己的港口上，土著政权大概都难以应付。但是郑和的目的只是要番邦遣使朝贡，没有其他野心。因此"武力展示"以展示为原则，真正动手的场合并不多。若真正动手，则都发生于陆地或港口，而非海上。严格而言，郑和的船队其实是一支移动的陆战部队，不是海军。郑和船队并没有从事海战的打算、准备与训练，也没有那样的设备，因为被期待到中国朝贡的，本来就都是陆上政权。（后文要进一步讨论的苏木与胡椒，只是森林产品和农产品，而不是海洋产品。）

武力的展示有助于一时朝贡贸易的推动。"下西洋"中止之后，这种压力消失了。少掉威逼的力量，万邦来朝就只剩下少数几国继续进行朝贡贸易。再者，"下西洋"的中止，也意味着官营海外贸易画下休止符。在1567年开放月港，正式准许国人下海贸易之前，明代社会只能靠有限的朝贡贸易获得合法的苏木、胡椒以及其他异国商品。但是在1567年以前，中国似乎也不太短缺苏木、胡椒这类东西，因为它们同时还经由非法的渠道进口。

二、明代前期两百年间苏木与胡椒的供应

明初以来，中国市场对苏木、胡椒有广大的需求这件事，在京官俸饷部分以这两种东西搭放这点上反映出来。"下西洋"官营贸易取得的主要商品确实也有中国市场所需的苏木与胡椒。其结果是明太祖以来以苏木、胡椒搭放京官俸饷的做法因而得以继续。[①] 而官库中充斥着这两种东西。《明英宗实录》卷十五记录以下之事：

---

① 参考韩振华，《论郑和下西洋的性质》，收入其《中国与东南亚关系史研究》（南宁：广西人民出版社，1992），第131页。

> 正统元年（1436）三月甲申，敕（南京守备太监）王景弘等，于官库支胡椒、苏木共三百万斤，遣官运至北京交纳，毋得沿途生事扰人。

三个月后，这些东西就上路了。《明英宗实录》卷十八云：

> 正统元年六月乙巳，南京装运胡椒、苏木马快船一百艘至京。

"下西洋"结束三年后，南京官库至少还存有胡椒、苏木共三百万斤以上！可见得郑和船队带回国的苏木、胡椒为数真是不少。

"下西洋"的活动在1433年后不再举行，但是1433年以后，中国所需的海外商品，也就是南洋商品，主要的项目仍然是苏木与胡椒。其供应由以下方式进行。

首先是继续来自愿意进行朝贡贸易的国家。其中暹罗、马六甲及巴邻庞本身即是生产苏木、胡椒的东南亚国家。特别值得一提的是位居东北亚的琉球在十五世纪以及十六世纪初年，也对中国扮演起南洋商品供应者的角色。琉球本无海外贸易的经验。明初赐给琉球舟人"闽人三十六姓"，让该国有了操舟贸易的能力。琉球每年有两三艘船驶往东南亚，造访马六甲、暹罗及巴邻庞、爪哇，取得南洋产品。这些南洋产品又在对中国进行朝贡贸易时，转贩到中国。

1511年葡萄牙人占据马六甲（满剌加），同时骚扰东亚海域的船运。马六甲政权既亡，无法继续进行与中国的朝贡贸易；而琉球也因为葡萄牙人阻绝南方海路，放弃其南洋贸易。中国失去马六甲及琉球所供应的南洋产品，势必影响到国内市场的供需，特别是胡椒：因为暹罗盛产苏木，而暹罗对中国的朝贡贸易并未受到葡萄牙人活动太大的影响，苏木的供给也不虞匮乏，胡椒则产于苏门答腊、爪哇及马来半岛，原本在马六甲集中转运。马六甲的沦陷也就大大影响了中国胡椒的来源。

停止"下西洋"之后，供给中国所需海外物产的另一途径为中国人的非法走私贸易。这种走私贸易恐怕一向就有，但在停止"下西洋"之后越发严重。很可注意的是，正统九年（1444），距离"下西洋"的中止不过才十一年，就有一件重大走私案件被揭露。《明英宗实录》卷一一三云：

> 广东潮州府民滨海者，纠诱旁郡亡赖五十五人，私下海通货爪哇国，因而叛附爪哇者二十二人，其余具归。复具舟将发，知府王源获其四人以闻。上命巡按御史同按察司官并收未获者户长鞫状，果有踪迹。严锢之，具奏处置。

所谓"叛附爪哇者二十二人"系指滞留海外不归者。他们构成早期的华人"离散社群"（diasporas）。潮州人走私下海到爪哇贸易，为的就是胡椒。因为在苏门答腊种植胡椒以前，爪哇就已是向中国出口胡椒的主要地点之一。① 一般说来，走私而不被抓到的要比被抓到的来得多。由此可以想见，停止"下西洋"之后，中国市场的胡椒需求不能被充分满足，给了

---

① 另一个主要地点为以故临及古里为中心的印度西南海岸（马拉巴儿海岸，the Malabar Coast）。

走私者相当大的获利空间。

到了1511年马六甲陷落之后，该国与琉球都停止供应中国南洋商品，中国市场的胡椒供给更成问题。走私者的获利机会当然也跟着扩大。在福建、浙江两省世家大族的包庇之下，走私贸易自然比以往猖獗。

但是此时的中国走私者不只是到南洋，也开始到日本。日本市场对南洋商品也有兴趣。本来在明成祖即位之初，日本室町幕府的足利义满即曾遣使朝贡。因此日本被授予"勘合贸易"的机会，经常遣船至中国贸易，由此可以取得一些南洋产品。此外，日本也与琉球贸易，获得更多南洋产品的供应。进入十六世纪以后，琉球急速减少与东南亚的贸易，使得日本市场严重缺乏南洋商品。日本人于是开始经营自己的南洋贸易。反过来，多多少少也可以间接地供给中国。

日本与中国的关系在1523年（嘉靖二年），因为宁波事件而恶化；自1549年（嘉靖二十八年）最后一艘朝贡船返航后，两国之间的勘合贸易也画下了句点。从1549年起，就守法的观点而言，即使日本慢慢能自行取得南洋产品，也不准带到中国贸易；而中国人民又不许下海，当然不可能合法地前往日本，因此日本人也得不到他们同样想要的中国商品。

中、日间的非法活动于是猖獗起来。日本人到中国海岸走私贸易或抢夺物资，变成所谓的"倭寇"。而中国的走私客发现日本市场有利可图，也就铤而走险，违禁下海到日本贸易。日本倭寇与中国走私者终致合流，无法区分，形成十六世纪前半叶及中叶中国沿海治安的一大问题。

十六世纪上半期，中国沿海还有一个极不安定的因素，那就是葡萄牙人的活动。葡萄牙人约于1514年左右出现在广东外海，在广东、福建、浙江与日本之间强行贸易或劫掠。最后，1557年入据澳门，定居下来，致力于经营中日之间的贸易。稍早，他们在1543年首次到达日本的南端（种子岛）；1571年开始常川造访长崎，以之为主要的出入港。

十六世纪中叶之前日本与葡萄牙的骚扰，加上中国人自己严重的走私贸易活动，终于迫使明朝廷放弃"祖宗成法"，开海贸易，时在1567年（穆宗隆庆元年）。

福建地方官在1567年开海贸易之后，依照船只所欲前往目的地发给"引票"，以便管理。① 由于1549年以后，禁止与日本往来，这次开禁当然不发给往来日本的"引票"。中国船许可前往去处，依针路方位区分为"西洋"与"东洋"，合起来其实就是整个东南亚地区，即日后所谓的"南洋"。针路中的"东洋"包括菲律宾群岛、苏禄群岛与文莱。此外的东南亚地区皆属西洋针路。再者，"东番、北港""鸡笼、淡水"也准许中国人前往贸易或捕鱼，这些地点都指台湾岛，但在当时并不包括在"东洋针路"中，也不包括在"西洋针路"的范围内。

从1433年到1567年，长期存在的走私问题是因为海禁，中国人民不能下海，南洋产品——尤其是胡椒供应不足。走私者的目标既然是胡椒，合法化以后的贸易者当然也以胡椒为主要进口品。南洋贸易吸引中国的海事贸易者。一时之间，竟没有中国走私船前往日本。这是因为一方面中国市场不必经由日本辗转取得南洋产品，另一方面则是出口中国产品到日本的利润可能远小于经营南洋贸易。日本学者浦廉一就指出：自1567年到1610年之间，几乎没有中国帆船到日本贸易！②

---

① 起初不限船数，1589年（万历十七年）以后才开始有所限制。

② 浦廉一，《延平王户官郑泰长崎存银之研究》，《台湾风物》，11：3

三、长颈鹿——郑和船队与非洲

如果说郑和"下西洋"的主要动机是招徕朝贡，背后的经济目的是追求以苏木、胡椒为主的南亚、东南亚产品，那么，郑和的船队最远也只需要前往印度西岸就够了。然而事实上郑和船队却多次扬帆于西部印度洋，这又是为了什么呢？

许多人都知道郑和下西洋的船队，最远曾到达非洲东岸。这件事情经常被当成是下西洋的最大成就之一，因为开启了中国人往来非洲的直接航道。但是，郑和手下究竟到过东非哪里，为何会前往该处？严格地说并没有被认真思考过。时至今日，在非洲东南岸外的大岛马达加斯加每年一度有一个纪念郑和下西洋的活动，往往使人误以为郑和船队真的到过该岛。其实没有，没有去到那么远的地方。马达加斯加纪念郑和与海外华人社会的特殊崇拜有关[①]，但不是因为船队到过该地。

郑和手下的"分艅"最远只到达现今的肯尼亚。所到的地方叫作"麻林国"，也就是现在的麻林地（Malindi），目前为一个渔港，同时也是欧洲人度假的地方。葡萄牙航海家达伽马（Vasco da Gama）在郑和手下到过当地八十余年后，于1498年第一次在该港下锚。1542年时，当时前往印度的耶稣会士沙勿略（Francis Xavier）曾埋葬两名士兵于此。

近年来附近一带盛传郑和船队曾在离麻林地不远的地方失事，船员被救起，在当地安居落户，结婚生子。这些失事船员最初的落脚地为巴蒂岛（Pate Island）。为了一探这个传说的

（1961年3月），第143页，注2。

　　①　海外华人崇祀郑和一事，与他们既不能完全融进当地社会，又得不到祖国的全力支持，因此需要某种心理慰藉有关。

究竟，我在1999年7—8月造访了称为"斯华希里海岸"（The Swahili Coast）的东非海岸及近海的一个小群岛。

这座小群岛叫作"拉穆群岛"（The Lamu Archipelago）。它坐落在麻林地东面海上，稍偏麻林地的东北方向。拉穆群岛由拉穆岛（Lamu Island）、巴蒂岛、曼达岛（Manda Island）三个主要的岛屿与若干次要的小岛组成。拉穆岛有两个聚落，一为拉穆村，具有港口与基本的服务业机能；一为摄剌村（Shela），为住宅和旅馆区，欧、美人士到此度假。曼达岛有一座机场，每天有一班往来内罗毕（Nairobi，肯尼亚首都）与麻林地的螺旋桨飞机在此起降。这个岛上没有住人。工作人员都住在拉穆岛。

巴蒂岛其实是三岛当中最大的一个，共有五个村落，人口约5000人。相对于曼达与拉穆，现代文明似乎很少到这个岛上来。岛民自己说，他们现在过的日子与五百年前他们祖先所过的，相去不远。

巴蒂岛的居民中，混居着一种叫作"哇·法茂"（wa-Famau）的人群。"法茂"的意思是说"曾经溺水的人"，"哇·法茂"则意味着"来自曾经溺水的人"，也就是"法茂"的子孙。实际上，所有的"哇·法茂"都有一个共同的特色，那就是他们是混血种，斯华希里人与外地人的混血子孙：第一代以斯华希里人为母亲的一方，外地人为父亲的一方。这些制造混血者的外地人包括阿拉伯人、印度人，还有葡萄牙人。他们是否曾经都溺过水很难说，但是他们确曾漂洋过海才来到巴蒂岛。

九世纪以后，印度洋西岸（也就是非洲东岸）与阿拉伯、印度之间的贸易逐渐发展起来。阿拉伯人甚至于在东非海岸建立起小小的殖民地，并且也让印度人住进去。至于葡萄牙人则要在达伽马之后才开始在东非现身。

可是除了阿拉伯人、印度人以及葡萄牙人之外，据说中国人也是制造"哇·法茂"的外地人之一。当地流行的传说指出：很久很久以前，有中国帆船行经今日肯尼亚的外海，碰上珊瑚礁，造成船难。部分水手经人救起或者自行上岸，然后就在巴蒂岛东南端的小村子住了下来，结婚生子。那座小村叫作"上噶"（Shanga）。他们所生的混血后代，就被叫作"哇·上噶"（wa-Shanga）——来自上噶的人。不用说，他们也是广义的"哇·法茂"人的一支。

不幸的是，在中国水手到达上噶约十年之后，巴蒂岛上发生战争。更不幸的是整个上噶都被焚毁。劫后余生的"哇·上噶"大都迁往不远的非洲大陆居住，与当地居民通婚，从此无迹可寻。不知该说幸或不幸，毕竟还是有少数"哇·上噶"在巴蒂岛留了下来。他们住到东北面的村子西尤（Siyu）。

因为不少欧、美人士到拉穆度假，他们也就有机会听到这样的传说。有一位记者出身的作家李露晔（Louise Levathes）在1994年出版了一本关于郑和下西洋的书①，就把这个传说放到书后的附录里。又过了四年，一名《纽约时报》（New York Times）的记者纪思道（Nicholas D. Kristof）更在该报发表了一篇专题报道。他一方面抱怨要登陆巴蒂岛有多困难，一方面更添油加醋地描述"哇·上噶"人可歌可泣的故事。他甚至还登出一张"哇·上噶"人的照片！可是照片里的人物背对镜头，

---

① Louise Levathes, *When China Ruled over the Seas: The Treasure Fleet of The Dragon Throne, 1405—1433*（New York and London: Simon & Schuster, 1994）；邱仲麟译，《当中国称霸海上》（台北：远流出版社，2000）。

读者无从判断真假。

媒体造假，发表耸人听闻的消息，借以创造业绩的事，在我们的时代时有所闻。"哇·上噶"的故事有几分可信呢？老实说，必须怀疑。

不过媒体总是爱好新奇。东森电视台就想利用这样的新闻做个节目。他们决定派一名文字记者、一名摄影记者去现场看看。记者邀请我一道前往。作为一名海洋史学者，为了有机会亲近印度洋，我同意了。

在巴蒂岛上，我们选择以西尤村为据点，住了四天。这四天中，每日步行数十公里，造访了法萨（Faza）、遵化（Tundhua）和新上噶（New Shanga）几个村子。我们尝试检视村民们每一张脸，也请村民帮忙介绍他们所知的"哇·上噶"人。

至少有一个家庭值得注意。男主人是葡萄牙血统的"哇·法茂"人，从事捕鱼的工作。他的妻子声称自己是"哇·上噶"人！

她看起来相当细瘦，而且不高，站在一米八的先生旁边，显得特别娇小。她的肤色与斯华希里人大不相同，没有那么黑，反倒是近于东亚人种的黄褐色。她的双唇也没有非洲人那么厚！说真的，她看起来有那么一点像个东方人。

我们在她家吃晚饭的时候跟她聊天。她名字中间有一个单音节的字，读起来像是中文的"谢"，但是她不知道那个字有什么意思。我们问起她父亲的全名，发现他名字的最后部分也是"谢"。她的祖父也一样。至于曾祖父，她说毫无印象。我们接着问起她姑姑们的名字，她的叙述使我们认识到"谢"也是她们名字中的一部分。"谢"这个音有何意思？她不知道；

家族成员的名字为何都要有一个"谢"，她也不知道；只知道她们被上一代告知：要把"谢"这个字音留在名字里。

"谢"这个音当然使我们想起这样念的一个中国姓氏。在家族内传承这个字音，也可以解释为延续香火的味道。加上她的长相，还有她自称是"哇·上噶"人，那么，她是否有可能为郑和手下船员的后代？她的家族没有任何一点点的遗物可以证明与中国人有关。我们也不能从以上讲到的那些边缘证据来推断她的血统。

不过，把"哇·上噶"人的故事与郑和船队海难失事的船员联想在一起，其实并不离谱。可靠的资料确实可以证明郑和的船员中，有人因船只毁损而羁留异域的事实。

在《明英宗实录》卷一六九，正统十三年（1448）八月壬午日这天，记录了以下这件事情：

> 府军卫卒赵旺等自西洋还，献紫檀香、交章叶扇、失敕勒叶纸等物。
>
> 初，旺等随太监洪保入西洋。舟败，漂至卜国，随其国俗为僧。后颇闻其地近云南八百大甸，得间遂脱归。
>
> 始西洋发碇时，舟中三百人。至卜国仅百人。
>
> 至是十八年，惟旺等三人还。上赐之衣、钞，令为僧于南京报恩寺。[1]

正统十三年往前推十七年为宣德六年（1431），也就是最后一趟"郑和下西洋"自南京出发的那一年。郑和本人停留在

---

[1] 此段引文依郑鹤声、郑一钧编，《郑和下西洋资料汇编》，文字与台湾"中央研究院"历史语言研究所版本稍有出入。

古里（就是"西洋国"）。太监洪保率领分舵执行在西部印度洋的任务。赵旺等人显然是受到洪保的指挥，搭乘中国船只，自西洋（古里）再度扬帆。这艘船有三百名乘员，洪保并不在其中。①

赵旺等人的船只损毁，漂流至"卜国"。西部印度洋能够叫作"卜国"的地方不外是非洲东岸，在今索马里亚境内的卜刺哇（Brava）。而巴蒂岛所属的拉穆群岛正好介于卜刺哇与麻林地之间。这么说，在1432—1433年间，确实有可能有"下西洋"船队的成员流落到巴蒂岛。根据赵旺等人所言，到达卜国境内的船员约有一百人，"随其国俗为僧"，"为僧"当然不是指当和尚，恐怕是说改信当地的伊斯兰教，随俗过日子。这很可能包含娶妻生子在内。有多少人与赵旺等三个人一起自卜国境内设法返回中国不得其详，显然不是一百人一起行动。换言之，有人继续留下来。

赵旺等人说，因为"闻其地近云南八百大甸"，所以设法回国。"其地近云南八百大甸"一句话只能指接近中南半岛北部。（"八百"差不多指今日之寮国。）稍稍往西，为孟加拉湾，属于东部印度洋。赵旺等人的报告可能并不完整。应该是说：自卜国境内搭船，可以到达"地近云南八百大甸"的孟加拉湾。当时非洲东岸与孟加拉湾之间的航海并不困难，所以环印度洋地区的国家领袖有机会得到只产于东非的长颈鹿作礼物。②

---

① 洪保在第七次下西洋之后随着大综宝船一起回到中国。

② 1940年代旅居印度的常任侠说："我曾见一幅十四世纪的波斯古画，为（埃及）马慕禄克苏丹王派使为帖木耳王贡麒麟图。大概当时把麒麟作为亚非国际间的交谊礼品，成为风气。"在他一篇题为《论明初与榜葛剌国交往及沈度麒麟图》（《南洋学报》，5：2，1948）的文章中，就收录了这张图。

赵旺等人在洪保的指挥之下，自古里扬帆，原来的目的地是哪里，文献上并未提及。可以确定的是"卜国"并不是目的地，甚至于非洲东岸的任何地点都不在计划之内。第七次航行在西部印度洋地区，计划及实现造访的地方为波斯湾、阿拉伯半岛南岸及红海东岸，不包含非洲东岸在内。所以船队结束任务后，忽鲁谟斯、佐法儿及阿丹都遣使到中国，但没有东非政权。

不过，在前几回航行中，宝船队的分艅确实有几次到过非洲东岸。很特别的是，分艅宝船造访东非和建立"朝贡贸易"一点关系都没有。的确，在十五世纪初期，斯华希里海岸存在着小型的阿拉伯商业殖民地。这些阿拉伯商人与寄居在他们殖民地的印度商人将产于津巴布维（Zimbabwe）索发剌（Sofala）的黄金以及东非内地的象牙转贩到印度洋的重要港口。但是中国人自可从他处得到黄金与象牙，不必老远地透过建立"朝贡贸易"的方式来取得。其实，有关郑和下西洋活动的记载也都没有指出有与非洲邦国建立"朝贡贸易"的目标，同时也没有从东非取得黄金与象牙。

郑和船队会前往非洲只有一个原因，而这个原因与长颈鹿关系密切。

我们提到过：郑和出使的主要任务就是招徕外邦，促进"朝贡贸易"的发展。因此，从第一次到第三次的航行，造访的都是以往中国船经常前往的东南亚邦国，然后以西南印度的古里为终点。自十二世纪以后，中国船本来就常到古里稍南的故临（Kulam，今名Quilon）。而古里这个国家，在元代（1271—1368）时即经常前来中国朝贡。更重要的是故临、古里所在的印度西南海岸，也就是所谓的"马拉巴儿海岸"（the

Malabar Coast），在十四世纪末之前是世界上最主要的胡椒产地。因此，西南印度虽然有些远，可是打从一开始就被设定为造访的目标。

第四次航海（1414—1415）时，首度把航线延伸至波斯湾的忽鲁谟斯以及孟加拉湾的榜噶剌。忽鲁谟斯郑和自己去，榜噶剌则派遣杨敏自满剌加（马六甲）率领分舰前往。杨敏动作很快，在出航的第一年（永乐十二年，1414）就带回一只长颈鹿，以"麒麟"的名义，在当年九月二十日进呈给皇帝。①

第四次航海原来预定的最西目的地为忽鲁谟斯。可是郑和却在该地派遣另一支分舰造访东非。这个突如其来的举动是出于一个简单的目的——取得长颈鹿和说服当地的统治者随同长颈鹿到中国朝贡。

郑和是整个下西洋舰队的总指挥。杨敏在榜噶剌取得一只长颈鹿并且火速送回中国的消息一定曾向他报告。东非出产长颈鹿的事，在印度洋航海世界并不是秘密。郑和在忽鲁谟斯当然有机会获悉当地离东非不远，于是便派遣分舰前往一探究竟。

长颈鹿其实有许多"种"（species）。不过，一般都指习见的、身上有棕色斑块的"马赛长颈鹿"（Massai Giraffe）。这种长颈鹿栖息于现今的肯尼亚与坦桑尼亚，也就是两国共有的野生动物保护区"马赛·马拉——歇刃戈地"（Massai Mara-Seregheti）。斯华希里语称长颈鹿为"颓貌"（Twiga）。不过，住在斯华希里海岸稍北的索马利亚部落"噶剌"（Galla）人却将之称为"奇利"（Giri）。因此在麻林地

---

① 这头长颈鹿原本为榜噶剌国国王赛弗丁（Said u'd-Din）所有。不过榜噶剌并不是长颈鹿的原产地，其原产地在东非。

以北的地方，虽然属于斯华希里海岸，也有人把长颈鹿叫作"奇利"。例如，麻林地南方二十公里处有一座十二至十六世纪阿拉伯聚落遗址，称为"葛地废墟"（Gedi Ruins），隐藏在丛林中。由柏油马路通往废墟的步道旁有一小村，村名就叫作"奇利阿麻"（Giriama）。村名中的"奇利"也是指长颈鹿。

"奇利"这个词也就是今天西方"长颈鹿"（英：Giraffe，法：Girafe，德：Giraffe）一名的语源。波斯文叫作Zurnapa，阿拉伯语叫作Zarafa。波斯人及阿拉伯人较早与中国人接触，因此中文资料中有"徂腊""祖剌法"等名称。

无论如何，"奇利"的读音与"麒麟"其实十分相近。只是杨敏为何能在榜噶剌一见到长颈鹿就想到以"麒麟"的名义送回中国进呈给皇帝，似乎值得仔细想一想。

如果说杨敏在榜噶剌看到原来送给赛弗丁的长颈鹿被带它来的东非人叫作"奇利"，从读音上就联想到"麒麟"，那倒相当自然。可是"麒麟"在中国民间的形象不知打从何时开始就长得短颈短脚，有点像狮子，绝对不像长颈鹿。把长颈鹿当成"麒麟"送给皇帝，皇帝能接受吗？宫廷士大夫能接受吗？民间会相信吗？

中国士大夫所谓的"麒麟"指的是孔子作《春秋》，止于鲁哀公十四年"西狩获麟"的"麟"。从那年以后，再也没有人看过"麒麟"（或是看到了却不认识？）。最后一只麒麟虽然出现在公元前五世纪，不过"麒麟"的长相应该可以在记忆及口传中留得久远一点。离古代鲁国不远的江苏徐州出土的汉代画像砖显示的"麒麟"长相是有些像长颈鹿，尤其是其特征：长长的脖子。①

郑鹤声在《郑和下西洋资料汇编》上说：

> （编者按）但我国古代所说的麒麟究竟是何形状，现已不可得而知。……据殷代甲古文的记载，麟就是鹿类动物。《三辅黄图》上说："青梧观在五柞宫西。梧桐树下有麒麟二。刊其协文字，是秦始皇墓上物也。颈长一丈三尺。"可见秦始皇墓前的石麒麟，也与长颈鹿相似。可能中国远古时尚存的"麒麟"就是长颈鹿一类的动物了。

或许，秦汉时代人心目中的"麒麟"仍是长颈鹿。可是，杨敏也认识到这点吗？从赛弗丁的长颈鹿被以"麒麟"的名义送到南京皇宫，皇帝与大臣均不疑有他地以"麒麟"的名义加以接受来看，似乎他们心中所认知的麒麟就是长得像长颈鹿一样，而不是民间所想象的狮子状的动物。

可是公元前第五世纪以后就没有人看过麒麟。有些士大夫可能读过《三辅黄图》，但不会有人见过徐州画像砖（当时还没出土）。照理说，皇帝与士大夫们不会都真的那么见闻丰富吧。永乐皇帝当然一厢情愿地希望进呈御座的长颈鹿就是"麒麟"；大臣们说不定是把长颈鹿当成是"国王的新衣"，只敢随声附和，不敢动手戳破呢？再说，谁也没见过"麒麟"，对不对？

有一件事情似乎证明郑和本人对把长颈鹿当成"麒麟"这件事不具信心。第七次远航船队在宣德六年（1431）正月驶离南京。三月十四日，他在长江口的（娄东）刘家港立了一块

---

① 徐州博物馆，《论徐州汉画象石》，《文物》，1980年第2期，第550页。

碑（《通番记事碑》）。同年"仲冬"，又在福建长乐县太平港立了另一块碑（《长乐南山寺天妃灵应记碑》）。这两块碑历数远航造访之地，并强调其特别的事件。然而，第四次下西洋，先有杨敏从榜葛剌送回麒麟，继而分𪠘于大𪠘宝船回国后次年带回麻林贡使与另一只麒麟的事，都没有被提。两块碑只提到一次长颈鹿，那是指第五次下西洋①回国后，阿丹国（亚丁，Aden）所贡。明代官书都把这只长颈鹿叫作麒麟，可是在《长乐南山寺天妃灵应记碑》碑文中，郑和明白地写下"阿丹国进麒麟，番名祖剌法，并长角马哈兽"。②拿"麒麟"与长角马哈兽（阿拉伯羚羊，Arabian Oryx）并举，并且特意提到"番名祖剌法"，显示郑和似乎不太想强调"麒麟"这件事！这真是一件奇怪的事情。

虽然很奇怪，可是在第四次远航时，分𪠘确实自忽鲁谟斯被派往非洲东岸。此前中国船虽然不曾到过非洲，但必要的知识与协助应该不难在忽鲁谟斯取得吧。

分𪠘船队从忽鲁谟斯出波斯湾折向西南，沿非洲大陆东岸而行，经过了木骨都束（摩迦迪休，Mogadishu）、卜剌哇，到了麻林地。目标既然是取得长颈鹿，麻林地也就成为终点。分𪠘船队很成功地弄到长颈鹿，也弄到"麻林国使者"随行，在第四次下西洋船队主体（大𪠘宝船）返国后一段时间，也到了中国。③木骨都束及卜剌哇也有使者前来。

第五次下西洋的任务之一就是护送麻林、木骨都束及卜剌

① 永乐十四年（1416）十二月奉使，十五年（1417）成行，十七年（1419）七月回至中国。
② 随行的费信则在《星槎胜览》中提道："阿丹国贡麒麟，番名祖剌法。"
③ 郑和及大𪠘在永乐十三年（1415）夏天回到南京，但麻林贡使却在永乐十四年（1416）十一月才被朝廷接见，相差十多个月，可见未随大𪠘而至。

哇的使者回去。这以后，明朝与麻林地之间不复有所交往。木骨都束及卜剌哇倒是随第五次船队再度遣使而来，进贡鸵鸟、斑马等土产，因此第六次远航仍须以分舱护送他们回去。

事实上，远航船队最初航向非洲目标在麻林地，不在木骨都束及卜剌哇。只是既然路过，该地君主也愿意随行到中国朝贡，好歹也是一件好事。其实后面这两个地方不产长颈鹿，而且天然资源贫乏，若非伴送使者，远航船队根本不必造访。曾经随船队到过东非的费信就形容木骨都束"酷热难耐"：

> 此地无耕土，多以渔为生。以天候酷热，寸草不生……若周游其国，见者唯戚然之目光。地唯沙土，别无他物。

相形之下，麻林地可植蔬果，而且有贸易活动，同时容易获得长颈鹿，比木骨都束及卜剌哇两地好多了。① 可是宝船分舱顶多在第四次、第五次时以该地为目标，因为他们发现在亚丁、麦加等地都可以找到长颈鹿！

第七次航行真正出发的时间为1431年底和1432年初。距离第六次船队回至中国（大舱，1422年；分舱，1423年）将近十年。没有非洲使者要送还。计划中也没有以东非为目的地，但是赵旺等人却意外地漂流到非洲。

总之，造访非洲只是郑和下西洋的一个意外插曲。长颈鹿被带到宫廷，虽然一时引起骚动，毕竟没有多大的影响。

---

① 参考 Esmond Bradley Martin, *Malindi, Past and Present*（Nairobi: the National Museum of Kenya, 1970）。

四、郑和船队的目的地：南亚与东南亚

东非之外，出使人员所至次远之地，应该是麦加。虽然有些资料说宝船到了该地，可是费信的记载却说是在古里搭乘"本国船"，也就是麦加的船。第五次航行时已到过亚丁，第四次航行已到过忽鲁谟斯。这是当时西部印度洋的重要港口。亚丁可能是中国船第一次去，忽鲁谟斯则在元代时已有杨枢指挥中国船到过。

阿拉伯世界的乳香及没药在宋代时曾是中国重要的进口品，但是在明初，乳香及没药已经不再那么重要，因此就经济方面来考虑，不应该是船队考虑前往的目的地。为何第四次下西洋之后，船队会在西部印度洋活动，需要更仔细的研究，我留在将来再行探讨。

印度西南海岸（马拉巴儿海岸）的古里、柯枝与故临在十四世纪末以前为世界胡椒的主要供应地。他们若愿前来中国进行朝贡贸易，当然有助于满足中国国内的胡椒需求。然而凑巧的是从十四世纪末起，苏门答腊开始盛产胡椒。印度胡椒快速丧失其在中国市场上的重要性。1433年以后，"下西洋"活动终止，古里、柯枝与故临的朝贡贸易团也不大前往中国，但对中国人的胡椒需求并未造成严重的后果。

郑和"下西洋"的"西洋"，狭义而言，指的是古里，乃至于古里所在的印度西部海岸。古里是郑和奉使的最初目的地，所以他的任务说是"下西洋公干"。

不过，广义而言，"西洋"可以指"西洋针路"及经由"西洋针路"所到的地方。所谓的"针路"指的是罗盘针所指示的方向。以现代西式罗盘而言，指针朝向180°—360°时，所走的就是"西洋针路"。在这种情况之下，忽鲁谟斯当然也可以算是西洋。所以永乐十五年（1417）郑和在泉州行香立碑，碑文即说"前往西洋忽鲁谟斯等国公干"。

北半球的亚洲海域，四月至九月吹西南季风，十月至次年三月吹东北季风。但是其中各有几个月风力太强，行船危险；还有在季风转向的期间，风向不稳，也不便于行船。因此，真正能利用来航海的时间就受到限制。向来由中国前往印度西岸，也就是由南中国海进入印度洋，都必须面临季风转换的问题。自宋代（960—1279）以来，中国船往往选择在苏门答腊岛北端的蓝无里（今亚齐省境内）待风。十三世纪末马可·波罗西行时，也这么做。郑和下西洋的第一趟与第二趟也都在蓝无里待风，然后再前进到古里。

不过，就在前两趟出使任务中，郑和协助新兴小邦满剌加（马六甲）稳固政权，而满剌加亦高兴有中国的援助，这对于对抗南向发展的暹罗尤其有用。满剌加于是成为最愿意执行"朝贡贸易"的海外邦国。

满剌加所在地，今称马六甲。地理上与蓝无里隔着马六甲海峡东西相对，同样也适合作为南中国海与印度洋之间的候风港。由于满剌加与中国的特殊关系，从第三次航海起，郑和放弃到蓝无里待风，改到马六甲。他同时在马六甲建立仓库，存贮商品，以该港作为整个船队的集结地（Rendezvous）。这一来，马六甲遂吸引了大批的南中国海与印度洋世界的商人，成为一个大商港（emporium）。直到1511年陷落到葡萄牙人手中之前，马六甲都是东部亚洲海域最重要的港口与贸易地点，享有长达一个世纪的繁荣。这点可以说是拜郑和下西洋之赐。

总而言之，中国市场所需之外国产品，主要产于东南亚。

尤其是苏门答腊盛产胡椒后更是如此。我个人认为郑和下"西
洋"的目的就是透过官营贸易与推动朝贡贸易实现苏木与胡椒
的供给。他的任务区域是在"西洋针路"所到的地方，绝对不
包括台湾。清初（康熙三十六年，1697）郁永河来台湾采集硫
磺，回去之后写了一本《裨海纪游》，提到台湾当地居民爱在
颈子上挂铃铛，说是郑和船队来时送过这种东西给他们，养成
他们戴铃铛的习惯。郁永河又说郑和部众那样做是因为他们把
台湾当地居民当狗看待。[1] 这样的说法其实侮辱了台湾当地居
民，是沙文主义的恶劣作风。事实上台湾不在西洋针路上，郑
和船队不可能来。

　　大约在十二世纪之后，西亚船舶东行，止于印度的故临，
然后换中国船东行。西亚船若自行东行，也仅止于三佛齐（巴
邻庞）。印度船或许也到东南亚交易，但不朝更东走。东南亚
地区跨出区域、往中国方向的贸易，仰赖中国船运。而到十四
世纪末、十五世纪初以后，中国商船也不再进出印度洋，因为
在东南亚即可找到所需商品。东南亚邦国欲与中国贸易，有待
中国人来，或者需搭乘中国船舶方能前往中国。中国人不许下
海，东南亚就无中国船舶可用。即便东南亚邦国想要进行朝贡
贸易，也无交通工具。郑和下西洋招徕"朝贡贸易"之后，东
南亚邦国往往向中国请求船舶及船员的协助，原因在此。另一
方面，郑和下西洋以后，中国人前往东南亚定居的人也渐渐加
多，形成离散社群（diasporas）。这些侨社中的华人也自行造
船，因此1567年以前，中式帆船仍然出现于东南亚海域。1509

---

[1]　更早在1603年陈第所著的《东番记》中已经出现这样的说法。见沈
有容编，《闽海赠言》（台北：台湾银行经济研究室，"台湾文献丛刊"第56
种，1959），第26页。

年葡萄牙人初到马六甲时，遭遇到的最强对手也正是华侨经营的中式船舶。郑和卒后，明朝停止"下西洋"。中国船的航道缩短，不再出入印度洋。这并不是中国人造船术或航海术的倒退，而是没有商业上的需要所致。

五、结语

有关1405—1433年郑和率领大支船队"七下西洋"的壮举，背后的动机为何？历来学者早就提出种种的诠释。本文将既有的解释留给读者自行判断，另行从中国经济社会的需求着眼，指出为了满足中国人衣、食所需，取得苏木和胡椒实为"下西洋"背后的经济动机。这样一套解释其实可以与其他的说法兼容并蓄，不用否定前贤的高见。

"下西洋"之前，苏木、胡椒以及其他中国所需的产品，大抵可以在印度以东取得。可是郑和船队的活动区域的确超过这个范围，甚且远抵非洲东岸。个人的看法是：前往非洲原本不在计划之内，终究去了，为的是麒麟，也就是长颈鹿；至于前往波斯湾及阿拉伯半岛，可以说是一种尝试的性质，相对不是那么重要。

因为中国经济社会所需的确以苏木、胡椒为主，因此当马拉巴儿胡椒的重要性被苏门答腊产品取代以后，中国航海家就失去了进入印度洋的动机。少量的西亚、南亚产品本来就可以在东南亚取得，何必远航呢？于是，在1433年以后，中国船几乎完全自印度洋绝迹。有些学者倾向于说这是明代实施海禁的后果，可是他们忘了海禁只对由中国本土操作的航运有效。郑和下西洋以后，海外华人的离散社群逐步蓬勃发展，自然也可以经营船运与贸易，不受明朝法令的限制。可是，事实上还是没有中式帆船到印度洋游弋。道理就在于不需要前往该地区购买胡椒或其他商品。就海内外的华人社群来说，明朝停止下西洋并未隐含着华人航运能力倒退的意味。

原刊于《船史研究》（上海：中国造船工程学会船史研究会刊），第十七期（2002），第121—134页。

从四个马来词看中国与东南亚的互动

——abang，kiwi，kongsi与wangkang

本文拟处理四个马来词：abang，kiwi，kongsi与wangkang。"abang"是道地的马来文，但被中国人用来称呼担任某项职务的船员"亚班"。"kiwi"来自中文的"客伙"，结伙贸易团体之一员，在现代马来文中用来指"二船主"，即分租船舱的小贸易商。"kongsi"是一个响当当的马来词，但是实际上却源自中国人海外贸易的合伙组织。"wangkang"又是一个道地的马来词，然而主要被用来指从事远洋贸易的中式帆船。十七世纪前后，这些名词在中国及东南亚世界开始流行，显示中国与邻近地区有密切的交往。

一、亚班（abang）

十七世纪初张燮的《东西洋考》记载中国远洋帆船的组员如下：

> 每舶，舶主为政，诸商人附之，如蚁封卫长，合并徒巢。亚此则财副一人，爰司掌记。又总管一人，统理身中

事，代舶主传呼。其司战具① 者，为直库。上樯桅者，为
阿班。司碇者，有头碇、二碇。司缭者，有大缭、二缭。
司舵者，为舵工，亦二人更代。其司针者，名火长，波路
壮阔，悉听指挥。②

黄叔璥的《台海使槎录》序于康熙六十一年（1722），对
海船组员也有如下之描述。其第一段指国内沿海长程贸易（南北
通商），第二段则指海外贸易（东、西洋贸易）。其文曰：

> 南北通商，每船出海一名（即船主）、舵工一名、
> 亚班一名、大缭一名、头碇一名、司杉板船一名、总铺一
> 名、水手二十余名或十余名。
>
> 通贩外国，船主一名；财副一名，司货物钱财；总
> 捍一名，分理事件；火长一正、一副，掌船中更漏及驶船
> 针路；亚班、舵工各一正、一副；大缭、二缭各一，掌管
> 船中缭索；一碇、二碇各一，司碇；一迁、二迁、三迁各
> 一，司桅索；杉板船一正、一副，司杉板及头缭；押工一
> 名，修理船中器物；择库一名，清理船舱；香工一名，朝
> 夕焚香楮祀神；总铺一名，司火食；水手数十余名。

关于"亚班"，黄叔璥还有进一步的说明："有占风望向者，
缘篷桅绳而上，登眺盘旋，了无怖畏，名曰'亚班'。"③

---

① 明代外洋贸易船可带武器。张燮，《东西洋考》（台北：台湾商务印
书馆，1971），第117页云："弓矢刀楯，战具都备。猝遇贼至，人自为卫，
依然长城，未易卒拔焉。"
② 张燮，《东西洋考》，第117页。
③ 黄叔璥，《台海使槎录》（台北：台湾银行经济研究室，《台湾文献

1830年代完成的《厦门志·船政略》"洋船"条全抄了这段文字。[①] 不过，在《风俗记》"俗尚"条还有下面一段话：

> 造大船费数万金。造船置货者，曰"财东"；领船运货出洋者，曰"出海"。司舵者，曰"舵工"；司桅者，曰"斗手"，亦曰"亚班"；司缭者，曰"大缭"。相呼曰"兄弟"。[②]

"亚班"在《东西洋考》中称为"阿班"，负责攀爬到樯桅上方，观察航道。《厦门志》说他也叫作"斗手"。"斗""陡"同音，"斗"或通"陡"字。叫作"斗手"有可能是因为他常常要爬高爬低的关系。

爬高爬低做什么呢？《彰化县志》也提到"亚班"，说是：

> 黑水小沟仍属台湾。黑水大沟则台湾与内地分界处也。阔约七八十里，视之水黑如墨。以桶汲起，仍清水也。小沟深险绝伦，船难寄碇。大沟水亦如墨，深约四五十丈。南流急时，风静波恬，犹堪寄碇。其流湍急，冠绝诸海。船利乘风疾行，乱流而渡；迟则波涛冲击，恐失针路。大沟既过，再行二更，则令亚班登桅遥望，以认内地山影，方知船之高低。在上风曰"高"，在下风曰"低"。上风则入澳较速，下风则入澳较迟。船已见山，如日色过晚，料难入澳者，夜间便须寄碇，不敢迫山。待

丛刊》第4种，1957），卷一《赤嵌笔谈》，第17页。

①　周凯，《厦门志》（台北：台湾银行经济研究室，《台湾文献丛刊》第95种，1961），第178—179页。

②　同上注，第645页。

至黎明，方好驾驶入澳。近澳处每有渔人布网，恐船碍网
杙，或牵网索，便费力也。[①]

至于为何叫作"阿班"或"亚班"呢？"阿班"或"亚
班"这样的词，不似船上的其他职司（如舵工、大缭之类）
可以从字面上粗略了解其意义。这意味着它有可能是外来的语
汇。船员造访世界不同的角落，与外国人常有接触，使用外来
语应该是很平常的事。这个可能的外国语言即为马来文。[②] 在
马来文中，称兄长（"大哥"）为"abang"，读起来就是"阿
班"或"亚班"，应该就是其语源。1830年代周凯的《厦门
志》提到船员"相呼曰'兄弟'"，而"斗手"又是"兄弟"
中工作的困难度或危险性最高者，称之为"阿班"（兄长、大
哥）似乎也很恰当。

此外，在清末林豪编的《澎湖厅志》里也收录了周凯
的一首长诗。1831年台湾发生大台风，周凯奉命自大陆前来
视察灾情。次年（道光十二年壬辰，1832）旧历三月十七日
"放洋"，十八日进澎湖。但因为遇到东北季风转西南季风
的时节，风向不定，险象环生。他于是写了一首诗，题为
《十八日抵澎湖，潮退风作，不能进口，收泊岚里》。其中
有如下一段：

> 欲进不能退不可，裹头弟兄（水手呼弟兄）汗潸

---

① 周玺，《彰化县志》（台北：台湾银行经济研究室，《台湾研究丛
刊》第48种，1957），卷一《封域志》"海道"条，第38页。

② 在西方人东来初期，马来语其实被用为交涉用语（lingua franca），可
见得中国航海家接受马来词汇的可能性确实很大。参考 W. P. Groeneveldt, *De
Nederlanders in china*（Den Haag, 1898），vol. I, 第158页。

潜。舵公无计问斗手（斗手能至桅顶望风色），出海失
声呼亚班。①

"斗手"就是"亚班"，负责登高望远，观察风色。船
只行进遭遇到紧急状况时，不但是负责驾船的舵公（即舵工）
要征询"斗手"的意见，而且身为船上具有最大权力的"出
海"，也只能着急地呼唤"亚班"。可见得"斗手"，也就是
"亚班"，对船只航行安全的重要性了。周凯所搭乘的帆船属
于黄叔璥所谓的"南北通商"船。"斗手"在这样的船只人员
中，排名仅在出海与舵工之后，在所有其他水手之前，正证明
他在船员、水手间的重要地位。水手既然彼此相呼为"兄弟"
或"弟兄"，"斗手"自然当得上"亚班"这样带着尊敬意味
的称呼了。

二、客伙（kiwi）

贸易船分租予小本钱的客商搭乘，古来已有。1119年朱彧
完成的《萍洲可谈》早就描述过宋代的情形了。同样的做法，
在中国历史上持续存在，所以《东西洋考》也说"每舶，舶主
为政，诸商人附之"。船只如果够大，附搭的客商人数就可以
很多。荷兰人的《巴达维亚城日记》"1625年2月24日"条，就
提到一艘从漳州河口出帆来到巴达维亚的中国帆船，大约为300

---

① 林豪，《澎湖厅志》（台北：台湾银行经济研究室，《台湾文献丛
刊》第164种，1963），第486页。

last^① 级者，有如下的乘员：

> 通称为商人的"quewijs"…………40人
> 高级船员及水手…………………80人
> 船客，即租船渡来者……………360人
> 合计……………………………480人 ^②

所谓"船客"（passengers，即乘客），在此个案中其实就是移民，单纯的搭船者。该船既属300 last级，有八十名高级船员（officers）及水手（crew）亦非意外。特别值得注意的是有四十名"通称为商人的'quewijs'"。所谓的"quewijs"究竟何指呢？

最早使用《巴达维亚城日记》这条资料的人可能为知名的东亚海事史专家小叶田淳。他在提到这条文献时，以带着怀疑的口吻说："'quewijs'恐怕就是侩吧！"他同时又把"船客"与"侩"都当成是"船商"。^③ 把"船客"当成是"船商"绝对错误，因为"船客"只不过是单纯旅行的移民者；至于"quewijs"，《巴达维亚城日记》已经明说他们"通称为商人"，因此小叶田淳要把他们当成是"船商"倒无不可。但

---

① 中村孝志以每一船舶用的last等于1976公斤。故而，300 last差不多相当于600,000公斤或600公吨，约当10,000担（或8,000—9,000石），是非常大的中国帆船。参考村上直次郎译注、中村孝志校注，《バタイア城日志1》（东京：平凡社，1974），第58页，译注。

② 《バタイア城日志1》，第61—62页。

③ 小叶田淳，《明代漳泉人の海外通商发展》，《东亚论丛》，4（1941），pp. 123—169。该文随后收入《史说日本と南支那》（台北：野田书房，1942）。有关"quewijs"的讨论在《东亚论丛》，p. 140或《史说日本と南支那》，第41页。

是"quewijs"这个词真的就是指汉字的"侩"吗？小叶田淳当时只是用疑问的口气，一语带过，未曾做任何推理。然而自从他的作品发表以后，一般人在未进一步论证的情形下，却都直截了当地把"quewijs"当成就是"侩"这个字。

当然，要进一步论证确实也不容易。以往学者所能引用的荷兰历史文献，好像也只有小叶田淳利用过的这条提到"quewijs"。饶有趣味的是，在相近时代的葡萄牙文献中，凑巧也可以找到"quevees"一词，这显然就是荷兰文献中的"quewijs"。

乔治·B. 苏扎指出1630年前后，澳门从事"港脚贸易"（country trade）[1] 的葡萄牙人想尽办法不让广州的"quevees"派船前去马尼拉贸易。他们强烈建议这些"quevees"把商品委托给他们运去马尼拉出售，只收取他们5%的佣金，条件优厚。同时，葡萄牙人也威胁道：如果广州的"quevees"不接受这样的安排，他们就要诉诸海盗行为。[2]

苏扎不是很能厘清"quevees"的真正角色为何，所以他给这个字的说明徘徊于商人（自负盈亏者）与牙人（中介者；不负担盈亏，只赚取佣者）之间。例如：当他提到1637年荷兰人发现澳门的葡萄牙人不再向日本人借respondencia（海事保险借贷）[3] 资金，因为他们已经转向广州之"quevees"借

---

[1] "港脚贸易"指欧洲人在亚洲境内所进行的区间贸易，也叫作"intra-Asiatic trade"。

[2] George Bryan Souza, *The Survival of Empire: Portuguese Trade and Society in China and the South China Sea, 1630—1754* (Cambridge: Cambridge University Press, 1986)，第79—80页。

[3] "respondencia"为葡萄牙文。荷兰文为"bottomrij"。英文为"bottomry"。日本人称为"投银"或"抛银"。广东人的用语为"洋利"，在清代台湾则称为"水利"或"水债"。

钱时，就在"the quevees"一词后面加个括弧，解释说他们是
"Chinese merchant brokers"。[1]

此外，苏扎又在引述C. R. Boxer于1942年以葡萄牙文出版
的一本题为《复辟时期的澳门》的书时，提道：

> 葡萄牙的"港脚贸易商"在取得贸易许可之后，就与
> 主要的中国quevees（k'uai: merchants/brokers）展开磋商，
> 以便决定价格，同时也订购所要的品质与数量的丝绸及其
> 他商品。[2]

也就是说，当葡萄牙人向澳门当局取得贸易许可之后，先与广
州的"quevees"谈好商品的价格，然后通过他们去订货，以
便出口。从这段描述，我们很自然地就联想到清代广州十三行
的"外洋行商人"（行商），因为他们也提供类似的服务。苏
扎也说这些"quevees"有时候赖账不还，甚至还卷款潜逃。
在前一段引文中，苏扎清楚标示出"quevees"即是"侩"
（k'uai），并且也说他们是商人或牙人。最后，在该书末了，
他又复提到"quevees"即中文的"侩"。

苏扎如何得到"quevees"＝"侩"这样的看法，并不清
楚。有一种可能是他参考了Boxer《复辟时期的澳门》一书的意
见。笔者未能找到这本书。不过，该书与小叶田淳的著作发表
的时间很相近，虽然两人有可能事先交换过意见而一致做出这
样的认定，但更可能是同时独立产生的。不过，更可能的是苏

---

① Souza, op. cit., p. 62.

② Souza, op. cit., p. 194. 原出处为C. R. Boxer, *Macao na Epoca de Restauração*, Macau, 1942, 第38页，第87—89页。

扎是从后来的学者处得到这样的看法的吧。

葡萄牙文的资料甚少受到重视。六十年来提到"quewijs"的讨论，大致上都是根据我们先前指出的那件荷兰文献，同时也接受小叶田淳的看法。只是"quewij"（有两个音节）的读音毕竟与"侩"（中国大陆的拼音作"kuai"，Wade-Giles拼法作"k'uai"，都只有一个音节）有所出入，因此有些学者不免半信半疑，乃至于别有揣测。

例如包乐史（Leonard Blussé）一方面同意"侩"这样的说法，另一方面在他的一本书的"词汇"（Glossary）部分，又将"quewie"（即"quewij"）的汉字写作"契子（或侩子）"，但未说明其由来之依据。① 陈希育倒认为包乐史的"契子"这个主张很好，因为闽人常以螟蛉子（异姓养子）出海贸易，让他们承受行船的风险。螟蛉子即契子。② 然而"契子"的闽南读音前半虽与"quewij"第一音节相符，后半则与第二音节相去甚远。

苏扎利用葡萄牙资料所见的"quevees"的确扮演着"侩"（"侩"的本义为牙人、中介者③）的角色，解释为"侩"

---

① Leonard Blussé "Chinese Trade to Batavia during the Days of the V.O.C.", Archipel, 18 （1979）, p. 201; Leonard Blussé, *Strange Company: Chinese Settlers, Mestizo Women and the Dutch in VOC Batavia* （Dordrecht, Holland: Foris Publications, 1986）, p. XII.

② 陈希育，《中国帆船与海外贸易》（厦门：厦门大学出版社，1991），第288—289页。

③ "侩"的最初出处为《史记》卷一二九《货殖列传》。参考杨联升，《中国文化中的媒介人物》，《大陆杂志》，十五卷四期（1957年8月），第29—36页。虽然"侩"这个字起源甚早，明代文人还是在使用。例如何乔远记海盗王直时就说："直奸出禁物，历市西洋诸国，致富不赀，夷人信服之。货至，一主直为侩。"这是指嘉靖二十五年（1546）左右，王直与葡萄牙人贸易，葡萄牙人以他为中介。见何乔远，《名山藏》（北京：北京出版社，《四

乍看起来不无道理。不过，担任中介者（brokers）是葡萄牙人迫使他们这么做，并不是他们原本的性质。事实上，他们原来都是想要置货下船贸易的独立商人！因此"侩"（牙人、中介者）绝非"quevees"的本义。至于在《巴达维亚城日记》的场合，他们更只是租船贸易的商人，不是牙人，作"侩"来理解就完全与事实不符了。

如果充当牙人、中介不是"quewijs"或"quevees"的基本意思，那么他们的语源当然就不太可能是"侩"这个字了。从其"通称为商人"、原本打算自己置货到马尼拉贸易、一船有多人等讯息看来，他们其实应该就是"客商"——从事长距离贸易的商人。

"客商"是一个很普通的名词。在历史上，从事长距离贸易的商人都称为"客商"，而在地接待他们的"牙行"则称为"主人"。① "主""客"是对应的称法。在帆船搭客的例子上，一艘商船舱位的最终支配权在"船主"② 。相对于

库禁毁书丛刊》，2000），史48，第235页。

① 参考黄仁宇，《从〈三言〉看晚明商人》，收在其《放宽历史的视界》（台北：允晨文化，1990），第1—32页。

② 如同本文开头的引文所见，"船主"（舶主）是远洋贸易船在船的支配者。（但在中国境内，特别是台湾与大陆之间的贸易船，通常称"出海"，而不称"船主"。）他们有时候是船只所有人（板主）或主要商品所有人（财东）；但是在大多数场合，他们只是板主或财东的代表与经理人而已。十八世纪末的谢清高对此有不错的说明。参考谢清高口述、杨炳南笔录、冯承钧注释，《海录注》（台北：台湾商务印书馆，1970），第11页。在亚洲航海世界，他们通称为"nakhoda"。船只出海以后，"船主"成为最高指挥者。即使有时候他把部分舱位的收租权或使用权交给其他船员作为他们在船上工作的报酬，最终支配权仍在他手上。关于"nakhoda"，请参考C. R. Boxer, "The Rise and Fall of Nicholas Iquan," *T'ien Hsia Monthly*, XI:5（April–May, 1941），p. 408; Ashin Dasgupta, "Indian Merchants and the Trade in the Indian Ocean, c. 1500—1750," in Tapan Raychaudhuri and Irfan Habib

"船主"，分租船舱的小商人自然可以称为"客"什么的。然而这样的商人乘客，在《东西洋考》中泛称为"散商"或"舱商"①，并不以"客商"称之；而"客商"的读音也与"quewij"或"quevee"相去较远。

纯就读音的近似性来说，比较接近的用词有一种可能是"客位"（闽南方言读若"kehwi"）两个字。也就是向"船主"租用或向船员转租舱位的商人。然而中文文献中根本找不到"客位"这样的用法，源自"客位"的可能性也就不高。

再有一种可能性是用来称呼客商的用语"客伙"一词，闽南读音近于"kehwei"，与"quewij"或"quevee"也相去不远。

将"客商"称作"客伙"的实例可以举《金瓶梅词话》与《儒林外史》为例。《金瓶梅词话》刊于明万历（1573—1619）年间，提到某年住在清河县（山东临清）的西门庆拟派遣伙计下江南去采购织品，因为不需要单独租一艘船走大运河，因此与其他商人共租一条船。这些合租一条船的商人便称作"客伙"。其文云：

> 话说西门庆那日陪吴大舅、应伯爵等饮酒中间，因问韩道国："客伙中标船几时起身？咱好收拾打包。"韩道国道："昨日有人来会，也只在二十四日开船。"……伯爵问："这遭起身，那两位去？"西门庆道："三个人都去。明年先打发崔大哥押一船杭州货来。他与来保还往松江下五处买些布货来卖。家中段（缎）货、绸绵都还有哩！"②

---

eds., *Cambridge Economic History of India, vol.* 1 （Cambridge: Cambridge University Press, 1982）, p. 419.

① 张燮，《东西洋考》，第92—95页。

② 万历刊本《金瓶梅词话》卷六十六，第1页。

至于清初完成的《儒林外史》则在第二回《王孝廉村学识同科　周蒙师暮年登上第》讲到明成化年间（1465—1487）山东兖州汶上县薛家集的一位塾师周进的故事。周进发迹前某一年：

> 那年却失了馆在家，日食艰难。一日，他姊丈金有余来看他，劝道："老舅，莫怪我说你。这读书求功名的事，料想也是难了。人生世上，难得的是这碗现成饭，只管'稂不稂、莠不莠'的到几时？我如今同了几个大本钱的人到省城去买货，差一个记账的人，你不如同我们去走走。你又孤身一人，在客伙内，还是少了你吃的、穿的？"周进听了这话，自己想："'瘫子掉在井里，捞起来也是坐。'有甚亏负我？"随即应允了。[1]

一道行走的长距离贸易商团体，可以集体地（collectively）被称为"客伙"，当然也可以个别地（severally）被称为"客伙"。由别省、别府到广州买卖货物者与由广州出洋贸易者，皆为长距离贸易商。[2] 结伙而行，其成员皆可称为"客伙"。1625年那艘荷兰船共有四十名附搭的商人。[3] 个别的交易量或许

---

[1] 吴敬梓，《儒林外史》（台北：智扬出版社，1991），第23页。

[2] 明、清时代内地各省到广东做长途贸易（称为"走广"）的客商颇多。例如明末冯梦龙的小说《喻世明言》（台北：河洛图书出版社，1980）第一卷《蒋兴哥重会珍珠衫》（第1—38页）里就提到了几家这样的商人。只要有人带领，要加入这样的长途贸易似乎也不困难。例如清代中叶的文人沈复，在其亲戚徐秀峰的邀约之下，稍集资本，也顺利地前往广州贩卖绣货及苏酒、醉蟹等物。见沈复《浮生六记》（台北：学海书局，1971）卷四《浪游记快》，第56页。

[3] 这艘船仍应有一名主要商人，即"船主"，但《巴达维亚城日记》却

不太大吧！历史上亚洲境内的海事贸易，在"船主"之外，就有很多资本不大的小商人参与。① 知名的荷兰学者梵勒（Jacob van Leur）只看到这些小商人而忽视掉"船主"所代表的巨额交易，于是主张十八世纪末以前亚洲境内的海上贸易的性质为"零星买卖的小贸易"（peddling trade）。②

《巴达维亚城日记》中，附搭商船的商人数目可以多达四十人，是这种零星买卖的小贸易的一个个案。就一般商船的情形而言，为了管理、协调上的方便，举其中一人为头目，该人也就被称为"客长"。谢清高云："客长，客商之长也。"③ 这也就是《东西洋考》所说的"主商"。④ "主商"或"客长"只是代表客伙。不属于客伙的"船主"才是船只所有人或主要租船人（或者是二者之一的代理人）。在船上，"船主"才是拥有最大权力的人。

除了包乐史之外，Wang Tai Peng也曾赞同"侩"这样的说法。不过，在一条注中，他又提道：不知是不是巧合，在马来文中，海商就叫作"kiwi"，这可能与荷兰文献中的"quewij"或中文的"侩"有所关联。⑤ Meilink-Roelofsz正是那位指出马

未指出。"船主"所经理的资金通常远大于"客伙"。

① 参考韩振华，《郑成功时代的对外贸易和对外贸易商》，收在《中国与东南亚关系史研究》（南宁：广西人民出版社，1992），第224—232页。

② J. C. van Leur, *Indonesian Trade and Society: Essays in Asian Social and Economic History*（The Hague and Bandung: W. van Hoeve, 1955）. Van Leur的说法引起M. A. P. Meilink-Roelofsz的强烈批评，见其*Asian Trade and the European Influence in the Indonesian Archipelago between 1500 and about 1630*（The Hague, 1962）.

③ 《海录注》，第23页。

④ 张燮，《东西洋考》，第92—95页。

⑤ Wang Tai Peng, *The Origins of Chinese Kongsi*（Petaling Jaya, Selangor, Malaysia: Pelanduk Publications, 1994）, p. 30.

来世界中"kiwi"之角色的前辈学者。他在检讨马来海商法时发现：在一马来人拥有的船舶上，除了"船主"（nakhoda）之外的其他商人都被称为"kiwi"。他同时也指出"kiwi"在船上不用做事，也不必像单纯的乘客那样要支付旅费。[①] 在现代马来文中，"kiwi"是作"租船运货人、租船者、二船主"[②] 解。正因为"kiwi"是分租船上的空间从事小额交易的小商人，而不是船员和水手，所以他们不用分担船上的工作；他们与"船主"之间的权利、义务另有安排，因此"也不必像单纯的乘客那样要支付旅费"。这么说来，现代马来文中的"kiwi"很可能来自"客伙""quewij"或"quevee"，并且保留了旧有的含义。

三、公司（kongsi）[③]

关于"公司"起源之研究，日本的松浦章先生在1993年写了一篇《清代"公司"小考》，[④] 指出最早论及"公司"一词之起源的，当为田汝康1954年的论文《十八世纪末期至十九

---

① Meilink-Roelofsz, op. cit., pp. 46—47.

② "Penyewa petak perahu yang juga menjalankan perniagaan, jurupetak, cincu", *Kamus Perdana*（Seri Kembangan, Selangor, Malaysia: United Publishing House, 1997），p. 791.

③ 本节一部分内容已发表在拙作《评*The Origins of Chinese Kongsi by Wang Tai Peng*》，《台湾"中央研究院"近代史研究所集刊》，第28期（1997年12月），第301—307页。

④ 《清史研究》（中国人民大学清史研究所），1993年第2期，第95—98页。

世纪末期西加里曼丹的华侨公司组织》。① 松浦先生也许是在强调中、日文方面的论著吧。事实上，有关"公司"问题的讨论，在荷兰文、英文方面，早有一些成绩。② 而在一般关于南洋华人史的通论性书籍中，往往也有一些篇幅处理这个名词或制度。③

对当代台湾或大陆的人而言，"公司"是一个耳熟能详的名词，似乎用不着太多的解释。大家也都知道，它的日文相等语为"会社"，荷兰文为"compagnie"，英文为"company"。不过，在中西早期贸易史的文献上，"compagnie"或"company"其实都音译作"公班衙"，而不是"公司"；译作"公司"已经是十八世纪末年的事。④ 然而"公司"这个名词或制度却早在十七世纪时就已出现在中文文献，到了十八世纪则又出现在东南亚的华人社会。在东南亚，

---

① 当时以英文在伦敦发表，1958年改写为中文，刊登于《厦门大学学报》，近年又收入田汝康《中国帆船贸易与对外关系史论集》（杭州：浙江人民出版社，1987），第52—99页。田汝康原本为一人类学者，曾在婆罗洲的沙劳越（Sarawak）从事田野研究，出版过一本小册子（T'ien Ju-kang, *The Chinese of Sarawak: A Study of Social Structure*. London: London School of Economics Monographs on Social Anthropology, no. 12. 1953）。本文当为其副产品。

② 例如：J. J. de Groot, *Het Kongsiwezen van Borneo*（'s-Gravenhage, 1885），即高延著、袁冰凌译，《婆罗洲华人公司制度》（台北：台湾"中央研究院"近代史研究所，1996）；S. H. Schaank, "De Kongsi's van Montrado", in *Tijdschrift voor Indische Taal-, Land-, en Volkenkunde*, vol. XXXV, no. 5—6（1893），pp. 498—612；Barbara E. Ward, "A Hakka Kongsi in Borneo", *Journal of Oriental Studies*, vol. 1（1954），pp. 358—370.

③ 如李长傅，《中国殖民史》（上海：商务印书馆，1936），第239—241页；罗香林，《西婆罗洲罗芳伯等所建共和国考》（香港：中国学社，1961）。

④ 松浦章，前引文，第96—97页。

"公司"（kongsi）的含义（connotation）远比现时台湾或大陆使用它时来得丰富许多。

就台湾而言，一些小地名到现在都还带有"公司"字样。例如"公司田""公司寮"之类，是清代台湾开发时期留下来的。可是为什么带着"公司"这样的字眼，到目前为止尚未有人提出合理而有据的解释。[1]

至于在十八、十九世纪的南洋华人世界，"公司"这个名词更是司空见惯。一般都将之认定为一种海外华人的社会、经济组织，并且经常与秘密社会有关。"公司"最早在东南亚地区出现，应该是十八世纪的事，因为此前并无任何记载。[2] 当时许多中国东南沿海居民（特别是广东的客家人）移民到邦加（Bangka）、婆罗洲（Borneo）等东亚海域（East Indies）岛屿，从事开矿的工作，而"公司"制度也跟着陆续浮出台面，成为代表海外华人的社会、经济组织。当中最为著名的，就是嘉应人罗芳伯在婆罗洲西岸坤甸（Pontianak）所建立的"兰芳公司"，时在1776年。[3] 到十九世纪下半叶时，马来半岛霹雳

---

[1] 陈培桂，《淡水厅志》（台北：台湾银行经济研究室，《台湾文献丛刊》第172种，1963），第67页："公司田桥：厅北百二十里芝兰堡田寮仔庄，原系柴桥。嘉庆十七年业户何锦堂、总理蔡万兴等修换。"其中提到了1812年修换"公司田桥"的事。洪敏麟，《台湾旧地名之沿革》（第二册上）（台中：台湾省文献委员会，1983），第315—316页也提到了"公司寮"（在苗栗县后龙镇龙津里）这个地名。洪敏麟的解释是："公司寮的地名起源于从前移民共同在此搭建茅寮，存放渔具，因以名。"这个解释相当合理，也很正确，可是为什么要叫"公司"呢？似乎需要进一步的阐述吧！

[2] Carl A. Trocki, "Boundaries and Transgressions: Chinese Enterprise in Eighteenth- and Nineteenth-Century Southeast Asia," in Aihwa Ong and Donald Nonini eds., *Ungrounded Empires: The Cultural Politics of Modern Chinese Transnationalism* （New York: Routledge, 1997）, p. 68.

[3] 参考罗香林，前引书。

州（Perak），华人团体"义兴公司"与"海山公司"间的争斗（即所谓的"拉律战争"，the Larut War）①，也使得南洋的华人"公司"制度成为关注的焦点。②

海外华人的"公司"制度，魏源在他请人编译的《海国图志》（1842年序于扬州）中已经数度提及，可惜魏源本人和他的同时代的中国学者、官僚都没有特别留意到这个问题。这里选录一段关于婆罗洲的记载，以见一斑：

> 近年粤之嘉（应）州人入内山开矿，屯聚日多，遂成土著。初娶狞女为妇（亚来由女不嫁汉人③），生齿日繁，乃自相婚配，近已逾数万人。择长老为公司理事，谓之"客长"，或一年、或二年更易。丁口税银，由客长输荷兰。④

从这段文字，我们可以看到十九世纪初婆罗洲的华人世界，基本上为一自治社会。其社会组织称为"公司"，领导人称为"客长"。⑤ "客长"由成员选出（所谓"择"），任期只有一年或两年。当时婆罗洲已经是荷兰的殖民地，但是华人

---

① 参考陈荆和、陈育崧编，《新加坡华文碑铭集录》（香港：香港中文大学，1970），第17—18页。

② 有关十八、十九世纪时，"公司"在东南亚出现的地区分布情形，请参考 Carl A. Trocki 前引文，第63页的地图。

③ 信仰伊斯兰教。"狞"指"狞仔"，也就是达亚人（Dayak）。参考《海录注》，第53页。

④ 魏源辑述，《增补海国图志》（台北：珪庭出版社，1978），第298页。

⑤ "客长"一词在明清时期的旅居者中用得相当普遍。前一节已提到帆船上的客商之长为"客长"。下了船、上了陆，还是用"客长"来称"客商之长"。参考《海录注》，第23页。

社会得以维持自治，因此应交的人头税是由华人"客长"收齐后，再转交给荷兰政府。荷兰人不直接向华人征税。在此意义下的"公司"组织并不严密，而其成员的地位彼此相差也不大。

从名称上来说，最早提到"公司"的历史文献（而非小说）是台湾"中央研究院"历史语言研究所出版的《明清史料》。其中有两件与台湾明郑结束时有关的史料，提到了"公司货物"。此当为"公司"一词见诸文献的最早记载。① 这两个文件提到了两艘由台湾打造，用于与日本、暹罗贸易的"鸟船"（福建式帆船）。一艘名"大哖"，为明郑吏官洪磊所有，由黄成、蔡允两人担任"管船"；另一艘名"东本"，为明郑武平侯刘国轩所有，由蓝泽担任"管船"。这两艘船分别于康熙二十二年（1683）闰六月间由台湾出发，先往日本，再往暹罗。这期间，明郑降清。两艘船接获指示，离开暹罗后不必回台湾，直接到厦门报到。其中，"大哖"船于康熙二十三年（1684）六月二十五日入港，"东本"船于同年七月十五日入港。两艘船的"管船"遵从福建当局的要求，详细开列船货的名称与数量。依据船货所有人的归属，"大哖"船的船货分为"公司货物""附搭货物"与"目梢货物"三大类；"东本"船则分为"公司货物"与"目梢货物"两大类。

Wang Tai Peng将"大哖"船的三类船货中的"目梢货物"解释为水手的货物，而他又说：

此处的"公司货物"，我以为是属于共同拥有它们的全体高级船员（officers），"附搭货物"也许该是属于郑氏

---

① 《明清史料》丁编第三册，第298—299页，《部题福督王国安疏残本》及己编第七册，第626—627页，《兵部残题本》。

家族，或者更可能是属于船主洪磊本人，乃至于属于两者和其他的人。①

针对"大哹"船，Wang Tai Peng将目梢当成是水手（sailors，即下级船员），应该是正确的，因为该文件将火长、舵工、总管、阿班、头碇、二碇、大缭、二缭、押工、直库、香工、总铺、一阡、二阡、三阡、三板工等有专门职司的高级船员开列完毕之后，才以"目梢"来统称其他的水手。②但是对于"附搭货物"与"公司货物"，本文作者认为有必要做不同的解释。个人认为，就"大哹"船的个案而言，"附搭货物"的价值与数量皆不大，③而"目梢"又不包括高级船员，因此比较有可能为该船高级船员的私人货物。该船为明郑吏官洪磊所有，乘员中并无其他商人；同时该船于暹罗时即已接获指示径返厦门，不到台湾，应该也不会有明郑集团中其他成员的订货。在"东本"船的个案中，并未单独开列"附搭货物"一项，则可能是合并到"目梢货物"中申报。

不管是就"大哹"船还是就"东本"船而言，"公司货物"都占了船货的绝大部分。这两艘船既然分别为洪磊与刘国轩所有，并且由这两个人派往日本、暹罗贸易，其主要船货绝对不能说是高级船员的私人货物，而应该为洪磊和刘国轩所有才是。然而为何不直接说是这两个人的货物，而要说是"公司货物"呢？这就涉及"公司"一词在海事活动上的用法了。

---

① Wang Tai Peng, op. cit., p. 46.

② 一般的情形其实泛称"火长"（管罗盘针路的人）以下的所有船员为"目梢"。

③ 计有"白灰布一百七十四、白象布四百八十六匹、布幔天七个、湿水烂红哆啰哖二匹、幼布二十四"。

最早给予"公司"两字简单说明的是写于十七世纪末、十八世纪初的历史小说《台湾外记》。在该书卷一《江夏侯惊梦保山 颜思齐败谋日本》中，有以下的一段文字：

> 昔之日本，最敬唐人（凡各洋悉唐朝与通，故称中国人曰"唐人"），船一到岸，只有值日库街搬顿公司货物（公司乃船主的货物——洋船通称）；其余搭客暨船中头目、伙计货物，悉散接居住，转为交易。①

可以注意的是作者明白指出"公司（货物）"就是船主的货物，并且这样的用法并不限于东洋贸易船，而是所有中国贸易船都有一样的用法。从这一段引文也可以推断：搭客暨船中头目、伙计的货物都不是"公司货物"，其余则是。至于"公司"一词则是用来指"船主"，相当清楚。

既然"公司"与"船主"所指涉的意义相同，为什么要创造"公司"这个名词，而不直接就叫"船主"或"船主货物"呢？前文已曾提到"船主"通常是指主要船货所有人在船上的代表，而在此处之船货所有者则为"公司"。《明清史料》所

① 江日昇，《台湾外记》（台北：台湾银行经济研究室，1960），第3页。康熙甲申（1704）序的版本（台北：新兴书局，1973），第2b页，"搬顿"作"擎顿"；"公司乃船主的货物——洋船通称"一句作"公司乃船主之货物，此洋船通称也"，文义较佳。这段文字是拿作者写作的年代和天启三年（1623）左右的情形对照着说的。在1623年左右，唐人到了长崎，可以在城内随处居停。但唐人来者甚多，一度多达长崎现居人口的一两成，引起日本幕府的恐慌。1666年就下令停止让唐人指定居所的做法，改由各町（区）轮流接待。1688年更实行集中居住的办法。参考原田伴彦，《长崎：历史の旅 の招待》（东京：中央公论社，1964），第76—88页。江日昇所指的事实是唐船"公司货物"的交易，由长崎各町轮流主持，船到时由值日的町将"公司货物"搬去存仓，至于其他货物及唐人则可任意选择交易的对象和居住的处所。

提到的两艘明郑贸易船，分别为吏官洪磊和武平侯刘国轩所派遣，但其"公司货物"则为洪磊和刘国轩所代表的一群人（构成所谓的"公司"）所共有。松浦章先生认为郑成功在厦门时，曾经建立过所谓的"五商"制度，当中的"仁、义、礼、智、信"五行，负责兵粮银米出入，其间有称作"公司"的可能。这应该是一个值得考虑的主张，虽然目前已知的资料尚不容许我们做这样的认定。①

"五商"制度的问题权且搁到一旁。单就与海上贸易直接有关的"公司"制度来说，其目的也正是在筹措经费。前面提到的这两艘船当然也不例外。康熙二十二年（1683），郑克塽投降之前夕，福建总督姚启圣说：

> 贼尚有洋船九只，每年出往外国贩洋。所得利息，以为伪官兵粮饷之用。②

这九艘船可能就包括《明清史料》所提到的两艘吧！它们贸易的盈利，是用来维持军队的。分别挂在洪磊和刘国轩名下，所代表的利益也许就是他们及其手下的吧！"公司"的"公"字显然很明白地说出了"共同"经营、分享盈利的意味。洪磊和刘国轩以公共资金派船下海营运，以其孳息用作公共用途，因此而称作"公司"。

---

① 关于"五商"的问题，目前可以参考的作品有张菼（南栖）的两篇文章：《台湾郑氏五商之研究》，《台湾经济史十集》（台北：台湾银行经济研究室，1966），第43—51页；《郑成功的五商》，《台湾文献》，36:2（1985年6月），第15—33页。

② 姚启圣康熙二十二年正月十三日疏，收入其《忧畏轩奏疏》。原书未见，转引自陈希育，前引书，第100页。

前文既然指出贸易帆船上的最主要指挥者为"船主",但在"大哗"船与"东本"船的例子中,这两三位指挥者却称为"管船",而非"船主"。称"管船"与称"船主"又有何差异呢?

松浦章先生也指出日本文献《琼浦偶笔》(1774)记载了一个与"管船"相近的名词"管公司"。该资料云:"管公司:主船主事务,公司即船主也。"① 本来主要的租船贸易者或其在船的代表人是称作"船主"的。然而或者因为资金太小或是为了分散投资以规避风险,因而由多人集资租船出海贸易时,在船担任"船主"角色的人,他所代表的资本家就不是单独的一个人,而是一个投资集团。"公司"一词不外乎就是用来称呼这种投资集团的专有名词吧。《琼浦偶笔》的那句话也许可以解释为:"管公司"就是管理"公司"(投资集团)的事务,而"公司"也就是主要的租船贸易者。因此,作为"船主货物"的"公司货物"当然要指整个投资集团的货物。一般随船行走、指挥航行及贸易的主要租船贸易者的代表人习惯上称为"船主",但在主要投资者为"公司"的场合,特别使用"管公司"这样的称法,比较清楚。至于在"大哗"船与"东本"船的个案中,使用"管船"这样的称法,意义应该也是一样的。

从"公司"这个名词最早出现和使用的情形来说,很显然它和海上的船运与贸易(shipping and trade)有关。而在十七世纪以后中国帆船的贸易活动中,也一直可以看到"公司"这样的字眼。松浦章在《琼浦偶笔》之外,还举出了几个造访日本的中国帆船活动使用"公司"一词的例子。

---

① 松浦章,前引文,第96页。

不过，"公司"一词也并不只是用于对日的船运与贸易。十九世纪初的一项资料《吕宋记略》①，也指出了上海与马尼拉之间的贸易船，也有"公司"这样的用法。

《吕宋记略》的作者为江苏太仓的叶羌镛。他提到当时上海做暹罗、马尼拉贸易的帆船有五艘，载重量从两三千担到四千余担（100多吨至250吨左右）。这些船允许客商附搭贸易，其安排如下：

> 客附舟者，有二千洋钱货，可带一弟兄（即驾船水手），公司与担位八担。货倍之，所带亦多一人，渐次而加。本大者，一人不能照管，带一友相助，不事驾舟，无担位，客人自与八担。

也就是说凡是客商所带的商品每值银元两千元者，就可以带一名水手上船，帮忙驾船，而"公司"免费给予八担（800斤或480公斤）的船舱位置，让这名水手带货贸易，自负盈亏。② 客商的商品价值增加时，携带水手的权利也依比例增加。但是客商所带的商品价值不容许他带人，而他却需要带人当帮手时，"公司"就不免费提供舱位，而由客商自己租"八担"舱位给这名帮手（但这名帮手可豁免担任水手的差使）。

---

① 叶羌镛，《吕宋记略》，收在王锡祺辑，《小方壶斋舆地丛钞（补编、再补编）》，第六册（台北：广文书局，1964），第1a-3b页。叶羌镛"曾见甲必丹晓谕告示，上一行奉大清（亦有称唐者）嘉庆十七年；下一行称化西十一千八百十二年"（第2b页），因此可推断该书著于1812年之后。

② 不过，水手得到的"八担"舱位而不自行利用来贸易时，也可以再转租给客商或其他船员，但是租金比较高。（第3b页）

水手由客商提供，这真是一件令人惊讶的事情。[①] 看来在这个个案中，水手并不必具有特殊的训练或经验。这些水手听由"押班"统一指挥，也就是说"管众弟兄为'押班'"。"押班"显然就是第一节所讨论的"亚班"或"阿班"，也就是"abang"，即兄长或大哥的意思。在这个场合，他负责领导、指挥一群未必有经验的水手，操作船只。除了船主、客商、押班与水手之外，这样的贸易船船上的人员就只剩下负责烹饪的"总哺"、管账的"财副"与掌舵的"舵工"[②] 三人而已。"押班"在这种贸易船的航行上，显然扮演了特别重要的角色!

租用船舱的租金称作"水脚银"，归船主收取。《吕宋记略》说"水脚银船主领之，谓之'公司'"。然而客商不但要支付租金，而且在船到马尼拉海关时，

> 将货物逐件点明，估价消（销？）货后，公司抽分客银加二三五（走暹罗去货无利，船主无抽分）。关税即于抽分内拨十分之六。

也就是说"公司"抽取客商商品总值的23.5%，以其中的十分之六用来缴纳关税；剩下的十分之四（商品总值的9.4%）当然是"公司"的收益了。不过，这样的收益只在上海走马尼拉的商船才有；走暹罗的商船因为获利无多，"公司"并不收

---

① 虽然令人惊讶，但是同样的做法也出现在往返巴达维亚贸易的中国帆船。参考包乐史著、庄国土等译，《巴达维亚华人与中荷贸易》（南宁：广西人民出版社，1997），第150—151页。

② 原书云："上海至厦门谓之'大公'，厦门至西洋（马尼拉及暹罗）谓之'伙长公'。"（第3b页）

取抽分。（可能也就不代纳关税——该文献未明白指出。）

"公司"除了将客商运到马尼拉让他们进行贸易外，也主持沿途祭祀神明的工作，以确保航行的安全。不过，在部分的场合，客商还得提供金纸。在这样的由上海到马尼拉的帆船中，主要的负责人称作"船主"，但是他的工作还是为"公司"服务，代表"公司"的利益。"公司"显然仍然意味着一个投资集团。

很有趣的是《吕宋记略》还提到一个名词，叫作"小公司"。它说："其主客饮食者，曰'小公司'。"换言之，"小公司"指客商的伙食团。伙食团的经费是否包括在"水脚银"或"抽分"之内，不甚清楚。不过，很明显地，"小公司"之所以也叫作"公司"，那是因为伙食团的成员也把他们的伙食费聚集在一起使用。十九世纪之前"小公司"的用法，虽然也发生在海事活动的场合，但作为伙食团这样的用法则与海事活动没有必然的关系。

再者，"小公司"也未必专指伙食团。清代（或日据之前）的台湾海事惯例也把船员搭载的商品集体地称为"小司"，应该也就是"小公司"的意思。

日据初年旧惯调查会所编制的《台湾私法》对"大公司"及"小（公）司"有以下记载：

> 整船[1] 合股的财产称为"大公司"，有船舶、器具、货物及一切债权、债务。"小司"又称"小私""小伙"

---

[1] 《台湾私法》第三卷（南投：台湾省文献委员会，1993），第570页："船主（按：此指船东本人自行出海贸易者）或朴、税人（此指租船贸易的人）利用船舶经商，称为'整船'"。朴指"包租"（to charter），税指"租"（to rent）。

或"搭位",即由船员在惯例认定的范围内得以载运的货物发生的债权及债务。①

行走于台湾与大陆之间的商船,不只是高级船员和一般水手得以分配到一定重量或体积的空间随船载些私人的商品,做些小生意;就连船上的指挥者"出海"也有类似的权利。这些权利集合起来就构成了"小司"。②

"公司"这个名词始终带有合伙(partnership)或共同事业(joint concern)的意味。它的出现原本与海事贸易活动有关,后来却不限定在海事活动的范围内使用。

稍早我们已经提到台湾的地名"公司田""公司寮"之类的用法。其实,台湾商业习惯上也把"公司"当成"合伙"的"共同事业"。例如十九世纪时,糖廍依其资本构成的方式中,就有一种称为"公司廍",即"合股而设者也"。③ 一般合伙事业机构组织称作"公司",那就更多啰。例如1887年(光绪十三年),台湾闻人陈中和(陈仲和)与人合伙创办"和兴公司"。合股文书中就提到"本行生理,并开设横滨顺和栈所有盈亏,均付本公司账内核结"。④ 另外,1897年(丁酉年)的"合股字"契约,也提到"合伙公司之事"。⑤ 由于"公司"带有合伙投资事业的味道,十八世纪末以来就顺理成章地将原本音译作"公班衙"的英文词"company"译作"公

① 《台湾私法》第三卷,第559页。
② 同上注,第566—567页。
③ 连横,《台湾通史》(台北:台湾银行经济研究室,《台湾文献丛刊》第128种,1962),第651页。
④ 《台湾私法·商事篇》(台北:台湾银行经济研究室,《台湾文献丛刊》第91种,1961),第133页。
⑤ 同上注,第123页。

司"。然而在民间用法上，"公司"还保留着原始的简单的共同经营的意思，而不必非指一个现代法人意味的经营组织不可。例如1891年（光绪十七年）台湾的一件"遗嘱"就把未分配的遗产交给所有继承人共同经营，称之为"归诸公司生息"①，保留了简单的"共同经营"的意味。

中国大陆方面的情形，试举一例：福建厦门在清代前期有许多华人从事沿海与远洋的贸易。制度上有所谓的"商行"与"洋行"分别担任交易的中介以及保税的工作。其中的"洋行"由于经手南洋贸易，地方大吏遂强制他们为官府购买燕窝、黑铅等进口品。道光元年（1821）所有的"洋行"都倒闭或停止营业。② 官方于是要求当时存在的"商行"（经手中国沿海贸易）"大小十四家，公司承办贡燕、黑铅等项"。这项工作也叫作"十四行公办"。③ 可见得迟至1821年时，厦门社会还是把"公司"当成带有"合伙"或"共同事业"的意味。

"公司"一词在透过船运、贸易与移民（如兰芳公司之类）融入马来语汇的过程中，也包含了"合伙投资"与"共同经营"的意思。在现代马来文中，"kongsi"的本义即为合伙的商业机构。但与他字并用时，还有许多意思。如"kongsi gelap"指秘密会社，"kongsi hidup"指共同生活，加上前缀词的动词"mengongsi"则指共用或共有。这也都还不脱离"合伙"或"共同事业"的原始含义。

---

① 《台湾私法·人事篇》（台北：台湾银行经济研究室，《台湾文献丛刊》第117种，1962），第385页。

② 陈国栋，《清代中叶厦门的海上贸易（1727—1833）》，收入本书。

③ 周凯，《厦门志》，第179—181页。

四、艎舡（wangkang）

十五世纪以来，从欧洲人的观点来看，亚洲船舶大致可以分成三大类。一是中国式船舶，欧洲文献称之为"junk"，活跃的范围为马来半岛以东的东亚、东南亚、东北亚海域；一是东南亚的（爪哇人、马来人的）传统船舶，欧洲人将之统称为"perahu"，活跃于东南亚海域，主要从事岛与岛间的运输贸易（nusantara trade）①；第三种则是印度洋船舶，为印度人、阿拉伯人以及环印度洋地区的其他人种所使用。欧洲人借用东非Swahili语的称法，将之统称为"dhow"。② 至于欧洲人自己的船舶当然就叫作"ship"③ 啰！

中式船舶未必都在中国打造，所有者与使用者也未必是中国境内或侨居地的华人，日本和东南亚的居民也可能拥有或制造中式船舶。有一些学者主张中式船舶的统称"junk"是源自马来文的"jong"一字。④ 其实，在更早的年代（欧洲人到

---

① 不过在马来文的用法里，"perahu"其实泛指一切的船舶，不拘是马来世界或其他人种的船舶。参考Hans-Dieter Evers, "Traditional Trading Networks of Southeast Asia", *Archipel*, 35（1988），pp. 89—100。

② 参考Yajima Hikoichi（家岛彦一），*The Arab Dhow Trade in the Indian Ocean*（Tokyo: Institute for the Study of Languages and Cultures of Asia and Africa, 1976）。

③ 欧式帆船在东南亚通常以马来语称为"kapal"，也就是"大船"（perahu besar）的意思。在中文文献中，则写作"夹板""夹版""甲板"等字眼，皆其音译也。例如1633年料罗湾海战期间，福建巡抚邹维琏的《奉剿红夷捷报疏》就一再地提到荷兰人的船为"夹版"船，如云"红毛一番……其舟长五十丈，横广六七丈，名曰'夹版'"。见邹维琏《达观楼集》，卷十八。该疏全文引在苏同炳《台湾史研究集》（台北："编译馆"，1990），第34—42页。

④ 近来有关"junk"一字的起源与东南亚船舶问题的讨论，请参考Pierre-Yves Manguin以下各文："The Southeast Asian Ship: An Historical

达亚洲以前）中国式的船舶就已活跃于东南亚世界。"jong"
或"junk"的最终语源应该还是中国人对船舶的总称："船"
（闽南发音）！

前面说过一些学者以他们认为来自马来文的"jong"这个
字作为中式船舶的总称。然而，在马来文中用来称呼中式船舶
的字眼并不只有"jong"这个字。事实上"jong"这个字的定
义是"sejenis kapal layar Cina（biduk）"，意思是说"一种中
国式帆船（小河船）"。马来西亚的华人把"jong"这种船称
作"舯舡"，即用马来文表示的"jongkang"或"tongkang"，
常常用来指较小的中式船舶，这与欧洲人用"junk"的同源字
来泛指一切中式船舶的情形不同。

由中国造访东南亚的中式帆船通常比较大，为不属于"舯
舡"的那种。东南亚世界的大商人（通常为华人）也打造大型
的中式帆船航行于东亚世界。这些大型中式帆船，在马来文中
经常称为"wangkang"，马来西亚华人世界的典雅写法为"艎
舡"。马来文字典给予"wangkang"这个词的定义是"sejenis
jong, perahu besar"，意思是说"一种中式帆船、大船"，用来
专指大型的中式船舶。它是一个地地道道的马来词，并不是借
自中文的用法。不过，在十六、十七世纪以来的马来文中，已
被用来指涉中式帆船，而非传统的马来船舶 perahu 中的大船。

Approach", *Journal of Southeast Asian Studies, XI:2*（Sept., 1980），pp. 266—
276; "Trading Ships of the South China Sea: Shipbuilding Techniques and
Their Role in the History of the Development of Asian Trade Networks",
Journal of the Economic and Social History of the Orient, XXXVI （1993），
pp. 253—280; "The Vanishing Jong: Insular Southeast Asian Fleets in Trade
and War （Fifteenth to Seventeenth Centuries）", in Anthony Reid （ed.），
Southeast Asia in the Early Modern Era: Trade, Power, and Belief（Ithaca &
London: Cornell University Press, 1993），pp. 197—213.

十七世纪荷兰人的文献经常提到"wangkang"这个词，有些时候还和"junk"同时出现。也就是说分别当成中式帆船的两种类型。荷兰人采用"wangkang"一词，显然是受到马来人用法的影响，所以还是把它当成是中国式海船来看待。即使在近代荷兰出版品中，我们也仍然可以看到给"wangkang"这个词的说明是"Chinese-style oceangoing junk"（中式航海帆船）。① 十七世纪荷兰人所记述的"wangkang"包括了许多造访台湾的中式帆船，分别来自中国大陆与东南亚各地。值得注意的是十七世纪的荷兰人同时又使用"junk"这样的称呼来指中式帆船。显然他们有一种标准用来区分"wangkang"与"junk"。这个标准是什么呢？

有一种说法是认为"junk"要比"wangkang"来得大，或者说"wangkang"是较小型的"junk"。例如《热兰遮城日志》荷兰文排印本的编者在书后的"词汇"部分就说："Wancan:（Chinees: wang-kang）klein type jonk met twee masten"② ，意思是说得名自中文的"wang-kang"，为双桅式小型中式帆船。该书主编在另一本著作中也说"wangkang"是"small size Amoy trader"，小型的厦门商船（同时也应泛指同类型的中国商船）。③ 这样的定义意味着"wangkang"与"junk"都指中式航海贸易船，不过前者较小，而后者较大。

① J. C. van Leur, ibid., p. 445（Glossary）.

② J. L. Blussé et al., eds., *De Dagregisters van het Kasteel Zeelandia, Taiwan 1629—1662*, vol. II（Den Haag: Instituut voor Nederlandse Geschiedenis, 1995）, p. 623.

③ Leonard Blussé, *Strange Company*, p. 129.包乐史并且附了一张"wangkang"的图画。不过，这张图画出处为Ivon A. Donelly的*Chinese Junks: A Book of Drawings in Black and White*（Shanghai, 1920），年代较晚，是否能代表十七世纪时的情形，必须稍作保留。

包乐史曾经引用《巴城布告集》说明1706年时，巴达维亚当局规定中国船载客入口，"junk"以100人为限，"wangkang"则限载80名。① 这也反映了"junk"与"wangkang"之间确实有大小的差别。

至于说"wangkang"得名自中文，事实上找不到证据。马来世界典雅用法的"艎舡"并未出现在当时或更早的中国文献。它应该不是中国人对帆船的固有叫法。② 因此，现代学者在翻译这个词的时候往往有所误解。③ 可是荷兰文献确实点出了"wangkang"比"junk"小的事实，因此不免使人误会它是很小的船。例如，曹永和先生在1955年一篇讨论明代台湾渔业的文章中，就把"wangkang"当成是艋舺。他引用1630年7月6日大员（热兰遮城）商馆评议会的决议，并且翻译如下：

> 至在北风期中用戎克船（joncxk，sic）、艋舺船（wanckan）以及其他船舶向大员以南或以北出发捕鱼的收入，则仍保留照从前一样征收什一税。④

这个译法可能影响到郭辉。在他所译的1970年首次出版的《巴达维亚城日记》第一册及第二册中，"wangkang"一律被译成"艋舺"。例如"1644年3月7日"条：

> 又有艋舺船一艘自福州（Hoczeeu）进港。人员

---

① 《巴达维亚华人与中荷贸易》，第127—128页。

② 参考附录。

③ 例如庄国土等人在翻译包乐史的作品时，就将"wangkang"译作"艋舺"。"艋舺"不是一个中文惯有的词。中文词有"舴艋"，意思是"小舟"。见《巴达维亚华人与中荷贸易》，第128页。

④ 曹永和，《明代台湾渔业志略补说》，《台湾早期历史研究》（台北：联经出版公司，1979），第237页。

四十五人，搭载中国啤酒、大张纸及其他杂货，航程十八日。该船为本年自中国开来最初艋舺船，故总督予以免税。①

乘员多达四十五人，同时又做远洋航行，当然不是独木舟，不应译作"艋舺"。

《巴达维亚城日记》中译本第三册于1990年出版。译者程大学显然对"wangkang"一词大为困惑。因此，他的译法也就花样百出，例如：

王康（Wancan）。（p. 110）

乘员二百人之大Wancan船即帆船，自厦门抵达本港。（p. 110）

中国人Santouw于所有Wanlcan②船搭载：胡椒……（p. 114）

大艋舺船Wancan。（pp. 120、121）

王康（Wancan）船一艘，自广东直航抵达本地。（p. 155）

准许支那甲必丹Bingam（潘明岩）及中国商人Soocko本年各派王康（Wanckantie）小船一艘前往大员。

王康船。（p. 178）

大致上以不译或译作"王康"为常，但是至少也有一处译作"艋舺"。

___

① 郭辉译，《巴达维亚城日记》第二册（台北市：台湾省文献委员会，1970、1989），第380页。

② 应作"wankan"，即"wangkang"。

其实，台湾史学者都知道"艋舺"指的是独木舟，依李壬癸的研究，台湾历史上的马赛族和现在的泰雅族都有这样的语汇，并且应该还原为"bangka"。① 李壬癸还指出田朴夫（Dempwolff）曾拟测舟船的古南岛语中有"wankang"这个词，意为"独木舟"，但"可惜这个词……只见于东区和西区的南岛语言，却不见于北区的台湾南岛语言"②。"wangkang"虽然在很久以前有过"独木舟"的意思，但在十六、十七世纪的马来文中，早已被用来指大型中式帆船，而荷兰人也用来指只比"junk"小一些的中式航海贸易船了。

荷兰人于1624年以后入据台湾，从此就经常提到"wangkang"这种中式帆船。不过早在十六世纪中国大陆船只就经常造访台湾，其中想当然有后来的荷兰人称为"wangkang"的那种船吧。巧合的是，也就在十六、十七世纪时，中文文献出现了一个台湾地名"魍港"（蚊港）③。这个地点在十七世纪的荷兰文献中也写作"wangkang"（拼作"wancan"或近似形式），也就是说与"艋舺"为同一个字。中村孝志就明白地说此一地名与印尼人称呼舟船的"wangkang"有关。④ 换言之，魍港这个地名应该不是依台湾当地居民的语言命名的，而系受到以马来语称为"wangkang"的中式帆船造访的影响。⑤

---

① 李壬癸，《台湾南岛语言的舟船同源词》，《台湾南岛民族的族群与迁徙》（台北：常民文化事业股份有限公司，1997），第78—80页。

② 李壬癸，前引文，第78页。

③ "魍港"一名至迟在十六世纪后半期就已出现在《明神宗万历实录》。参考方豪，《台湾早期史纲》（台北：学生书局，1994），pp. 102—104。张燮也指出嘉靖（1522—1566）后期即有这个地名，见《东西洋考》，第70页。

④ 《バタィア城日志1》，第223页。

⑤ 曹永和云："《明史》文中所谓魍港，究是何地？查魍港之名，见于《东西洋考》，是台湾地名。据伊能嘉矩之说，魍港即蚊港，即塭港，系一音之转，是在八奖溪出海处。约在今新虎尾溪口之蚊港庄附近。据和田清，则谓

五、结语

从以上对"阿班"（亚班）、"客伙""公司"及"艎舡"四个名词的考证与相关史事的厘清，我们可以理解在十七世纪左右，由于中国（含台湾）与东南亚地区的密切往来，航海的华籍船员、商人与东南亚世界的在地居民不免发生一些文化上、语言上或制度上的相互影响。只是这样涉及不同文化的交流，既然是透过航海与贸易而发生，其文化交换的媒介人物也就不是学富五车的读书人，而只是一些可能识字不多的航海者。因此打从一开始，在认知上就不曾力求

按当时的开发程度，或尚不及新虎尾溪一带，故认为魍港是现今的盐水港北的蚊港口。要之，二氏所云，都是在台湾南部。"见曹永和，《明代台湾渔业志略》，《台湾早期历史研究》，第163页。《巴达维亚城日记》第一册（台北市：台湾省文献委员会，1970、1989），在"1634年11月"条下有如是记载："距台窝湾（安平）五英里地之Wanchan之水路Canael从来水深不过七八英尺，至本年已使其在潮水平时，有十三英尺之深。几乎比较台窝湾（安平）水路加深二英尺，又中国戎克船以此较进入台窝湾（安平）等地更为容易，是以如果葡萄牙人或日本人，从中国人闻及此事，则将乘此良机，建设城寨，居留该地，以至与中国人开始贸易，如此台窝湾（安平）贸易可能全被夺去。长官有虑及此，乃促总督对此考虑，应先于葡萄牙人及日本人在该地建设城寨前行动。"（第136页）这是荷兰文献中最早提到魍港的记录吧。《巴达维亚城日记》第一册，在"1636年4月"条下云："距Wangkan北方约计六七英里处之Vavoralangh村。"（第168页）Vavoralangh村在今云林虎尾。《巴达维亚城日记》第二册，在"1642年1月"条下有如是记载："我军由原路回笨港河，整然乘船，经过魍港（Wancan）及萧垄，于12月2日抵达台窝湾。"（第349页）可见魍港介于台南佳里与嘉义、云林北港之间。荷兰人于1636年在魍港建成堡垒，命名为Vlissingen。中村孝志提到依卢嘉兴的说法，此地当在今布袋镇好美里虎尾寮。（同前）个人认为可能性很大。参考卢嘉兴，《八掌溪与青峰阙》，收在《舆地纂要》（《南瀛文献》丛刊，第二辑）（新营：台南县政府，1981），第91—126页。以上涉及的距离换算，可依曹永和所说：当时荷兰人以德里计算海上距离，一德里相当于7407.41米。见《台湾早期历史研究》，第339页，注26。

精确，而周详的记录更是付之阙如，考证起来并非易事。以上的铺陈说来难免粗糙，说不定还有些许牵强，但多少有些一得之愚吧。

在中国与东南亚邦国的高层文化尚缺乏密切交往的状态下（东南亚对中国的朝贡，对朝贡双方的文化影响看来并不深远），透过航海家的这种模糊却长远的文化互动无疑值得重视。如果有人认为中国文化的程度比较高，因此在与东南亚的文化交往中处在"与者"（giver）而非"受者"（taker）的地位，那恐怕是片面的观察了。就航海世界的华人而言，他们与东南亚的居民自然地发生文化的交换，既是"与者"，也是"受者"。本文所处理的四个马来词正好给这样的事实做一明证。

附录：两件与"公司"及"wangkang"有关的资料

2001年8月14日，笔者在荷兰莱登大学负责国际亚洲学院（International Institute of Asian Studies）的"欧洲汉学讲座"。一名大陆留学生刘永给我两张他在海牙国立档案馆所找到的文献。仔细研读之后，发现这是广东"本港船"的"揽载货单"。这两张揽载契约都盖有内含"公司"字样的图章，第一件更提到称作"黄仔"的某种形式的贸易船。"黄仔"极可能就是本文所讨论的"wangkang"的译音。现在稍加注释、抄录这两个文件如下，以飨读者。

（一）达丰行承揽载货单

达丰行承揽载货单（影印件）

乾隆叁拾肆年正月

日立揽载货单蔡諏观

大興公司

达丰行① 黄仔② 船主③ 蔡諏观在广东承接装贺兰国公

---

① 在清代的广东省，"本港船"指该省往来东南亚的中式贸易船。《宫中档乾隆朝奏折》第三辑（台北：台北故宫博物院，1982），第771—772页，乾隆十七年（1752）九月初五日两广总督阿里衮的奏折即云："洋船之中尚有内地商人前往安南、暹罗等处贸易者，名曰'本港商船'。"经手"本港船"揽货载客、报关纳税之业务的洋行（牙行）即为"本港行"。达丰行就是这样的一家"本港行"，设在广州，乾隆二十五年（1760）时已经营业。参考《粤海关志》，25/11a；《史料旬刊》，天119。

② 可能为wangkang。

③ 当然就是nakhoda。船只所有人不明，但船主有支配船位的权力。

司① 瓷器，大小壹拾叁箱，部重② 叁千七百贰拾五斤、白铅壹万贰千五百叁拾陆块，重贰拾伍万伍千陆百伍拾九磅，1225③折，重贰千零捌拾柒担。④ 装至吧国⑤，瓷器每百斤该载位水脚吧钱贰员半、白铅每百斤载位水脚该吧钱壹员。⑥ 其白铅每百斤照在吧发出价，每百文抽五文，载银、伢仔⑦ 抽分。在广并未有交。顺风相送到吧国，即当将载银水脚、伢仔抽分一应算足，交与黄仔船蔡诹观收清应用。⑧ 其货乃系在广东达丰行与黄仔船主蔡诹观当面经交，⑨ 但到吧国交与兵头⑩ 收入。倘有少欠，愿将载位水脚、伢仔抽分扣除，无得异言反悔。诚恐无凭，是以立承揽载货单贰纸，送执存照。

一、瓷器每百斤载位水脚吧钱贰员半

一、白铅每百斤载位水脚吧钱壹员

---

① 即荷兰联合东印度公司。请注意：这个1769年的文件已经把"company"译作"公司"！

② "部"可能指"工部"，"部重"可能指依工部颁布之标准衡器所称出之重量。

③ 原文为苏州数码，下同。

④ "1225折"是说每一中国斤折算成1.225荷磅（pond）。

⑤ 指巴达维亚（Batavia），今印度尼西亚雅加达。当时为荷兰东印度公司亚洲总部所在。

⑥ "载位水脚"即运费；"吧钱壹员"当指西班牙银元一元，约值中国市银0.72两。

⑦ 荷兰文pacht，在台湾译写作"朴"，在巴达维亚译写作"伢"，租或包租的意思。"伢仔"在巴达维亚的用法通常指包税人；在此似乎用来指中介者，也就是在白铅被运抵巴达维亚后媒介出售的人，他收取售价的5%作为佣金。

⑧ 运费及佣金全都等船平安到达（顺风相送）巴达维亚后才交给船主。佣金也交给船主，这似乎意味着船主或其部属即为出售该批白铅的中介人。货主及托运人皆为荷兰东印度公司。瓷器显然由"兵头"收受，白铅的收益扣除佣金亦交给荷兰"兵头"。

⑨ 这显示"本港行"担任交易安全的中介角色。

⑩ "兵头"应为荷兰东印度公司的职员。

一、白铅每百斤照吧发出价每百文抽伍文

乾隆叁拾肆年正月　　　　　　日立揽载货单蔡诹观

（"蔡诹观"以下押"大兴公司"① 章一枚，楷书）

（二）颜立舍承接装货纸

颜立舍承接装货纸（影印件）

Petro Alberto ... de Parra ...
...
...
...
...
...
Canton in China, 22 ...

益泰鸭船主颜立舍在澳来承接装货备囤国公司先器壹
拾肆箱壹筑起主拾肆统此重数供青写在相南兴五千五
百廿六磅吤申华五百壹拾壹斤又白铅壹万肆千零玖
拾陆块重式拾肆万肆千叁百肆拾壹磅吤申豪千九
百玖拾肆担陆拾式斤瓷品每百斤该仪位磅钱式员半其
白铅每百斤该仪位吧剧壹员筭其仪位及水脚银尚未
有交顺风相送至吧剧即将仪位及水脚银交足其与
另係在广来与船主立舍当南吉到吧剧交兴
兵头收入又附铜磅壹个轻重照磅为有少欠现磅
船主填补诚恐无货立水接装货纸壹样式张送执存
照如敃回一纸共馀奎纸视为废纸再始

乾隆三十四年正月吉日益泰鸭船主颜

（印：大兴公司）

---

① "公司"当指船主所代表的利益（权利）团体，该船经营所得的支配者。

168

益泰鹢① 船主颜立舍在广东承接装贺兰国公司瓷器壹拾肆箱，壹号起至拾肆号止，重数俱书写在箱面，共五千五百廿六磅，1225中，肆千五百壹拾壹斤。又白铅壹万贰千零玖拾陆块，重贰拾肆万肆千叁百肆拾壹磅，1225中，壹千九百玖拾肆担陆拾贰斤。瓷器每百斤该载位吧钱贰员半算、白铅每百斤该载位吧钱壹员算。其载位及水脚银尚未有交。顺风相送至吧国，即将载位及水脚银交足。其货乃系在广东与船主立舍当面言约，到吧国交与兵头收入。又附铜磅壹个，轻重照磅为凭。若有少欠，块声船主填补。诚恐无凭，立承接装货纸壹样贰张送执存照。如收回一纸，其余壹纸视为废纸。再照。

乾隆三十四年正月吉日益泰鹢船主颜立舍单

（"颜立舍单"四字上押"茂胜公司"章一枚。"茂胜"篆书、"公司"楷书；本件上方有荷兰文摘要注记，日期记为1769年2月22日。）

第一个文件黄仔船的船主为蔡谋观，押的图章却是"大兴公司"。第二个文件的船主为颜立舍，押的图章却是"茂胜公司"。两个文件当然没有必要解释何者为"公司"，但应可理解为两位船主各自的雇主，也就是该趟船运及贸易的投资者的集体。如此说来，"公司"作为一种集体投资于海上贸易的做法，在十八世纪后期仍未改变其本质。

原刊于陈国栋主编，《汉文化与周边民族》（"第三届国际汉学会议论文集"之一。台北：台湾"中央研究院"历史语言研究所，2003），第65—113页。

---

① 鹢船当指福建式海船。

十七世纪日本的丝割符制度与中日间的生丝贸易

引言

中国向来就是著名的丝绸产地，产丝的历史十分悠久。千百年来，政府总是鼓励人民养蚕制丝。明朝（1368—1644）初年时，政府甚至还强制人民要种植桑树、饲养蚕只。不过，主要倒不是出于政府的作为，而系出于商业的发达，促成长江下游、太湖流域一带生丝与丝绸业的大规模发展。在明末的十七世纪时，生丝与丝绸不但用于供应内销，同时也成为重要的出口品。①

在日本方面，早从战国时代（1467—1615）开始，武士们就已展露出对奢华生活的兴趣。他们相互之间不只是在战场上拼死拼活，同时也在生活方式上一较高下。尤其是在由织田信长与丰臣秀吉两位霸主统治的安土桃山时代（1573—1603），日本社会已经趋于安定，而对大多数统治阶层来说，爱好细致、优雅但所费不赀的事物也慢慢变成难以拒绝的习气。不久之后，在十七世纪初，大将军德川家康就统一了日本全境。为了让日本人称为"大名"的封建领主能受到严密的控制起见，德川家康创立了所谓的"参勤交代制"，命令这些领主在首都

---

① 全汉昇，《明中叶后中日间的丝银贸易》，《台湾"中央研究院"历史语言研究所集刊》，第55本第4分为（1984年12月），第635页。

江户（今东京）与其封地之间轮流居住。

这一来，由于有众多的封建领主与其仆从在同一个城市（江户）中居住，崇奢竞侈之风比之以往更是有过之而无不及了。于是，当十七世纪降临时，人们就发现对生丝及丝绸织品有着极大的需要。贵族们的奢华生活，随即被富有的"町人"（商人、城市居民）起而效尤。这些町人在国家承平、长治久安下，爬上日本经济的顶端。社会竞相奢侈，对中国丝货的想望也就有增无减。

就这样，十七世纪时的中国产丝丰富，而日本需要量可观，结果两国之间自然出现了规模不小的贸易！贸易不就是以有易无吗，问题应该相当简单才是。可是十七世纪中、日两国间的丝绸贸易却远比我们所能想象的还复杂。就大多数的场合而言，中国丝绸并不由中国直接运销日本，而是经由迂回的路径、由不同国籍的人士来经营。

此一状况，起先是受到明朝政府严禁中、日间直接贸易的影响。其背景是：十六世纪中叶前，中国东南沿海遭受到来自日本的倭寇之蹂躏，这些从海上扬帆而来的暴徒当中，有日本人，但也有中国人。为了消极对付此一状况，明朝政府禁止中国船只出海。明穆宗隆庆元年（1567），在东南沿海省份官民的吁请下，方始解除部分的禁制，准许一般人民可以出海捕鱼或前往外国贸易。然而，为了避免倭寇骚扰，还是禁止赴日。因此，在明朝结束以前，中国丝货销日就只能采取绕道的方式来进行。

明朝灭亡（1644）后，中国大部分地区落入满洲征服者的控制下，建立了清朝；不过，有些忠于明朝的臣民还是致力抵抗。这些忠臣当中，有一股势力由郑成功领导，以厦门一带为

根据地。1661年，郑成功率兵进攻台湾，次年逐走占据台湾的
荷兰人，但也在同年逝世。两三年后，他的儿子郑经失去了大
陆据点，整股反清势力撤退到台湾。郑经与其子郑克塽继续统
治台湾到1683年，随后向清廷投降。在郑氏抗清期间，中、日
之间的贸易几乎都在郑氏一族的掌控之下。为了筹措金钱来补
给他的军队，郑成功创立了一套贸易制度以取得出口物资，特
别是长江三角洲一带所生产的生丝与丝绸。在1664年完全撤离
大陆之前，这些出口商品大都先送到厦门集中，然后用郑氏家
族的船队运往日本销售。① 其后郑氏家族虽然失去大陆据点，
却仍然活跃于海上。其他商民如果要将丝绸出口到日本，大体
上都得向郑氏家族缴纳一笔金钱以获得其保护。在郑氏家族支
配海上的这段期间，清政府为了不让反清人士从大陆地区取得
各项供给，又再度实行海禁政策。中国船只不被允许前往日本
贸易。一直要等到郑克塽降清以后，产丝和用丝的两国之间才
建立起直接的贸易，时间上颇有延迟的意味。

一、贸易商

虽然说十七世纪上半期间，日本进口的生丝与丝织品大
都产于中国，可是中国商人自行承销的比重并不高。如前所
述，中国实行海禁，任何船只都不能合法出海，当然不能前往
日本。不过，1567年部分解除海禁之后，中国贸易商们已经可

---

① 南栖（张菼），《台湾郑成功五商之研究》，《台湾经济史十集》
（台北：台湾银行经济研究室，1966）；张菼，《郑成功的五商》，《台湾文
献》，第36卷第2期（1985年6月）。

以出航到日本以外的其他东亚港口，而明朝国力已衰、水师不强，其实没有能力追踪这些帆船出海后的行踪。于是，不免就有一些中国船只改变航向，违禁前往日本，这在十七世纪初以后就不罕见了。1610年时，日本政府正式许可中国船只入港。就在这一年，德川家康在他退休后所居的骏府（位于现在的静冈市）接见一名中国商人，并且授予他到日本贸易的许可状。这以后，中国来船的数目就与日俱增了。每年到达日本港口的中国船只一般为数三十艘左右，有时会更多一些。不过，中国商人在日本占有重要地位，可能还是要等到郑芝龙崛起于东亚海域之后，时间上已经是1620年代末期了。① 等到郑成功能够控制海面时（1650年代），日本方面早已采取"锁国政策"，只允许中国人和荷兰人到日本，并且限定在指定的地方贸易。日本实施"锁国政策"以前，中国船可以任意前往不同的日本港口交易；可是大约从1635年开始，中国帆船的贸易港口就被限定到长崎一个地方，随后荷兰人也接受同样的约束。②

在十七世纪最初几十年间，日本人的海外贸易也相当活跃。在1603年德川幕府正式立下"朱印船"制度之前，丰臣秀吉已经开始核准日本船前往东南亚贸易。在"朱印船"制度下，德川幕府规定：凡是要出海前往外国的船只，都要事先向幕府申请一张盖有红色幕府印章的执照。这种执照称作"御朱印状"，而

① Iwao Seiichi, "Japanese Foreign Trade in the Sixteenth and Seventeenth Centuries", *Acta Asiatica*, XXX（1976），p. 11；Yamawaki, Teijiro, "The Great Trading Merchants, Cocksinja and His Son", *Acta Asiatica*, XXX（1976），p.107 ff.

② 中田易直，《锁国の成立と糸割符》，《（东京教育大学）史学研究》，第10号（1956），第20页。

持有"御朱印状"的船舶便称作"御朱印船"，简称为"朱印船"。此一制度开始施行时，据说九州福冈博多的商人是最主要的船东和企业家。不过，九州的大名、幕府的高官，还有旅居日本的外国人【例如著名的松浦按针——英国航海家威廉·亚当斯（William Adams）】，甚至于宫廷贵妇也都有所染指。① 不过，不久之后，也就是大约在1610年之后，九州的大名就被禁止打造500石（约135立方米）以上的大船，也被禁止派船出海到外国。实际上，他们就此被从"朱印船"贸易中排除。这一来，就剩下那些与幕府有密切关系的人士仍然可以继续从事海外贸易。再者，自1631年起，"朱印船"的船主除了要取得"御朱印状"之外，还得向幕府的长官"老中"申请一张称为"奉书"的官方文件，方许成行。在此之后，更就只有那些与幕府有直接关系的人（也就是幕府官员本身或者承办某种幕府工作的人员）才能参与海外贸易了。事实上，在这个"朱印船"贸易的最末阶段，也只有七家行号或个人得以从事这个贸易。② 1635年，因为要遂行锁国政策，幕府也就停发"御朱印状"及"奉书"，日本国民完全被禁止出海。

朱印船经常造访的港口位于东南亚的许多角落，不过，台湾与现在的越南沿海则是他们最常去的所在。③ 在规定请领"奉书"的1631年那年，幕府规定朱印船所能造访的地点限定为东京（今越南北圻）、广南（今越南中圻）、柬埔寨、暹罗（今泰国）及台湾。④ 台湾在当时为荷兰（东印度公司）所

① C. R. Boxer, *The Great Ship from Amacon: Annals of Macao and the Old Japan Trade*, 1555—1640 （Lisbon, 1959）, pp. 75—76.

② 中田易直，《锁国の成立と糸割符》，第8—10页。

③ C. R. Boxer, *The Great Ship from Amacon: Annals of Macao and the Old Japan Trade*, 1555—1640 （Lisbon, 1959）, p. 76.

④ 中田易直，《锁国の成立と糸割符》，第8页。

据。一如我们稍后还要再详述的那样，1628年时，在台湾的日本人与在台湾的荷兰人发生冲突。此一冲突所引发的严重问题到1633年才获得解决。依据日本与荷兰东印度公司的协议，此后幕府不再发执照给意图前往台湾的日本船。

日本商人在越南沿海及台湾可以购买到一些由中国船只运到该地的生丝与丝绸。在1630年代，朱印船商人、荷兰人与中国人，一起成为日本丝业市场的三大供应商。① 然而，朱印船贸易家活跃于海外的同时，他们也常与别国的臣民发生龃龉，大大为幕府所不乐见。另一方面，幕府在这个时候正好也很在乎斩断他自己的臣民与天主教的关系。于是，朱印船的命运就被决定了。② 1635年以后，在锁国政策之下，日本船停止下海出国。

话说回来，十七世纪初年，销往日本的中国丝的最大的载运者原来是葡萄牙人。在欧洲人"地理大发现"之后，欧洲海事强权开始把他们的船舶驶进东亚海域。到十六世纪中叶时，葡萄牙船早已在中国沿海活跃；而到下半世纪时，因为西班牙占领菲律宾群岛的关系，该国的船舶也经常出现在中国以南的海域。1557年，葡萄牙人在取得明朝政府默许的情况下，占用了广东临海的澳门一地。因为就在中国边境，澳门容易取得中国的物产，葡萄牙人也就利用它作为一个中继站，从事中国与日本之间的生丝贸易。

葡萄牙人造访的日本港口分布在九州的沿海。稍早在诸侯分立的战国时代，九州的大名就已经因为进口火器——枪

---

① C. R. Boxer, *The Great Ship from Amacon: Annals of Macao and the Old Japan Trade*, 1555—1640（Lisbon, 1959），p. 76.

② 中田易直，《锁国の成立と糸割符》，第10页及第12页注7。

炮——而恶名昭彰，然而在当时，进口来的火器经常是战场上的制胜关键！葡萄牙人供应这些火器，因此他们受到九州大名的热烈欢迎，被准许到任何他们想要卸货的港口交易。可是葡萄牙船不只带来商品与武器，天主教的传教士也伴随而来，成功地让一些领主及其臣民皈依。1570年，葡萄牙人首次造访长崎。长崎这块地方原本十分荒凉，此后则快速被开发，而其居民受洗为教徒。这以后，它遂被当成是来自澳门的葡萄牙船的终点港。九年之后，拥有长崎和其接壤的村落茂木的天主教大名大村纯忠（1533—1587）将这两块土地奉献给天主教耶稣会士。不过，没过几年，在1587年时，丰臣秀吉就攻下了九州，宣布了禁止天主教的命令。同时，他也将长崎和茂木收归己有，成为他的直辖领地，派官治理。①

有了澳门在这一头，长崎在那一头，串联丝绸出口港与进口市场两地，葡萄牙人自然也就利用这条路线大做其生意了。他们在广州春、秋两季的市集购买大量的生丝和丝绸织品。例如，在1637年，也就是澳门—长崎一线贸易已经大为衰落的年代，一位跟随英国船队入侵珠江海域的彼得·文第（Peter Mundy）就很有自信地说，据他的观察，葡萄牙官方每年投资在丝货上的资金约为白银1,500,000两，"相当于西班牙银元1,000,000元"。②

---

① C. R. Boxer, *The Great Ship from Amacon: Annals of Macao and the Old Japan Trade*, 1555—1640（Lisbon, 1959），pp. 35, 40—41and p. 57；加藤荣一，《成立期の系割符に関する一考察》，收在宝月圭吾先生还历纪念会编，《日本社会经济史研究》（东京：吉川弘文馆，1967），第88页。

② C. R. Boxer, *The Great Ship from Amacon: Annals of Macao and the Old Japan Trade*, 1555—1640（Lisbon, 1959），p. 6.不过，即使1,500,000两这个数字正确，彼得·文第的换算也错了。西班牙银元一元约当白银0.75两，因此1,500,000两相当于2,000,000元。另一种可能是葡萄牙的投资额为1,000,000元，

葡萄牙人享有中、日间丝绸贸易的垄断地位差不多达五十年之久，其后荷兰人才加入竞争。荷兰人从1609年起在日本立足，展开成功的贸易。葡萄牙人使用大型帆船（也就是所谓的"克拉克船"）来载运他们的商品。稍早时，克拉克船的吨位约在400吨到600吨之间。随着时间的推移，吨位越来越大。到了十六世纪末年，平均的吨位已达1200至1600吨之谱。[1] 因为这些克拉克船是如此巨大，所以当代的英国人就把它们叫作"来自澳门的大帆船"[2]。可是吨位太大反而给克拉克船带来极大的不便。它们的速度偏慢，从而容易遭到荷兰船的拦截。为了对付此一困境，从1618年起，葡萄牙人就改用小型船（galliot）来跑这条航线。不幸的是，此际正是荷兰海船能力最强的时候，小型船还是一波接一波地受到荷兰船的骚扰。[3]另一方面，荷兰人刻意标榜自己不是天主教徒，与葡萄牙人不同，而在幕府中大力中伤葡萄牙人、说天主教的坏话。总之，在荷兰人的打击下，从1620年左右开始，葡萄牙人的麻烦就层出不穷，而其商务也日渐黯淡。在1621年时，澳门与日本的贸易额一时还高过荷兰人，但是过不了多久就要落在其他竞争者

换成银两则是750,000两。笔者以为后面这组数字比较接近事实。关于当时贸易上的货币换算问题，请参考Kristof Glamann, *Dutch Asiatic Trade: 1620—1740*（Copenhagen, 1981），第3章。

    [1] C R. Boxer, *The Great Ship from Amacon: Annals of Macao and the Old Japan Trade, 1555—1640*（Lisbon, 1959），p. 13.

    [2] 原文作"the Great Ships from Amacon"。"Amacon"即中文的澳门，葡萄牙文写作"Macau"，现代英文写作"Macao"，十六、十七世纪时，日本人把澳门称作"天川"，读起来是"Amakawa"，正好与"Amacon"的读音接近。

    [3] C R. Boxer, *The Great Ship from Amacon: Annals of Macao and the Old Japan Trade, 1555—1640*（Lisbon, 1959），pp. 17 and 95.

之后了。①

荷兰人于1609年首度出现在日本贸易。那一年，德川家康发给他们一张朱印状，允许他们前来日本做买卖。② 他们来到位于北九州的港口平户，在那里建造了一座商馆。不管是属于荷兰东印度公司还是属于个人的所有的交易，全都透过商馆人员进行。由于1620年以前，在日本的荷兰商馆的各项记录存留下来的实在不多，我们也就很难一窥他们当时的交易规模。③ 不过，从荷兰人还没有在中国沿海取得任何据点一事来推断，想来他们没有办法取得大量的丝货，这一来他们在平户的买卖就相当有限了。到了1624年，荷兰人占据了台湾的大员（今台南市安平区）一带，在那里盖了一座城堡，后来称为"热兰遮城"。台湾靠近中国大陆，于是大员就被当作是中国丝绸、日本白银以及其他东亚商品的转运中心。④ 从1633年以后，一直到1661年底、1662年初郑成功攻下该城为止，荷兰人设在热兰遮城的商馆总是门庭若市。

荷兰人设在平户的商馆一直维持到1640年左右。知名的日本学者永积洋子把这段期间的荷兰人贸易区分成三个阶段。

① C. R. Boxer, *The Great Ship from Amacon: Annals of Macao and the Old Japan Trade, 1555—1640* (Lisbon, 1959), p. 101.

② Iwao Seiichi, "Japanese Foreign Trade in the Sixteenth and Seventeenth Centuries," p. 3; Kato Eiichi, "The Japanese-Dutch Trade in the Formative Period of the Seclusion Policy, Particularly on Raw Silk Trade by the Dutch Factory at Hirado, 1620—1640", *Acta Asiatica*, XXX (1976), p. 36.

③ Kato Eiichi, "The Japanese-Dutch Trade in the Formative Period of the Seclusion Policy, Particularly on Raw Silk Trade by the Dutch Factory at Hirado, 1620—1640", pp. 38—41; 永积洋子，《平户オランダ商馆日记を通して见たバンカド》，《日本历史》，第260号（1970年1月）。

④ C. R. Boxer, *The Great Ship from Amacon*, p.4; Iwao Seiichi, "Japanese Foreign Trade in the Sixteenth and Seventeenth Centuries," p. 3.

第一阶段从1609到1628年，她称之为"开端时期"，或者说是自由贸易时期。在这二十年当中，依凭德川家康的朱印状，荷兰人可以任意选择他们交易上的卖家或买家。而此一期间，与荷兰商馆往来的日本商家人数在二三十家。交易的规模相对不大。平户大名的家人与家臣并未参与买卖，可是却常常向商馆借钱而不归还。荷兰人自然不喜欢这种有借无还的状况，可是也只能默默承受，因为他们不得不致力于和平户的贵族们建立起良好的关系！①

接下来的第二阶段为一个搁置贸易的阶段。1628年，因为稍早前几段提过的所谓的"台湾事件"的问题，荷兰人与日本当局之间发生争执，荷兰人在平户的贸易被下令中止。当年，热兰遮城的首脑，也就是台湾长官诺伊茨（Pieter Nuijts）被一群由滨田弥兵卫率领的日本人挟持。争执的问题有些复杂，不过诺伊茨曾经用尽一切力气想要阻挠朱印船在台湾的交易也是原因之一。争端最后获得解决，而从1633年起，荷兰人在日本的贸易也恢复了。在贸易被搁置的这一段期间，住在平户的荷兰人只被允许出售少量手边的存丝以维持生计。根据永积洋子的说法，在此一段期间，平户藩主因为在协助荷兰人与幕府当局谈判重开贸易一事上扮演了重要的角色，于是在日后有关荷兰贸易的政策上都享有很大的发言权。②

当荷兰人恢复其平户贸易之后，他们马上成为与日本贸易的重大外国伙伴，与中国贸易家分庭抗礼。于是永积洋子就把这个第三阶段叫作繁盛时期。荷兰人的交易量大幅度地增长，

---

① 永积洋子，《平户藩とオランダ贸易》，《日本历史》，第286号（1972年3月），第1—3页。

② 永积洋子，《平户藩とオランダ贸易》，第3页。

原因有二：（1）依据解决"台湾事件"所达成的协议，幕府停止发放准许前往台湾的朱印状给日本船；而不久之后，从1635年起，日本船完全被禁止前往海外。（2）荷兰人平户商馆的馆长（opperhoofd）被当地大名告知葡萄牙人即将被逐出日本的讯息。受到此一讯息的鼓舞，荷兰人进口了超乎以往数量的商品以填补那预期扩张的市场。

然而荷日贸易重开也为荷兰贸易的性质带来一些改变。荷兰人不再能只凭自己的意愿出售他们的丝货。首先，平户藩主拥有购买荷兰人进口商品的优先权。① 其次，平户的贵族及市民，以及堺、京都、长崎、大阪与江户五座城市的丝商也都拥有购买所余生丝及丝绸的权利。更有甚者，幕府的高官、平户藩主以及其家人、家臣不断地要求荷兰人替他们经营"委托贸易"，也就是由这些人出资让荷兰人替他们营利。这一切都给荷兰人带来很大的困扰。②

平户的繁盛时期并没有维持太久。这倒不是因为荷兰人的贸易衰退，而是因为他们已经不再被允许在当地贸易。在1640年，荷兰商馆的建筑物本身就被拆毁了，而在下一年，幕府命令荷兰人把商馆搬到长崎。据说日本此举是出于拥有特权的丝绸商人的运作，目的在将荷兰人的贸易置于所谓的"丝割符制度"之下。③（请参考本文第二节）不过，无疑地，这也是出于幕府想要更有效地执行其锁国政策所致。④

① 永积洋子，《平户藩とオランダ贸易》，第7—8页。
② 永积洋子，《オランダ贸易の投银と借入金》，《日本历史》，第351号（1977年8月），第80—82页。
③ Kato Eiichi, "The Japanese-Dutch Trade in the Formative Period of the Seclusion Policy, Particularly on Raw Silk Trade by the Dutch Factory at Hirado, 1620—1640," p. 60.
④ 永积洋子，《オランダ贸易の投银と借入金》，《日本历史》，第

十七世纪初年与日本贸易的，还有英国及西班牙两国的商人。英国人于1613年到达平户，并在当地开设商馆。可是他们并不成功。1620年时，英国人曾经与荷兰人合组了一支联合的"防御舰队"（fleet of defense），目的在劫掠葡萄牙小帆船以及其他活跃于东亚海域的他国船只，以发展两国在东亚的贸易。可是双方的合作没有维持太久。由于1623年发生所谓的"安汶大屠杀"（Amboina Massacre）事件，荷兰人谋杀了英国驻在香料群岛（摩鹿加群岛）的人员，双方就拆伙了。[①]就在同一年，英国人也关闭了他们在平户的商馆。英国人做不成生意的原因，依照日本学者中田易直的说法，是因为1616年（日本元和二年）幕府有一道命令禁止外国人取道内陆进行贸易，从而剥夺了英国商人获利的机会。[②] 无利可图，英国人就放弃了日本这个市场。

西班牙帆船在1582至1624年间，偶尔造访日本，但其贸易规模不具重大意义。1624年以后，因为他们的商人信奉天主教，所以西班牙船也就被禁止在日本靠港。由于葡萄牙与西班牙都是天主教国家，而当时是"反宗教改革"（Counter-Reformation）的盛期，耶稣会士和其他托钵修士带着劝诱东亚人民改信其宗教的热情，随着他们的商人出现在东亚的舞台。这些传教士不仅想要吸收信徒，而且还参与了丝绸贸易！传布宗教与经商谋利纠缠不清，带给日本政府恶劣的印象。随着幕府对天主教的态度越来越严厉，西班牙人也就被从日本驱逐、不许贸易。不久之后，葡萄牙人也步其后尘。

351号（1977年8月），第82页。

   ① C. R. Boxer, *The Great Ship from Amacon*, pp. 98—99 and 109.

   ② 中田易直，《锁国の成立と糸割符》，《（东京教育大学）史学研究》，第10号（1956），第6页。

从以上的描述来看，笔者拟将中、日之间的丝货贸易史清楚地分作两个时期，而以1633年、1635年、1639年几次"锁国令"的发布作为其分水岭。日本臣民在1635年以后禁止出航外国，葡萄牙人在1639年被从日本驱逐。至于英国人与西班牙人，如方才所述，他们早在1623年和1624年分别和日本说再见。如此一来，从1639年以后，就只剩下中国人和荷兰人依旧被许可在日本贸易。随着锁国政策的落实，规定越来越严格，从1641年起，来自这两国的商人就只能以长崎为唯一的港口在日本做买卖了。不过，不要以为日本的锁国政策就只是靠着几道幕府的命令就能彻头彻尾地建立。锁国政策其实是在十七世纪初期的几十个年头中慢慢发展出来的结果。在这段期间，把中国丝绸运销到日本是对日贸易的国际商人最关心的事情。而为了应付这样一个局面，日本也建立起一套管理丝绸贸易的制度。这就是"丝割符制度"。

二、丝割符制度

就十七世纪最初的四十年来说，生丝及丝绸在进口到日本的商品中占了绝大部分。而白银及红铜（含铜钱及铜块）则为出口的大宗。大多数的年代，幕府并不禁止这些货币金属的输出，而它们的确也被大批大批地运出日本而没有引起太多的关心。[①] 事实上，当时日本人的注意力全都放在生丝及丝绸

[①] Iwao, Seiichi, "Japanese Gold and Silver in the World History," *International Symposium on History of Eastern and Western Contacts* （Kyoto and Tokyo, 1957）； Kristof Glamann, "The Dutch East India Company's Trade in Japanese Copper, 1645—1736", *The Scandinavian*

的进口，以及这些商品在日本境内行销的问题，尤其是生丝。为此，有关方面创立了日本人称作"丝割符"而欧洲人称作"pancado"的制度。此一制度首见于1604年，但只对葡萄牙人进口的商品生效。随后，在1633年，对中国船及荷兰船所进口的丝货，也一体适用。

1604年，堺、京都及长崎三个城市的丝绸交易商被幕府要求合组一个公会。这样组成的公会被称为"丝割符仲间"，也就是丝绸分派公会的意思。这些交易商被赋予完全买下由葡萄牙人进口之生丝的特权。一旦公会拿到全部的丝货，幕府将军或他的"御用商人"就可以先买下一定数量的生丝，然后再由三个城市的交易商去分配剩下来的部分。而在与葡萄牙进口商交涉时，交易价格由公会方面片面决定；葡萄牙人只能有两种选择：接受公会的价格出清其进口品，或者是持而不售。[1]

葡萄牙文把这种一次买光的做法叫作"pancada"，荷兰文同义词为"grossier"。不过，在荷兰人的记录中更常使用西班牙文"pancado"这个词。"pancado"的本义是"批发交易与大宗采购"[2]。这种交易习惯显然来自伊比利亚半岛，也就是葡、西两国；而早在十六世纪后半期，西班牙人就对在马尼拉贸易的中国人施行同样的做法。[3] 某些日本的现代学者将它诠

Economic History Review, vol. I（1953）.

① C. R. Boxer, *The Great Ship from Amacon*, p. 66；高瀬弘一郎，《教会史料を通してみた糸割符》，《社会経済史学》，第37巻第5号（1972年2月），第6—18页；高瀬弘一郎，《成立期の糸割符とパンカダ・パンカド取引について》，《キリシタン研究》，第20辑（1980）。

② C. R. Boxer, *The Great Ship from Amacon*, p.66；Iwao Seiichi, "Japanese Foreign Trade in the Sixteenth and Seventeenth Centuries",p. 8, 底注。

③ William Lytle Schurz, *The Manila Galleon*（New York, 1959），pp. 75, 77 and 81；陈荆和，《十六世纪之菲律宾华侨》（香港：新亚研究所，

释作"一括购入"（全数买进），如果用现代经济学的术语来说，或许可以称作"专买"（monopsony），也就是买方垄断的意思，因为丝绸分派公会拥有制定价格的排外购买的绝对权力。[1] 不过，这样的诠释太过强调买家的一方了。某些日本学者，例如高濑弘一郎等人，则主张丝割符制度事实上创造了一种双方对等的交易情势，因为葡萄牙人在当时几乎是生丝进口的垄断者！[2]

另有一批日本学者，依据德川时代的史料，像是《丝割符由绪书》《丝割符宿老觉书》和《丝乱记》等文献，对丝割符制度的起源提出如下的说法：

在1604年之前，遍及全日本有过数年的灾荒。由此而产生的经济萧条造成葡萄牙人无法将手上的生丝与丝绸脱手的困境。有一艘葡萄牙大帆船据说就因此而被迫在长崎滞留达两年之久。最后，葡萄牙船长只好透过长崎奉行（长崎地方首长）小笠原为宗向德川家康请愿。德川家康于是下令前述三个城市的商人阶层，视其能力大小，以分摊的方式，买下葡萄牙人的丝货，借以鼓励他们将来继续运丝来日本。可是在1604年，利用德川家康的善意，葡萄牙人竟带来大批大批的丝货。生丝及丝绸一时充斥了整个日本市场，造成丝价惨跌，而上一年遵照将军命令买丝的商人也就蒙受了巨大的损失。面对此一局面，此时乃建立丝割符制度对付，而这些商人也就被恰当地赋予买

1963），第101页。

[1] 林基，《パンカドに就て》，《社会经济史学》，第13卷第11、12号合刊（1944）。

[2] 高濑弘一郎，《糸割符制度をめぐる诸问题——山脇悌二郎氏の批判に答える——》，《日本历史》，第404号（1982），第8页。

进丝货的垄断性权力，借以保障他们的利润。①

对于这种以幕府的仁政措施——先是帮助葡萄牙人，后来又给予三座城市的商人救济——为解释的主张，海老泽有道大力反对。他认为那些在江户时代中期（十八世纪）编纂的德川政府文献，充满了"德川时代的润饰"，也就是颂扬幕府的溢美之辞。不过，山脇悌二郎则力主"仁政"本来就是德川时代的特色，一力排斥海老泽的论点。②

可是其他学者后来的研究发现倒支持了海老泽有道的主张。举例而言，高濑泓一郎就指出：在丰臣秀吉逝世（1598）与丝割符制度肇始的年代（1604）之间，澳门分别在1598年、1600年、1602年与1604年各派了一艘船前来日本。可是这几艘船当中都没有任何一艘曾在日本停留超过一整年。如此说来，德川时代文献的可靠性就值得怀疑了。③

高濑泓一郎与永积洋子④ 一样，指出这种归因于幕府仁政的解释或许源自平户藩主松浦隆信对荷兰人的一番说词。在1633年之后，荷兰人被要求接受pancado价格。他们向松浦隆信抗议，理由是德川家康曾经准许他们自由买卖。松浦隆信在答复时，引用了一段土井大炊头利胜（1610—1638年间任职为"老中"）的言论。根据后者的说法，设立pancado制度是德川

---

① 加藤荣一，《成立期の糸割符に関する一考察》，收在宝月圭吾先生还历纪念会编，《日本会经济史研究》（东京：吉川弘文馆，1967），第78页。

② 山脇悌二郎，《庆长——宽永期の糸割符》，《日本历史》，第397号（1981），第31—32页。

③ 高濑弘一郎，《糸割符制度をめぐる诸问题——山脇悌二郎の批判に答える——》，第23页。

④ 永积洋子，《平户オランダ商馆日记を通して见たパンカド》，《日本历史》，第260号（1970年1月），第81页。

家康的仁厚思想所致，因为配合该项制度的施行，日本商人就得买光葡萄牙人的丝绸商品，因此保障所有进口船货都能销售掉。高濑泓一郎认为这段文字就是德川时代文献的原始依据。至于葡萄牙船滞留两年的说法，高濑泓一郎认为那纯粹是出于笔误。⑤

对于实施丝割符制度的理由何在，中田易直有另外一个说法。他认为这是德川政府的一种都市管理政策，目的在透过保护城市商人阶级的利益而对他们进行控制。山脇悌二郎再次反对这样的一个说法。他认为进口生丝当中，一直都有相当可观的数量预留给将军支配，称作"将军专份"（日文称"公方之丝"或"将军之丝"）；将军到手后，进一步再转发给其手下的"御用商人"应用。至于市民的福利，那并不是幕府的主要考虑。因此，对山脇悌二郎来说，中田易直的说法没有太大的道理。加藤荣一的观点与山脇悌二郎几乎一致，仅有一点小修正。他同意：在丝割符制度建立之初，进口生丝的很大的一部分都由将军支配。可是他又进一步指出，借由手中掌握大部分的生丝，德川家康可以透过市场机制压低面上的丝价，也可以为自己赚取一些利润。⑥ 进口生丝最主要的购买量来自将军府，而非来自三大城市的商人；这也意味着生丝是江户幕府早期，日本国内市场之最有价值的商品中的一项，可以当成现金看待，⑦ 地位自然不凡。在群雄争霸的年代，此一重要的财政工具，与金、银和其他关键性的物资，如铅、锌之类一样，皆

---

⑤ 高瀬弘一郎，《糸割符制度をめぐる诸问题——山脇悌二郎氏の批判に答える——》，第15—16页。

⑥ 山脇悌二郎，《庆长——宽永期の糸割符》，《日本历史》第397号（1981），第36页。

⑦ 加藤荣一，《成立期の糸割符に关する一考察》，第86页。

为掌权者所欲得。丰臣秀吉在1587年征服九州之后，年复一年地买下大量生丝。德川家康只不过是依样画葫芦罢了。再者，整批买进丝货也需要大把大把的流通资金。一旦丝绸分派公会无法提供足够的现金一次买光全部的进口量时，不足的部分就由将军府承买。这样的购买也算在"将军之丝"的名目下。这说明了何以在丝割符制度实施之初，将军所分到的生丝比重会那么大。三座城市的商人们，只不过是将军用来操纵和控制国内生丝市场的工具罢了。借着组成丝绸分派公会的方式，促使在幕府之外，没有任何封建诸侯能够在此一重要商品的行销上发挥影响力。[1]

到1631年之前，由葡萄牙人进口来的丝货数量已经大不如前，而德川家族的政治体制，即所谓的"幕藩体制"，也已经确立不摇。幕府完全能够掌控地方诸侯。在此条件之下，幕府也就放弃将军的"专份"，重组丝绸分派公会。[2]

山脇悌二郎推测：借诸从葡萄牙人手中买尽生丝，幕府或许心中也有将天主教传教士排除于丝绸贸易之外的打算。这一回，他倒受到高濑泓一郎的批评。高濑泓一郎检证了传教文献后发现：无论是耶稣会士还是其他托钵教士的财务状况，全都没有受到实施丝割符制度的影响。[3] 高濑泓一郎可能说得比较正确，因为教士们私下从事的买卖要到1620年以后才式微，而耶稣会士们经过上级"核准"的交易更一直照做不误，直到所有的葡萄牙人都退出在日本的贸易为止。[4] 高濑泓一郎并且指

① 加藤荣一，《成立期の糸割符に関する一考察》，第81页、第86—90页及第92页。

② 同上注，第95页。

③ 山脇悌二郎，《庆长——宽永期の糸割符》，第35—36页。

④ C. R. Boxer, *The Great Ship from Amacon*, p.47等处；　Koichiro

出：就在1603年，也就是丝割符制度实施的前一年，有一名叫作罗德里格斯神父（Padre João Rodrigues）的耶稣会士，同时与其他三名基督徒（天主教徒）接受德川家康的任命，负责长崎市的市政。此一事实也证明，至少在那当儿，德川家康并无意将传教士排除于贸易之外。①

山脇悌二郎还有一个论点，他认为丝割符制度提供给三大城市的生丝交易商低价的生丝，透过他们再把这些生丝行销全国，于是丝价得以持平。他也推断：1631年时将进口的葡萄牙生丝扩大让江户及大阪的生丝交易商分享，1631年再加给九州的某些封建领地（即博多、久留米、小仓及对马），也都是基于同样的理由。②

就平减丝价这点功能而言，高濑泓一郎有不同的看法。他指出以下的论点：首先，他认为在实施丝割符制度以前已经有整批购买的做法，因为葡萄牙人本来就有依这种方式做生意的习惯。其次，葡萄牙人从出售生丝上所获得的利润，在实施丝割符制度以前及以后，根本没有太大的改变。他们的获利一直维持在成本价的50%至100%之间。这样的一个获利空间，与日本朱印船或荷兰人所得到的利润，相差并不多。就同一个时代的标准来看，葡萄牙人其实也没有赚取过多的利润。所以，德川政府实无透过削减价格来降低其获利空间的必要。在丝绸分

Takase, "Unauthorized Commercial Activities by Jesuit Missionaries in Japan"，*Acta Asiatica*, XXX （1976）；高濑弘一郎，《キリシタン教会の贸易活动——托钵修道会の场合について——》，《（庆应义塾大学）史学》，第48卷第3号（1977年10月）。

① 高濑弘一郎，《系割符制度をめぐる诸问题——山脇悌二郎氏の批判に答える——》，《日本历史》，第404号（1982），第8页、第17—19页。

② 山脇悌二郎，《长崎の唐人贸易》（东京：川弘文馆，1964），第19页；山脇悌二郎，《庆长——宽永期の系割符》，第35—36页。

派公会成立以后，丝价或许稍微降低了些，那是因为生丝交易商现在可以集体和卖家来议价，可是其间的差异不宜过度被夸大。无论从功能上来说，还是从实际发挥的效果来说，丝割符制度都没有使生丝的价格下降多少。①

高濑泓一郎论证的依据是丝价到底跌落了多少。此处正好有一项荷兰人的文献证明pancado制度实施以后的丝价与他们可以自由交易之时相比，颇有落差。根据这项材料，在1613年时，整批购入的价格是每担（100斤）150两白银——此指纯度极高的纹银。若以市面上使用的银两换算，差不多是180两。当时尚不受丝割符制度约束的西班牙人、中国人以及荷兰人的丝价则介于180两至210两之间。这也就是说，荷兰人认定在自由买卖的状况下才可获得比较高的价钱。② 然而此一证词并没有把个别贸易商的交易方式带进来考虑。葡萄牙人整批出售他们的货物，可是其他国家的商人则一小包、一小包地卖出他们的生丝。后面的做法显然费事很多，而价钱也就自然高了一些。如此说来，高濑泓一郎的说法显然还是比山脇悌二郎有道理一点。

回头再提一下海老泽有道的一个主张。他认为实施丝割符制度的目的是在透过剥夺九州大名参与生丝贸易的机会，进而减少他们的财政收入，以削弱这些大名的势力。他征引丝绸分派公会特许状（丝割符奉书）的文字，其中说道：在生丝的价格由该公会制定之前，公会成员以外的商人不许进入长崎从事交易。如此一来，九州大名也就无从参与丝绸分派公会的定价

---

① 高瀬弘一郎，《糸割符制度をめぐる諸問題——山脇悌二郎氏の批判に答える——》，《日本历史》，第404号（1982），第8页、第17—19页。

② 引在加藤荣一，《成立期の糸割符に関する一考察》，第76—77页。

行为。于是海老泽有道就主张说：这是幕府利用丝割符制度，不让九州大名的财政获益，以免他们危害到幕府的安全，而幕府也因此得以垄断对外贸易。如此说来，丝割符制度其实是锁国政策的序曲。①

山脇悌二郎又再次否定了这样的说法。他认为海老泽有道的推理很有趣，可是不对，因为没有事实可资证明。他主张不可以从字面上去解读"丝割符奉书"的文字。山脇悌二郎指出：就实际而言，药材、厨具，以及来自东京（今越南北圻）或其他地方的生丝，都可以在丝绸分派公会制定其价格之前就进行买卖。只有中国丝绸织品得等到定好生丝价格之后才可以交易，因为整批购买的做法仅限于中国产的生丝，不包括丝织品。但是因为生丝与丝绸织品可以相互替代，此之价格势必影响彼之价格，所以丝绸交易必须延后。"丝割符奉书"里头那条文字的目的就是在规定丝绸织品摆在生丝之后交易，让后者的价格去影响前者，而非相反。②

山脇悌二郎拿出证据，证明丝割符制度并未将九州大名排除在生丝贸易之外。幕府不就颁发朱印状给九州大名，让他们派船出海贸易吗？更重要的是，一开始时，丝割符制度只在葡萄牙人身上实施；若不是有葡萄牙人的贸易，那根本就不会有丝割符制度。葡萄牙人被驱逐出境要等到三十多年之后，因此设立丝割符制度不能当成是锁国政策的先声来看待。③

这样看来，海老泽有道显然是把时间的先后给搞混了，因为九州大名要等到1610年以后才被禁止派遣超过500石的船只

① 山脇悌二郎，《庆长——宽永期の糸割符》，第37页。
② 同上注，第38页。
③ 同上注，第37页。

出国；而当丝割符制度实施之初，这些封建诸侯还继续活跃地从事朱印船贸易啊！① 话虽如此，如果我们把德川幕府的政治制度的建立当成是一个逐步发展的历程，而非一口气完成的作为，我们也不能完全排除丝割符制度或多或少带有削弱封建诸侯实力的目的吧。

虽然山脇悌二郎成功地驳斥了海老泽有道的说法，可是他本人的主张也不完全正确。高濑泓一郎就指出：那些源自中国以外的丝绸织品，正是山脇悌二郎所提到的那些在生丝定价完成以前就可以交易的丝绸织品或其中的一部分。谁能保证这样出售的丝绸织品中完全没有中国丝绸在内呢？相反地，高濑泓一郎干脆就指出，"丝割符奉书"里头的那项条款根本就被忽视了。它一直未被认真施行，直到1633年重新被整合到锁国令之后才真的加以落实。②

拉拉杂杂说了一大堆，我们把有关丝割符制度之起源的说法摘要如下：（1）设计丝割符制度的目的是要掌控日本国内生丝的行销。基于此一目的，将军府本身拿下整批购入之生丝的主要部分，而三大城市的生丝交易商则垄断了剩余的部分。（2）丝割符制度并不是作为锁国政策之先声来设计的；施行之初，目的也不在削弱九州大名的实力。然而不久之后，随着德川政权体制的逐步发展，也就把削弱九州诸侯力量这个目的加到幕府的政策考量中。（3）丝割符制度设计初衷并无削减丝价

① 中田易直，《锁国の成立と糸割符》，《（东京教育大学）史学研究》，第10号（1956），第8页。

② 高濑弘一郎，《糸割符制度をめぐる诸问题——山脇悌二郎氏の批判に答える——》，《日本历史》，第404号（1982），第9页；高濑弘一郎，《成立期の糸割符とパンカダ・パンカド取引について》，《キリシタン研究》，第20辑（1980），第203—207页。

的用意。（4）在初期阶段，幕府也无意于将传教士从生丝贸易中排除出去。

丝割符制度的形成阶段在1631年结束。那以后它经过一些变化。以下我们就来追踪一下这些变化。

在其存在的最初三十年期间，丝割符制度只针对葡萄牙人适用。因为在采用这个做法的时候，葡萄牙人实际上是生丝及丝绸织品的垄断性供应者。[①] 等到1620年以后，他们的生意已经式微，而朱印船及荷兰人和中国人的船舶正要起而代之。而当1633年荷兰人恢复他们与日本的贸易之后，荷兰人的交易规模就惊人地增长了。所以，当荷兰人恢复贸易的时节，荷兰人也被要求接受pancado制度，其实也是理所当然的。可是，丝绸分派公会的生丝交易商真的就一次买光荷兰人的进口货吗？或者说，荷兰人真的只以丝割符制度定下的价格出售他们的生丝吗？关于这些问题，其实颇有争议。

永积洋子本人翻译过荷兰平户商馆的日记，对此可能了解得最清楚。[②] 她主张，在1633年至1641年之间，由荷兰人进口的生丝接受丝割符制度所定下的价格，但可以零星买卖，也就是说并没有完全纳入丝割符制度的一切规定。一直要等到1641年以后，即荷兰人的商馆搬迁到长崎以后，整个丝割符制度的种种措施才完全施加到荷兰人的货物上。[③] 大多数的日本学者

---

① Kato Eiichi, "The Japanese-Dutch Trade in the Formative Period of the Seclusion Policy, Particularly on Raw Silk Trade by the Dutch Factory at Hirado, 1620—1640", p. 49.

② 永积洋子（译），《平户オランダ商馆の日记》（东京：岩波书店，1969—1970）。

③ 永积洋子，《平户藩とオランダ贸易》，《日本历史》，第286号（1972年3月），第87页。

也同意这样的看法，[1] 只有山脇悌二郎还有意见。山脇悌二郎
从商馆日记中征引了一些个案为例，坚称至迟在1635年以后，
荷兰人进口的生丝全数都交给丝割符交易商去分配了。在他所
引证的证据当中，他指出前述的生丝交易商曾经向幕府请愿，
让他们把一半的荷兰进口生丝留给自己使用，可是他们的请求
被大老酒井忠胜（1587—1662）拒绝了。因此，山脇悌二郎就
主张说全部的荷兰进口丝都交给丝割符交易商，意思也就是说
到那时候（1635）已经实施整套的丝割符制度了。[2] 山脇悌二
郎的推理显然有漏洞。他忽视了排外独占的问题。因为，如果
由荷兰人进口的丝是全数交给交易商去分配，那么为什么他们
还要向幕府请求让他们留下一半的进口货量，而不是全部呢？
虽然山脇悌二郎也引证事实说，有一位丝绸分派公会的干部
（日文作"丝割符年寄"，即"丝割符长老"）在1635至1638
年之间，的确从荷兰人手上购买生丝，可是此一资料并不能
证明生丝只卖给（公会成员的）生丝交易商，而不出售给其他
人。因为，一如加藤荣一所指出的，在1637年荷兰人所进口到
日本的生丝当中，只有40担（4,000斤）落入丝割符干部的手
中，由他们进一步分派。至于公会成员所买到的其他的生丝，
则不经丝绸分派公会之手，零星转卖给特定的商人。[3] 只要荷
兰人的商馆继续是在平户，那么平户藩主、他的亲属与家臣，
以及该藩的市民也都继续享有购买荷兰船所承载的一大部分生

---

① 加藤荣一，《成立期の糸割符に関する一考察》，第99页； Kato
Eiichi, "The Japanese-Dutch Trade in the Formative Period of the Seclusion
Policy, Particularly on Raw Silk Trade by the Dutch Factory at Hirado, 1620—
1640", p.60。

② 山脇悌二郎，《庆长——宽永期の糸割符》，第39—41页。

③ 加藤荣一，《成立期の糸割符に関する一考察》，第109页。

丝的特权。① 此外，永积洋子也提到过：荷兰人也接受委托，
替与幕府关系密切的特权商人及资深官员进口生丝。这些生丝
当然也不会进入丝绸分派公会的掌握范围。② 因此，笔者认为
加藤荣一与永积洋子的说法比较正确。荷兰人是在1633年以后
就接受丝绸分派公会所制定的进口价格，可是他们把生丝卖给
任何一位有意愿的买家，而不去管该买家是否就是丝绸分派公
会的成员。

在1620年以后，装载在葡萄牙船进口到日本的中国生丝已
经急遽减少。相反地，由中国船舶运过去的数量却日益增加。
大概是为了填补葡萄牙进口量的缺口，打从1631年起，日本方
面就把丝割符做法施加到中国人身上。③ 再过四年，中国人也
被限定只能在长崎一地贸易。④ 研究者对整套丝割符制度都用
在中国人身上这点，没有不同的看法。

在日本的对外贸易史上，从1631至1641年正是锁国政策逐
步成形的一段期间。此由丝绸分派公会的重组开端，而在荷兰
商馆从平户迁移到长崎后完成。在这中间，丝割符制度历经一
些调整与修正，同时官方也发布了几道锁国令。

丝绸分派公会的重组发生于1631年与1633年两年。其要点
包括：幕府将军放弃以他的名义购买部分进口丝的主张，但是
将军的专用服装师（吴服师），江户、大阪以及九州某些藩的
商人则被允许加入成为公会的一员，享有成员的权利。

---

① 加藤荣一，《成立期の糸割符に関する一考察》，第108页。
② 山脇悌二郎，《長崎の唐人貿易》（东京：川弘文馆，1964），第
10页。
③ 中田易直，《锁国の成立と糸割符》，p.15；山脇悌二郎，《長崎の
唐人貿易》，第10页。
④ 山脇悌二郎，《長崎の唐人貿易》，第10页。

　　幕府将军之所以放弃以他的名义购买部分进口丝的主张，是有以下的原因：首先是葡萄牙人已经减少了他们的进口量；其次是德川政治体制已经屹立不摇，日本国家已经完成统一。将军不再需要借着操作生丝来影响物价或者打击大名。可是将军和他的家人、随从还是需要衣着。于是在放弃用将军的名义购入生丝之后，1631年，幕府就让六名将军的吴服师以个人的名义加入丝绸分派公会。这些吴服师本来是从将军名下买进的生丝当中领取其制衣材料，现在他们一起被分配60"丸"（1丸=50斤=0.5担）生丝。① 吴服师既然是拿分配到的生丝来为将军和他身边的人制作衣服，在丝绸分派公会分配手上的生丝时，他们当然享有优先权。必须等到他们确定分到名下的3,000斤生丝以后，其他商人才能要求分到他们自己的那一份。②

　　在1604至1631年之间，丝绸分派公会的成员由来自堺、京都及长崎的商人组成。起初，堺每年得到的配额是120"丸"，而京都和长崎各100"丸"。1631年起，江户得到50"丸"。1631年时，堺、京都、长崎与江户合起来，从他们所得到的生丝中，挪出20"丸"给大阪。从次年起，大阪单独得到30"丸"的配额。1633年起，江户的配额提高为100"丸"，而大阪提高为50"丸"。

　　依照中田易直的说法，之所以让江户和大阪的商人加入丝绸分派公会，那是出于幕府的城市管理政策的考量。因为生丝交易商几乎也就是这些城市的领导性商人；而就江户与大阪的情形来说，担任丝割符干部的商人通常也就是这些城市现任的

　　① 藤野保，《大名領国における糸割符の変遷と商人の動向》，《史淵》，第100号（1968年3月）。
　　② 加藤荣一，《成立期の糸割符に関する一考察》，第94页。

市区首长（日文称为"町年寄"，即市区长老）。随着经济的发展，在宽永（1624—1643）年间，江户与大阪在商业及政治上的地位已经超越堺、京都和长崎。他们的商人被允许加入丝绸分派公会也就理所当然了。①

1631年时，丝绸分派公会也把他们的特权授予少数北九州的商人，当成是一种补偿。这是因为到了这个时候，九州的大名们已经被剥夺参与海外贸易的机会，也不被允许拿他们的资金作"海事保险借贷"② ，投资在外国船身上。③ 让这些北九州商人加入丝绸分派公会，这些商人背后多少有大名撑腰，也就算变相地给相关的大名一点点补偿，让他们多少获得一些利润。④ 等到后来在1641年荷兰商馆迁移到长崎以后，平户的商人也被分给10"丸"配额，这也是在同样的考虑下做出的决定。⑤

在1631年至1641年的十一年间，锁国政策是一步接着一步发展出来的。传统上诠释锁国政策的形成多少与天主教有关。其论点是说：就社会结构而言，天主教不利于封建社会的阶层制度；而就道德上来说，也与武士道的精神相违背。⑥ 再者，不要忘记： 1614—1615年间，传教士曾经协助丰臣秀吉的儿子

---

① 中田易直，《锁国の成立と糸割符》，第14页。

② 日本人称呼此种借贷为"投银"或"抛银"；这种做法在葡萄牙文中称为"respondencia"，荷兰文为"bottomrij"，英文为"bottomry"。

③ 永积洋子，《オランダ贸易の投银と借入金》，《日本历史》，第351号（1977年8月），第77—79页。

④ 中田易直，《锁国の成立と糸割符》，第14—15页。

⑤ 藤野保，《大名领国における糸割符の変迁と商人の动向》，第58—59页。

⑥ George Sansom, *A History of Japan, 1615—1867* （Stanford: Stanford University Press, 1963），p. 44.

即继承人丰臣秀赖固守大阪城，对抗德川家康；而1637—1638年间，日本天主教徒也积极参与北九州的天草、岛原叛乱，反抗幕府。对幕府而言，是可忍，孰不可忍！当然要禁教和锁国。笔者认为这样的说法并不贴切。好比说，将中国人及荷兰的贸易处所限制在长崎，其实可能也只是为了方便管理罢了。①

一位日本学者林基又提出一个不一样的看法。他认为禁止日本人到海外贸易，应该是由丝割符交易商推动的。因为到1635年时，中国人和荷兰人多少都已经被纳入丝割符制度下管理了。只有日本自己的朱印船没有纳入。丝割符交易商因此致力于禁止朱印船进口生丝，以便确保他们的独占性垄断。②无独有偶，加藤荣一也主张将荷兰商馆迁入长崎的举动是由丝割符商人推动的，目的在迫使荷兰人接受全套的丝割符制度。③ 然而中田易直反对此一说法。他认为，朱印船的投资者或经营者本身若不是位居政府要职，就是本身也是丝割符交易商。一方面，这些人可以由别处获利；另一方面则因荷兰人在海上拦截船只早已让朱印船贸易的利润锐减，停止派船下海的损失其实已经有限。④ 因此他们也愿意，或者至少不反对，遵守海禁的规定。透过以上的推论，中田易直主张锁国政策完全出自幕府的主动，而非系由丝割符交易商推波助澜之所致。幕府展开锁国政策的作为，无疑带有憎恶天主教的意味。此外，政府也讨厌朱印船在海外惹出的种种纠纷。自德川家光执政期

① 永积洋子，《平户藩とオランダ贸易》，第10—11页。

② 中田易直，《锁国の成立と糸割符》，第10页。

③ Iwao Seiichi, "Japanese Foreign Trade in the Sixteenth and Seventeenth Centuries," p. 63.

④ Kato Eiichi, "The Japanese-Dutch Trade in the Formative Period of the Seclusion Policy, Particularly on Raw Silk Trade by the Dutch Factory at Hirado, 1620—1640," pp. 15—16.

东亚海域一千年

间（1623—1651）起，幕府偏好国内的发展，而不爱同国外交往，从而落实了锁国策略。① 中田易直的说法，其实是走回传统解释的老路。② 不管禁止日本国民出海，以及迁移荷兰人的商馆是出自哪一方面的主动，总之，这两项作为都有助于锁国政策的强化，也使丝绸分派公会更能全面垄断生丝交易。

等到锁国政策完全实现之后，就只有中国人和荷兰人可以到日本贸易了。而就在这个时间，东亚的国际局势也发生了激烈的变化。中国的明朝灭亡，清朝起而代之；郑成功一族起而抗清，支配着太平洋的西部沿岸。生丝的供给量大幅度地滑落，日本人求丝益切。这一来，进口商在议价时也就比以往受到尊重。丝绸分派公会面临着一个难题：出价若低，买到生丝的机会就小，获得的生丝数量就少。为了吸引更多商人载运丝货到日本贩卖，于是在1655年就将丝绸分派公会解散，改采自由交易（日文称作"相对交易"）了。要再过三十年，当中国开放与日本之间的直接贸易，生丝大量来到日本之时，才又恢复丝割符制度。从此一直维持到德川幕府的末期。③

三、结论

在十七世纪最初的四十个年头，日本的外国贸易十分繁盛。好几个国家的商人都装运生丝及丝绸到日本贩售，而幕府在这段期间最关心的事情莫过于要如何管理生丝的购买与如何

---

① 中田易直，《锁国の成立と糸割符》，第11—12页。
② George Sansom, *A History of Japan*, p. 44.
③ 太田胜也，《"锁国"体制成立当初の糸割符に関する一考察——明历元年の废止について——》，《德川林政史研究所研究纪要》，1975。

198

分派给日本商人。为了实现管理的目的，于是设立了丝绸分派公会。此外，在1631年之前，幕府掌控了经由丝绸分派公会所取得的进口丝的绝大部分。这让幕府可以直接操纵生丝在日本国内的行销。1631年，幕府自身放弃承买生丝的权力，而丝绸分派公会也就完全取得垄断由葡萄牙人所进口的生丝的支配权。不过，由于丝绸分配公会的成员主要来自幕府直辖的几座城市，因此幕府也还是能够影响国内的生丝贸易。

在1631至1641年之间，日本采取了禁止朱印船出海的政策，并且也将葡萄牙人驱逐出境。至于英国人和西班牙人从更早几年起就已不到日本贸易了。结果就只剩下中国人和荷兰人继续做着进口丝货的生意，可是在1641年前，这两国的商人也都被纳入丝割符制度之下管理了。在1633年时，他们都已经被要求接受丝割符价格交易，而在1635年时，又限制中国商人只能到长崎一地贸易。六年之后，荷兰人也获得同样的对待。丝割符制度终于完全笼罩整个生丝的进口贸易。不巧的是，当日本锁国政策彻底实行之后，太平洋西岸的国际情势发生重大变化。郑成功一族掌控了贸易路线，从而掌控了生丝与丝绸的供给。因应时代条件，丝绸分派公会也就被解散了。

雪爪留痕

——十八世纪的访欧华人

人生到处知何似，应似飞鸿踏雪泥。

泥上偶然留指爪，鸿飞那复计东西。

老僧已死成新塔，坏壁无由见旧题。

往日崎岖还记否，路长人困蹇驴嘶。

——苏轼《和子由渑池怀旧》

前言①

十五世纪末开始的欧洲人地理探险与所谓的"地理大发现"，目标在探寻欧洲与印度及中国之间的海上通道，借以利用这条交通路线发展欧洲与亚洲之间的贸易。

最早出现在中国海域的是葡萄牙人，第一次出现大约在1514年左右。十六世纪上半叶葡萄牙人在广东到浙江的中国海域尝试各种可能的贸易机会。1554年获得允准，1557年起定居在澳门。葡萄牙人在澳门的定居给中国人，特别是广州附近一带的中国人一个方便接触欧洲人与欧洲文明的机会。差不多从那个时候起，就开始有华人利用欧洲船舶前往欧洲。

---

① 作者感谢黄一农教授的高见，并且谢谢他提供数篇文章。

不过，东南亚亦早有华人流寓，葡萄牙人在1509年时就在马六甲遭遇过华人。随后荷兰、西班牙和英国人也陆续在东南亚建立殖民地。由于从事建设、商业与生产事业的必要，欧洲殖民者招徕了许多华人到东南亚居住。侨居海外的华人也有机会造访欧洲。

到了十八世纪初，欧洲的贸易公司陆续在广州开业，他们的船舶常川往来欧洲与中国。[①] 中国人若想前往欧洲，也就可以在澳门之外多了一些机会。有时候，迫于需要，欧洲船舶也雇用华人水手，这些人也可能随船到了欧洲。

欧洲人到东方来，与东方人接触，对东方的了解虽然不见得完整与深入，可是其中总不乏客观、有系统的观察记录。有关这方面的研究也比较丰富。

然而十六世纪之后到底有哪些华人造访过欧洲？他们对欧洲的印象如何？他们有没有把自己的看法拿来与本国人分享？他们的出现在欧洲又给当地人带来怎样的冲击？

很可惜的是造访欧洲的华人，就中国士大夫的观点而言，几乎都是微不足道的小人物。这些人出国，未必用心观察（当然也未必有能力观察）他们客居的所在，回国之后也鲜少留下记录。

由于先辈学者的努力，有关天主教人士在十八世纪造访欧洲的史实，爬梳整理出来的比较多。特别是方豪教授曾写一文，题为《同治前欧洲留学史略》，提及一百多位访欧华人，大都与天主教有关。其中极高比例的人都到意大利意华书院（圣家修院）就读。

可是对于在其他情况下造访欧洲的华人，除了自己也留下记录的谢清高外，几乎在中国文献中都找不到任何的蛛丝马迹。

① 参考陈国栋，《1780—1800，中西贸易的关键年代》，收入本书。

前几年由于业师史景迁（Jonathan D. Spence）教授出版
了一本小书《胡若望的疑问》，引起相当的注意。其实史景迁
并不是第一个提起胡若望的人，但是他以生花妙笔，提醒了读
者，即使是微不足道的小人物，只因他有不寻常的经历，还是
有可能被重建出来一个有趣的故事。胡若望是个特殊的个案，
而且是属于与宗教有关的案例。他是耶稣会士傅圣泽（Jean-
François Foucquet）带去欧洲的，原来的目的是帮助傅圣泽抄
写中国文献，协助解读。后来的发展，大出双方所料，结局
是胡若望被关在巴黎沙椰东疯人院，在那里住了三年（1723—
1725），最后才被救出。①

由于其他造访欧洲的非宗教性华人本身不具重要性，他们
自己又极难得留下任何记录，因此他们得以从历史陈迹中被挖
掘出来，通常也是意外。笔者在研治中西贸易史的过程中，偶
然接触到零零星星的有关这类旅欧华人的撰述，加上一些也是
意外的巧合，拾取到点点滴滴相关的资料，甚至于主人翁的画
像。现在利用这些材料，拼凑成篇，讲述这些十八世纪访欧华
人的故事，目的不在建构任何伟大的知识，只是出于好奇，拿
这些故事来和读者分享而已。

本文的重点摆在十八世纪旅欧的非天主教人士。但为补
充一些必要的背景知识，也拟简单叙述三位较早期的造访者，
其中两位且为天主教徒，即樊守义与沈福宗。樊守义在康熙皇
帝的要求下，曾经写下了一篇可能为最早的华人的旅欧游记
《身见录》。沈福宗则以造访过牛津大学波德廉图书馆（the
Bodleian Library）而较为人知。

---

① Jonathan D. Spence, *The Question of Hu* （New York: Alfred A.
Knopf, 1988）；史景迁著，黄秀吟、林芳梧译，《胡若望的疑问》（台北：
唐山出版社，1996）。

一、清初的先驱造访者（1735年以前）

1.沈福宗

沈福宗造访欧洲的时间其实还不到十八世纪，但是他的教育程度比较高，与我们要介绍的其他人物不同，因此先拿来作个引子。他是南京人，[①] 天主教人士。他在康熙十九年（1680）或康熙二十年（1681）时，随着耶稣会会士柏应理（Philippus Couplet），由澳门搭船前往欧洲。康熙二十一年（1682）到达葡萄牙首都里斯本，在那里进入天主教的初学院就读。后来可能还到过罗马深造。康熙二十三年（1684）时，他出现在法国巴黎，与柏应理一同在凡尔赛宫觐见法王路易十四世。当年九月出版的一份法国杂志《豪迈报》（*Mercure Galant*）对这个事件有如下的报道：

> 他带来的中国青年，拉丁文说得相当好，名曰Mikelh Xin。本月十五日他们二人到凡尔赛宫，获蒙皇帝召见，在河上游玩，次日又蒙赐宴。……皇帝在听完他用中文所念祈祷文后，并嘱他在餐桌上表演用一尺长的象牙筷子的姿势，他用右手，夹在两指中间。[②]

此外，沈福宗也曾展示孔子的画像、介绍中国文字与书法，并且提到一些社会现象与习俗。也就是说，做到相当深度的文化交流。

康熙二十六年（1687），沈福宗来到英国，造访了鼎鼎

[①] 当时西方人所记之"南京"未必专指南京城，通常也指江苏省，甚至连江西省也算在内。

[②] 转引自方豪，《同治前欧洲留学史略》，《方豪六十自定稿》上册（台北：著者自刊本，1970），第388页。

大名的牛津大学波德廉图书馆，帮忙为该馆所藏的中文图书编目，也与东方学家海德（Hyde）见面。在这一回的造访中，他也有机会被引介给英国国王詹姆士二世（James II）。他是第一位有记录的游历过英国的华人。

沈福宗在康熙三十一年（1692）自欧洲返国，仍与柏应理同行。康熙三十三年（1694）回到澳门，可惜柏应理已于中途物故。沈福宗回到中国以后的事迹无从查考。①

2."祖国的威廉"

沈福宗之后不久，又有华人访问过伦敦，只不过这个人并非来自中国本土，而是来自荷兰殖民地爪哇。《新旧东印度志》（*Oud en Nieuw Oost-Indien*）的作者法伦退因（François Valentijn）曾于1686—1713年间服务于巴达维亚。在这二十多年间，他观察到当地能华人中，只有两位能准确地发出荷兰语的"r"音，同时说荷兰语也说得和荷兰人一样流利。其中一位被叫作"祖国的威廉"（Vaderlandse Willem），曾经"访问过荷兰许多城镇，而且曾经访问过英国伦敦，并在伦敦有幸与英国国王威廉三世（William III，在位：1688—1702）交谈了一段时间"。② 这位"祖国的威廉"造访英国的时间，想来就

---

① 以上参考方豪，《拉丁文传入中国考》《同治前欧洲留学史略》，收在《方豪六十自定稿》，第14页、第388页；章文钦，《澳门历史文化》（北京：中华书局，1999），第84—85页；Graham Topping, *Oxford and China*（Oxford: University of Oxford, 1995），p. 5；最新研究见Theodore Foss, "The European Sojourn of Philippe Couplet and Michael Shen Fuzong, 1683—1692", in Jerome Heyndrickx ed., *Philippe Couplet, S. J. (1623—1693): the Man Who Brought China to Europe*（Nettetal: Steyler Verlag, 1990），pp. 121—142。

② Leonard Blussè "Doctor at Sea: Chou Mei-yeh's Voyage to the West（1710—1711）", in Erika de Poorter ed., op. cit., pp. 12—13. 这位威廉三世其实是光荣革命（The Glorious Revolution）时与他的夫人玛莉（Mary）

在十七世纪末，或十八世纪初的最初一两年。

3.樊守义

亲历欧洲，并且亲自写下记录的第一个中国人应该是樊守义。守义，也叫作守利或守和，字利如（利如是从他的教名Louis来的），山西平阳人。生于康熙二十一年（1682），卒于乾隆十八年（1753）。从青年时代起，他就帮着耶稣会士艾逊爵（中文文献也作艾若瑟，Francesco Provana）处理教会的工作。康熙四十六年（1707），皇帝差遣艾逊爵为信使前往罗马晋见教宗，艾氏遂带着樊守义同行。他们由澳门搭乘葡萄牙船，取道南洋，横越太平洋，绕过南美洲南端，先抵巴西。康熙四十七年（1708）抵达葡萄牙，觐见葡萄牙国王。康熙四十八年（1709）往西班牙、意大利，谒见教皇，随即留在意大利求学，加入耶稣会。康熙五十七年（1718）再回到里斯本，次年春登船返回中国，仍与艾逊爵同行。

康熙五十九年（1720）夏天船到广州，但艾逊爵却已不幸死在半途，因此樊守义自称"余独回归中土"。两广总督和广东巡抚把他归来的情形报告到北京，康熙皇帝下令召见。于是他就前往京城。在那里，好奇的王公大臣经常向他询问国外的事情。为了一劳永逸，他干脆撰写了一篇名为《身见录》的长文，公之于世。内容以他所见到的港口、城市、建筑为主，议论不多。可惜这篇文章在中国似乎流通不广。因此在他的年代，除了康熙皇帝与少数近臣外，大概也没有多少中国人分享到樊守义的欧洲之旅经验。目前已知的《身见录》抄本共有两

一道从荷兰返回英国继承王位的那位威廉。"祖国的威廉"应该是透过荷兰友人的安排才有机会到伦敦，并且与原来住在荷兰的威廉三世见面。至于"祖国的威廉"这个绰号中的"祖国"指的也应该是荷兰无疑；而"威廉"一名当然是影射他曾与威廉三世见面这件事。

件，都收藏在意大利。其中一件经方豪教授抄录，将它发表在他的《中西交通史》一书中；另一件抄本最近也被影印问世。

樊守义在欧洲总共待了十三四年。这期间，他参观过无数的地方，觐见过教皇两次，会晤过许多王公贵族，更学会了拉丁文，并且取得教士的资格。回国后在北京附近、山东和东北一带展开他的传教事业。①

4.周美爹

前述"祖国的威廉"从荷兰殖民地爪哇前往欧洲，相关记述极其模糊。所幸不久之后有另一位来自爪哇的华人也造访荷兰，并且有较多的记载可供玩索。这个人的名字，在中文文献中称为"周美爹"或"周美官"。可能因为辨识认知上的差异，包乐史（Leonard Blussè）教授把他叫作"周美爷"。无论如何，"官""爹""爷"都只是对不同年纪的男子表示尊敬的缀词而已。十九世纪中叶完成于现在印度尼西亚雅加达的《开吧历代史记》曾有如下两段记述：

> 康熙二十年辛酉三月，即和（兰）一六八一年，大王螺吉禄伴牛氏（Rijklof van Goens）得病辞位。……时有一唐人医生姓周名美爹（上句杨本作"时有唐医生爹周美官"），大王伴牛氏素与他相知，深信其术，即向众人云，

---

① 以上参考方豪《中西交通史》（台北：台湾"中华文化出版事业社"，1954），第四册，第186—195页收录了《身见录》的全文；Giuliano Bertuccioli, *Fan Shouyi e il suo viaggio in Occidente* （Napoli: Istituto Universitario Orientale, 1999），pp.341—420，文末收录了另一个抄本。有关樊守义的生平事迹，也可参考章文钦，前引书，第85—86页；江柏炜，《城市、记忆与历史：中国首部旅欧游记〈身见录〉抄本的考察》，《城市与设计学报》，第二、三期（1997年12月），第301—317页；Paul Rule, "Louis Fan Shouyi and Macao", *Review of Culture* （1994），pp. 249—258。

要带周美爹同回祖家，且治自己之病。众人许之，于是本年十一月廿五日，同搭甲板船回祖家。周美爹既到祖家，伴牛氏令住一厝，门外使人把守，其饮食衣服器用，俱皆无缺，惟不肯放其出街游玩。住有一年之间，至康熙廿一年，壬戌，五月，即和（兰）一六八二年六月，祖家甲板赍（？贵）文来吧，准高哩哶然是必蛮（Cornelis Janszoon Speelman）吧国大王，周美爹亦同此船回吧，入贺大王。王与众双柄议，赏周美爹出入开大伞行仪，不理嘧喳唠事。凡上人有病，请他医治。当时吧中第一位神医也。

（康熙二十五年，丙寅，1686）是年唐八月，医生周美爹卒，葬冢地。（自壬戌至丙寅年，开大伞五年。）①

就此引文来看，叙事必有误。因为依引文，周美爹于康熙二十年十一月底才离开巴达维亚，前往荷兰，二十一年五月即已回到巴城，前后不到七个月。虽然他搭乘的是荷兰东印度公司船（甲板，马来文kapal，指欧式船舶），也不可能在六七个月间作一来回，更谈不上"住有一年之间"。

周美爹造访荷兰这件事，历史上确实发生过，但是《开吧历代史记》所记载的时间错了。

前面曾经提到过法伦退因声称他只认识两名能准确发出"r"音的华人，第一位是"祖国的威廉"，第二位则是周美爹。可是法伦退因却说周美爹是在1709年与退休总督裕安伴乌伦（Joan van Hoorn）一起离开巴达维亚前往荷兰的。明了荷兰语发音的人不难理解《开吧历代史记》为何会发生记载上的

---

① 许云樵校注，《开吧历代史记》，《南洋学报》，9：1（1953年7月），第33—34页。

错误。因为十八世纪后期才开始撰写《开吧历代史记》的作者
们，搞混了伴牛氏（Van Goens）与伴乌伦（Van Hoorn）两
个人的名字。在荷兰语中，"g"的发音非常接近"h"，只是
前者读得很重并且带有喉音而已。对不是很熟悉荷兰语的人来
说，Van Goens与Van Hoorn读起来其实相当地接近，从而把冯
京当成了马凉。

依据包乐史的研究① ：周美爹在巴达维亚拥有甘蔗园与糖
廊，同时也担任过巴达维亚城华人社群的遗产管理人（当地称
为"武直迷"，荷文boedelmeester），更重要的是他是一位成
功的医生。正是因为他的医术受到总督伴乌伦的欣赏与信赖，
从而被邀请同行到荷兰。他们自巴达维亚出航的时间为1709
年10月31日（康熙四十八年九月二十九日），搭乘的是荷兰
东印度公司船队的旗舰"三登堡号"（the Sandenburg），
在1710年7月17日（康熙四十九年六月二十一日）到达荷兰，
耗时八个月。同年9月29日，东印度公司理事会（the Heeren
Zeventien）决议，准他随该公司同年秋季的船队返回东方。
出航的日期不详，但在同年12月5日，他已从南非开普敦寄
出一信给他在阿姆斯特丹的友人维特森（Nicolaes Witsen,
1641—1717）。想来他在10月初就已经离开荷兰。他待在荷
兰的时间在七十五天左右。

在周美爹前往荷兰的八个多月航程中，由于与伴乌伦一家
朝夕相处，当然交换了不少知识；周美爹甚至还试图教导伴乌
伦夫人把脉的方法。在阿姆斯特丹居住的一段期间，伴乌伦介

---

① 以下的叙述依据Leonard Blussé op. cit., pp. 7—30。该文中译见包乐
史著，庄国土、吴龙、张晓宁译，《巴达维亚华人与中荷贸易》（南宁市：广
西人民出版社，1997），第八章《跨洋医生周美爷》，第231—255页。

绍周美爹与维特森交往，两人相处甚欢，谈了不少学问。维特森是荷兰东印度公司理事之一，同时也是一位热心的学艺的赞助者。

在荷兰居停的两个多月中，周美爹大都住在阿姆斯特丹，不过，可以确定的是他曾经造访过海牙。因为维特森曾经在他的书信中提到周美爹曾告诉他"荷兰居民并不拥挤，甚至在看来有较多人的海牙或阿姆斯特丹也不拥挤"。可是，如同《开吧历代史记》所说的那样，当他身在荷兰时，周美爹并没有多少机会可以离开寓所，也就无缘多多观察当地的风光、社会与人文。即便有，他也没有留下记录与感想可以和华人世界分享。

5."厦门真官"

从以上介绍的沈福宗、"祖国的威廉"、樊守义与周美爹的个案，以及现在很有名的胡若望的故事来看，康熙年间造访欧洲的有记录人士，若非与天主教有关，即是来自荷兰殖民地爪哇的访问者。当然，这是出于文献不足，而个人见闻又不广的缘故。不过，自从康熙二十二年（1683）开放欧洲人到中国贸易以来，中国的艺术品与手工艺品也已源源流向欧洲，很快就开启了欧洲文化史上所谓"中国风"（chinoiserie）的时代。中国出口艺术，以及其对西方设计的影响，长期以来已经受到相当大的注意，可是会不会也有中国艺术家或工艺家前往欧洲发展呢？虽然我们所知还是很有限，可是凑巧有一位被称为"厦门真官"（Amoy Chinqua，译音）的人物却有作品留了下来。

"厦门真官"是一位泥塑家。他为柯勒（Joseph Collet）所造的一座全身塑像，现在典藏在伦敦的国家肖像画廊（the

National Portrait Gallery）。[①] 作品底下有"厦门真官，1716年造"（Amoy Chinqua, fecit 1716）的署名；同一段文字也记录在柯勒本人的《私人函件集》（*Private Letter Books*）里。

图一 "厦门真官"的泥塑作品《柯勒塑像》

Leo Akveld and Els M. Jacobs eds., *The Colourful World of the VOC, 1602—2002* (Bussum, the Netherlands: THOTH Publishers, 2002) ,p. 181.

柯勒为英国东印度公司（The East India Company）的高级职员。1712至1726年间，先是在苏门答腊岛西岸的明古仑

---

① 这座塑像在2002年荷兰庆祝该国东印度公司成立四百年时，被借到位于鹿特丹的海事博物馆（Prins Hendrik Maritiem Museum）展出。笔者于10月10日访问该馆，有幸目睹。

（Benkulu, Bencoolen）商馆服务，其后升任印度马德拉斯长官（Governor of Madras）。为了让住在英国老家的爱女伊利莎白（Elizabeth）能常常看到他的样子，柯勒便请"厦门真官"为他作了这座全身塑像。这种作用正像是我们旅居在外时寄照片给家乡的亲人一样，只是当年摄影技术还没出现。

1712至1726年间，柯勒本人并没有到过中国，因此"厦门真官"也不会在中国为他塑像。若就文献所载，这座泥塑是于1716年在马德拉斯完成后，装船运回英格兰的。这意味着1716年时"厦门真官"曾旅居马德拉斯。不知道他后来有没有造访欧洲，也不知道他最终有没有回国。无论如何，他可能是到域外发展、为欧洲客户工作，并且留下名字的第一位工艺家。① 几十年后，我们就可以找到确实在欧洲发展的华人艺术家的事迹了。

二、乾隆年间的造访者（1736—1795）

1.林利官

从康熙末年到乾隆初期，我们一时没有找到天主教人士以外的旅欧华人的资讯。下一个出现的人物，管见所及，为林利官（Loum Riqua，译音）。1757年4月伦敦出版了一张他的网线铜版画（mezzotint）全身像。② 原出版者的说明如下：

① 以上参考Leo Akveld and Els M. Jacobs eds., *The Colourful World of the VOC, 1602—2002*（Bussum, the Netherlands: THOTH Publishers, 2002），p. 181; David Piper, "A Chinese Artist in England", *Country Life*, July 18, 1952, pp. 198—199。

② 原画为Dominique Serres所作。该铜版画复制在James Orange, *The Chater Collection: Pictures Relating to China, Hong Kong, Macao, 1655—1860,*

　　该华人于1755年（乾隆二十年）到达里斯本（Lisbon），
地震时人在该地，因天意而幸免于难。① 在遭遇许多艰苦
与葡萄牙人的恶劣对待之后，他于1756年来到伦敦。在当
地，他获得不同的待遇，有幸被陛下、其他王室成员、大
多数的王公贵人等接见，这些人都对他爱惜有加。他向尊
贵的东印度公司申请搭载他回家，获得仁慈的接待，并被
慷慨地安置在他们的一艘船舶带他回广州，他的故乡。②

　　这是我们对他所知的一切。他的职业是什么，为何到欧
洲，都没有资料进一步说明。不过，他的到来可能给英国作
家果德斯密（Oliver Goldsmith, 1728—1774）带来灵感。不出
三五年，后者就托名一位旅英华人，写了一本叫作《世界公
民》（*Citizen of the World*）的书。（后文有进一步的描述。）

　　2.潘启官一世？

　　有些学者认为广东外洋行商人、同文行行主潘文岩（潘
启官一世，Puan Khequa I, 1714—1788）也亲自造访过欧洲。
这样的想象是因为瑞典哥德堡（Gothenburg）的历史博物馆
（Gothenburg Historical Museum）典藏有一帧潘文岩的画像。
以研究中国贸易瓷知名的学者乔格（C. J. A. Jörg）认定他是在
1736年，也就是乾隆初年，造访过瑞典首都斯德哥尔摩，同时

---

with historical descriptive letterpress（London: T. Butterworth, 1924），p. 492;
Louis Dermigny, *La Chine et L'Occident: Le Commerce à Canton au XVIIIe Sile,
1719—1833: Album* （Paris: S.E.V.P.E.N., 1964），no. 52。

　　① 1755年里斯本大地震，罹难人数多达30,000人！
　　② C. R. Boxer著，朱杰勤译，《明末清初华人出洋考》，pp. 15—16;
James Orange, op. cit., p. 484。

图二 林利官画像

Louis Dermigny, *La Chine et L'Occident: Le Commerce à Canton au XVIIIe Siècle, 1719—1833:Album* (Paris: S.E.V.P.E.N., 1964), no. 52.

留下那张画像。① 然而哥德堡所藏潘启官一世的画像，眼袋很显著；官服补子很像是"仙鹤"（文官一品），都不可能是一个二三十岁的青年所能有的特征。潘文岩果真访问过瑞典，绝不可能是1740年代的事。

另一位美国学者巴素（Dilip Basu）也曾认真检讨过潘文岩是否到过瑞典的问题。在他的博士论文中，他提道：十八

① C. J. A. Jörg, *Porcelain and the Dutch China Trade*（The Hague: Martinus Nijhoff, 1982），pp. 70 and 80; Loius Dermigny, op. cit, no. 49也复制了同一张画像。

世纪中叶的瑞典企业大亨对中国贸易极感兴趣。他们同时也将瑞典所产的铜、铁、钢、纸以及木材运到西班牙的卡迪斯（Cadiz）销售以换取中国贸易所必须支付给中国人的西班牙银元。在广州方面，潘启官一世正与经营中国贸易的瑞典东印度公司有大笔的生意来往，同时还投资一位瑞典大亨撒革廉（Niklas Sahlgren）的卡迪斯贸易。也就是透过撒革廉这位瑞典商人的邀请，潘文岩可能在1770年造访瑞典，并且把他自己的肖像画呈献予撒革廉。[1] 关于潘文岩于1770年造访瑞典一事，巴素虽然指出了一些依据，可是并不坚实。[2] 梁嘉彬虽然没有看过巴素的作品，却也在很久以前就简单推论过不可能有潘启官一世造访瑞典这样的事情。[3] 我们还可以进一步提出以下的论证：

1770年左右正是广州外洋行商人所组成的"公行"面临存废的时刻，潘文岩当时受英国东印度公司之托，正在设法向中国官府行贿，以促成"公行"的解散，结果也完成任务。[4] 作为一位行商，潘启官其实经常得出入地方政府衙门，自然也就没有销声匿迹两三年的可能。因此，在1770年左右，他绝对不可能造访瑞典。何况广州商场的主要贸易组织，如英国东印度公司、荷兰东印度公司，也都不曾提到1770年时有潘文岩出国这回事。稍后我们将提到一位真正到过瑞典的华人蔡阿福（Choi-A-fuk，译音）。这个人在1786年7月到达哥德堡，

[1] Dilip Kumar Basu, "Asian Merchants and Western Trade: A Comparative Study of Calcutta and Canton, 1800—1840" (Ph. D. dissertation, University of California, Berkeley, 1975), p. 355.

[2] Ibid., p. 376, note 78.

[3] 梁嘉彬，《广东十三行考》（台中：东海大学，1960），第207—208页。

[4] Kuo-tung Anthony Ch'en, The Insolvency of the Chinese Hong Merchants, 1760—1843 (Taipei: Academia Sinica, 1990), pp. 7—8.

图三　潘文岩（潘启官一世）画像

Louis Dermigny, *La Chine et L'Occident: Le Commerce à Canton au XVIIIe Siècle, 1719—1833: Album, no.* 49.

并造访过斯德哥尔摩。他不但被称为是第一个造访瑞典的华人，而且在主人家的留言簿留下签名，在瑞典画家的笔下留下画像。以潘文岩的地位（1770年左右如日中天），岂是非行商的蔡阿福可比？蔡阿福都受到那么高规格的接待（国王也接见他），而瑞典文献竟未有一语道及，显然是真的没到过。

至于哥德堡历史博物馆藏有潘启官一世的画像，那更不足

为奇。丹麦首都哥本哈根的国家博物馆（Nationalmuzeet）就典
藏有东生行行商刘章官（刘承澍）的画像。① 广东最有名的行
商伍浩官（伍秉鉴）更常拿自己的肖像送给外国朋友，时至今
日，世界各地都还有十几张的收藏。② 刘章官与伍浩官都没有
离开过中国的记录。

3.汪伊通

行商的肖像画大多是广东的中国画家所绘制，其后再流传
到海外的。不过，至迟到十八世纪下半叶，我们已经开始看到
欧洲画家为旅欧华人所作的肖像画。首先让我们介绍一位被叫
作汪伊通（Wang-y-Tong，译音）的年轻中国男孩，十八世纪
最重要的英国画家之一的雷诺（Joshua Reynolds, 1723—1792）
为他作过画。

英国伯明翰市的美术博物馆，在1961年2月18日至3月
19日，举行了一个以雷诺的画作为主题的特展。展出的作品
中，有一件令人感兴趣的油画作品，标题是"WANG-Y-
TONG"，50英寸×40英寸，画于帆布上。作画年代为1776
年。展览目录对该作有如下说明：

> 汪伊通是多瑟公爵夫人（the Duchess of Dorset）的
> 一名华籍小厮（page）。她安排他去"七橡树公学"（the
> Sevenoaks School）念书。一般说法都认定他是由英国东
> 印度公司的布列克船长（Captain Blake, 1713—1790）带到
> 英格兰的。不过，布列克船长的儿子约翰·布列克（John

---

① Leo Akveld and Els M. Jacobs eds., op. cit., p. 150.
② Albert Ten Eyck Gardner, "Cantonese Chinnerys: Portraits of How-
qua and other China Trade Paintings", *The Art Quarterly*, 16:4 （Winter
1953）, pp. 305—324.

216

Bradby Blake）与第三代的多瑟公爵（the Duke of Dorset）恰巧是"西敏寺公学"（the Westminster School）的同校同学，而约翰·布列克又在1766年去了广州，受雇于英国东印度公司。这或许可以说明为何汪伊通会来到科诺尔（Knole）。①

这幅画在1776年8月以前就完成了。因为多瑟公爵在该年8月付给画家73镑10先令（大约相当于中国白银300两）。这幅画最早著录的年代为1780年，著录的标题为"Mr. Warnoton, a Chinese"。

伯明翰市美术博物馆的说明，在细节上与事实略有出入，需要进一步说明。多瑟公爵的家族姓沙克维尔（Sackville），② 科诺尔为其庄园与宅邸的统称，位于英格兰肯特（Kent）郡之七橡树（Sevenoaks）镇。第三代多瑟公爵叫作约翰（John Frederick Sackville, 1745—1799）。他的原配夫人名叫戴安娜（Arabella Dianna），当时已经改嫁他人。③ 因此，这里所谓的"多瑟公爵夫人"其实只是多瑟公爵的情妇，名叫芭伽莉（Giannetta Baccelli，她是一名意大利舞者）。目前，在科诺尔宅邸楼梯间的下方，有一座这位女士的裸体石膏像；还有另一位画家韩富瑞（Ozias Humphry）所作的一幅素描，记录十八世纪另一位英国名画家骞士博（Thomas Gainsborough, 1727—

---

① Mary Woodall ed., *Exhibition of Works by Sir Joshua Reynolds P.R.A., 1723—1792*（Birmingham: City of Birmingham Museum and Art Gallery, 1961），p. 38.

② 这个家族的一名女性后裔Victoria Mary Sackville-West（1892—1962）为英国著名作家。

③ 他们共同的女儿Mary Sackville第二度结婚时，嫁给名叫William Pitt（卒于1857年）的第一代阿美士德侯爵（1st Earl Amherst）。

1788）为这位女士作画的事件。在此素描中，芭伽莉摆了一个倚靠着高脚台（dais）的姿势，而她的侍僮汪伊通则正从门口走过来。① 宅邸中有一间特别的房间，称作"大红会客室"（the Crimson Drawing Room），挂着多幅雷诺的作品，因此也叫作"雷诺室"。1961年伯明翰展出的汪伊通肖像就挂在这个房间里。②

　　由于雷诺享有盛名，连带着英国人也对汪伊通感兴趣。1935年伦敦圣保罗大教堂主任秘书兼图书馆馆长墨斯理（Mozley）牧师的太太墨斯理女士就曾写过一本题为《罗瑟希斯的布列克家族》（*The Blakes of Rotherhithe*）的专书，并在《札记与询问》（*Notes and Queries*）杂志发表讨论汪伊通的文章。根据这些作品，《约克快报》（*the York Herald*）的记者托平（Aubrey J. Toppin）在1942年发表一篇文章，③　提供我们有关汪伊通的进一步资讯，转介如下：

　　　　约翰·布列克（John Bradby Blake, 1745—1773）为墨斯理女士高祖的兄弟，对英国陶瓷业的研究者来说，他是一位饶有兴味的人物。当卫基伍德（Josiah Wedgwood）从事制造"浮雕玉石器皿"（jasper）胚体的实验时，曾经得自约翰·布列克从中国寄回给他的高岭土及白墩子样本的帮助。约翰·布列克本人也是一位出色的自然学者与植物

---

　　① 骞士博所作的画（油画），今藏伦敦the Tate Gallery。
　　② 以上参考The National Trust, *Knole, Kent*（London: the National Trust, 1978），pp. 17, 33, 35 and 46。
　　③ Aubrey J. Toppin, "Chitqua, the Chinese Modeller, and Wang-Y-Tong, the 'Chinese Boy'", *Transactions of the English Ceramic Circle*（1942），pp. 151—152.

学家。他于1773年11月突然逝世于广州，得年仅28岁。汪伊通是由他从广州带到英国的，而非他的父亲布列克船长做了这件事。

托平在他的文章中也提到雷诺另有一幅画作（收藏在Albert Hamilton女士家中），画的也是汪伊通。这是一张大胆而认真的画稿。画中的这位少年表情灵敏，甚至于有一些愉悦，显然他是个引人注目的人物。墨斯理女士还指出第三张画像，以前都认为是雷诺所作，但更可能是别的艺术家的作品，在那幅画中该名少年的特征更为接近东方味道。最后，托平也提到了出现在为意大利舞者芭伽莉所作肖像之画稿中的汪伊通。不过，他误以为这张画稿系骞士博所作，错了。如前所述，画家是韩富瑞，汪伊通与骞士博同为画中人。但托平指出这张现存于科诺尔的画稿只是一张画稿，从未出现在任何完成的作品里，则无争议。

在1773年约翰·布列克死后，汪伊通与约翰·布列克的父亲——英国东印度公司属下的布列克船长——住在一起。有一位名为迪兰妮（Delany）的女士提到过这名少年与布列克船长于1775年曾造访过她，那时候她认为汪伊通是名年轻人。同一年，卫基伍德在他的《常识书》（Common Book）里写下了："……关于中国瓷器……来自伦敦布列克先生家里的一名中国男子……汪伊通（Whang-at-Tong）说到青花瓷（the blue Nankin china）通常在送入窑口之前先行着色……"这是有关该名少年有迹可寻的最后记录。

图四 汪伊通画像

Aubrey J. Toppin, "Chitqua, the Chinese Modeller, and Wang-Y-Tong, the 'Chinese Boy'",
Transactions of the English Ceramic Circle（1942）, Plate LVIa.

图五 汪伊通画像（局部）

Aubrey J. Toppin, "Chitqua, the Chinese Modeller, and Wang-Y-Tong, the 'Chinese Boy': , Plate LVIb.

4.陈佶官

托平在提到墨斯理女士所说的第三张画像时，指出这幅画在葛拉维（Graves）与科罗宁（Cronin）论述雷诺的名著中被叙述成"汪伊通，亦即聪明的艺术家陈佶官（译音，Tanchequa；别处又作Tan Chitqua）"。他认为葛拉维与科罗宁两人搞错了，因为汪伊通与陈佶官是完全不同的两个人。出现在英国画家画作中的汪伊通显然只是个男孩或年轻人，而在其他场合出现的陈佶官显然是位中年男子；再者，1771年5月号的《绅士杂志》（*The Gentleman's Magazine*）也是如此描述这位陈佶官。①

那么，谁是陈佶官呢？凑巧我们对他知道得多一些，因此故事也就要讲得长一点。首先，我们根据一些研究者的叙述整理出来他在英国的经历：

陈佶官是一位塑造人偶的匠师。原来在广州卖泥娃娃，在当地显然颇有一些名气。他搭乘东印度公司船"侯峯顿号"（the Horsendon），在1769年8月，从中国抵达英格兰。"有些人说他的动机是因为好奇，另有些人则说是逃避债主"。到达伦敦之后，定居在市区诺佛克街（Norfolk Street）的一家帽店里。他的作品显然颇有销路。他用黏土捏塑小型半身像，随后加以着色。

有关这位泥塑家的最早的一项描述，出现在1769年11月班特利（Thomas Bentley）写给他的事业合伙人、著名的英国陶瓷大师卫基伍德的一封信。信中提道："有一位中国的人像捏塑家最近来自广州，他也就是那些制造被带至英格兰的官员人

① 参考Aubrey J. Toppin, "Chitqua, the Chinese Modeller, and Wang-Y-Tong, the 'Chinese Boy'", pp. 149—150。

偶的艺术家之一。……他打算在这里住上几年。他穿着中国服饰。他制作小偶像（以黏土做的小半身塑像，并加以着色），以惊人的速度达到惟妙惟肖的效果。"班特利造访过他三次，巨细靡遗地描述着他："他能讲一点英文……他的脸色黝黑，眉毛几乎一刻也没有停止摆动。他的手臂十分细长，像是一名纤细妇人的手，而他的手指头很长。……他的衣料主要是绸缎。我看过他穿着鲜红色与黑色……"

其在伦敦居住期间，曾经接获不少订单，而且成为一时的名人。他的价格是：每座半身像10个金币（guineas），全身塑像15个金币。从当时人的记述，他应该是自己从中国带来塑像用的黏土。据说他全凭记忆创作，作品十分逼真。他曾为乔治三世及王后所接见，为皇家"步兵"（the Royal "Infantry"）塑造偶像。卫基伍德也在1770年的春天为他摆姿势、当模特儿，请他塑像。不过并没有证据显示卫基伍德曾请他设计陶瓷作品。

1770年4月23日英国皇家画会① 在波尔摩尔画廊（Pall Mall Gallery）举行第一回正式晚宴，陈佶官受邀与会。出席的贵宾之中，尚有狄逢郡公爵（the Duke of Devonshire）和另外五名贵族、瓦尔波（Horace Walpole）以及葛力克（David Garrick）等人；而陈佶官本人也在次日揭幕的年度展示（Annual Exhibition）中展出他的一件人偶作品——他在皇家画会的唯一一次的展出。陈佶官在晚宴的现身给与会者留下深刻的印象。当时也在场的好古大师吴氏（Richard Gough）描绘他这个人，说他："中等身材，年约四十或多些，瘦而修长。……

---

① "皇家画会"（the Royal Society）成立于1768年，雷诺为其首任会长（President），任职至1790年辞职为止。

嘴唇之上覆盖着一英寸长稀疏的髭毛，既硬又黑。头顶上光秃无发，只有后脑勺的毛发编结成一条长长的尾巴，约莫有一码（90厘米）长。他的双唇翘起，鼻子很长，眼光不甚有神，指甲就像我们所见的本地坐着工作的工匠那样。他穿着自己本国的服饰；戴着着色绸帽，边缘有折缝绸面翻起；他穿了一件好似绿绸衬衣的有衬里的贴身小衣；他穿的外衣类似一种小外套；他的衬裤与他的衬衣大同小异；而他的便鞋则是黄颜色的。他抱怨天气冷，没火取暖；只有因为没有噪声的宁静才会让他爱上乡间而非伦敦，因为在伦敦市街没有人欺负他。他最爱自己家乡的气候，在次一回船期就回去了。"其实他没有成功地回家，他被迫在伦敦再逗留了一年。

1771年的春天，陈佶官曾造访了皇家画会所设立的学校，这些学校不久前才刚在伦敦城里的老索摩瑟大厦（the Old Somerset House）设立。随后不久，他便安排回家。或许，对从亚热带来的广州人陈佶官而言，忍受一年伦敦的气候确实已经很不容易了。他写了一封信给住在牛津（Oxford）的杰芙瑞（Jeffrey）小姐和她的两位女性友人，请她们设法为他在离航的东印度公司船找一个舱位。

陈佶官的友人不负所托。然而幸运之神并没有照顾他。英国东印度公司给了他搭乘"格林维尔号"（the Grenville）的机会，而该船在1771年3月扬帆，他在葛拉弗森（Gravesend）港登船。可是，外国人的长相与举止引起了船上水手们的猜疑，他的登船并没有受到热烈的欢迎。更不巧的是他意外地翻落船外，"随潮汐载沉载浮约莫半英里之遥"后，靠着他的宽松衣物给撑浮起来，免于溺毙，捞起来时已经半死不活了。这件事，加上海员们莫名其妙的迷信式的恐惧，使得这些海员就如同看到鬼一样，把他当成个疯子来对待，用"中国狗"这样的恶毒字眼来咒骂他。这一切把他吓坏了。他甚至怀疑自己是否能够活下去，于是乞求船上的木匠为他打制一个棺木，拜托木匠把他的尸体带回岸上，因为在他的祖国水葬并不合法。这时候，"格林维尔号"的船长把陈佶官从不幸中给解放出来。船长在狄尔（Deal）港将他送上岸。可怜的陈佶官在走回位于拾串区（the Strand）的居所时，一路被暴民追打。勉强回到诺佛克街，再次度过另一个令他不满的冬天。有人说他可能在1772年离开英国。可是所有该年的东印度公司船舶的行船记录显示只有欧洲籍的乘客登船，找不到他的名字。

陈佶官离开英国以后的故事隐晦不明。1797年5月号的《绅士杂志》刊载的一条讣闻写道："在中国广州，陈佶官也就是（如某些人所写的）石鲸官（Shykinqua），那位曾来本国的天才艺术家。他逝世的消息，以及服毒自尽的消息，由1796年12月到达马德拉斯的船舶带至该地。"① 这个报道把石鲸官与陈佶官当成是同一个人，错了。死掉的人应该是石鲸官，与陈佶官无关。②

陈佶官在伦敦旅居的两年，主要是靠做泥娃娃为生。然

---

① 以上参考Martyn Gregory ed., *Tricorns and Turbans: An Exhibition of British Portraits*（London: Martyn Gregory, 1987），pp. 12—13; David Piper, "A Chinese Artist in England", *Country Life*, July 18, 1952, pp. 198—199; Aubrey J. Toppin, op. cit., pp. 149—150。

② 行商石鲸官（石梦鲸，而益行）因为欠缴关税，于1796年2月间在南海县监牢熬刑至死；同年年初，另一位行商蔡文官（蔡世文，万和行）也吞服鸦片自杀。两人之死，时间至为接近。所以"石鲸官服毒自尽"是合并两个事件所造成的误解。不过，石鲸官与陈佶官又是截然不同的两个人。石鲸官姓石，陈佶官姓陈；前者为行商，后者为人偶匠。把两个不相干的人误会是同一个人，显然是传闻失实所致。关于石鲸官与蔡文官之死，参考Kuo-tung Anthony Ch'en, op. cit., pp. 297—311。

而目前唯一能确认是他的作品的，仅有他为阿斯鸠（Anthony Askew）医生所做的塑像。该像由被塑者的女儿琵比丝夫人（Lady Pepys）① 馈赠给皇家外科医师公会（the Royal College of Physicians）。佶官（Chequa）这样的名字好像一直都跟着它，而根据家族里的传说，这是佶官为了感谢医生的细心照顾而制作的。

该件作品为黏土所制，未曾经过窑烧，表面用油质颜料彩绘，高13英寸。姿态也许有些僵硬，但即使鼻子稍微受损，脸部表情却仍依稀可见。该塑像笨重而坚固，基座的中心部分略为镂空。衣服为白色，医师袍子则为深红色衬以淡粉红色，石座以及小树群漆成墨绿色。这个塑像如果不曾上色的话，看起来或许会更舒服；不过漆料无疑有助于将这坨未经窑烧过的黏土绷凑在一起。看得出来医生先生当时年约五十岁，手中所握的手杖是闻名的"金头手杖"的传真写照。这一切都与一位名叫霍杰次（T. Hodgetts）的艺术家为该名医生所作的铜版画像有相当高度的相似性。

陈佶官为阿斯鸠医生的病患，而他塑造该座肖像也正是对那位医生的照料与慈祥的感激的回报。这个事实是在一本名为《金头手杖》（*The Gold-headed Cane*）的小书里提起的。书为麦迈可（William McMichael）医生所作，他于1824至1829年间担任皇家外科医师公会的会籍管理员，并且也是威廉四世（William IV）国王的医生兼图书馆馆长。在这本书中，印着霍杰次所作的铜版画，同时也记述着那只金头手杖的想当然的流传过程：它先后被知名的医生雷德克里夫（Radcliffe）、米德（Mead）、阿斯鸠（塑像的主人翁）、匹

---

① 从男爵（baronet）Lucas Pepys爵士的遗孀。

凯恩（Pitcairn），以及最后一位的拜里（Mathew Baillie）拥有过。（所有这些人的肖像均见于皇家外科医师公会。）拜里太太，① 也就是该手杖的最后一位所有者的寡妇，将它捐赠给公会。所有曾经拥有过该手杖的人的纹章都镂刻在杖上，而在阿斯鸠医生的塑像上，该手杖握在他的左手位置。

此外，还有另一座塑像，研究者派柏（David Piper）也把它当成是陈佶官的作品，归属雷德福小姐（Miss Ursula Radford）所有。它所呈现的是一名不知名男子拿着一本书斜倚在一张躺椅上。躺椅有一英尺长，木头做的；人偶设色，蓝色外袍下为白色衬衫。不过，派柏也说，虽然这座塑像所穿着的外套，反映着一个1770年左右的年代的剪裁，年代是可信的，可是也不能排除出现这样的情形：陈佶官的同行在中国塑造了这样的东西，而有人把它带到英国。派柏从个人的观点出发，认为当时流行的英国绅士们的平面肖像，整体而言，一般都极平淡乏味；反之，陈佶官的作品却相当写实生动，可以说为英国肖像画"注入一些新的点子"。不过，陈佶官的雕塑品材质易碎，这一两件之外，有幸保留下来的想必不多。

至于陈佶官本人，他也成为英国艺术家描绘的对象。我们先介绍左藩尼（Johann Zoffany, ca. 1734—1810）所作的画。左藩尼是一名日耳曼人，二十五岁那年来到英格兰。他作画极尊重客户的意见，总是牵就他们的想法来表现。因此，他的画作艺术价值并不高，不过倒颇具史料价值。

左藩尼曾受英王乔治三世（George III，1760—1820年在位）的嘱托为刚成立不久的皇家画会的集会场合作画。陈佶官就出现在这张名画的左上角。这张画目前仍收藏在温莎堡

---

① 应该就是琵比丝夫人。

（The Windsor Castle），有些文献将之称为"皇家画会的写实画派"（Life-School at the Royal Academy）。[1] 陈佶官在该画中现身，使人得到一个错误的印象，误以为他是皇家画会的荣誉会员，其实没有任何证据指向这样的结论。那个团体画是以人工光线的方式表现的；而根据瓦尔波的说法，左藩尼是在这些艺术家向他走来的时候把他们给"塞"进画里的，事先并没有先作画稿。这是为乔治三世（国王）制作的。陈佶官见于背景部分，左手边的位置，正从卫斯特（Benjamin West）与迈尔（Jeremiah Meyer）的肩上往外张望。

图六　左藩尼的皇家画会聚会图（陈佶官出现在左边数来第三位）

Mark Evans ed., *The Royal Collection: Paintings from Windsor Castle* (Cardiff. U. K.: National Museum of Wales, 1990), p. 133.

---

[1]　参考R. H. Wilenski, *English Painting*（London: Faber and Faber, 1964），pp. 107—109. 该画作的一张彩色复制本见Mark Evans ed., *The Royal Collection: Paintings from Windsor Castle*（Cardiff, U. K.: National Museum of Wales, 1990），p. 133. 该画作其实要到1773年才完成。Richard Earlom把它作成铜版画。

1771年时，皇家画会成员之一的摩提默（John. Hamilton Mortimer, 1740—1779）在泉园（Spring Gardens）的艺术家协会（the Society of Artists）展示过一张"中国泥塑家陈佶官的七分半身肖像"（Portrait of Chitqua the Chinese Modeller, three quarters）。① 油画，画于帆布上，21英寸×16英寸，现在由私人收藏，曾于1987年在伦敦的马丁·革列哥里画廊（Martyn Gregory Gallery）展出。②

图七　陈佶官画像（摩提默作）

Martyn Gregory ed., *Tricorns and Turbans: An Exhibition of British Portraits* (London: Martyn Gregory, 1987), p. 13.

---

① Aubrey J. Toppin, op. cit., pp. 149—150.
② Martyn Gregory ed., op. cit., pp. 12—13.

此外，还有一位叫作格里庸（Charles Grignon）的画家也画过陈佶官。这位格里庸有可能是"小查理"（Charles the Younger）——当时为希普里阿尼（Cipriani）的一名早熟的徒弟，他在1770年，十六岁那年，在皇家画会展出他的第一张画作。当左藩尼在为这个团体的每个人作画时，格里庸也为受绘者当中包括了陈佶官在内的某几位人士画了一些速写。[①]

图八　陈佶官画像（格里庸作）

David Piper, "A Chinese Artist in England", *Country Life*, July 18, 1952, p. 198.

稍早我们在介绍林利官的时候，曾经提到一位名叫果德斯密的作家，他是画家雷诺的朋友。果德斯密在1760—1761年间，假托一名旅居英国的华人"廉记"（Lien Chi Altangi）与在中国的友人的通信，发表过一系列书信体的文章，后来结集

[①]　陈佶官的速写复制在David Piper, op. cit., p. 198。

出版成《世界公民》一书。① 这本书流通很广，一再重印。其中有一个版本由沙立文（Edmund J. Sullivan）绘制插图。沙立文为"廉记"所绘的肖像，注明是"临摹（稍事改动）自雷诺所作的肖像"。② 即便如此，画中人物与格里庸的速写倒十分类似。至于雷诺本人是否真的为陈佶官作过画，很遗憾地，本文作者也找不到相关资料以供证实。

陈佶官于1769—1771年间在伦敦活动，并且有机会跻身上流社交圈，多少使他成为一名闻人，于是有人就不免利用他的名气为自己的作品促销。

众所周知，十八世纪是欧洲所谓的"中国风"时期，建造中式园林为一时风尚。代表这股风尚的一位建筑家就是瑞典人詹伯斯（William Chambers, 1726—1796），他曾为英国王太子的遗孀奥古斯塔（Augusta）改造伦敦植物园丘园（Kew Garden），并于1772年出版了《东方园林论》（*Dissertation on Oriental Gardening*）一书。③ 次年，当这本书再版时，詹伯斯加入另外的长篇文字，声称是"广州府绅士陈佶官所作之说明性论述"（An Explanatory Discourse by Tan Chet-qua of Guang-chew-fu, Gent.）。在这一部分的文字前，他还写了以下一段文字：

---

① 关于果德斯密及其作品，请参考史景迁（Jonathan D. Spence）著、阮叔梅译，《大汗之国——西方眼中的中国》（台北：台湾商务印书馆，2000），第93—103页；John Forster, *The Life and Times of Oliver Goldsmith* (Fourth edition. London: Chapman and Hall, 1863), pp. 148—157。

② Oliver Goldsmith, *Citizens of the World* (London: Gardner, Darton & Co., no date), facing title page.

③ 关于詹伯斯的生平与成就，请参考朱谦之，《中国思想对于欧洲文化之影响》（台北：台湾时代书局，1977——原刊于1940），第34页；J. L. Cranmer-Byng ed., *Lord Macartney's Journal*, 1793—1794 (London: Longmans, 1962), p. 370, note 41。

图九 《世界公民》插画——"廉记"画像

全世界都认识佶官，知道他如何在28年第四个月出生在广州府；也知道他如何被教养成一位人偶匠（face-maker），知道他有三名妻子，其中两位他十分疼惜；而第三位他不太搭理，因为她是名悍妇，并且有双大脚。……①

引文中的"28年"如果看成是公元1728年的话，这位陈佶官在1769年时正好四十出头。加上詹伯斯所描写的陈佶官也是一位人偶匠，显然他是想借着影射才离开英国不久的陈佶官来为他的作品打广告！至于詹伯斯对陈佶官所做的描述，显然是

---

① Sir William Chambers, *A Dissertation on Oriental Gardening*, 1773, second edition.（India Office Library and Records 所藏），p. 115.

出自夸张的口吻，反映的是西方世界所理解或所想认定的中国人形象；是否属实，也就不劳深究了。①

5.丹亚彩

法国启蒙运动大师伏尔泰（François Marie Arouet de Voltaire, 1694—1778）曾经写过一篇不怎么有名的文章，题目叫作《与阿姆斯特丹一名华人的一席谈》（*A Discourse with a Chinese in Amsterdam*），借着与一名住在阿姆斯特丹的华人的谈话，发表他对中国文化的看法。这名华人不可能是周美爹，因为时代不对。但会是谁呢？如同果德斯密的"廉记"或是詹伯斯的陈估官一样，有可能是虚构的，也有可能是影射某位曾到阿姆斯特丹的华人吧！我们无法做一定论。

不过，在1775年时，的确又有一名华人来到荷兰。他的名字叫作丹亚彩（Tan Assoy）或陈亚彩。② 他的到来与海牙的一名律师罗耶（Jean Theodore Royer, 1737—1807）有关。这位律师从年轻时起就发展出对中国语言、文化的兴趣，业余之时致力于自修中国语文、收集中国文物。经由荷兰东印度公司（Verenigde Oostindische Compagnie, the VOC）在广州办事人员的引介，他也与住在广州的一位姓王，教名卡罗斯（Carolus）的天主教人士通信，因为王某的拉丁文相当好。透过王某的协助，他收集到更

---

① 以上参考David Piper, op. cit., pp. 198—199。艺术史家Whitely曾为其*Artists and Their Friends in England*一书的写作而搜集不少有关陈估官的资料。这些资料现在收藏在大英博物馆的"印刷品室"（the Print Room）。笔者并未到伦敦检视这些材料，希望有志者能去做研究。

② 他自书自己的姓名为"舟亚彩"，但是"舟"实在不可能读若"Tan"。最靠近"舟"而能够读作"Tan"的汉字应该是"丹"，故将他的名字暂时写作"丹亚彩"。不过，这个人虽然的确认识字，也会写字，照理说实在不应该会把自己的姓名写错，可是他真的把自己的姓氏写成毫无道理的"舟"，因此不免令人怀疑他的姓氏说不定更可能是也可以读作"Tan"的"陈"。

多的图书与文物，渐渐地形成可观的收藏。

图十　丹亚彩致罗耶的名帖

Jan van Campen, *De Haagse Jurist Jean Theodore Royer (1737–1807) en Verzameling Chinese Voorwerpen* (Hilversum, the Netherlands: Verloren, 2000), P.82.

　　一位荷兰东印度公司的职员在1775年时将他的仆人（bediende, servant）丹亚彩带到鹿特丹。① 罗耶造访这位朋友后，将丹亚彩借到海牙，让他在家里住了两个星期。难得有一个中国人在身边，罗耶在这短短的十四天中，充分利用丹亚彩的协助，为他的收藏品书写品名标签，并且加以标注拼音及翻译。丹亚彩可能也向罗耶解说官话与他自己所说的南方方言。两周之后，丹亚彩前往阿姆斯特丹等船回国。这时候，

---

　　① 当时外国人离境时，带着中国仆人一道上路，虽然于法不合，可是并不少见。例如曾经与Isaac Titsingh一起带领荷兰使节团向乾隆皇帝朝贡（乾隆五十九年，1794）的Andreas Everardus van Braam Houckgeest，在朝贡活动结束后，移居美国时，就带着五名中国仆人。参考Thomas La Fargue, "Some Early Visitors to the United States", *T'ien Hsia Monthly*, 11:2 （October–November, 1940）, pp. 130—131。

荷兰国主（stadhouder）威廉五世（Willem V）从罗耶的父亲那边听到了丹亚彩这号人物，有意一见。由于公主威廉米娜（Wilhelmina）兴趣更高，就由后者选定了一个见面的时间。丹亚彩因此风尘仆仆地赶回海牙，可是他原来在鹿特丹初见罗耶时所穿着的较正式的中国服装都已经打包上船了。聪明的罗耶立刻想到自己的收藏品中不是正好有各式各样的中国衣物吗？于是将丹亚彩打扮一番，送他去见了荷兰国主与公主。据说会面相当成功。随后，丹亚彩就急速前往阿姆斯特丹，及时赶上要载他回家的东印度公司船。①

6.蔡阿福

稍早我们曾提到过蔡阿福才是第一位造访瑞典的华人。过去我们对这个人一无所知。1994年6月20—22日瑞典国立东方博物馆馆长维尔京（Jan Wirgin）在台北"历史博物馆"主办的"中国古代贸易瓷国际学术研讨会"上发表一篇文章，谈了蔡阿福的故事。现在转述如下：

瑞典国立东方博物馆收藏有不少中国瓷器。其中一件浅盘完全是照1780—1790年间欧洲流行的样式做的，并且以金色及绿色为其主要的颜色。盘面中心用金笔书写着"Afock"这样的一个名字。维尔京说，这样的盘子是中国商人蔡阿福（Choi-A-fuk）于1786年访问瑞典时带来的。显然他是事先定做，拿来作为礼物兼作名片使用。维尔京并指出，除了这个个案之外，他不曾见过其他有类似作用的盘子。

蔡阿福是在那年7月，搭乘瑞典东印度公司的船只"斐特

---

① Jan van Campen, *De Haagse Jurist Jean Theodore Royer (1737—1807) en Verzameling Chinese Voorwerpen* (Hilversum, the Netherlands: Verloren, 2000), pp. 80—82.

列号"（the Adolph Friederic）到达哥德堡。同年九月，他造访过一个瑞典名流的庄园，在贵宾名簿上用中文签下他的名字。庄园主人在旁边加注一段话，说他是一名住在广州的官员的儿子，搭瑞典船来到该地；主人还强调说蔡阿福是第一位造访瑞典的华人。

　　稍后，蔡阿福由哥德堡前往斯德哥尔摩访问。根据一条日记的描述，蔡阿福被形容成是一位端正有礼而广受欢迎的人物。大家都对他感兴趣，想和他会面。有好几回，他被请去与公爵夫人和公主共进晚餐，也收到小小的礼物。

图十一　蔡阿福用作名片的盘子

Jan Wirgin, "Chinese Trade Ceramics for the Swedish Market"，台湾历史博物馆主办，"中国古代贸易瓷国际学术研讨会"会议论文，第26页，fig. 18.

图十二 蔡阿福与瑞典女子

Jan Wirgin, "Chinese Trade Ceramics for the Swedish Market", p.26, fig. 19.

有两位瑞典艺术家——腓特烈·马丁（Frederik Martin）及艾力亚·马丁（Elias Martin, 1739—1818）——以蔡阿福为对象作画。在其中一张素描中，蔡阿福穿着中式衣裳，持扇而坐。一位面目姣好的女子握住他的长辫，在手中把玩。在另一幅现在收藏在斯德哥尔摩国立博物馆（the National Museum）、由艾力亚·马丁所绘的油画中，在把玩蔡阿福辫子的女子旁边，还可见到一名男子，用好奇的眼光凝睇着蔡阿福。[1]

7.谢清高

乾隆年间曾经造访欧洲而且留下个人记录者，恐怕只有谢清高（1765—1821）一人。谢清高是广东省嘉应州人，少年时代即上船工作。十八岁那年遭遇船难，被外籍商船救起，从此就不断搭乘外国船舶前往各地贸易，从而有机会造访很多国家。后来因为双目失明，于是结束海上生涯，退居澳门。嘉庆

---

[1] Jan Wirgin, "Chinese Trade Ceramics for the Swedish Market", pp. 18–19.

二十五年（1820），他的同乡杨炳南为他做了口述访问，并且参考一些文献，整理成《海录》一书，记录他在乾隆四十七年至嘉庆元年（1782—1796）的十四五年间的国外见闻。学者推测他所搭乘的船舶当以葡萄牙船为主。从《海录》的记述中，他的确造访过欧洲，所到之处应该不止一个国家，但是对葡萄牙的记载特别详细，不只描述其疆域、港口，而且兼及其文武官制、屋宇、服饰、婚姻、宗教、礼节与物产。其内容之丰富，比起樊守义对意大利的记载实有过之而无不及。可惜的是他对自己在欧洲的活动并无只字道及。[1]

8.林亚九

本文初稿在台北故宫博物院的"十八世纪的中国与世界"学术研讨会宣读后，好友韩书瑞（Susan Naquin）小姐告诉我她见过另一位十八世纪访欧华人的记述及其肖像。2003年7月19日，我从电子邮件收到她传来的图片，并且提醒我法国学者戴米尼（Louis Dermigny）在其编辑的《康司东关于中国商务的备忘录》（*Les Mémoires de Charles de Constant sur le Commerce à la Chine*）一书中提过这个人。现在依据该书及韩书瑞所提供的资料，也将林亚九（Lum Akao）这位访欧华人带进来介绍，以志这段情谊。

从林亚九的画像左上角拙劣的署名"香山林亚九"这五个

---

① 参考章文钦，《谢清高与葡萄牙》，《澳门历史文化》，第99—107页；冯承钧注释，《海录注》（台北：台湾商务印书馆，1970）；谢清高口述、杨炳南笔录、安京校释，《海录校释》（北京：商务印书馆，2002）；刘迎胜，《谢清高与居澳葡人——有关〈海录〉述者谢清高几则档案资料研究》，《文化杂志》，第三十九期（1999），第109—118页；黄顺力，《清代海商眼中的世界——〈海录〉》，《中国社会经济史研究》，1996年第四期，第93—94页；安京，《关于〈海录〉及其作者的新发现与新认识》，《海交史研究》，2002年第一期，第36—46页。

字，我们知道他是广州府香山县人，或许就是澳门人吧。他于1779年结识了服务于法国印度公司（Compagnie des Indes）的人士康司东（Charles de Constant），当年他才十一岁，而康司东本人也不过才十七岁。康司东懂葡萄牙语和少许中文，而林亚九也能说葡萄牙语。这两个人沟通无碍，年纪又轻，大概很快就交上朋友。每回康司东来到中国，都雇用林亚九当他的贴身仆人。

图十三 林亚九画像

图版来源：韩书瑞（Susan Naquin）教授提供。

到乾隆五十八年（1793）时，林亚九已经二十五岁了，同时也结了婚，有两房妻室，并且育有子嗣。前一年，康司东第三度来到中国，而在这年年初准备乘着季风返回欧洲。

他邀林亚九同行，林亚九也同意了。当船只航行到欧洲海域时，他们的船被英国人虏获，人被送到伦敦。林亚九一时成为"风行人物"（un personage à la mode），并且在海德公园（Hyde Park）获得英王乔治三世的接见。① 这一年法国画家董芦（Henry-Pierre Danloux, 1753—1809）因为逃避法国大革命的动乱也来到伦敦，在莱斯特广场（Leicester Square，即现在伦敦唐人街所在）开设一间画室。1793年年底，康司东请董芦为林亚九画了一张肖像，后来也制成铜版画。至于林亚九后来的遭遇如何，没有后续的记录。

9.关作霖

最后，我们拟提一下广州外销画画家关作霖，作为十八世纪访欧华人故事的殿军。

依据香港艺术馆的馆员丁新豹的说法，关作霖是广州最早的油画家。他是广州府南海县人，曾经附搭洋船出国，遍游欧、美各地，见到欧、美画家所作油画传神逼真，便专攻油画。学成归来后，在广州府城开设画店，为人写真。② 宣统版的《南海县志》对他有如下的描述：

> 关作霖，字苍松，江浦司竹迳乡人。少家贫，思托业以谋生；又不欲执艺居人下。因附海舶，遍游欧、美各国，喜其油相传神，从而学习。学成而归，设肆羊城。为人写真，栩栩欲活，见者无不诧叹。时在嘉庆中叶，此技初入中国。西人亦惊以为奇，得未曾有云。

① Louis Dermigny ed., *Les Mémoires de Charles de Constant sur le Commerce à la Chine*（Paris: S.E.V.P.E.N., 1964），pp. 49—50, 73, 97及113.

② 香港艺术馆主编，《晚清中国外销画》（香港：香港市政局，1982），第15页。

（据采访册修。）①

前一版（同治，1862—1874）的《南海县志》不见有关"关作霖"的记述。因此，我们推测以上的记载应当是1910年前夕才采访到的。这或许是因为到了清末，民气大开，人们才敢讲起出国的事情。可惜宣统《南海县志》对关作霖的出国时间以及前往的国家都说得很含糊。从其"设肆羊城"的时间在"嘉庆中叶"的记载推断，他归国后在广州活跃的时间应在1806至1810年前后，也就是十九世纪初年。而他既然"遍游欧、美各国"，同时又花了一些时间在国外学习油画，那么，他步出国门的时间也就很可能发生在十八世纪最后一两年了。

三、结论：一些观察与评论

十八世纪末以前造访欧洲的中国人士，大概只有樊守义与谢清高两人积极地留下其见闻记录。樊守义是为了应付康熙皇帝与王公大臣而亲笔撰写其《身见录》的。谢清高则是因为住在中国政权不太管得到的澳门，透过口述，再由他人记录的方式留下他的所见所闻。此外，可能就没有类似的著作了。

没有主动留下中文记述并不表示这些人虽然走过却不留下痕迹。例如史景迁教授所讨论的胡若望，他就有一封写给傅圣泽神父的中文书信留下来。本文叙述的蔡阿福、丹亚彩等人也有相关的文物保存至今。不过，这些造访者的事迹大多还是透过欧洲人的记载、描绘（包括文字与图画）从而在两百多年后

① 郑荣编，《南海县志》（宣统庚戌1910年原刊），21/8a。

的今天，还能让我们找到一些蛛丝马迹。就这点来说，其实他们还算是幸运的一群人。

天主教人士，特别是那些前往意大利那不勒斯的文华书院（圣家修院）学习天主教神学的人，人数比较多，而生平事迹多少也可以找到一些资料，方豪教授已经对他们做了详细的研究。其他的这些俗人（laymen），能够留下踪迹的，大概是因为他们的特殊身份、特殊活动，引起寄居地社会上层的兴趣，因此得以被记录下来的吧。

图十四　在阿姆斯特丹等待回国的中国水手们

Jan van Campen, *De Haagse Jurist Jean Theodore Royer (1737—1807) en Verzameling Chinese Voorwerpen* (Hilversum, the Netherlands: Verloren, 2000), p. 60.

另外有一种人，在十八世纪时也有机会踏上欧洲的土地。这些人是中国籍的水手。欧洲与中国广东之间，航程相当远，耗费的时间经常在半年以上。欧洲人不像中国船员，有带蜜饯上船食用的习惯，往往因为缺乏维他命C的补充，死于坏血病（scurvy）。于是回程之时，不得不在亚洲补充当地的水手。中国水手因此也就有机会前往欧洲。不过，他们大都被限制在港口居住，不能自由行动；而他们的知识水准通常也不高，也没有机会与欧洲的知识分子接触，从而也就没有可供探索的资料留给后代。①

图十五 一名为欧洲船舶服务的中国水手画像

Louis Dermigny, *La Chine et L'Occident: Le Commerce à Canton au XVIIIe Siècle, 1719—1833: Album* (Paris: S.E.V.P.E.N., 1964), no. 53.

---

① Jan van Campen, op. cit, p. 60。这样的水手人数可能还不少。举例而言，英东印度公司的广州职员就记录了一件陈情案，提到有32名在公司船"洛可号"（the Locko）上工作的中国水手，由英格兰回到广州。船长贝尔德（Captain Baird）拒绝依约付给他们工资，因此请求公司当局给他们救济。结果英国公司的广州职员决议每人发给他们四枚银元。参考伦敦印度办公室图书档案馆（India Office Library and Records）所藏IOLR-G/12/79—3, pp. 33—34, 1785/04/10；IOLR-G/12/72, p. 83, 1781/04/28也有另外一个个案。

来自中国的天主教造访者大多是稍有学问基础的学生，来自其他行业的造访者则大都出自中国社会的下层。即便在不同的程度上，他们都受到欧洲社会的关注，终究他们只能激起当地社会一时的好奇，并没有深远的影响。而这些人回到中国后，更是迅速淹没在茫茫人海中，除了凑巧被杨炳南发现的谢清高外，从此也就无声无息。他们的欧洲经历对于自己所属的中国社会，似乎一点影响也没有发生。

这些人其实都是偷偷摸摸地出国，偷偷摸摸地回来。即使他们有什么见闻，大概也不敢张扬。因为按照十八世纪中国的法令，本国贸易商与水手在完成出入境的年貌、特征的申报，取得许可之后，可以出航贸易，不过他们也必须在一定的期限内返国报到，否则为他们作保的人会受到惩罚，而这些人延迟归国也另有处分。贸易商与水手之外，其他的出国事件都不合法，要受到极重的处罚。

学者皆知，康熙五十六年（1717）禁止中国人前往南洋贸易。稍后福建水师提督施世骠奏请对康熙五十六年以前因故滞留国外的华人，给予三年期限，准其归国。雍正五年（1727）闽浙总督高其倬奏请重新开放南洋贸易，获得允准。次年，高其倬又奏请再给康熙五十六年前已经出国，但仍滞留海外的华人一个机会，再给他们三年期限，让他们可以自由回国。皇帝断然拒绝，说是"目今洋禁新开，禁约不可不严，以免内地民人贪利飘流之渐。其从前逗遛外洋及违禁偷往之人，不准回籍"。

到了雍正十三年（1735），羁旅在外的华人又透过家乡的船户、行户与耆老向地方官恳求让他们回国。经过审慎的调查与周详的考虑，闽浙总督郝玉麟、福建巡抚卢焯、福州将军阿尔赛与福建水师提督王郡等四位涉及海洋事务的地方首长，破天荒地会衔上奏，为这些人请命。他们说明这些海外华人不是不想早早归国，而是"或因货物未销，不能即回；或因欠账未清，不甘弃置；或因借本亏折，无以偿还，因将所存些须，就番经营，冀复原本；或因置买田宅，一时不得售主。辗转稽延，不觉定限已逾"。他们请求再定三年期限，给这些人回国的机会。结果还是得到冷冷的答复："今既开洋，此法应严，不可屡更，以开将来邀视之端。"皇帝否决了四位福建地方首长的请求。雍正皇帝的态度那么坚决，不为别的。他担心国人旅居在外，有可能接济盗匪，乃至破坏其统治秩序。①

对前往东南亚贸易的出国人员的管制如此之严，除非身为贸易家或水手，大概都很难以合法的方式出国。当然，学者们的研究早已揭露十八世纪期间，华人移民东南亚的人数相当可观。不过，这些人都是偷渡出去的，并没有回国的打算，顾虑也就比较少。至于往返遥远的欧洲，花费的时间很长，即使冒用南洋贸易的名义，大概也很难依限返国。而且，如同本文所提到的这些个案那样，访欧者所搭乘的几乎都是欧洲籍的船舶，那根本不可能被政府当局允许。这也说明一般人要造访欧洲，先别说旅途的困难与面对不可知未来的恐惧，首先就得设法找门路、违法偷渡，方有成行的可能了。

出国很难，女人出国更困难。我们完全没有中国女子在十八世纪造访欧洲的记录，显然事实上也没有。若有，必然会在欧洲社会造成更大程度的骚动，那就一定会有好事者留下记

① 《宫中档雍正朝奏折》第二十四辑（台北：台北故宫博物院，1979），第393b—396a页.

录。其实，女子不只不太可能造访欧洲，就是到东南亚，也十分不容易。《开吧历代史记》记载着一个很特别的例子，讲到康熙三十八年（1699）正月，有一位名叫王界的人带着他的妻子搭船到了巴达维亚。夫妻两人在巴城与人广泛交际，甚至连巴达维亚总督也约见他们。后来他们再搭中国帆船归国。回国后就被人检举携带妇女出国的事情。结果相关人员都遭到连累，统统判了死刑！ ①

我们在文章开头提到了史景迁教授的《胡若望的疑问》，写十八世纪初一位意外的访欧华人。其后，他并没有延续这个方向写作，反倒写了《大汗之国》② 这本书，讲西方世界（包括欧洲）的知识界如何去理解或想象中国的样子。十八世纪的访欧华人，特别是非天主教人士，在欧洲人对中国的思维一事上，几乎不曾提供任何有力的刺激或灵感。从北京城统治广大中国的皇帝，对于这些微不足道的冒险旅行家，除了樊守义外，大概也一无所知吧。

原刊于台北《故宫学术季刊》，第二十一卷第二期（2003年冬季），pp. 233—263。

---

① 《开吧历代史记》，第35页。
② Jonathan D. Spence, *The Chan's Great Continent: China in Western Minds*（New York: W. W. Norton, 1998）；史景迁著、阮叔梅译，《大汗之国——西方眼中的中国》（台北：台湾商务印书馆，2000）。

清代前期（1644—1842）海洋贸易的形成

一、海禁的发生与解除

清世祖福临于顺治元年（1644）九月十九日进入北京城，即位为中国的皇帝。^① 然而，就全国的范围而言，汉人抵抗异族的活动仍在持续进行着。尤其是以南明诸王为中心，先后在东南沿海地区建立起来的流亡政权，清朝的八旗军队一时还对他们莫可奈何。因此，沿海的活动也还未进入满洲人的支配之下。

顺治四年（1647），清朝的大军暂时拿下了福建。适巧先前来此与南明进行朝贡贸易的琉球、安南、吕宋三国的贡船滞留未归。清军便将贡使送往北京。顺治皇帝利用这个机会，命令他们回国转告本国国王：满洲人已经领有天下，统治中国，各国应照旧前来进贡。在这一年（丁亥）六月八日他颁给琉球国王的敕谕中有云：

> 朕抚定中原，视天下为一家。念尔琉球自古以来世世臣事中国，遣使朝贡，业有往例。今故遣人敕谕尔国，若能顺天循理，可将故明所给封诰，遣使赍送来京，朕亦照

---

① 《清世祖实录》，卷八，第14页。

旧封锡。[1]

给安南、吕宋两国的敕谕亦相同。由此可见，新有天下的清朝政府乃是自然而然地承袭了明朝人对待海上诸国的办法。[2]

稍后清廷的武力也支配了广东。顺治四年（1647）七月二十五日的上谕声明广东附近各国，即南洋各国，如暹罗与安南等，只要能"倾心向化"，称臣入贡，则将待之如朝鲜而不加矢镝。贡使并将可由特定的路线前往北京，朝见大皇帝。[3]

其实，这也即说明了这段期间兵马倥偬，满洲朝廷尚无暇虑及沿海活动的管理办法；同时，在顺治十年（1653）以前，也还没有国家经由海道前来进贡。

从顺治十一年（1654）到康熙十八年（1679），前后二十六年的时间，广东是在平南王尚可喜、尚之信父子两人的统治下。[4] 福建的厦门，在康熙二年（1663）以前则大体上为郑成功的反清军队所控制。[5] 其间，从顺治十七年（1660）开始，清廷在部分沿海地区实行海禁，并将居民往内陆迁徙，称为"迁界"。

海禁的根本目标在于对付明郑的势力，而"迁界"则在

---

① 《清世祖实录》，卷三二，第18页。

② 清初的制度与行政仍旧以万历《大明会典》为依据，见《清世祖实录》，卷81，第7ab页。朝贡贸易载在《大明会典》，故清初承袭朝贡贸易的做法是极自然不过了。

③ 《清世祖实录》，卷三三，第10a页。

④ 自顺治七年起靖南王耿继茂入粤，顺治十一年二月辛巳移耿藩于广西，令尚藩专镇广东。见《清世祖实录》，卷八一，第9a—11b页。

⑤ 谢国桢，《清初东南沿海迁界考》，《国学季刊》，第2卷第4期（1930年12月），第820—822页。

于使海禁的实施更为彻底。这样的办法，明代也曾用来对付倭寇。[1] 不过，此际提出这个办法的却是降清的明郑军官黄梧，时间是在顺治十四年（1657）。

顺治十七年（1660），清廷经过一段时间的踌躇后，派遣兵部尚书苏纳海、侍郎宜理布往江南、浙江、福建，就其实施的可能性进行调查后，决定在这一年九月间开始对同安、海澄（皆在厦门附近）的居民实行迁界。

全面性的迁界以实行海禁是在顺治十八年（1661）定议，次年（康熙元年）开始执行的。依照这个办法，"片板不许下水，粒货不许越疆"，将岛屿及沿海地区的居民往内地迁移，使沿海三十至五十里的地面沦为废墟。这种"坚壁清野"的战略，目的在使明郑的军队绝对无法从中国沿海得到任何补给。[2] 而清廷之所以要这样大费周章，无非是因为它所掌握的水师在战斗力上远不及明郑水师。[3]

在实行海禁的这段期间，中国船只不准出海；至于外国船只之前来中国进行贸易者，分别属于暹罗、荷兰（巴达维亚殖民当局）、英国、葡萄牙（澳门当局）四个国家、地区所有。其中暹罗采取朝贡贸易的方式。[4] 荷兰当时正努力着要打开与中国的贸易，不断与台湾的明郑及广东的平南王交涉贸易。清

① 陈文石，《明洪武嘉靖间的海禁政策》（台北：台湾大学文学院，"文史丛刊"之20，1969），第24—26页。

② 谢国祯，前引文。

③ 关于顺治年间，清军水师的力量不如郑成功所部的事实，请参考方豪，《由顺治八年福建武闱试题论郑氏抗清的主力》，《方豪六十自定稿》，上册（台北，1969，著者自刊本），第663—682页。

④ 关于清代暹罗朝贡贸易的研究，请参考Sarasin Viraphol, *Tribute and Profit: Sino-Siamese Trade, 1652—1853*, Harvard East Asian Monographs, no. 76（Cambridge, Mass.: Harvard University Press, 1977）。

朝政府也接受荷兰为朝贡国家之一，但贡期却一改再改。① 英
国也试图开发与中国的直接贸易，但收获不大，也未曾采取朝
贡贸易的形式。②

　　葡萄牙人自嘉靖年间租得澳门以来，即以该地为据点，
与中国进行贸易。澳门属于广州府香山县。清初仿明制，设
岭南道香山副将海防官专管稽查。后归香山县县丞（又称"左
堂""分县"或"二印"）及其上司衙门管辖，③ 行政权仍属
中国。从澳门可以经由陆路或粤江三角洲的水路到达广州省
城。当清朝的大军到达广州以后，澳门的葡萄牙人就表示臣
服于新的政权。顺治四年（1647），户部议覆，同意两广总
督佟养甲的请求，准许中国商人载送货物到澳门与葡萄牙人交
易，而禁止葡萄牙人进入广州城。这样的贸易办法系承袭自明
崇祯十三年（1640）的规定。④ 自康熙皇帝即位，实施海禁、
迁界之后，葡萄牙人以非中国人的关系不必内徙，但地方官吏
限制对他们生活必需品的供给，而且也停止了商人下澳贸易的
办法。⑤

　　① 荷兰的贡期先订为八年一次（顺治十二年，1655），再改为两年一次
（康熙二年，1663），其后又恢复为八年一贡（康熙五年，1666）。开放海禁
以后，曾经允许荷兰五年一贡，并且准许他们在福建、广东两省贸易。见《皇
朝政典类纂》，p. 3745；《清圣祖实录》，卷一二七，第6a页、第9a页。
　　② 彭泽益，《清代广州洋行制度的起源》，《历史研究》1957年1月
号，p. 4；H. B. Morse, The Chronicles of the East India Company trading to
China, vol. I, pp. 32—46.
　　③ T'ung-tsu Ch'ü Local Government under the Ch'ing （Taipei, 1971
年新月图书公司翻印本），第8页。
　　④ 《清世祖实录》，卷三三，p. 18b；梁廷枬，《粤海关志》（台北：
文海出版社，"近代中国史料丛刊"续辑第184种），第1854—1855页。
　　⑤ 张德昌，《清代鸦片战争前之中西沿海通商》，收在《中国近代史论
丛》第一辑第三册（台北：正中书局，1956），第102页；彭泽益，前引文，
第5页。

澳门的贸易停止后，葡萄牙人的生计遭到很大的打击。为了改变现况，葡萄牙人乃在康熙九年（1670）派遣玛讷·撒尔达聂（Manuel Saldanhal）前往北京交涉，但是没有什么收获。[①] 康熙十七年（1678），澳门商人本多·白勒拉（Bento Pereyra de Faria）再度以葡王之名入贡，请求改善澳门的现况。[②] 结果，清廷同意：在海禁未解除之前，暂时恢复广州与澳门之间的旱路贸易，也就是恢复佟养甲奏准的办法。

澳门本身为香山县东南端的一个小半岛，距离广州约四十里格（league，一里格约等于三英里或十华里），在与香山县连接的地峡上筑有厚厚的城墙加以隔断，此即"前山寨"。旱路贸易便在前山寨进行。

旱路贸易在康熙十八年（1679）十二月正式批准，在此后五年间为中外贸易唯一的孔道，贸易相当兴盛。而葡萄牙人自然也就成为外国贸易商人当中的垄断者。

广州在实施海禁之前原本设有市舶提举司，[③] 禁海之后由藩王负责贡舶贸易，归广东盐课提举司兼管。[④] 康熙十九年（1680）尚之信的势力被铲除，清廷撤平南王藩，恢复市舶提举司。自此时起至粤海关设立时为止，由宜尔格图担任市舶使，他后来也成为第一任粤海关监督。从当时市舶提举司征税的规模来看，[⑤] 贸易的规模不算大。

---

① 《清圣祖实录》，卷三三，第20a页；卷三四，第10a页；Fu Lo-shu, "Two Portuguese Embassies to China during the K'ang-hsi", *the T'oung Pao, new series, XLIII*（1954），p. 84。

② 《清圣祖实录》，卷七六，p. 3 ff; Fu Lo-shu, ibid., pp. 87—92。

③ 梁廷枏，《粤道贡国说》（台北：华文书局，1968），第229—230。页

④ 梁嘉彬，《广东十三行考》（台中：东海大学，1960），第36页，注16。

⑤ 旱路贸易的情形，参考彭泽益，前引文，第9—12页；宫崎市定译，《清代对外贸易の二资料》，《アジア史研究》，第二册（京都：同朋舍，

　　附带一提的是在尚藩统治广东期间，除了贡舶为合法的贸易外，藩王也私下进行走私贸易，派盐商沈上达主持其事。①走私贸易在撤藩之后曾申令禁止。②

　　总而言之，在康熙二十三年（1684）以前，由于清廷尚未能确立其政权，因此沿海的贸易受到相当大的阻碍。虽然如此，对中国政府或中、外商人而言，贸易是有利之事实倒也展露其端倪了。

　　到了康熙十九年（1680），三藩之乱快要平定了，而明郑的势力也成强弩之末。于是，距离台湾较远的山东省在这一年奏开海禁，准许沿海居民捕鱼、煮盐。③到了康熙二十二年（1683）八月，台湾纳入清朝的版图，康熙皇帝完成了统一中国的大业。十月十九日，两广总督吴兴祚奏请展界，招民耕种广州等七府沿海的田地。④同一时间，兵部也奏请撤销迁界令，实行复界或展界，开放沿海的耕地。于是，清廷分派大臣前往江南、浙江、福建、广东四省，就展界与开放海禁的情况进行调查。据奉差大臣之一的吏部侍郎杜臻的记载，他们的目的有四：

1974），第439—441页。税饷的征收，康熙十九年仅二十六两余，二十年有一万二千二百两，二十一年一万八千零七十六两。二十二年定额，每年二万零二百五十两。宜尔格图又写作伊尔格图，如康熙二十三年九月初一日的上谕就提到"奉差郎中伊尔格图"（《清圣祖实录》，卷一一六，第18页），但其他资料（如《明清史料》）则都写作宜尔格图。

　　① 彭泽益，前引文，第7—9页。沈上达的家人于尚藩撤废后被编入内务府。见《吴耿孔尚四王全传》（台北：台湾银行经济研究室，《台湾文献丛刊》第241种），第26页。

　　② 彭泽益，前引文，第11页。

　　③ 周凯，《厦门志》（台北：台湾银行经济研究室，《台湾文献丛刊》第95种），第177页、第194页。

　　④ 《清圣祖实录》，卷一一二，第23页。

察濒海之地以还民，一也；缘边寨营、烽堠，向移内地者，宜仍徙于外，二也；海壖之民以捕鲜、煮盐为业，宜弛其禁，三也；故事：直隶天津卫、山东登州府、江南云台山、浙江宁波府、福建漳州府、广东澳门，各通市舶，行贾外洋，以禁海暂阻，应酌其可行与否，四也。①

在奉差大臣提出报告后，清圣祖于康熙二十三年（1684）七月下令开放海禁，将前述各种考虑次第付诸施行。② 不过，外洋通商还有一些耽搁。这是因为在皇帝原则上同意开放贸易之后，户科给事中孙蕙言奏言"海洋贸易宜设立专官收税"。③ 广州等处原设有市舶使（主掌贡舶贸易），现在要另外设立专官来取代他，意味着中外贸易性质的彻底改变。孙蕙言的奏折发交九卿讨论，九卿主张派"部院贤能司官"前往各省专就贸易一事拟定办法、制定税则。这是康熙二十三年四月的事，比正式开海禁还早三个月。④

于是吴世把奉差到福建，宜尔格图奉差到广东。虽然在公文上他们此时（康熙二十三年八月）被称为"奉差前往广东福建二省收税郎中"，⑤ 其实已是第一任监督了。他们到了当地，参考其他税关的税则，筹设衙门、召募书办及各种衙役。⑥ 江

① 杜臻，《闽粤巡视纪略》，"四库全书珍本四集"，第113册（台北：台湾商务印书馆），卷一，第3—4页。按：此书书口题为"粤闽巡视纪略"，彭泽益前引文所引别本亦题如此。商务本影印台北故宫博物院所藏文渊阁本四库全书，其书名之讹乃系沿袭该院之著录。见《"国立故宫博物院"善本书目》，卷上，第82页。
② 《康熙朝东华录》，卷八，第300a页。
③ 《清圣祖实录》，卷一一五，第21—22页。
④ 同上注。
⑤ 《明清史料》，丁编，第8本，第745a页。
⑥ 同上注，第745a—746a页。

南、浙江两省的情形，虽然文献不足征，大概也与此相去不远。于是第二年（康熙二十四年），江、浙、闽、粤四个海关就成立了。①

粤海关设立之初，广东巡抚李士祯是很重要的共同负责人。在一些以他的名义发表的公告中，宣布停止广东与澳门之间的陆路贸易、取消市舶提举司，规定自康熙二十四年（1685）起，海上出入的洋船全部都赴粤海关监督衙门纳税。② 此外，又将客商的货物区分为"来广省本地兴贩"的"落地货物"与"外洋贩来货物及出海贸易货物"；前者在佛山税课司缴纳"住税"，后者才向粤海关衙门缴纳"行税"。③ 行、住二税的区分一直延续使用下去，所以乾隆四十四年（1779），广东巡抚李质颖云：

> 广东省客商往来货物，俱系在粤海关征收钱粮。惟本地所用茶油、茶叶、废铁、棕麻等项，运至省城售卖者，例系广州府于东、西二关征收落地税银。……向来货物系东关挂号给票，西关收税。④

西关即位于广州与佛山之间。

---

① 夏燮，《中西纪事》（台北：文海出版社，"近代中国史料丛刊"第106种），第31页。故大略而言之，监督的派遣与开放海禁的时间相去不远，而海关衙门之设置则稍后。有关粤海关成立的时间，过去学者言之未能明晰，故有争议。见张亨道，《粤海关船料之研究》，《中国总合研究》，创刊号（东京，1975年6月25日），第101—104页。

② 李士祯、吴兴祚会奏，《请除市舶岙门旱路税饷银疏》，载李士祯，《抚粤政略》（台北：文海出版社，1988），"卷之二·奏疏"，第211—216。

③ 李士祯，《分别住行货税》，《抚粤政略》，"卷之六·文告"，第729—732页。

④ 台北故宫博物院藏，军机处奏折录副，第024027—1号。

二、开放海禁的原因

1.货币金属的需求

开放海禁的原因之一是对货币金属的需求。此处所谓的货币金属专指银、铜两种矿物，在清代"铜、银复本位制度"下，两者既为商品，又为货币，对清代的经济体系影响甚大。至于黄金，在清代仅为一种商品，而不作为货币或货币的准备，在明、清间也以一种出口商品而闻名。[1]

明、清以来，随着经济的增长与政府开销的扩大，对于货币的需求很大。[2] 我们知道，就全世界来说，商品货币的供给，完全仰赖世界上该种矿物的开发，[3] 而单就一个国家而言，则还可以仰赖自外国进口。清朝人自然理解到这种情形，[4] 因此也从事银[5]、铜[6] 矿的开采。但是开矿则必须聚集一些工人，管理上大不容易。[7] 政府疑虑矿工有太强的叛乱取

---

[1] Sarasin Viraphol, op. cit., p. 9. 清朝在雍正八年（1730）以后禁止黄金出口，参考印光任，《澳门纪略》（台北：广文书局，1967），第16b页。

[2] 参考佐伯富著、林茂松译，《中国史的发展与银的问题》，《台湾大学历史学系学报》，第三期（1976年5月），第247—253页；佐伯富著、陈国栋译，《山西商人的起源》，《史学评论》，第二期，第3—4页。

[3] John M. Culberton, *Money and Banking* （New York: Mcgraw-Hill Inc., 1972），pp. 225—226.

[4] 比如说慕天颜就明白地指出："盖银两之所由生，其途二焉：一则矿砾之银也，一则番舶之银也。"见《皇朝政典类纂》，第3746页。

[5] 全汉昇，《清代云南铜矿工业》，《香港中文大学中国文化研究所学报》，第七卷第一期（1974年12月），第158—182页。

[6] 全汉昇，《明清时代云南的银课与银产额》，《新亚学报》，第十一卷，第61—88页。

[7] 参考严中平，《清代云南铜矿政考》（台北：文海出版社，"近代中国史料丛刊"，第556种）。

向。① 而且明朝末年矿使四出，使得开矿一事在民间心理上也很难接受。②

这样一来，进口自然成为货币供给的唯一路途了。就白银而言，明代中叶以来，经由马尼拉已有大笔的白银不断地流入中国，③ 日本原来也将白银输入中国，但从江户幕府宽文八年（康熙七年，1668）开始便加以禁止。至于铜，中国主要从日本进口，日本虽曾在宽永十四年（崇祯十年，1637）加以禁止，但在正保二年（顺治二年，1645）便加以恢复了。④

在禁海的四十年间，银、铜进口甚少，造成通货的紧缩与经济的不景气。对于缺乏银子的影响，慕天颜在奏开海禁的奏折中说得最为贴切，他说：

> 且开采既停而坑冶不当复问矣；自迁海既严，而片帆不许出洋矣。生银之两途并绝，则今直省之所流转者止有现在之银两。凡官司所支计、商贾所买市、人民所恃以变通，总不出此。而且消耗者去其一、湮没者去其一、埋藏制造者又去其一。银日用而日亏，则无补益之路。用既亏而愈急，终无生息之期。由今天下之势，即使岁岁顺成，在在丰稔，犹苦谷贱伤农，点金无术。何况流亡迭见，灾

① 清朝君臣经常讨论这个。参考《朱批谕旨》，第一函第五册，孔毓珣奏折。

② 明末矿使四出，引起很多民变。参考龚化龙，《明代采矿事业发达和流毒》，收入包遵彭等主编，《明代经济》（台北：学生书局，1968）。

③ 全汉昇，《明清间美洲白银的输入中国》，收入其《中国经济史论丛》（香港：新亚研究所，1972），上册。

④ 以上见山脇悌二郎，《近世日中贸易史の研究》（东京：吉川弘文馆，1960），第66页。

歉频仍？①

关于铜矿（铜钱）缺乏的情形，慕天颜的同时代人王士祯做了以下的观察，他说：

> 近且洋铜不至，各布政司皆停鼓铸。钱日益贵，银日益贱。今岁屡经条奏，九卿杂议，究无良策。即每银一两抵钱一千之令，② 户部再三申饬，亦不能行，官民皆病。③

银的缺乏造成物价的下跌（以致"谷贱伤农"），但银钱兑换率又低于官定之比例，即银价相对于铜价又偏低，或说铜价相对于银价偏高。这对于一般使用铜钱的低级官员、士兵和小老百姓来说是极其不利的，对于整个经济体系来说，由于不能鼓励生产，当然是更加不利了。

既然根本的问题在于海禁，于是开放海禁成为不可避免的要求。④

清朝对于货币金属的需求，始终是不变的，因此一方面

---

① 《皇朝政典类纂》，第3746页。

② 康熙二十三年（1684）时，银一两只易制钱八九百文，这一年是康熙四十四年（1705）以前唯一一次银钱比价低于官定兑换率情形，也就是说银价相对于铜价偏高，对银的需要比对铜钱的需要来得迫切。参考刘翠溶，《顺治康熙年间的财政平衡问题》（台北：嘉新水泥公司，"嘉新论文"，1969），第9—11页；陈昭南，《雍正乾隆间的银钱比价变动》（台北："中国学术著作奖助委员会"，1966），第24页，《康熙年间的银钱比价》表。

③ 王士祯，《居易录》（"渔洋山人集"本），卷九。

④ 胡平生，《粤海关志初探》，《史原》，第八期，第199页。

在云南开采银、铜矿，一方面也严禁这两样东西的输出。① 只许外国商船"以货易货"。这种对贵金属只许输入不许输出的思想，虽然没有以贵金属即"国富"（national wealth）的观念，但与西洋重商主义（mercantilism）中的"重金主义"（bullionism）也有相当程度的类似了。②

清朝不断输入银、铜，一方面引起日本禁止白银的输出，并且在正德五年（康熙五十四年，1715）开始，对铜矿的输出加以设限，规定中国船每年输入以三百万斤、荷兰船以一百五十万斤为限，是为"正德海舶互市新例"。③ 而白银不准出口的问题，后来一方面有了变通，一方面也影响到鸦片的进口。

2.人民生计的考虑

闽、粤两省依山傍海，地形上山多田少，而人口众多，人民的生计依赖海上的渔捞与贸易是长久以来的历史事实。④

但是自顺治十八年（1661）厉行海禁、实行迁界以来，片板不许下海，对两地人民的生计造成莫大的伤害。蓝鼎元云：

> 南洋未禁之先，闽、广家给人足。游手无赖，亦为欲富所驱，尽入番岛，鲜有在家饥寒窃劫为非之患。既禁以后，百货不通，民生日蹙。居者苦艺能之闲用，行者叹

① 《粤海关志》，第1228—1250页。
② 参考张汉裕，《英国重商主义要论》，《张汉裕博士论文集（二）：经济发展与经济思想》（台北：三民书局，1974），第201—237页。
③ 山脇悌二郎，前引书，第68页。
④ 蓝鼎元云："闽广人稠地狭，田园不足于耕，望海谋生，十居五六。内地贱菲不足轻重之物，载至番境，皆同珍贝。是以沿海居民造作小巧技艺以及女红针黹，皆于洋船行销。"见《鹿州初集》（闽漳素位堂刊本，光绪庚辰年跋），卷三，第3a页。

至远之无方。故有以四五千金所造之洋艘，系维朽蠹于断港荒岸之间。驾驶则大而无当，求价则沽而莫售。拆造易小，如削栋梁以为杙，裂锦绣以为缕，于心有所不甘。又冀日丽云开，或以弛禁复通之候。一船之敝，废中人数百家之产，其惨目伤心，可胜道耶？沿海居民萧索岑寂、穷困不聊之状，皆因洋禁。[①]

并且由于闽、粤出口的商品原本不尽是两地的土产，有许多的东西，如出口的大宗的丝、茶，根本是经由远途贸易，从别的省份转运而来的。自明代中叶以来，远途贸易的发达，早已将整个中国大陆的经济体系，在一定的意义上联成一气了。[②] 因此，开洋贸易，也可以透过远途贸易影响到别的省份。

光从生丝的产销来说，生丝的主要产地在长江三角洲，除了行销全国外，也从各个口岸输往国外。这是明代中叶以来就很兴盛的事业。[③] 在乾隆中期禁止丝斤出洋（运往日本例外）时，闽浙总督与福建巡抚会奏的一个折子说明了闽、粤贸易对长江三角洲农民生计的影响。奏折中云：

即以产地而论，浙省之杭、嘉、湖及绍属之诸暨，产丝最盛。每届新丝出后，江、浙、粤、闽贩丝客民拿本而

[①] 《鹿州初集》，卷三，第3ab页。

[②] Evelyn Sakakida Rawski, *Agricultural Change and the Peasant Economy of South China* (Cambridge, Mass.: Harvard University Press, 1972), pp. 67—77 ff.

[③] 曹永和，《从荷兰文献谈郑成功之研究》，《台湾早期历史研究》（台北：联经出版公司，1979），第384—385页；山脇悌二郎，前引书，第三章；全汉昇，《自明季至清中叶西属美洲的中国丝货贸易》，收入其《中国经济史论丛》，上册。

> 来者甚多。所产粗丝顷刻得价售卖，农民转觉生计裕如。
> 今奉禁之后，……粗丝消（当作销）售转滞，于农民反有
> 转售不远之苦。①

一般农民已不完全倚赖粮食作物的生产来维持生计与缴纳租税，使得工商业对他们的影响力强大，② 因而外洋贸易也会间接影响到他们的收入。

事实上以粤海关为远途贸易之终点（即远洋贸易之起点）的，并不止丝一项。举凡粤海关出口的大宗，如茶叶③ 、大黄④ 、瓷器⑤ 等等，全都翻山越岭地来到广州。而且就广州一地而言，对外贸易带来的还有佛山丝织业、制铁业，⑥ 广州银钱业⑦ 、木器业⑧ 等的发达。而广州的洋货行⑨ 更是不用说了。由广东进口的洋货，由客商和洋商⑩ 携往湖广、北京等地销售，甚至由北经转输到陆邻的藩属国家——如朝鲜⑪ ——也吸收了许许多多的人力从事这个行业，增加了国人许多就业的机会。

---

① 《皇朝政典类纂》，第3751页。
② Ping-ti Ho, *Studies on the Population of China, 1368—1953* (Cambridge, Mass.: Harvard University Press, 1959), pp. 96—108.
③ 茶叶的主要产地在江西、福建、安徽。
④ 台北故宫博物院藏，宫中档奏折原件，乾隆朝第056570号。
⑤ 瓷器的主要产地在江西景德镇。
⑥ 参考赵冈、陈锺毅，《中国棉业史》（台北：联经出版公司，1977），第58页。
⑦ 台北故宫博物院藏，宫中档奏折原件，嘉庆朝第019254号，附件二。
⑧ 《中国近代货币史资料》（台北：文海出版社），第一册，第37页。
⑨ 《鸦片战争文献汇编》（台北：鼎文书局），第四册，第7页。
⑩ 台北故宫博物院藏，军机处奏折录副，第069434号。
⑪ 张存武，《清韩宗藩贸易》（台北：台湾"中央研究院"近代史研究所，1978），第153页。

这些现象虽然是就开海之后的事实所做的观察，但在明、清之交（十七世纪）时已经有此现象，也是毋庸争议的。康熙二十三年（1684）开放海洋贸易的上谕提道："前令开海贸易，于粤、闽一带民生有益。若两省民用充阜、财货流通，于各省俱有裨益。"[①] 可以说明康熙皇帝对人民生计的问题——用现代的术语来说，"国民就业"的问题——是有深切体认的。

尤其是在后来，"就业"的问题根本是全国人民关心的事项，而在清廷想全面或部分停止贸易的时候，不得不考虑这个问题。道光元年（1821）粤海关监督文祥与两广总督、广东巡抚会奏的折子上，论及海禁政策时云：

> 有为疑虑之论者，谓严禁之后，外夷货船来者较少，湖丝、茶叶销售稍滞，银货不能流通，商贾未免竭蹶。粤东省分必至逐渐萧条。[②]

可以说很能凸显这个问题的重要性。

官方对于人民生计的关心，固然部分是中国政府重视人民生计的传统，[③] 更重要的是对"饥寒起盗心"，对因生计困难造成社会不安，进而造成大小变乱的疑虑。如蓝鼎元提道：

> 沿海居民萧索岑寂穷困不聊之状，皆因洋禁，其深知水性、惯熟船务之舵工、水手不能肩担背负，以博一朝

---

① 《明清史料》，丁编，第八本，第745b页。
② 台北故宫博物院藏，宫中档奏折原件，道光朝第001114号。
③ 这个传统一直为儒家学者官僚所提倡。

之食，或走险海中，为贼驾船，图目前糊口之计。其游手
无赖，更靡所之。群趋台湾，或为犯乱。辛丑（康熙六十
年，1721）台寇陈福寿之流，其明效大验也。今禁南洋有
害而无利，但能使沿海居民，富者、贫者困，驱工商为游
手，驱游手为盗贼耳！①

前引粤海关监督文祥等的奏折也接着说：

且谓现经到处严拿，烂匪、蛋艇② 类多失业，恐致
劫夺。③

因此，人民生计问题的考虑，对于开洋贸易也有很大的
影响。

3.财政上的理由

清朝自顺治元年（1644）入关以来，为了完成彻底统一的
工作，不得不继续用兵。军饷的支出浩繁，据当时人的观察，
在郑克塽降清以前的四十年的时间，清朝的财政一直是入不敷
出的。④ 为此，清廷不得不用尽各种挹注的办法来平衡财政上
的收支。⑤

在平定三藩之乱（康熙二十年，1681）与解决明郑的反抗

① 《鹿州初集》，卷三，第3ab页。

② "烂匪"即"烂仔"，为广州地方的地痞流氓；蛋民船只则经常用来
经营色情交易。较详细的资料可看台湾"中央研究院"傅斯年图书馆藏，不著
撰人，《示檄录存》（抄本）。

③ 台北故宫博物院藏，官中档奏折原件，道光朝第001114号。

④ 刘翠溶，前引书，第155页。

⑤ 刘翠溶前引书的讨论即以这个问题为中心。

势力（康熙二十二年，1683）之后，对于善后问题的处置，仍然需要一大笔的开销。因此，在康熙二十一年（1682）以后，清朝政府仍然要不断地寻找新的财源。比如说，在新平定的云南，为了镇压反叛的力量而大量驻军，需饷甚多，因此康熙皇帝便采纳了云贵总督蔡毓棠的意见，利用云南丰富的铜矿资源，"开矿藏""广鼓铸"以在地筹措军饷。[1]

在征服台湾之后，对于台湾富饶的物产与明郑时代已极发达的远洋贸易，[2] 康熙皇帝岂有等闲视之之理？因此，我们可以看到解除海禁一经议定实行，在日本贞享二年（康熙二十四年，1685）七月，清廷便以官船十三艘，装载台湾所产的糖贩卖到日本，并且命福州武官江君开、厦门文官梁尔寿等在船监督。[3]

就广州而言，广东在尚藩父子统治的时期，曾经由盐商沈上达主持走私贸易，获利不资，康熙皇帝自然晓得。而康熙十九年（1680）后开放的广东、澳门间的旱路贸易，虽然相当兴盛，可是由于贸易量、值不大，因此税收也不多。[4] 这样，要增加财政上的收入，就只好开放贸易了。

福建、广东两处的海外贸易大有利可图的事实还可以从开

---

① 严中平，前引书，第1—3页。

② 曹永和，前引文，第373—379页。该文的这个部分，原题《郑成功之通商贸易》，收入《郑成功复台三百周年专辑》（台北：台湾省文献委员会，1962）。关于明郑时代的贸易，也请参考岩生成一，《近世日支贸易に关する数量的考察》，《史学杂志》，第62卷第11期（1953年11月），第981—1020页；Laurence Thompson, "The Junk Passage Across the Taiwan Strait: Two Early Chinese Account", *Harvard Journal of Asiatic Studies, vol. 18*。

③ 木宫泰彦著、陈捷译，《中日交通史》（台北：九思出版社），下卷，第336页；《华夷变态》（东京：东洋文库，1958），上册，第491—501页。

④ 彭泽益，《清代广州洋行的起源》，《历史研究》，1957年1月号，第10—11页。

放外洋贸易之后，康熙四十一年（1702）到四十三年（1704）间，曾在厦门、广州两地出现所谓的"皇商"的事实来加以说明。① "皇商"是指那些"领（内务府）帑银为资本的商人"，② 也就是内务府商人，与皇室对外贸易的兴趣极有关系，自然是不言而喻的。③

不过，就皇帝本人而言，这种贸易上的兴趣，无非还是从财政的角度为主来考虑的。因此开海贸易在政府决策上的意义还是在于政府可以从这件事情上取得一笔税收，充作当地兵饷的财源之一。所以康熙二十三年（1684）上谕大学士云："且出海贸易……薄征其税，可充闽、粤兵饷，以免腹里省分转输协济之劳。腹里省分钱粮有余……故令开海贸易。"④

以闽、粤两省关税的"正额"作为该省兵饷的一部分这个政策，在本文所讨论的这时间，始终不曾改变，因为不但在清初，兵饷是政府岁计最大的财政开销，⑤ 即使在嘉、道之间也是如此。⑥ 所以乾隆二十九年（1764）兵部的议奏中便提到"各省关税解京……广东、福建二省课银向系为备本省兵饷。

---

① 梁嘉彬，前引书，第52页；刘翠溶，前引书，第103页；H. B. Morse, op. cit., vol. I, pp. 100—101。

② 刘翠溶，前引书，第98页。

③ 刘翠溶，前引书，第103页。

④ 《清圣祖实录》，卷一一二，第18页。

⑤ 《清圣祖实录》，卷八十，第26b—27b页。参考刘翠溶，前引书，pp. 155—156，表三十"顺治十一年户部的收支"及其他各页。

⑥ 如道光三十年（1850）上谕中便云："据户部核覆大学士耆英奏理财之要，以地丁、盐课、关税为岁入之大端，以兵饷、河工为岁出之大端。"见《筹办夷务始末补遗》（台北：台湾"中央研究院"近代史研究所，1966），第258页。

如历年存剩积多，始酌定起解户部"。① 事实上从雍正元年
（1723）起，除了正额留贮藩库充作兵饷外，所有超过正额的
税收（盈余、赢余）就已全部起解。② 起解京师，交付户部银
库，主要的目的也是供给（八旗）京营的兵饷和其他的经费之
用。③ 这还是平时的情况。在有战事的时候，军费浩繁，而且
康熙"永不加赋"之后，地丁项目的收入缺乏弹性，④ 可是关
税收入的长期成长（至少粤海关如此）则对于配合清廷的度支
来说有不小的贡献。⑤

　　即使康熙时开放海禁的目的之一，仅在得到关税的"正
额"以供给广东、福建两省驻防八旗和绿营的兵饷，但是历史
的发展也使得"军需"造成财政上对海关税收的倚赖，⑥ 而使
得重行海禁成为很难实现的办法。⑦ 当嘉庆、道光年间，中、
英贸易关系上呈现紧张局面的时候，清廷最关心的问题就变成
了英国贸易所提供的税收占粤海关税收的若干？停止英国贸易
有什么困难？⑧

　　① 《清高宗实录》，卷七一二，第1页。

　　② 陈国栋，《清代前期粤海关的税务行政》，《食货月刊》，第十一卷
第十期（1982年1月），第44—46页。

　　③ 《粤海关志》，第1126—1128页。

　　④ 参考Yeh-chien Wang（王业键），"The Fiscal Importance of the
Land Tax during the Ch'ing Period"，in *Journal of Asian Studies*，30:4（August
1971），pp. 829—842。

　　⑤ 陈国栋，《粤海关的利益分配》，《食货月刊》，第十二卷第一期
（1982年4月），第19—33页。

　　⑥ 同上注。

　　⑦ 台北故宫博物院藏，军机处奏折录副，第052817号。

　　⑧ 台北故宫博物院藏，宫中档奏折原件，嘉庆朝第016625号等件。

三、广州独口贸易的形成

1.对渡口岸的传统

明代前期行"贡舶贸易"，贸易的办法中有一点就是每个国家规定在一个口岸登陆。《江南经略》云：

> 凡外裔入贡者，我朝皆设市舶司以领之。在广东者专为占城、暹罗诸番而设。在福建者专为琉球、在浙江者专为日本而设。①

这自然是为了接待上的方便，但何尝不是为了管理上的方便呢？

满洲人取代朱元璋的后代统治中国，接受了大部分的既成事实与制度，这种以特定口岸为登陆地点的习惯自然维持下来了。比如说对日本的贸易，自浙江舟山岛出发；② 琉球来华的贸易在福建海关进行③ 等，便是这种"对渡口岸"传统的继续。

清廷接受这种"对渡口岸"的传统，在与台湾交通上表现得最为强烈。

清代规定以蚶江对渡鹿港，④ 以淡水对渡福州，⑤ 以厦门对渡台湾府（台南），⑥ 这样政府可以设官以便利稽查和征

---

① 《江南经略》，卷八，"开互市"条；又见《筹海重编》，卷十，"开互市"条。两个文献的文字略异，但内容则相同。

② 《史料旬刊》，第156a页。

③ 参见台北故宫博物院藏，宫中档奏折原件，乾隆朝第023164号等件。

④ 周宪文，《清代台湾经济史》（台北：台湾银行经济研究室，"台湾研究丛刊"第45种），第80页。

⑤ 台北故宫博物院藏，宫中档奏折原件，乾隆朝第059213号。

⑥ 周宪文，前引书，第80页。

税。① 指定外国在某一个特定的港口贸易何尝不是清朝人认为的最方便的管理办法呢？

并且明清时代东亚一带的贸易商品主要是由帆船装载的，这对于季风（东北季风、西南季风）的利用是很自然的。而这些口岸的规定，恰恰可以利用一季的季风，对渡的口岸之间也就是最便捷的航路，因此大部分的国家也乐于遵守这个规定。

不过，清朝的海上情势毕竟与明朝有别了。因为欧洲各国及其在东南亚的殖民地也与中国进行贸易了。在开放海禁后，前来贸易的西洋、南洋各国因为不是以贡舶贸易的方式来进行，清朝原本未曾指定口岸，也就无"例"可以依循，因此西洋船也就往来游弋，贸易于新开放的四个海关之间。②

其中闽海关的厦门口曾经一度很热闹，吕宋、暹罗与英国皆来贸易，③ 英国还曾远至浙海关的定海（宁波）。④ 不过，西洋各国大抵上皆在广州贸易，而且即使赴别的港口贸易，似乎也要先得到粤海关监督的同意。⑤ 因此，一位学者曾经推断早在乾隆二十四年（1759）以前，粤海关监督就已负起管理

---

① Donald R. DeGlopper, "Social Structure in a Nineteenth-Century Taiwanese Port City", in *The City in Late Imperial China*, esp. p. 634.

② 荷兰则因为在顺治十年（1653）、十二年（1655）间曾派遣使节到中国，以朝贡的方式交涉贸易，所以清朝也指定荷兰由广东登陆，康熙二十五年（1686）则准许他们可以在广东或福建登陆。

③ 高崎美佐子，《十八世纪における清タイ交涉史》，《お茶の水史学》（1967年10月），第20—21页。

④ 《史料旬刊》，第190b页，陈鸣夏奏折云："定海一隅，收泊东西洋艘，昔年创立红毛馆子定海头，嗣聚泊广东澳门、福建厦门，迄今数十年，番船不至，馆亦圮。"此系乾隆二十年（1755）（即十八世纪中叶）的情形。宁波在十六世纪时为中西贸易的大港。参考方豪，《十六世纪国际贸易港Liampo考》，《方豪六十自定稿》（台北：著者自刊本，1969），第91—167页。

⑤ 洪任辉于乾隆二十年（1755）赴宁波贸易的时候就先从粤海关监督李永标处取得"商照"。见《史料旬刊》，第190a页。

所有西洋各国贸易的责任。① 但其论据并不充分，事实上要到乾隆二十至二十四年（1755—1759）间发生了洪任辉（James Flint，一名洪任）的案子以后，清朝经过一段时间的考虑，才决定欧洲各国及其殖民地只可在广州一口贸易。

2.洪任辉事件

乾隆二十年（1755），莺蛤蜊国（即英国）商人蛤蜊生（Harrison，一作喀唎生）与通事洪任辉经过广州到宁波贸易。于四月二十三日到达。五月十一日，浙江提督武进升安排他们贸易之后，上奏云："红毛船多年不至，今既远番入境，自应体恤稽查。"奉朱批："知道了！"② 同意洪任辉的贸易。

于是在乾隆二十至二十四年（1755—1759）间，"红毛夷船"就一而再，再而三地到宁波贸易。③

洋船每年到中国来的数目本来就变化不大，现在既然往宁波贸易，则到广州的就要减少了。于是两广总督奏报自乾隆二十一年（1756）六月至九月（贸易季）"共到洋船十四只。向来洋船至广东省者甚多，今岁特别稀少"。④ 洋船到广东较少，广东的税收自然减少了。广东督抚和粤海关监督自然不乐意这种情形长此发展下去。而且，对清高宗来说他更有别的考

---

① Preston M. Torbert, *The Ch'ing Imperial Household Department* (Harvard University Press, 1977), p. 98.

② 使用这两个词语时，大致上都表示皇帝没有什么意见，也就是原则上同意的意思。参考齐如山，《齐如山随笔》（台北：台湾"中央文物供应社"，1953），第41页。

③ 闽浙总督喀尔吉善、两广总督杨应琚会奏云："今乾隆二十年、二十一年（1755、1756）外洋番船连来数只，收泊定海，运货宁波，交易往来，视同熟径。"

④ 台北故宫博物院藏，宫中档奏折原件，乾隆朝第013635号；《清高宗实录》，卷522，第12页。

虑。于是我们看到他命军机大臣寄信给闽浙总督喀尔吉善及两广总督杨应琚云：

> 查前次喀尔吉善等两次奏有红毛船至宁波收口，曾经降旨饬禁，[①] 并令查明勾引之船户、牙行通事人等严加惩治。[②] 今思小人惟利是视，广东海关设有监督专员；[③] 而宁波税则较轻，稽查亦未能严密，恐将来赴浙之洋船日众，则宁波又多一洋人市集之所，日久虑生他弊。[④] 着喀尔吉善会同杨应琚照广省海关现行则例再为酌量加重，俾至浙者获利甚微，庶商船仍俱泊澳门一带，而小人不得勾串滋事，且于稽查亦便。其广东洋商至省勾引夷商者，亦着两省关会，严加治罪。喀尔吉善、杨应琚着即遵谕行。[⑤]（乾隆二十一年闰九月乙巳，初十日。）

北京方面的考虑主要是管理上的困难，而初步决定的办法是增加浙海关的关税，以"寓禁于征"的方式强迫洋船仍旧到广州贸易。

于是喀尔吉善与杨应琚遵旨于同年十月十九日[⑥]、十一月

---

① 该二奏折当即《史料旬刊》，第190a—191b页，日期分别为乾隆二十年（1755）五月十六日及六月二十二日。由于朱批均为"览"，因此可能是在稍后才另颁上谕反对洋船收泊宁波。

② 《史料旬刊》，第50b—52a页。

③ 乾隆十五年（1750）复设粤海关监督时，其他三海关仍交由巡抚、将军管理。见《粤海关志》，第430页。

④ 所谓"他弊"，包括了"民风、土俗"的变化。参考《清高宗实录》，卷五二二，第12页。

⑤ 台北故宫博物院藏，官中档奏折原件，乾隆朝第013635号；《清高宗实录》，卷五二二，第12页。

⑥ 台北故宫博物院藏，官中档奏折原件，乾隆朝第013138号。

八日① 及十二月二十日② 先后上了四个奏折提出增税的办法。
办法是这样的：

> 今臣等公同酌议：拟将粤海关征收外洋番船现行各
> 项税则令浙海关悉照征收。其正税则酌量加征一倍，"估
> 价"③ 一项按照浙省货物时值估计增加。④

对于乾隆二十一年（1756）闰九月以后来到浙江的两艘番
船，喀尔吉善一方面督率宁波道⑤、府催令回国，并向他们
强调"粤省贸易事事便利，浙省牙商贫乏，海道迂徊，无益有
损"⑥。希望他们不要再来。这个处理方式，乾隆皇帝大不以
为然。他似乎以为增税是最好的办法，所以朱批云："此皆不
妥。若浙省纳税重于粤省，则汝虽招之，彼亦不来矣。"⑦
　　喀尔吉善等建议的增税办法，户部同意后报告清高宗。得
旨："依议！"但对喀尔吉善等的奏折中提到的"若不更定章
程，必致私扣暗加，课额有亏，与商无补"，认为是不了解他
主张增税的本意。他说："更定章程，视粤稍重，则洋商无所

---

① 台北故宫博物院藏，宫中档奏折原件，乾隆朝第013289号。
② 台北故宫博物院藏，宫中档奏折原件，乾隆朝第013635，013636号。
③ "估价"为"正税则例"所未载的货物，以推估的价格征收一定比例
的税金。参考陈国栋，《清代前期粤海关的税务行政》，第34页。
④ 台北故宫博物院藏，宫中档奏折原件，乾隆朝第013635号。较详细的
办法，见宫中档奏折原件，乾隆朝第013636号，《清高宗实录》，卷五三三，
pp. 11a—12b；又见台北故宫博物院藏，《皇朝食货志》（稿本），"食货志
六""关税十二"。
⑤ 即宁绍台道。他经常受浙江巡抚之委派，兼管浙江海关的关务。
⑥ 台北故宫博物院藏，宫中档奏折原件，乾隆朝第013635号。
⑦ 台北故宫博物院藏，宫中档奏折原件，乾隆朝第013635号。

利而不来，以示限制，意并不在增税矣。"①

可惜的是乾隆皇帝对他自己这套"寓禁于征"办法的自信，很快地就遭到了一个迎头痛击。乾隆二十二年（1757），浙江巡抚杨廷璋即奏称"红毛番船一只来浙贸易，着照新定则例输税"②。对此"增税之后，番商犹复乐从"的事实，乾隆皇帝只得承认，他一方面主张再提高税率，另一方面主张"将来定海③一关即照粤海关之例，用内府司员补授宁台道，督理关务，约计该商等所获之利，在广、在浙轻重适均，则赴浙、赴粤皆可惟其所适"。并且将两广总督杨应琚调任闽浙总督，借重他办理粤海关的经验来处理这些事情。④

杨应琚于到任不久就上了一个奏折，说明"番商希图避重就轻，以泊宁波，就近交易，便益良多。若不设法限制，势必渐皆舍粤趋浙。再四筹度，不便听其两省贸易"。当然他也顺承皇帝的意旨，强调将浙海关的税则比照粤海关的情形再提高些，使得番商无利可图，这样就会回到广东贸易。皇帝当然同意他的意见，并且说"（洋船）来浙者多，则广东洋船失利，而百姓生计亦属有碍也"⑤。这么说来，到乾隆二十三年（1758）年尾时，尚未严禁夷船到浙，只不过一再以增加浙海关的税率为强迫洋船赴广东贸易的手段而已！不过，皇帝的意思既不希望宁波（定海）又成一个澳门，故浙江督、抚

---

① 《清高宗实录》，卷五三三，第12页。

② 同上注，卷五四四，第23b页。

③ 定海即舟山群岛，行政上隶属于宁波府，贸易事务则涉及浙海关。

④ 《清高宗实录》，卷五四四，第23b—34b页。时当乾隆二十二年（1757）八月。

⑤ 同上注，卷五四九，第37页。时当乾隆二十二年（1757）十月戊子，二十九日。

再也不许洋船在浙江贸易了。① 久而久之，自然也就成为"定例"了。

对于这样的结果当然不是洪任辉或他所代表的东印度公司② 所愿意看到的。于是在乾隆二十四年（1759）洪任辉又往浙江而来。五月三十日到了双屿港③ ，为浙江省定海镇总兵罗英笏所驱逐。罗要他回广东，洪任辉要罗收下一份呈文后他再离去。但洪任辉并不回广东，反而北上直驶天津，在天津又呈文控告广东行商黎光华欠账未还及粤海关舞弊等事。④ 乾隆皇帝任命福州将军新柱、给事中朝铨及两广总督李侍尧为钦差，调查此事。⑤ 其结果及处理的情形在后文中将会分别提到。不过，最重要的是闽、浙、粤三省地方官在处理这件事情上，已经确认"番舶向来在粤东贸易，不准任意赴浙"⑥ 了！

虽然在乾隆二十四年（1759）以前，在闽、浙贸易的欧、美船只本来也不多，可是从此以后，它们是不能再来了。一般学者便认为清朝从此进入独口贸易的时期。其实，这仅是针对

---

① 没有资料显示北京方面曾经明确地下过命令禁止洋船收泊宁波，因此连官方编的《皇朝食货志》（"食货志六""关税十二"）在乾隆二十二年（1757）条下也只是说："寻又申禁洋船不准收泊浙海。其偶有驶至者，仍令回广东贸易纳税。"而没有肯定地指出申禁的日期和依据。因此该书所指的其实也不过是由一连串的措施所形成的惯例罢了。在本文前段，作者已经提到乾隆二十一年（1756）时喀尔吉善已经采取了这个做法。

② H. B. Morse, *The Chronicles of the East India Company Trading to China*, vol. V, pp. 68—84. 请参考英国伦敦，公共档案馆（Public Records Office）所藏外交部档案，F.O. 233/189各件。

③ 双屿港属于宁波府管辖。参考方豪，前引文，第103—115页。

④ 以上见《史料旬刊》，第62a—64a页。

⑤ 台北故宫博物院藏，宫中档奏折原件，乾隆朝第025706号；《史料旬刊》，第50b—52a页，第63b—68a页，第107b—108a页，第165a—166b页以及F.O. 233/189相关各件档案。

⑥ 《史料旬刊》，第63a—107a页。

欧、美各国而言，而且受到影响较大的也只是英国、荷兰等国。至于南洋的欧洲殖民地则依旧可以在闽、粤两省贸易。

比如说吕宋（即菲律宾，西班牙的殖民地）即可如此。吕宋在乾隆二十年（1755）以前即数度到福建贸易，[①] 乾隆二十三年（1758），又有吕宋船到厦门。上谕询问是否与洪任辉一样，是想在该地开辟贸易的，"如系向来到厦门番船，自可照例准其贸易，否则仍须令其回棹赴粤"。闽浙总督杨应琚回奏之后，吕宋可以在广东、福建贸易。[②] 只是就事实而言，此后吕宋商船真正到福建贸易的也不多。在乾隆四十七年（1782）以前，据台北故宫博物院所藏宫中档奏折原件所显示的，似乎只有乾隆二十九年（1764）、四十六年（1781）两次而已，而且都是借口"遭风飘至厦门"，从而请求就地贸易。[③]

乾隆四十六年（1781）那艘吕宋船遭风飘至厦门，照例谋求贸易。巡抚杨魁奏称："（该船）验无伤损形迹，恐系意存趋避。请嗣后该国商民来闽船只并无损坏者，一概不准发卖货物。"乾隆四十七年（1782）上谕却以为此非"体恤远人"之意，"如因闽海关输税定例与粤海关多寡不一，该国商民意图就轻避重，何不咨查粤海关条例，令其按照输纳，该商民等趋避之弊，不杜自绝。嗣后该国商船有来闽者，俱照此办理"。[④] 不过，此后吕宋船更少到福建来了。[⑤]

暹罗在开放海禁以前就来中国进行朝贡贸易。那时候是

---

① 《史料旬刊》，第228b—229a页，第350a页。

② 《清高宗实录》，卷五五三，第6页。

③ 台北故宫博物院藏，宫中档奏折原件，乾隆朝第019054、019973、040238号。

④ 《清高宗实录》，卷一一四一，第20b—21a页。

⑤ 周凯，《厦门志》，第184页。

阿犹地亚（Ayutthaya）王朝。这个朝贡贸易在雍正初至乾隆
二十二、二十三年（1757、1758）间十分兴盛，主要的贸易口
岸为厦门。[①] 而乾隆二十四年至三十二年（1759—1767），阿
犹地亚王朝崩溃，郑昭的曼古王朝代之而起，乾隆四十六年
（1781）再度请贡，要求前往厦门及宁波贸易。[②] 然而上谕只
准许该国经由广东进贡，在广东（广州）贸易。[③]

因此，就历史事实而不是就法规来说，到中国贸易的东
洋、西洋与南洋各国，差不多都只有一个口岸可以让他们下
货贸易。其中除了琉球自始至终都在福建进行朝贡贸易外，
各国都只能从广州入口了。因此如果说乾隆二十三、二十四年
（1758、1759）以后，中国的贸易港只限于广东一口，[④] 则专
就外国船进口贸易而言，大体上可以这么说。若从中国出口贸
易而言，则四大海关依旧各自发挥它们的功能。

四、清代前期对外贸易的性质

1.西洋来市、东洋往市与南洋互市

嘉庆二十年（乙亥，1815），名学者包世臣就他对清代对
外贸易的观察做了以下归纳，他说："现今东西两洋皆与中华

---

① 高崎美佐子，前引文，第29页；Viraphol, op. cit., pp. 121—140。

② 台北故宫博物院藏，军机处奏折录副，第030434号，为郑昭之金叶表
文，中、泰文对照，中文部分将曼古译为"望阁"。表文略云："暹罗国望阁
新城国长郑昭……特差……顶戴番字金叶表文并请贡方物及汉字贡单、表文前
来进贡天朝大皇帝陛下。此系自有邦国以来宾服朝贡之旧例。"

③ 高崎美佐子，前引文，第24页；《清高宗实录》，卷一一三七，第
16a—19b页。

④ 高崎美佐子，前引文，第24页。

回市：西洋来市，东洋往市。"① 虽然大体上以台湾海峡的沿线为界，将时人所知的海洋世界分成东洋（包括日本、琉球、吕宋、印尼）与西洋（上述地区以西的临海地区）②，不过，今日所谓"东南亚"的地区，当时更有一个通行的名称："南洋"。如果将包世臣所谓的"东洋"限定指日本，"西洋"再限定指印度以西的欧美各国，则包世臣的言论将更合乎历史事实，同时对于清代中国与南洋地区贸易的情形，再加上一句"南洋互市"，则我们将可以很清楚地勾画出清代前期中国对外的贸易秩序。

明代中叶倭寇骚扰华南沿海，朝廷厉行海禁，但效果不大。③ 明、清之交倭寇的问题虽已缓和，可是历史的经验却深深地影响了清朝臣工的心理，从而影响了决策。康熙二十三年（1684），朝臣论及开放贸易可否准行时，奉差闽、粤的大学士席柱就以为"海上贸易自明季以来原未曾开，故不准行"。清圣祖乃云："先因海寇，故海禁不开。为是今海氛廓清，更何所待？"④ 于是下令开放贸易。

不过，为了慎重起见，他还是在康熙二十四年（1685）派遣了文武官员随商船到日本，就日本的国情做一些必要的了解。康熙三十九年（1700），皇帝又派遣杭州织造乌林达（ulin-i da，即"司库"）莫尔森前往长崎，调查日本的国情民风。⑤ 显然对日本方面的现况，康熙皇帝本人还是十分关

---

① 包世臣，《安吴四种》，卷26，第6b页。
② Viraphol, op. cit., p. 7.
③ Rawski, op. cit., pp. 67—71.
④ 《康熙朝东华录》，卷八，第300a页。
⑤ 松浦章，《杭州织造乌林达莫尔森の长崎来航と の职名について》，《东方学》，第55辑（1978年1月），第1—14页。

心。后来，在得到莫尔森的报告之后，对于日本人"遂不以介意，而开洋之举继此而起"①。

因此，开放海禁以来，不但中国人可以到日本贸易，原则上日本商船亦可以来华贸易。直到康熙五十六年（1717）禁止中国人前往南洋贸易之时，才顺便禁止东洋船只来华。② 此时依旧不禁止华商赴日贸易。事实上，除了遭风漂失的船只外，③清代前期根本就没有日本船来华贸易，④ 只有中国船只前往日本，所以说"东洋往市"。至于邻近日本的琉球（中山国）则向中国进行朝贡贸易，中国商人亦有前往该国贸易者。⑤

至于"西洋来市"，则是中国船只无法"往市"所造成的。因为中国当时的海上交通工具——帆船（junk）——装载量不大，而且不适合远航；中国商人一方面只愿近海航行，另一方面当时中国人的世界知识也十分有限，不敢轻易冒险，加上清朝政府亦有限制国人定期回航的规定等因素，⑥ 因此印度以西及太平洋的航路不得不由欧、美各国来支配。当乾隆五十八年（1793）英使马戛尔尼带来英王雅治（George Ⅲ，在位：1760—1820）的国书，提及欢迎中国人前往欧洲贸易时，清朝的答复也只是推说中国物产丰饶，不假外求，从而加

---

① 《朱批谕旨》，第十四函第三册，第63b页。

② 《宫中档雍正朝奏折》第七辑（台北：台北故宫博物院），第498页。

③ 参考《史料旬刊》，第69a页，相关文献部分亦见《嘉庆朝外交史料》及《道光朝外交史料》。

④ 张存武，前引书，第237页。这是因为日本德川幕府实行"锁国政策"。参见岩生成一，《朱印船と日本町》（东京：至文堂，1966），第91—100页。

⑤ Viraphol, op. cit., pp. 39, 194.

⑥ 参考《明清史料》，丁编，第八本，第774a—775b页。

以婉拒。①

马六甲海峡以东、台湾海峡以南的南洋地方，在明代以来即已遍布着华人的足迹。中国式的帆船穿梭于南洋岛屿之间，使得整个南洋差不多就成了中国人的"我们的海"（mare nostrum）。清朝于开放海禁之后，准许国人前往南洋贸易，亦准许南洋船只来华贸易，故本文称之为"南洋互市"。

南洋互市在康熙五十五至五十六年（1716—1717）年间因为朝廷怀疑归航的船只太少，又恐怕国人有偷运食米接济盗匪之嫌，因而加以改变，禁止国人船只前往南洋贸易。雍正初年，皇帝表示他对海洋事业一筹莫展，不过他又认为"严行海禁"总是没错。然而，由于沿海居民对进口粮食的迫切需求，皇帝只好改变初衷。于是，自雍正五年（1727）起，中国船只又游弋于南洋，恢复了南洋互市。②

2.朝贡贸易与非朝贡性质的贸易

蒋廷黻曾云："中国（与世界各国之间）只有朝贡关系，因此也只有朝贡贸易，而没有国际贸易。"③ 用这些话来描绘清代前期海洋贸易的性质并不正确。可是主张清代之贸易为朝贡贸易者却一直不乏其人。④

这个说法的根本问题在于将清初的对外关系与清朝对"世界秩序"的看法混为一谈。就事论事，清代前期对外贸易的形态可以区分为三个类型：（1）在向皇帝呈进贡物之后进行首都

① H. B. Morse, op. cit., vol. I, pp. 244—252.

② Viraphol, op. cit., p. 70.

③ Tseng-tsai Wang, *Tradition and Change in China's Management of Foreign Affairs*, p. 9.

④ 如费正清（John King Fairbank）便是当中之赫赫有名者。参考其所著 *Trade and Diplomacy on China Coast*（Stanford: Stanford University Press, 1969）。

（北京）或边界的朝贡贸易；（2）在首都进行贸易，但不必进贡；（3）在边界贸易，亦不必进贡。① 换句话说，清代前期的中外贸易，并不以朝贡贸易为必要条件，因此也不能笼统地称之为"朝贡贸易"。

我们可以说清代前期的对外贸易是朝贡贸易与非朝贡性质的贸易一并进行的。而在这两种不同性质的贸易方式的背面却有完全相同的"世界秩序"观。也就是中国与其他各国的关系只有天朝与藩属的关系。再用蒋廷黻的话来说，"没有国际关系，只有朝贡关系"。② 因此，不行朝贡而径行贸易的邦国，一旦欲与清朝皇帝进行交涉，则仍旧要遵守朝贡的仪节。③

专就集中于广州的贸易邦国来说，只有暹罗是采取朝贡贸易的方式，但暹罗的朝贡原则上由广东督、抚经理，而不由粤海关监督负责。④ 其他在广州贸易的西洋、南洋国家则进行非朝贡性质的贸易。

附带要加以说明的是以上对朝贡贸易与非朝贡贸易的讨论，只是从"来市"的情况加以考虑的。因为朝贡贸易原本是明朝的对外贸易政策，而明朝实施海禁，"片板不许下海"，人民不能出洋贸易。但是清朝开海贸易，人民可以名正言顺地"往市"，因此即使是朝贡贸易，也只是就单向而言。

---

① Mark Mancall, "The Ch'ing Tribute System: An Interpretive Essay", in J. K. Fairbank ed., *The Chinese World Order* (Harvard University Press, 1974), pp. 75—76.

② Tseng-tsai Wang, op. cit., p. 9.

③ 这也就是英国在乾隆五十八年（1793）以及嘉庆二十一年（1816）两次遣使来华交涉时，清廷均要求使臣行朝贡之礼的由来。

④ 详见梁廷枏，《粤道贡国说》。

五、结语

由以上的论列可以很清楚地看出清代前期对外贸易的性质，有很强烈的"分殊主义"（particularistic）色彩，所以对本国人与外国人采取不同的待遇、对不同的邦国实行相异的办法。在这样一个近代之前（pre-modern）的架构下展开了中外之间的贸易。

原刊于《大陆杂志》，第六十四卷第二期（1982年2月），第21—35页。

鸦片战争以前清朝政府对进出口商品的管理

引言

从康熙二十三年（1684）设置江、浙、闽、粤四个海关以来，尤其是在乾隆二十四年（1759）以后，粤海关负责管理绝大部分的对外贸易。在整个粤海关的行政体系中，由于广州官场上的某些官员也有权参与粤海关的事务，因而粤海关监督的权力始终受到多方面的限制。① 虽然如此，在对外处理有关贸易的事务时，他却表现出极大的权力。

这种极大的权力源于皇帝的终极权力，因为粤海关监督的各种处理方案，原则上要事先征得皇帝的同意，要不然也得在事后经过皇帝的追认，才能加以确定。这一点虽然使得监督在处理贸易事务时不能够果断，但是处理的办法一旦定案，监督却可以坚持，也必须坚持其付诸实行。因为此时粤海关的政策已不是监督个人的意志，而是大皇帝的意志——绝对权力者的意志。

职是之故，尽管中外商人对于粤海关的政策啧有烦言，甚至于一再陈请改善，可是监督却可以居之不移，依然故我。这种颟顸的态度是中西贸易史上冲突时起的主要原因，

---

① 参考陈国栋，《粤海关（1684—1842）的行政体系》，《食货月刊》，11：4（1981年7月），第35—52页。

同时，也由于监督在处理对外贸易事务上习惯于做单方面的考虑，因此海关的政策既缺乏主动性，又缺乏弹性，从而无法适切地解决问题。对外贸易牵涉到的问题是多方面的，有如验关、报税、贸易纠纷等。不过，贸易的基本内容仍是商品，本文拟即从清朝政府对进出口商品的管理来就其贸易政策进行了解。

一、进出口商品之管制

清朝基于各种理由，对某些商品的进口或出口加以"永久"或暂时的限制。① 下文即从政策的运用来探讨设限的原因。

1.茶叶

茶叶自广州开放贸易以来即已深受英国人的欢迎，在十八世纪开始后，遂成为东印度公司最重要的进口品。其中尤以武夷（武彝，Bohea）、松萝（Singlo）及屯溪（Twankey）等茶自中国出口最多。② 武夷茶产在福建，松萝茶和屯溪茶产在安徽。③ 这些茶叶经过陆路或内河水运，再经由长江水道转而利用以"使节路"闻名的重要交通路线，运到广州出口。④

这条路线自南昌或九江开始，可以利用赣江和北江的水

---

① 参考梁廷枏，《粤海关志》，卷十七至十九，"禁令"。
② 张德昌，《清代鸦片战争前之中西沿海通商》，收在《中国近代史论丛》第一辑第三册（台北：正中书局，1956），第126—127页。
③ 台北故宫博物院藏，军机处奏折录副（以下简称"录副"），第048576号；参考Public Records Office藏英国外交部档案，F.O. 233/189, no. 14（本件亦见许地山编，《达衷集》，第138页）；蒋攸铦，《绳枻斋年谱》（台北：文海书局，"近代中国史料丛刊"第191种），第98页。
④ "录副"，第048576号。

路，也可经由陆路往来。在九江，清朝政府设有九江关，从九江关经过樟树镇（在清江县东北）、吉安、泰和、万安、赣县（此处设有赣关），经过大庾岭再越过梅岭进入广东省境，经过南雄、曲江（韶州，清朝在此设有韶关，即太平关），再经过英德县、西江驿到达南海县的佛山镇，进入广州的西关地区。① 行商及夷馆皆在西关。途中经过九江关、赣关及韶关均须纳税。因此从产地到出口，清朝政府可以征收四次关税。为了这个目的，清朝规定福建本省所产的茶，禁止自厦门出口。②

但是福建、安徽的茶叶还是可以自九江利用长江水路运至下游，在宁波出口。同时宁波也在中国生丝的生产区内。从宁波可以利用中国沿海的帆船贩运至滨海各省。③

乾隆二十一年（1756）到二十四年（1759）洪任辉等试图开展宁波贸易的目的之一就是要利用有别于"使节路"的另一条商路，这样可以节省一部分关税和运输成本（水脚费）。④ 清朝政府也认为他们有"规避韶、赣等关税课"的嫌疑，⑤ 因此先是提高浙海关的税率，"寓禁于征"，继而干脆禁止西洋贸易船只赴浙。

不只是西洋人想利用宁波，基于成本与运输速度的考虑，中国商人也想经过宁波将茶叶运到广东再出口。然而在嘉庆

---

① 张德昌，前引文，第112—113页。

② 周凯，《厦门志》（台北：台湾银行经济研究室，《台湾文献丛刊》第95种），第177页。

③ 关于中国沿海的水路交通，可参考上野康贵，《清代江苏の沙船いついて》，《铃木俊教授还历纪念东洋史论丛》，第57—72页。

④ 张德昌，前引文，第121页。

⑤ 台北故宫博物院藏，宫中档奏折（以下简称"奏折"），乾隆朝第013636号。

十四年（1809）以前，因为中国东南沿海有朱濆、蔡牵等海盗横行，航运不安全。直到嘉庆十四年（1809）敉平了这些海盗，洋面平靖，这个目的才得到实现的机会。① 海运开始在嘉庆十八年（1813），进口广州茶叶为七十六万四千七百九十余斤，到嘉庆二十一年（1816），就增长到六百七十二万三千零九十余斤。② 增长速率甚大。

当时两广总督兼署粤海关监督蒋攸铦认为茶叶海运虽然避免了韶关、赣关的课税，但也增加了浙海关的出口税和粤海关的进口税，对于全国的税课影响不大。可是他又认为客商与夷商可能在沿海岛屿私自交易，而且茶叶装贮板箱、竹篓，包装得既紧密而且数量上又太多，海关检查不容易，可能会有夹带违禁品的情形。遂奏请自嘉庆二十三年（1818）起，停止茶叶海运至广州，但不禁止运往江南（江苏）以北，得到朱批允准。③

从茶叶被禁止海运的例子来看，清朝政府对于商业上考虑最多的是税课的多寡，其次是管理上的便利与否。他们既不愿意牺牲一点税，也不肯改进管理的办法，而宁可牺牲一条便利的商路。

2.生丝

生丝在十六、十七世纪是中国外销商品中最重要的一项，进入十八世纪后也依然鼎盛。清朝政府并且也利用生丝以换取

① "录副"，第048576号。有关这些海盗的一篇最近的研究，见Wei Peh T'i（魏白蒂），"International Security and Coastal Control: Juan Yuan and the Pirate Suppression in Chekiang, 1799—1809," in Ch'ing-shih Wen-t'i（清史问题），vol. 4, no. 2（December, 1979），pp. 83—112。

② "录副"，第048576号。

③ 同上注。

铸钱用的日本铜。①

在将西洋来船局限到广州一口的同时，生丝包括其制成品的出口也遭到某种限制。

乾隆二十四年（1759）前数年间生丝及其加工品的价格一直高涨，② 于是御史李兆鹏奏准禁止出洋。③ 二十五年（1760）禁止外洋夷船贩。但是为了交换日本铜，二十六年（1761）江苏巡抚陈宏谋奏准赴东洋办铜的船只可以依配额出口丝、绸。次年，两广总督苏昌等因英国商人伯兰（Samuel Blount）等的要求，奏请丝斤出洋。上谕（五月）以禁止丝斤出洋后丝价并未下跌，显然"生齿日繁"才是丝价上扬的真正原因，于是同意按照东洋办铜之例，准许外国船只每船配额为土丝五千斤、二蚕湖丝三千斤，至于头蚕湖丝及绸绫缎匹则禁止输出。稍后因夷商"情愿少带丝斤"而"量织些匹头带回"，于是又奏准可以依十比八的折换率输出绸缎。乾隆二十九年（1764）又奏准广东省往南洋贸易的本港船亦可依配额出口丝、绸。浙、闽两省亦援例获准。同时这一年广东的外洋商船亦获准每船加带粗丝二千斤。④ 从此以后生丝及其加工

① 曹永和，《从荷兰文献谈郑成功之研究》，《台湾早期历史研究》（台北：联经出版公司，1979），第384—385页；山脇悌二郎，《近世日中贸易史の研究》（东京：吉川弘文馆，1960），第三章；全汉昇，《自明季至清中叶西属美洲的中国丝货贸易》，《中国经济史论丛》（香港：新亚研究所，1972），上册。

② 参考中山美绪，《清代前期江南的物价动向》，《东洋史研究》，38：2（1978），第83—88页。

③ 该奏折见《史料旬刊》，第350b页。他认为外国毛织品的价格太高，并不怎么适合中国人使用。同时，"蚕丝之利，衣被天下"，为民生之所必需。既然贩米出洋，例有明禁，则衣、食不分，丝绸也应禁止出口。

④ "奏折"，乾隆朝第014519，018995号；《大清会典事例》，卷191，第25b—26a页，第28b—29a页；《皇朝政典类纂》，第3749—3752页。

品的出口便在配额的限制下。这种限制对于贸易的成长当然是
不利的。

同时为了管制丝绸的去向，对于从浙江贩到广东的湖丝也
进行了追踪。因为浙丝也是经过安徽、江西以入广东的一条商
路（在洪任辉的企图失败以后，丝只有走广州出口一途），在
太平关必须登记、缴税，于是由督、抚札行南雄府及管理太平
关的肇罗道① 将过境的丝斤绸缎数目按旬② 开单具报，转发广
州府查对——因为这些丝绸一向都运到广州或佛山镇，卖予铺
户或机坊③ 并且有粤海关之大关委员于出口时加以检查。至于
沿海的稽查则不用说是免不了的。

丝绸出口采取配额制自然是受到办铜船只以配额的方式出
口的影响，而对办铜船只所采取的办法，多少也是对德川幕府
限制铜矿出口而采取配额制④ 的一种反映。为了全国性政策的
一致性，对广州外国船只出口的丝绸加以限制乃是必然的了。

再者，粤海关原来禁止黄、紫两色的丝绸出口，因为这
是代表统治权威的服色。乾隆三十五年（1770），粤海关监督
德魁等人才以海关档案中对此并无明文规定和外国人也会染造

---

① 太平关通常由南韶连道管理，南雄府知府亦有时奉命管理。参考"奏
折"，乾隆朝第030745、034003号。

② 但记录中又称为"月报"，而不是"旬报"。

③ 广州城外的西关是密布着机坊的地方。虽然这些机坊是否经营丝织业
缺乏直接的说明，但是广州既然接受了大量的生丝，那么西关机坊就是丝织业
作坊的可能性就不该置疑了。至于佛山镇本身，则是另一处丝织业中心。参考
赵冈、陈锺毅，《中国棉业史》（台北：联经出版公司，1977），第58页；
Louis Dermigny, *La Chine et L'Occident: Le Commerce à Canton au XVIIIe Siè le*, 1719—1833（Paris: S.E.V.P.E.N., 1964），Tome IV, p. 86; Anonymous, "Description of the City Canton", in *The Chinese Repository*, 2：7（August, 1833），pp. 305—306。

④ 山脇悌二郎，前引书，第70页。

黄、紫两种颜色的丝绸,奏请开禁,朱批"知道了"。① 政治符号(political symbol)原本系针对本国人民而设的,但有很长一段时间也影响了商品的出口。

3.米

米是中国人的主食,而中国是一块"饥荒的土地"(the famine land),② 调剂粮食的供需成为政府的重要职责之一。因此禁止食米出口,当然成为清朝的基本政策,更何况朝廷还经常怀疑船只载运食米出口,有"接济盗匪"之嫌呢!③

专就广东一省而言,"广东户口繁多,本省所产之米不敷民食,每借粤西、湖南贩运接济"。尤其是"广州省城……需米最多。商贩三日不至,市价即时腾贵"。④ 因此,康熙末年以来广东省与福建省一样,都进口外国米(以暹罗米居多),官方订有减税或者其他奖励的办法。⑤ 这种办法不只针对本国商人而已,米船免税的优待也实施于西洋各国(及其东方殖民地)。

举个例子来说明。嘉庆十一年(1806)粤海关监督阿克当阿以两广米价并昂,下谕外洋行商人潘致祥等鼓励各国船只载运食米前来,只要不附载其他商品便可不用丈量输钞。并订定有效期限为自发谕之日(二月十一日)始至九月底止。⑥ 结

---

① "录副",第011876号。

② 这是华洋义赈会的马洛利(Mallory)所著的一本书的书名:*China: The Famine Land*。

③ 参考《朱批谕旨》,第一函第四册,第51b页等处。

④ 《朱批谕旨》,第二函第一册,第24a页,第25a页,第32b页,第39a页及第52b页。

⑤ "奏折",乾隆朝第011015,013097号,参考高崎美佐子,《十八世紀における清タイ交渉史》,《お茶の水史學》(1967年10月),第18—32页。

⑥ F.O. 233/189, p. 130.

果一口气来了三四十只港脚船（从印度各港来的船）约载米四十万石，造成广州米价的大幅下跌，也造成了潘致祥与东印度公司大班哆林文（James Drummond）之间的不愉快。① 可惜的是中国的内地商路网不能良好地发挥行销的功能,而进口米的政策进行得也不积极，因此对于解决中国的粮荒贡献亦不大。

4.白铅

白铅（tutenague）也是广州的重要出口品。原产地在湖南郴州、广西桂州，② 运到广州以后，集中在佛山镇。洋行商人于此采买，运至省城报关请验纳税。③

嘉庆十二年（1807）初，有一艘英国船只一口气购买了白铅五六百担（即五六万斤）出口，数量极大，引起监督常显的注意。他在经过与总督及藩、臬两司讨论之后上奏。上谕命常显就出口的情形加以查明，以便对白铅的出口加以限制或禁止。因为过去虽然不曾禁止白铅出洋，但是它是铸钱的材料之一，而当时主要产地广西省的产量又下降，因此也就有了管制的理由。常显于是奏定以十年来出口最少的一年之出口量七十万斤作为定额，禁止超过这个数字，并令佛山同知加以稽查。之所以不完全禁止是因为常显认为"白铅……为夷人岁需之货，今若一旦禁止，不许出洋，在远夷无知，不免心生疑虑，似不足以昭体恤而示怀柔"④ 。到了道光十二年（1832），两广总督李鸿宾等更进一步奏请"查明外

① F.O. 233/189, no. 132. 据H. B. Morse, *The Chronicles of the East India Company trading to China*（台北：成文出版社，1975年翻版），vol. Ⅲ, pp. 27, 38—39, 则有港脚船三十只运来米二十七万石、公司船运来米三万八千石。

② 张德昌，前引文，第129页。

③ "奏折"，嘉庆朝第009694号。

④ 同上注。

夷各国均已产铅，无须来粤贩运，请将报部出洋白铅定额，暂时停止"①。

于是白铅的出口先是遭到类似丝绸的命运，继之以彻底禁止。其根本的目的在于维持本国的货币供给。

5.大黄

大黄的出口在乾隆末年，每年有六七万至十余万斤，系自四川、陕西运到广州出口的。主要的购买者为贺兰（荷兰）、弗兰西（法国）、瑞国（瑞典）和连国（丹麦），英国、美国输入得不多。② 在西北，大黄也经由蒙古、新疆出口到俄罗斯。乾隆五十四年（1789）间，因为中、俄之间的冲突，先行下令禁止新疆方面的出口，既而规定广州亦不可出口，理由是"西洋等处与俄罗斯境壤毗连，常通交易"。大黄可能经由各国转售到俄国。③ 不过，因为广东官员的请求，还是让西洋各国以五百斤为额，暂准出口。等到俄国的问题解决之后，署两广总督郭世勋又奏请让大黄自由出口，得到批准。④ 由此可见大黄被用来作为"控制外夷"的武器之一，并且清朝政府也不断地使用这个武器。⑤

6.棉花

棉花在雍正以前即已进口，⑥ 到了乾隆中期以后成为印度

① 《明清史料》，庚编第三本（台北：台湾"中央研究院"历史语言研究所，1960），第285b页，"户部月终册"。

② "奏折"，乾隆朝第056570号。

③ "奏折"，乾隆朝第056570，056608，056628，056765，056860号。《清高宗实录》，卷一三二○，第7b—9b页；卷一三二一，第12b—14a页；卷一三二三，第32ab页；卷一三四一，第3ab页；卷一三六一，第35b—36b页；卷一三六七，第27a—28b页。

④ 《清高宗实录》，卷一四○一，第17b页。

⑤ 参考张德昌，前引文，第129页。

⑥ 《史料旬刊》，第132b页。

出口到广州的最重要商品。最初港脚商人只能用白银来弥补与中国贸易的差额，其后棉花与鸦片终于代替了白银。①

乾隆四十二年（1777）前，缅甸因为与清朝的长期冲突而遭到停市。李侍尧（原任两广总督，于四十二年初调任云贵总督）上奏云：

> 在粤省时见近年外洋港脚船只全载棉花，颇为行商之累，因与监督德魁严行饬禁。嗣后倘再混装棉花入口，不许交易，定将原船押逐。初不知缅甸出产棉花……而缅匪之晏共、羊翁（按：此二地名皆系仰光——Rangoon——之译音）尤为洋船收泊交易之所。缅甸棉花悉从海道带运，似滇省闭关禁市有名无实。②

于是严行查禁广州进口棉花，已到之船不准下货。③ 但缅甸很快地就和清朝妥协，于是云南与缅甸的互市恢复，广东同时获准将棉花进口、下货。因为事情发生在同一个贸易季之内，并没有影响到港脚船的交易。④ 但无疑地已为广州之贸易带来了一些不必要的骚扰。

再就李侍尧的奏折来说，他提到了他尚在两广总督任上时

---

① Earl H. Pritchard, *Anglo-Dutch Relations During the Eighteenth Century*（台北：虹桥书店，1972年翻版），第125页。

② 《清高宗实录》，卷一〇三一，第20页。

③ 《清高宗实录》，卷一〇三一，第20b—21a页；《史料旬刊》，第447a—448b页；F.O. 233/189, no. 16（i）（《达衷集》，第148—151页同）；"奏折"，乾隆朝第031400，031402，031418，031804，031809号。

④ 《清高宗实录》，卷一〇三三，第14b—15b页；F.O. 233/189, no. 16（Ⅲ）（《达衷集》，第151—152同）；参考 H. B. Morse, op. cit., vol. Ⅲ, pp. 24—25。

即已禁止棉花进口。上谕也提道："内地处处出产棉花，供用极为宽裕，何借取给外洋？"① 并不重视印度棉。其实，不管内地是否真的供应充裕，至少这些棉花可以经过加工，再以棉布（nankeens）方式出口。但似乎未曾为官方所注意到，虽然棉布是很重要的出口品。

7.其他

除了以上讨论的各种商品外，有些商品是例禁，永远不准进口或出口的。若有违规，必招处罚。以食盐为例，两广地方系粤盐的行销范围，别的盐区的盐不可进。乾隆二十九年（1764），有一艘英国船附载一些食盐进口，署两广总督明山勒令该船载回，并且申明"此后如再将盐斤载入内地，定将船、盐入官，商、梢（水手）一并治罪"② 。这当然是为了保护食盐专卖。

二、小结

本文由于仅就粤海关对有关贸易事务的处理做个案的探讨，因此并不能照顾到粤海关实际政策的每一方面。事实上只有采取编年式的叙述方式才可能面面顾到。不过，基于这些个案的探讨，我们已经能够掌握粤海关政策的基本精神。那就是说，一切的考虑都不是以有利于广州贸易的进行为优先。各种各样的理由，如财政上的要求、政治表征的考虑、对叛乱的过度防犯与外交策略的运用等等，实实在在都影响到广州贸易的

---

① 《清高宗实录》，卷一○三一，第20ab页。
② "奏折"，乾隆朝第018485号。

顺利进行。

由于清廷基本上以自给自足式的经济为满足，因此虽然官员们也了解到广州贸易对人民生计与国家财政都有相当的贡献，但是由于他们习惯于做单方面的考虑，从不做知彼的工作（其实知己的工作也做得不太好），因此动不动就想诉之于封舱① 的办法来强迫外国船只接受中国官员的处理方案。清朝的做法造成了外国商人与中国政府之间长期缺乏谅解的状态。嘉庆初年以后，中英之间更是冲突时起，终于在鸦片走私问题的处理上达到高潮。

清朝在处理对外贸易事务上还有一点不合理的地方。比如说洪任辉请求改善粤海关收取陋规的情形时，钦差大臣一方面虽然认为"勒索外番陋规，国体所系"② ，另一方面却认为地方官员即使要减免番船"出口食物税银……亦不应于番商甫经控告之时陈请，致长刁风"③ 。为了面子，绝对不肯即时改善。所以我们大体可以同意魏斐德（Frederic Wakeman）的说法：清朝的贸易政策是"把商业的利益附属在政治上的国家理性（raison d'etat）之下"的。④

原刊于《大陆杂志》，第六十四卷第六期（1982年6月），第19—24页。

---

① Tseng-tsai Wang, *Tradition and Change in Chinese Management of Foreign Affairs: Sino-British Relations, 1793—1877* （Taipei; Soochow University, 1972）, pp. 12—13.

② 《史料旬刊》，第64b页。

③ 《清高宗实录》，卷五九六，第8页。

④ Frederic Wakeman, "The Canton Trade and the Opium War", in *The Cambridge History of China*, vol. 10, part. I （New York: Cambridge University Press, 1978）, p. 163.

1780—1800，中西贸易的关键年代

前言

众所周知，在地理大发现（十五世纪末）以后，当欧洲人将他们的商业与军事影响力扩张到东半球时，东亚及东南亚的国家若非处于分裂的状态，就是采取了某种方式的闭关自守政策。这种国际的差异性维持了好几个世纪，一直到十九世纪中叶才发生彻底的改变。就中国而言，从十六世纪初以迄鸦片战争（1840—1842）期间，中外之间的自由贸易并不被容许。由于外部的骚扰或内部的政争，加上其他因素的考量，海路贸易时禁时开。最后一次海贸开放始于1684年，那一年就在沿海各省设立了海关，准许外国人来华，也准许中国人出海贸易，唯针对这样的开放政策，政府同时也实施了限人、限地的管理办法。

就鸦片战争以前，中国的海上贸易全局而言，可以以"西洋来市、东洋往市、南洋互市"简单数语概括。[①] 在本文中，我们暂时不讨论与东洋及南洋的贸易。（唯南洋贸易若由欧洲商人经手则被视为"西洋来市"的一部分。）

鸦片战争以前中国国力正强，政府也有能力照自己的意

---

① 参考本书《清代前期 （1644—1842）海洋贸易的形成》。

思来制定有关的规范，并且付诸施行。政策上的制定几乎全凭决策者一方的偏好，很少反映贸易形势上的变化。因此有关中西贸易政策最大的改变只发生在1750年代末期，规定欧洲来船限定在广州一口交易。但即使是此一政策也不是针对贸易本身结构的变化而发。实际上，在1684至1840年之间，中西贸易的内涵不管是就参与者、就商品的规模与结构等各方面来看，都经历了相当大的改变。就中，1780至1800年的二十年可以说是最关键的年代，许多与贸易有关的重大改变都在这二十年间发生。首先，就外国人所带来的贸易来说，1780、1790年代正是许多旧的贸易伙伴退出，而新来者加入的年代。其次，在向外国人所出口的商品方面，茶叶地位如日中天，而印度棉花则在进口品方面开始居于领导地位。再者，1780年代之后的一二十年，也正是外国贸易伙伴重新调整他们的财务安排，以适应中国贸易新形势的年代。

本文的目的主要在整理、说明这一二十年间，有关中西贸易的重大变迁。变迁虽然集中于那一二十年，但中西贸易的发展却是其来有自。因此，对其历史背景也将适当地交代。在第一节要先介绍1780年代以前中西贸易的主要外国伙伴，突显出英国东印度公司在中西贸易中取得无与伦比的地位与其他外国公司退出中西贸易。第二小节探讨影响英国公司崛起的一个非常重大的因素——英国"折抵法案"的立法与实施。第三小节介绍在1780年代以后新加入中西贸易的外国伙伴。最后一节的结论部分则兼及十八世纪后中西贸易的其他变迁，并且就整个中国海上贸易的问题简述十八世纪末期的二十年所具有的关键性意义。

一、1780年代中西贸易伙伴的变化

葡萄牙人、西班牙人与荷兰人远在十八世纪以前即已加入对华贸易。不过，他们基本上是在亚洲境内的其他地方进行与中国的贸易，而非直接从其欧洲母国进行，例如，葡萄牙人以澳门为据点，西班牙人以马尼拉为据点，荷兰人利用巴达维亚。而其他欧洲国家在十七世纪末与十九世纪间，却已从欧洲直接派船来华。英国东印度公司成立于1600年，在十七世纪间与中国的交易极其有限，但1715年以后，他们成功地在广州设立办事处，贸易快速兴隆。法国人于路易十四在位期间也成立了一家东印度公司（1664），并且间歇性地派船来华。可是在1780年代以前，由于法军在印度受挫于英国东印度公司孟加拉殖民地总督柯赖甫（Robert Clive），公司遂被解散。此后在他国名义掩护下，法国人还维持少量的贸易，直到1787年另一个新公司的旗帜才在广州重新升起。然而自旧公司解散以后，法国对中国的贸易规模就已微不足道。[①] 不久之后，法国大革命爆发，中、法之间的贸易也就完全中断了。

丹麦人在印度的德伦格巴尔（Tranquebar）有块殖民地，以此为据点，他们在十七世纪时就已时有时无地派船来中国。但与中国的常态贸易还是要等到1731年丹麦亚洲公司（Danish

---

① 伦敦India Office Library and Records 所藏档案 Factory Records （以下简作IOLR, G/12）, G/12/76, p. 141; G/12/82, pp. 70—71; G/12/86, p. 197。 H. B. Morse, *The Chronicles of the East India Company trading to China, 1634—1833*（Oxford: Oxford University Press, 1926—1929）, vol. 2, p. 39; Louis Dermigny, *La Chine et L'Occident: le Commerceà Canton au XVIIIe Sir le, 1719—1833*, 4 vols.（Paris: S.E.V.P.E.N., 1964）; M. Beurdeley, *Porcelaine de la Compagnie des Indes*（3rd and revised edition. Fribourg, 1974）; Robert Picard et al., *Les Compagnie des Indes*（Grenoble, France: Artaud, 1966）。

Asiatic Company）成立时才开始。不过，即使那样，他们的交易量还是不高。① 在中国，他们也购买茶叶，因为竞价的关系，时常引起英国东印度公司的不满。② 大约从1773年开始，丹麦公司积极地加入所谓的"印度汇款"（India Remittance）事业，那就是说协助欧洲人把他们在亚洲赚得的金钱汇回欧洲。该公司在广州的部门也参与这种财务安排，并且以更优惠的条件与英国公司竞争。③ 换言之，该公司的存在颇不利于英国公司的发展。不过，由于在商品的实际交易上，丹麦公司所扮演的角色不重，利润也就不大。而欧洲政局的诡谲终究使其主事者在1792年时撤走了在广州的营业人员。④

瑞典人也在1731年时成立一家公司到亚洲寻求财富。他们的行径与丹麦人相类，买些茶叶，也从事汇款到欧洲的事业。他们派来中国的船舶数量不大，在1746至1766年间有36艘，1766至1786年间有39艘。在1786至1806年的二十年间，虽然还派出了31个船次，可是其黄金年代已然消逝。此后就不再派船

---

① Erik Gobel, "Danish Country Trade Routes in Asian Waters in the Seventeenth and Eighteenth Centuries", in Karl Reinhold Haellquist ed., *Asian Trade Routes: Continental and Maritime* (London: Curzon Press, 1991), pp. 106—108.

② IOLR, G/12/66, pp. 177—178.

③ IOLR, G/12/72, pp. 163—165; G/12/73, p. 82; G/12/76, pp. 134—138. Kristof Glamman, "The Danish Asiatic Company 1732—1772," *Scandinavian Economic History Review*, 8:2 (1960), pp. 109—149; Gobel, op. cit., pp. 104—116; Ole Feldbaek, *India Trade under the Danish Flag: European Enterprise and Anglo-India Remittance and Trade*, Scandinavian Institute of Asian Studies Monograph Series, 2 (Copenhagen: Studentlitteratur, 1969) and "Country Trade under Danish Colours: a Study of Economics and Politics around 1800", in Karl Reinhold Haellquist ed., *Asian Trade Routes: Continental and Maritime*, pp. 96—103.

④ IOLR, G/12/103, p. 199.

东来。公司的财务日益恶化，1813年终归解散。①

　　1780年代以前，英国东印度公司的首要竞争对手为荷兰东印度公司，也称为"联合东印度公司"（Vereenigde Oostindische Compagnie）。该公司成立于1602年，在十七世纪时为欧洲人在东亚世界最有力的贸易机构，但其对华贸易的盛期其实是从1735至1780年的四十余年。

　　十七世纪早期，荷兰人经由台湾的热兰遮城（台南）与中国大陆贸易。1662年，热兰遮城及台湾的统治权落入郑成功手中，荷兰人丧失对华贸易的据点。中国虽然在明郑灭亡之后开放海上贸易，但荷兰人由于无法在中国或靠近中国之处获得一个据点，只好以巴达维亚为中心，向到此经商的帆船贸易家买卖商品，进行一种间接的贸易。

　　1717至1727年间，由于中国禁止帆船前往东南亚，荷兰人一时无法取得他们想要的茶叶、瓷器之类中国产品。加之，荷兰母国南部的奥斯坦德（Ostend）在这个时候成立了一家以远东为目的地的贸易公司。预期到可能的激烈竞争，荷兰东印度公司决定展开与中国的直接贸易，并且在1728年付诸实现。直接贸易意味着母国的管理机构（称为"十七人小组"，"Heren Zeventien"）必须设法筹措所需的现金（因为对华贸易为入超），也就注定了荷兰贵金属的外流。同时，直接贸易也剥夺了巴达维亚参与中国贸易的机会，后者遂向"十七人小

　　① S. Roth, *Chinese Porcelain Imported by the Swedish East India Company* (Gothenburg, 1965); C. Koninckx, *The First and Second Charters of the Swedish East India Company, 1731—1766* (Belgium: Van Ghemmert, 1980); Jan Wirgin, "Chinese Trade Ceramics for the Swedish Market", paper presented in the International Symposium on Ancient Chinese Trade Ceramics, Taipei: June 20—22, 1994.

组"抗议。在避免金、银外流，同时也照顾到巴达维亚利益的前提下，1735至1756年间，欧洲派出的船都顺路先行停靠巴达维亚，在那里装载大量东南亚产品（借以推销巴达维亚当局所搜罗的物资，并且也不用自欧洲运出现金），然后再往广州。回程则不再取道巴达维亚。账目上的问题，巴达维亚自可与总公司结算。但巴达维亚当局也希望能获得一些中国商品，为此，他们也被允许每年派一艘船去中国。

由于财务上的依赖，1735至1756年间，荷兰对中国的直接贸易其实是由巴达维亚主持的。为了直接掌控这个贸易，1755年"十七人小组"决定重组中国贸易。他们在阿姆斯特丹的总部成立了一个"中国委员会"（China Commission），由这个委员会来经管直接贸易。船仍由欧洲派出，仍往巴达维亚装载东南亚产品，续航到广州，再直接返回阿姆斯特丹。不过，巴达维亚却被剥夺了派船前往中国的权利。"七年战争"（1756—1763）期间，由于荷兰是中立国，其东印度公司的业务也就兴旺无比；反观英国则因卷入那场战争，其船舶经常遭到交战国的骚扰或劫夺，一时声势落在荷兰之后。战后荷兰东印度公司仍维持很好的经营状态，与英国东印度公司一同分享广大的中国市场，将其他欧洲国家抛掷在后。此时，即在1760至1780年间，瑞典、丹麦和法国的来船一年很少超过两艘。

不幸的是第四次英荷战争（1780—1784）摧毁了荷兰的中国贸易。战争初期，荷兰船经常被英国海军捕掠，损失惨重。随后，荷兰船就不再出现在中国海域。战后荷兰虽然想要恢复对华贸易，可是由于英国的"折抵法案"已经生效，荷兰自中国所出口的茶叶在欧洲失去了市场，荷兰的贸易也就难以再

盛。同一时间，欧洲政局的演变也不利于荷兰公司。1799年，
该公司终于因为财务破产而解散。[1]

二、"折抵法案"与英国东印度公司的经营

从以上对欧洲公司简史的回顾，我们不难发现在1780年
代以后东印度公司已跃升为对华贸易的独大机构。欧洲列强之
间的战争、各公司内部的经营手法等等因素对此种消长自然有
其作用，但除此之外，英国通过"折抵法案"更是关键性的一
着。"折抵法案"的执行在其他方面也影响到中国对外贸易的
结构。且让我们先了解一下这个法案的意义。

这个法案关系到中国茶在英国销售的问题。茶叶最早被引
进到欧洲大约是十七世纪中叶的事，并且很快就传入了英国。
"在英国，国会在1660年开始就茶叶课税；而英国东印度公司
自1669年起进口"[2] 。在十八世纪中，饮茶成为英国社会的风
尚；英国成为欧洲消费茶叶最多的国家。因此，大多数欧洲公
司在与中国贸易的同时，都想从中国进口茶叶，一方面供本国
消费，他方面则设法卖到英国。

---

[1] C. R. Boxer, "The Dutch East India Company and the China Trade:
Porcelain, Silks and above all Tea Formed the Basis of a Lucrative Trade
between the Chinese and Dutch in the Eighteenth-Century", *History Today*
（London），no. 29 （1979），pp. 741—750; C. J. A. Jörg, "The China
Trade of the V.O.C. in the 18th Century",《关西大学东西学术研究所纪
要》，no. 12 （1979），pp. 1—26 及 *Porcelain and the China Trade* （The
Hague: Martinus Nijhoff, 1982），pp. 11—90。

[2] G. Schlegel, "First Introduction of Tea into Holland", *T'oung Pao*,
series II, vol. I （1900），p. 471。

英国首相威廉·庇特（William Pitt）在1784年时估计，英国人民之中，有三分之二的人，每年消费三磅的茶叶。[1]

事实上，即使贫穷人家也都饮用不少的茶叶。作为一位当代的观察者，艾登爵士（Sir Frederick Eden）[2] 也有如下的鲜明描述：

> 任何不嫌麻烦，在用餐时间，一脚踏进中色克斯（Middlesex）或萨来（Surrey）穷人家村屋的人将会发现：茶不分早晚是一般唯一的饮料，而且总是在晚餐时大量饮用。[3]

由于茶叶的进口为东印度公司的专利，欧陆各国所进口的茶叶理应不能合法地销到英国，于是走私盛行。在整个十八世纪，走私成为全英国最受瞩目的事情。

就走私茶叶一点来说，欧陆茶叶的供应者享有一些优越条件。首先，他们的船舶远较英国东印度公司所有的为大，平均运费及其他开支也就相对为低，成本当然也跟着减少。[4] 其次，他们往往拥有工夫茶、小种茶等英国公司所无法充分供应的茶叶。[5] 再者，英国的合法贸易商人必须支付很高的关税和

---

[1] William Cobbett, *The Parliamentary History of England, from the Earliest Period to the Year 1803*, vol. 24, col. 1010.

[2] 后来晋封为开温第士勋爵（Lord Cavendish）。

[3] Jack C. Drummond et al., *The Englishmen's Food: A History of Five Centuries of English Diet*（London, 1937）, p. 204.

[4] Thomas Bates Rous, *Observations on the Commutation Project, with a Supplement*（London, 1786）, p. 28.

[5] Hoh-cheung Mui and Lorna H. Mui, "Smuggling and its British Tea Trade before 1784", *American Historical Review*, 74:1（1968）, p. 49.

国内通过税——低价位的茶叶，如武夷茶，税率为进口拍卖价的127.5%；高价位的茶叶，如熙春，为75.9%。① 在此状况下，走私者有利可图也就不难想象。

由于大量的茶叶经由非法的管道销售到英国，国家财政收入大为减少。因此，在十八世纪间，英国政府也尝试过不同的手段以消灭走私，但成效不彰。②

1784年夏天，庇特向英国国会提出了一个对付茶叶走私的新法案，并且顺利完成立法，这也就是所谓的"折抵法案"（The Commutation Act）。该法案将茶叶的关税划一降低为12.5%，而通过税则完全免除。因此而造成的税收损失，则以征收一种名为"窗户税"的新税加以补足。换言之，"窗户税"的征收是用来抵补大部分的茶税，因此称为"折抵法案"。

"折抵法案"的施行十分顺利。结果，走私者由于获利机会大为减少，从而销声匿迹；同时欧洲各国也失去了一个最重要的茶叶市场。欧陆各国进口的茶叶只好大幅减少，而英国公司则大为增加。再者，由于进口关税的降低与通过税的免除，茶叶的零售价格也大幅度下滑，因此喝得起茶的人比以往更多；而个人消费量也随之增加。国内需求的增加，当然又进一步扩大了东印度公司的进口规模。就在此后的一二十年间，欧陆各国都卷入了法国大革命的战局与随后的拿破仑战争，没有充分的余力去照顾与中国的贸易。于是，英国东印度公司独霸了中国茶叶对欧洲的出口。

如表一所见，在1772—1781年的十年间，总数190,689,104

---

① H. B. Morse, *The Chronicles*, vol. 2, p. 116.

② Cal Winslow, "Sussex Smugglers", in Douglas Hay et al., *Albion's Fatal Tree: Crime and Society in Eighteenth-Century England*（New York: Pantheon, 1975）, pp. 119—166; Mui & Mui, "Smuggling", pp. 57—73.

磅中，只有1,450,000磅，也就是不到三分之一，是由英国人运到欧洲的。平均每年才145,000磅。可是，在"折抵法案"通过的次年，英国东印度公司所售出的茶叶就超过了16,000,000磅，相当于前此每年进口到欧洲总平均量的80%。表二为立法前后东印度公司茶叶交易的另一项比较情况。在1776—1780的五年间，英国公司享有广州茶叶出口总量的31%；可是在1786—1790年期间，情况完全改观，英国公司享有67%的高比率。加上减税效果所刺激出来的新消费量，1780年代中期以后，每年自中国出口的茶叶都超过160,000担（21,333,333磅）。（参考图一）

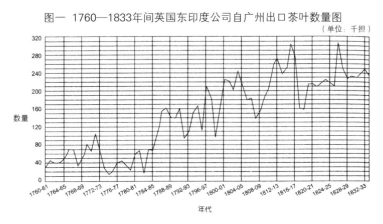

图一　1760—1833年间英国东印度公司自广州出口茶叶数量图

（单位：千担）

资料来源：Earl H. Pritchard, *The Crucial Years of Early Anglo-Chinese Relations, 1750—1800* (Washington, D. C.: State College of Washington, 1936), p. 395; H. B. Morse, *The Chronicles of the East India Company Trading to China*, vol. II, III, and IV (Oxford: Oxford University Press, 1926—1929), passim.

表一　1772—1781年间英国东印度公司
及其他欧陆公司出口中国茶叶的比较

贸易年份（止于该年三月）	他国船数（艘）	出口茶数量（英磅）	英国船数（艘）	出口茶数量（英磅）	总船数（艘）	出口茶总量（英磅）
1772	8	9,407,564	20	12,712,283	28	22,119,847
1773	11	13,652,738	13	8,733,176	24	22,385,914
1774	12	13,838,267	8	3,762,594	20	17,600,861
1775	15	15,652,934	4	2,095,424	19	17,748,358
1776	12	12,841,596	5	3,334,416	17	16,176,012
1777	13	16,112,000	8	5,549,087	21	21,661,087
1778	15	13,302,265	9	6,199,283	24	19,501,548
1779	11	11,302,266	7	4,311,358	18	15,613,624
1780	10	12,673,781	5	4,061,830	15	16,735,611
1781	10	11,725,671	13	7,970,571	23	19,696,242
合计	117	130,509,082	92	58,730,022	209	189,239,104

英国私商出口量　　　　　　　　1,450,000
欧陆公司出口量　　　　　　　130,509,082
　　总　　　计　　　　　　　190,689,104

原注：欧陆各国公司用来从事中国贸易的帆船皆较英国公司所用者为大。

说明：原数字的错误，已依平衡计算式的方式加以调整。

资料来源：Thomas Bates Rous, *Observations on the Commutation Project, with a Supplement* (London, 1786), p. 28.

表二　英国及其他外国贸易家自广州出口之茶叶数量的比较

（单位：担；1担=133.3英磅）

	1776—1780	1786—1790
英国东印度公司	210,207（31%）	774,386（67%）
法国、荷兰、丹麦及瑞典	488,372（69%）	322,386（28%）
美国	尚未加入广州贸易	52,184（5%）
合计	698,579（100%）	1,148,645（100%）

资料来源：H. B. Morse, *The Chronicles of the British East India Company Trading to China* (Oxford: Oxford University Press, 1926—1929), vol. II, p.118.

茶叶因此成为英国东印度公司最主要，且近乎唯一关心的事项。为了应付新的形势，在"折抵法案"通过后的十年间，它采取了一系列的革新动作。这当中，最重要的一项就是去计算每年该自中国进口多少茶叶。

来自伦敦的茶商，在向东印度公司标得茶叶之后，通常被容许将所承购的茶叶继续贮存在公司的仓库，需要时再领出。因此，从公司仓库领出茶叶的数量就被用来当作英国市场需要量的一项指标。

需求的估计方式以估算三年为原则。因为派船前往中国，完成交易再返回英国约需两年，而"折抵法案"规定东印度公司的仓库必须随时保有足供全英国人消费一年的茶叶。从这连续三年的需求数字中，公司减掉存货数量，再减掉当年预定的进口量、已经发出订单的数量，最后就得到应该增加的订货量。[1]

为了应付日益增加的茶叶采购量，英国公司在广州的机构也进行了必要的改组。早先，东印度公司的"货监"（supercargo）随船而来，交易完了即随原船回去。在广州采买茶叶时，不同船只的货监虽然有时互相合作，有时却彼此竞争，往往为此而支付较高的价钱。因此，早在1757—1758年贸易季中，在总公司"理事会"（the Court of Directors）的指示下，同一年度来华的货监就只组成一个单一的委员会，借以增

---

① Mui & Mui, "The Commutation Act and the Tea Trade in Britain, 1784—1793", *The Economic History Review*, second series, 16:2（1963），pp. 236—237; *The Management of Monopoly: A Study of the East India Company's Conduct of Its Tea Trade, 1784—1833*（Vancouver: University of British Columbia Press, 1984），pp. 94—95.

强与中国行商的议价能力。① 有一个学者遂说，行商在两年之后组成"公行"绝非意外，因为正是用来对付这个新成立的货监委员会。② 稍后，1770年，"公行"在英国东印度公司运作下解散，而货监却不再随当季船舶返回欧洲。这使得货监有机会更清楚地了解中国的市场变化，有利于其交易的谈判。③

英国公司对其广州机构的进一步改组发生在1779—1780年贸易季。这一年，总公司自伦敦派出了两名资深职员来广州与货监委员会的主席一起成立一个"特别委员会"（Select Committee），拥有一切交易的现场决策权。可是，在该贸易季终了时，"特别委员会"的三名成员却因各种原因不得不返回欧洲，因此商务仍旧由旧有的货监委员会执行。然而，随着茶叶需要的增加，来船越来越多，货监委员会的成员也跟着膨胀，大大不利于议事的进行与商务的处理。到了1786—1787年贸易季中，"特别委员会"再度被设立，并且维持到1834年该公司退出中国市场为止。中国行商称"特别委员会"的主席为"大班"，其下人员为二班、三班。非"特别委员会"成员的其他货监则听由该委员会指挥。④ 就这样，在"折抵法案"通

---

① H. B. Morse, *The Chronicles*, vol. 5, p. 65.

② Wen Eang Cheong, "Canton and Manila in the Eighteenth Century", in Jerome Ch'en and Nicholas Tarling eds., *Studies in the Social History of China and South-East Asia*（Cambridge: Cambridge University Press, 1970）, p. 239; *Mandarins and Merchants: Jardine Matheson and Co., A China Agency of the Early Nineteenth Century*（London: Curzon Press, 1979）, p. 18.

③ J. B. Eames, *The English in China* （London: Curzon Press, 1974）, p. 92; Peter Auber, *China: An Outline of Its Government, Laws and Policy; and of the British and Foreign Embassies to, and Intercourse with that Empire* （London: Barbury, Allen & Co., 1834）, p. 178.

④ IOLR, G/12/65, letter #9; H. B. Morse, *The Chronicles*, vol. pp. 61, 118.

过后很短的时间内，东印度公司在广州完成了最有利于经营的组织改组。

除了改组其广州机构之外，英国公司还得面对一个新问题。在1780年代中叶，该国的茶叶需要量激增，然而中国供应的茶叶品质却越来越差。在"折抵法案"实施前，英国人消费较多武夷茶、较少工夫茶。其后则相反。武夷茶的市场越来越小，工夫茶的市场越来越大。这当然反映在东印度公司在广州的采买活动上。由于市场的需求萎缩，中国茶商也就不用心去制造武夷茶叶。而工夫茶叶的需求大量增加，茶商一时不能取得这么多的茶叶，于是以掺假的方式来增加其数量。[①] 其结果都降低了茶叶的品质。为了应付这个问题，英国公司遂决意派遣一名"茶师"（tea inspector）到广州担任验货的工作。第一名茶师Charles Arthur在1790年来到中国，由于他具有分辨茶叶好坏的专业能力，而且有察觉造假的技巧，英国出口茶叶的品质大为改善。[②]

由于茶叶采购的激增，英国公司也面临了新的资金取得的难题。在财务的重新安排上，造成了对中国国际贸易的重大改变。其主要的改变有三：（一）棉花成为进口到中国的主要商品；（二）"港脚商人"与个人身份的英国商人开始积极参与中国贸易；（三）中国行商被迫在出售茶叶时，相对被要求购买一定比率的英国毛料。

英国东印度公司在广州采买中国商品所需的资金极为庞大。就拿1786—1787年贸易季为例，广州"特别委员会"在贸

---

① IOLR, G/12/103, pp. 230—231.

② Mui & Mui, "The Commutation Act", p. 243; *Management of Monopoly*, p. 38.

易季开始之初估计，因应船钞（相当于吨税）、规礼、人事费及办理商品的采购，所需资金总数高达白银5,585,497两，相当于西班牙银元7,757,634元。[1]

即使早在1784年以前，英国公司在茶叶采购上的规模便已不小。大量采购茶叶招致英国公司严重的逆差，从而必须由英国运送货币前来清偿债务。[2] 这样一来，东印度公司就受到国内重商主义者的严厉批评。再者，在美国独立战争期间（1775—1783），实际上也不可能从英国运出太多的现金。[3] 公司理事会遂要求其在印度的机构设法帮忙筹措这笔费用。适巧在1757年普列西（Plassey）之役后，英国东印度公司在印度开始直接领有土地，更在1765年取得征税权（称为"diwani"），从而其在印度的机构手头上有多余的货币。对总公司的要求，印度部门也努力执行了差不多二十年。[4]

然而不管从英国本土还是从印度运出现金的做法在1770年代末期以后越来越难进行。在1779至1785年间，当美国独立战争进行中时，欧洲根本没有办法运出现金。虽然在战争之初，印度还设法在1779—1780年的贸易季中运送一些现金到广州。可是印度白银外流也不利于本地的经济活动，1781年时加尔各答的总督（总管英国公司在印度的一切事务）遂下令禁止一切

[1] IOLR, G/12/83—2, p. 88.

[2] Earl Hamilton Pritchard, *The Crucial Years of Early Anglo-Chinese Relations, 1750—1800* （Taipei: Rainbow Bridge reprint, 1970）, p. 399.

[3] H. B. Morse, "The Provision of Funds for the East India Company's Trade at Canton during the Eighteenth Century", *Journal of the Royal Asiatic Society*, 1922:2 （1922）, pp. 227—255.

[4] Peter J. Marshall, *East Indian Fortunes: The British in Bengal in the Eighteenth Century* （Oxford: Oxford University Press, 1976）, pp. 89, 97, 99, 248—249.

的贵金属自印度出口到外国。这个禁令即使在1785年以后也不曾解除。而这一年以后，英国公司也恢复由欧洲运送现金到广州的做法。在1786—1792年间，也总共运到了10,188,439西班牙银元。然而这笔现金加上公司在广州销售的毛料收入还是远不能抵补购买茶叶及其他商品的费用。而因为茶叶采买的增加，这个差距也越来越大。①

东印度公司在印度的三处殖民地的统治机构（称为"presidencies"）为此也做过不少努力。出口现金既然不可行，他们遂以鼓励出口印度产品到中国，并将其对价交付广州"特别委员会"支付茶价。在伦敦理事会的主导下，加尔各答的总督先垫钱给"港脚商人"，并且提供免费的船运服务给他们，相对地要求他们将在广州出售印度产品的所得提交给"特别委员会"使用。② 在这样的安排下，印度产品开始大量销往中国，其中尤以棉花最为重要。而正巧的是印度棉花在此际的供给量很大，有很多"港脚商人"愿意从事这样的贸易，而中国也有广大的市场。不过，利用公司垫款与免费船运也意味着必须以公司广州办事处的货监为印度商品的"托售人"（consignees），"港脚商人"不受这样的安排。变通的办法是他们自行将印度商品运到中国求售，再将其现金移交给"特别委员会"，换取在印度或欧洲兑现的汇票。

印度棉花早在1704年前，就已由英国东印度公司首次行销到中国来。③ 可是在早年，其进口量非常少。即使是在1784—

① H. B. Morse, "Provision of Funds", pp. 240—243; IOLR, G/12/72, pp. 163—165.

② S. B. Singh, *European Agency Houses in Bengal, 1783—1833*（Calcutta: Firma K. L. Mukhopadhyay, 1966）, pp. 36—40.

③ H. B. Morse, *The Chronicles*, vol. 1, pp. 130—132.

1785年后的两三年间，进口值都还很少超过 400,000两。然而自
1787—1788年贸易季以后，印度棉花的进口却突然激增。从那
一季一直到十八世纪末，每年的进口值都在2,000,000两以上，
进口量则超过200,000担（12,000吨）。（参考图二）

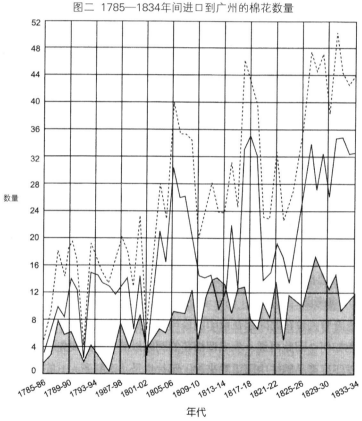

图二 1785—1834年间进口到广州的棉花数量

图例：（1）下方阴影部分，由公司船载运。
　　　（2）中间平滑线条涵盖部分，由港脚船载运。
　　　（3）上方虚线所涵盖部分，为全部进口总数。
资料来源：Morse, 1926—1929/2,3,4: passim.

　　也许有人会在此问起在东印度公司筹措资金的状况下，鸦片所扮演的角色如何？因此在进一步处理棉花的问题以前，或许要先谈一下这件事。就印度产品销往中国这点来说，鸦片也是"港脚商人"的一项主要商品。但鸦片不能合法进口，因此英国东印度公司也回避直接参与鸦片的走私。广州的"特别委员会"强烈地建议公司把走私鸦片的事交给"港脚商人"去独自处理，而不要要求广州的公司货监当这些鸦片的"托售人"。这样一来，销售鸦片的所得虽然不能事先安排交给广州"特别委员会"，可是后者相信，鸦片的货主最终还是会透过"特别委员会"汇款到欧洲的服务来处理他们的所得。如此一来，"特别委员会"还是可以利用到这笔资金。①

　　实际上，一直到1780年代初期，中国市场对鸦片的需求量都还很小。所以在1782年一艘叫作"无双号"（the Nonsuch）的"港脚船"虽然运了大量（约两千箱）的鸦片到广州，其买主最后却只能再转运到马来半岛一带去销售。②

　　东印度公司由于日益增加的资金需求，鼓励"港脚商人"进口印度商品到中国。虽然他们不直接介入鸦片走私，但因为提供汇款服务，变相地也使走私者有了一个确定的取回销售鸦片所得的管道，也就相应刺激了这一种商品买卖。1784年以后，鸦片在中国的销售因此也就有所增长。如"特别委员会"所观察到的：

　　　　必须注意到1786年至少两千箱被运到中国，因此不

---

① IOLR, G/12/84, p. 81.
② IOLR, G/12/76, pp. 62, 120, 127—130.

但售价高昂，而且其数量也超过六年以前每年的五六百箱——这是此项贸易蓬勃发展的最有力证据。①

话说回来，在1780年代及随后数年间，大量消费鸦片的时机还没到达。广州进口鸦片的总值在1823年以前其实都小于棉花。②

棉花在印度销往中国的商品中具有无与伦比的地位，正好发生在西印度地区旧贸易中心苏拉特（Surat）衰落，而孟买（Bombay）兴起之时。在此转变中，许多富有的袄教商人（称为Parsees或Parsis）携带着大量的资金，由苏拉特迁移到孟买。袄教商人与孟买当地的印度教买办（称为banias）一起出资来发展孟买附近固加拉特（Gujerat）棉花的生产与行销，而孟买则被利用来作为出口棉花到中国的主要港口。③

值此机会，袄教商人在对华贸易上遂扮演起重要的角色。他们与其他的"港脚商人"（大部分为英国人，但居于印度）为主要的棉花出口者。若是利用公司的垫款与船运，货主都事先同意将出售棉花后所取得的现金（或债权）完全交给"特别委员会"来运用。实际上则以"港脚商人"自运自销为主。至

---

① IOLR, G/12/86, p. 214.

② H. B. Morse, "Provision of Funds", p. 241; Michael Greenberg, *British Trade and the Opening of China, 1800—1842* (Cambridge: Cambridge University Press, 1951), p. 106.

③ Ashin Das Gupta, *Indian Merchants and the Decline of Surat, 1700—1750* (Wiesbaden, 1979); Lakshmi Subramanian, "Banias and the British: the Role of Indigenous Credit in the Process of Imperial Expansion in Western India in the Second Half of the Eighteenth Century", *Modern Asian Studies*, 21:3 (1987), pp. 473—510; Pamela Nightingale, *Trade and Empire in Western India* (Cambridge: Cambridge University Press, 1970), pp. 22, 23, 207, 208, 238.

于英国东印度公司自己则很少从事于棉花的交易。[1]

最后一个问题是，棉花突然大量进口，中国市场能否吸收？答案是肯定的。因为广东、广西两省经常迫切需要棉花的供应。[2] 虽然每年都有大量的"南京"（nankeens）棉布从长江三角洲运到广州，而且其品质也都比两广土布优越，可是其售价也更高。更何况这些"南京"棉布都是运来出口，而非供当地消费的。[3] 大量进口印度棉花使广东、广西两省可以制造便宜的棉布供当地使用。[4] 后来，十九世纪初孟加拉（Bengal）一带所产的棉花也运销中国，[5] 福建完全吸收了这些商品。[6] 由于中国市场的吸收能力很强，印度棉花的进口也

---

[1] 例如，在1788—1789年贸易季中，广州总共进口了145,800担棉花。但其中，只有61,632担经由公司船运达；其余84,168担则为"港脚商人"自行运到。而公司船所运的61,632担棉花的货主大抵仍为"港脚商人"。公司名下自行输入的只有3,300担。参考H. B. Morse, "Provision of Funds", p. 241。

[2] Samuel Ball, "Observations on the Expediency of Opening a New Port in China", in Rhoads Murphey ed., *Nineteenth Century China: Five Imperialist Perspectives*, Michigan Papers in Chinese Studies, 13（Ann Arbor: Center for Chinese Studies, the University of Michigan, 1972）, p. 2; IOLR, G/12/275, p. 59.

[3] Earl H. Pritchard, op. cit., p. 396; H. B. Morse, *The Chronicles*, passim.

[4] Anonymous, "A Dissertation upon the Commerce of China", in Rhoads Murphey ed., *Nineteenth Century China: Five Imperialist Perspectives*, p.30; 彭泽益，《鸦片战争前广州新兴的轻纺工业》，《历史研究》，1983：3（1983），第109—116页。

[5] 早在1788年时，广州办事处即已写信给加尔各答当局，指出"过去数年发生在棉花上的大量需求，说明那种商品若能自孟加拉出口将对此一贸易大有助益"。然而此项建议一直到十九世纪初才被实现。来自孟加拉的最早一批进口货大约在1802—1803年贸易季销到中国，伍秉鉴（浩官）为其买主。参考IOLR, G/12/89, p. 2; G/12/144, p. 28; G/12/145, pp. 191—192。

[6] Samuel Ball, op. cit., p. 2.

就持续增长。虽然在1823年以后，棉花的相对地位让步给鸦片，每年进口的棉花在绝对数量上还是继续在成长。直到鸦片战争前也一直维持着这样的趋势。（参考图二）

鼓励向中国出口印度产品之外，为了平衡贸易逆差，英国东印度公司也采取了强迫中国行商承购英国毛料的做法。基于英国法律的规定，东印度公司每年必须运往中国一定数量的制造品，因此该公司就以出口毛料的方式来满足此一要件。但英国毛料在中国销售的情形不佳，行商经常不愿承买。在现金不足的情况下，为了填补贸易逆差，于是广州"特别委员会"就推出了"以物易物"的手段，以购买等比率的毛料为行商售茶给东印度公司的必要条件。①

依据"特别委员会"在1803年时的回顾，"以物易物"方式的起源如下：

> 把茶叶合同的相对比率等同于毛料的计划，源始于行商因后一商品惨遭损失，而依等比率分配茶叶则被视为一公平的补偿。在此原则下我们认为该手段公平而正当，而且在同一原因仍存在时，此一制度在任何状况下都应被遵守。②

不过，实际上，最初只有那些信誉卓著的行商才被允许

---

① H. B. Morse将"以物易物"起始的一年定为1770—1771年贸易季，但东印度公司的档案则指出了一个较早的日期。早在1769年，大班们就已经向理事会报告："为了克服处理吾等之毛料的困难，我们已经促使最大一部分签约卖茶叶给我们的商人买下四分之一或八分之一可能来到此间的毛料。借由此一手段，它们比以往更进一步分给众商人，我们希望因此而销售得更快。"参考H. B. Morse, *The Chronicles*, vol. 5, pp. 158—159; IOLR, R/10/7, p. 12.

② IOLR, G/12/144, pp. 60—61.

参与这项茶叶—毛料"以物易物"交易。后来，由于要扩大参与，以便利茶叶的采购和议价的空间，自1787—1788年贸易季起，所有开业行商都被纳入这一做法。①

　　总结上文，我们有以下之发现。"折抵法案"不只消除了走私，击败了欧陆的公司，而且也大大扩大了英国东印度公司在中国的茶叶采购。为了应付此一局面，英国公司改善了茶叶需求的估算方式，改组了其广州办事处，设置了一个有效率的"特别委员会"，并且也任命了一名茶师在广州负责验茶。英国东印度公司的商业管理大大改善之后，茶叶采购的增加也就可以确保。然而，在此同时，因为采购增加，需要支付的现金也就跟着扩大。英国公司也成功地克服筹措资金的问题。其方法为鼓励印度与中国之间的贸易。而其带来的结果则是棉花大量进口到中国。印度的祆教商人及其他非服务于东印度公司的英籍商人也就紧随着活跃于中国贸易。最末一点，也是较不重要的一点则是，东印度公司安排了以购买毛料为中国行商承揽茶叶合同的必要条件。其牵涉到的毛料价值虽然不算很大，但是大大有益于在中国推销英国的工业制品，也有益于东印度公司的资金筹措。

------

　　① 依1803—1804年度的"特别委员会"所言，将所有的行商都包括到茶叶—毛料交换设计的动机，大致如下："这个政策也是想要扩大我们与更多的行商做生意，只要他们值得公司的肯定与支持。如此亦可避免他们相互勾结。若我们只与少数几家往来，那将很危险。"参考IOLR, G/12/145, p. 138, 212。

三、1780年代及其稍后的其他重大事件

"折抵法案"的施行在1780年代中叶以后，对中国之对外贸易的新形势发生了很大的作用。可是就1780年代中叶以后中国对外贸易的新局势来说，它并不是唯一的主导力量。在1780年代左右，还有其他一些重要的事件，也值得重视。这至少包括了美国人加入对华贸易，西班牙人设立与中国直接贸易的"皇家菲律宾公司"（the Royal Philippine Company），也包括中国瓷器停止成为外销欧洲的大宗商品等几个要项。

在1780年代前后，欧洲大陆的公司若非已遭解散，就是不再积极参与对华贸易。但在地球的另一头，却有另一群商人开始走上与中国交换商品之途。那就是美国商人。美国一独立，这个新兴的国家就迫不及待地将船只遣往中国。中美贸易没有更早开始，那是因为在独立之前，在英国"航海法案"（the Navigation Act）的规范下，北美殖民地必须尊重母国东印度公司垄断的特权。① 战后的美国被剥夺了以前与英国其他殖民地贸易的权利。这些擅长航海与贸易的美国人遂将其眼光挪到对华贸易，冀望有所斩获。在1784年"中国皇后号"（the Empress of China）成功地试航以后，中美之间的贸易遂顺利展开，并且继续发荣滋长。美国商人的贸易规模虽然不及英国东印度公司，但也不可小看，它占有外商的第二顺位。②

美国人积极参与对华贸易的情形反映在来华船只的数目

---

① Foster Rhea Dulles, *Old China Trade*（London: Macdonald and Jane's, 1974），p. 1.

② IOLR, G/12/79—2, pp. 45, 116; Philip Chadwick Foster Smith, *The Empress of China*（Philadelphia: Philadelphia Maritime Museum, 1984），p. 25.

上。就拿1789年为例。早在1789—1790年贸易季的季初，就已有十三艘美国船停泊于广州港。[①]（参考表三）

表三 1789—1790年贸易季季初到达广州的美国船只

船名	船长姓名	出航港口	到达日期
Anthony, Brig	Richd. Pooler	New York	6月26日
Samson	Saml. Howell	Philadelphia	31日
Massachusetts	Benjn. Carpenter	Boston	8月28日
Astrea	Jas. Magee	Salem	9月18日
Union	Jno. Ashmead	Philadelphia	18日
William Henry, Brig	Benjn. Hodges	Salem	10月5日
Three Sisters, Brig	Benjn. Webb	Salem	7日
Federalist	Richd. Dale	Philadephia	7日
Light Horse	Jcha Nichols	Salem	7日
America	Jacob Sarly	New York	10日
Jay	Thos. randall	New York	16日
Washington	Mark kaskett	New York	16日
Morse	Orielle	New York	16日

附注：最后两艘船来自茅里西斯(Mauritius)，船员为法国人。
资料来源：IOLR, G/12/96,1789/11/01,p.75.

美国商人带来新种类的商品。最早他们试销人参（粉光），绩效良好。但在清代中国，人参为内务府的专卖品，因此很快地就被禁止进口。其后，还是有一些美国商人走私这项商品，但数量有限。[②]

在人参的交易横生波折之后，美国商人开始尝试另一种新商品——产于北美洲西北地区的皮毛。在十八世纪初年，中

[①] Kenneth Scott Latourette, "Voyages of American Ships to China, 1784—1844", *Transactions of the Connecticut Academy of Arts and Sciences*, 28（1927）, pp. 237—271.

[②] Howard Corning ed., "Letters of Sullivan Dorr", *The Proceedings of Massachusetts Historical Society*, 67（1941—1944）, pp. 179—364.

国已从俄罗斯进口皮毛。而在该世纪下半叶，北美西北（特别是哥伦比亚河流域）的皮毛生产业发展起来以后，商人也透过俄国人之手将他们的产品销往中国。然而，从1778年以后，因为中、俄之间的冲突，这条销售管道也被波及，不得不暂行中止。加拿大的皮毛生产者遂仰赖英国东印度公司来向中国推销其产品。① 可惜两者之间的合作并不愉快，而英国东印度公司引进的皮毛交易也不太成功。② 来自蒙特娄（Montreal）的加拿大商人遂于1784年筹组了一家"西北公司"（the North West Company），试图自己掌握这项贸易。这正是美国商人初航中国的同一年。西北公司遂委托美国商人将皮毛运往中国销售，结果十分成功。受此鼓舞，许多原本就已参与中国贸易的外商也各自派船到北美洲西北角寻找皮毛来华销售。③ 对此现象，英国东印度公司却表示乐见其发达，因为透过其汇款服务，他们有把握取得销货后的现金来增强其茶叶采购的能力。④

然而，即使开发了新的商品市场，对华贸易本身还是造成美国商人方面的逆差，他们于是不得不自南美洲搬运大量的白银来中国。在1780年代到1820年代之间，也就是自南美取得白

① 例如，在1787年时，两艘英国籍帆船（the King George与the Queen Charlotte）所载运的皮毛就被指定由广州特别委员会托售。见IOLR, G/12/88, pp. 33, 91。

② Harold A. Innis, *The Fur Trade in Canada: An Introduction to Canadian Economic History*, revised edition（Toronto: University of Toronto Press, 1956），p. 243; Melville H. Watkins, "A Staple Theory of Economic Growth", *The Canadian Journal of Economics and Political Science*, 29:2（1963），pp. 141—158; E. E. Rich, "Russia and the Colonial Fur Trade", *The Economic History Review*, second series, 7:3（1955），pp. 307—328.

③ 参与皮毛贸易的包括澳门、法国、孟加拉（港脚船）等的船舶。参考 IOLR, G/12/82—2, pp. 8—9, 20; G/12/84, p. 136; G/12/86, p. 202。

④ IOLR, G/12/82—2, pp. 8—9; G/12/82—3, p. 90.

银还不太困难的一段期间，美国人与西班牙的"皇家菲律宾公司"及马尼拉的大帆船（galleon）贸易商同为广州商场所需之白银的三大供应者；尤其是自1805年以后，英国东印度公司完全停止以它自己的船舶运送白银到中国后更是如此。①

适才我们提到了"皇家菲律宾公司"在输入美洲白银到中国一事上扮演了一定的角色。该公司于1785年获得西班牙国王的特许状（charter）后随即成立。它被授予西班牙母国与马尼拉之间直接贸易的特权。由于西班牙本身并无适合亚洲市场的商品可供输出，该公司因此被特许得以从布宜诺斯艾利斯及利马运出白银，经由太平洋航路，到马尼拉购买亚洲商品。② 同一时间，也就是在1785年，发自西班牙王室的一道诏敕也将过去不合法的马尼拉与印度之间的"港脚贸易"加以合法化了。接下来，1787、1789年两年也分别有皇家诏敕将马尼拉港开放给活跃于亚洲贸易的其他欧洲商人。③ ——前此马尼拉只许西班牙人、葡萄牙人、中国人与亚美尼亚人（Armenians）入港。马尼拉的开放对中国的帆船贸易有很大的冲击，但暂时不能在此论列。要先说明的是，马尼拉的开放对广东的白银流入颇有影响。

我们方才提到"皇家菲律宾公司"被允许将白银运到亚洲。这些白银正是英国东印度公司渴望用来融通其营运资金的工具。正巧，从1788年以后，西班牙政府也允许"皇家菲律宾公司"直接派船前往广州。④ 毋庸置疑地，他们的船自己会运

① Wen Eang Cheong, "Trade and Finance in China: 1784—1834, a Reappraisal", Business History （Liverpool）, 7: 1 （1965）, p. 40.

② 同上注，第39—40页。

③ Wen Eang Cheong, "Changing the Rules of Games （The India-Manila Trade: 1785—1809）", *Journal of Southern Asian Studies*, 1: 2, pp. 7—9.

④ 例如，广州特别委员会在1788年年初就记载了一艘名叫St. Felippe，属于皇家菲律宾公司，来自马尼拉的船舶，停泊在黄埔港内。参考IOLR,

送白银到中国以进行商品采购。此外，透过其他管道，该公司自南美搬到马尼拉的白银也进一步转运到广州。其一是透过英国东印度公司的努力，其二则是来自印度地区的"港脚商人"的投机行为所致。

由于受到筹措资金的压力，英国东印度公司——不管是其在伦敦的总部还是其在广州的办事处——打从"皇家菲律宾公司"设置伊始就打算盘要利用这批由菲律宾公司搬到亚洲来的白银。最早曾有一项安排——英国公司提供印度的棉布（这在西属中南美洲有很好的市场）给菲律宾公司，而后者提供白银——但没能成功。[1] 在迫切需要现金的场合，英国公司则支付10%的年利，向菲律宾公司借款，这倒成功了。[2]不过，白银的供给实际上来自其他较不确定的管道——透过英国治下印度地区从事印度与马尼拉之间港脚贸易的商人。菲律宾公司透过这些港脚商人购买了大量的印度棉布。由于马尼拉与西属美洲均无相当之商品可以交换，因此这些港脚商人就从马尼拉搬走了大量的白银。然而在中国的广州，货币市场上一直缺乏足够的现银，于是这些港脚商人或是直接把白银运到广州，或者在回到印度以后再把白银重新装船运到广州，以便在那里赚取一些"申水"。他们把白银交给英国东印度公司特别委员会，以较高的汇率换取在印度或在欧洲兑现的期票。[3] 这样的安排实在有助于英国公司解决现金需求

G/12/88, p. 173; W. E. Cheong, "Changing the Rules of Games", p. 11。

[1] W. E. Cheong, "Changing the Rules of Games", pp. 1—4; IOLR, G/12/84, p. 103; G/12/87, p. 73.

[2] IOLR, G/12/84, pp. 81—82.

[3] W. E. Cheong, "Changing the Rules of Games", pp. 8—10; IOLR, G/12/79—2, p. 101.

的问题。

在1785年以前，曾经风光一时的马尼拉与阿卡普科（Aca-pulco，在墨西哥）之间的大帆船贸易已经式微。① 以往，广州市场上所需的白银有一大部分来自大帆船的供应。在其式微之时，正巧美国商人加入中国贸易，皇家菲律宾公司成立，马尼拉开放给欧洲船只入港，这些新的因素适时解决了把西属美洲的白银送到中国流通的问题，而最有利于英国公司的业务推展。

最后，十八世纪结束前中西贸易史上还有一个很容易观察到的事实必须稍加介绍。那就是欧洲人停止大量出口瓷器。从商品价值来说，中国瓷器并不是主要出口品。但因其装饰艺术和其易于保存的特性，自来广受注意。而在十八世纪末年以前，欧洲瓷器的生产还很落后，瓷器又可用来压舱，避免船只因载重不足而倾覆，因此大量出口。从这两点来说，瓷器出口问题在十八世纪末的重大变化也值得一提。

1780年代以前出口到欧洲的瓷器数量极其庞大。举例而言，在1730至1789年间，由荷兰东印度公司运到欧洲的件数就多达42,500,000件。② 再如英国东印度公司也是很大的出口者。他们主要的目的是用瓷器来压舱，每一年采购的价值约在三万两以上。③

<hr>

① 大帆船的运作止于1813年。到了1820年则与墨西哥的航运都完全中止。但实际上，早在1785年以前，大帆船即已式微。参考W. E. Cheong, "Canton and Manila in the Eighteenth Century", in Jerome Ch'en and Nicholas Tarling eds., *Studies in the Social History of China and South-East Asia* (Cambridge: Cambridge University Press, 1970), p. 242。

② C. R. Boxer, op. cit., p. 745.

③ 在1784—1785年贸易终了了，特别委员会在其账本上记下了对Exchin（西成行）及Synchong两大公司的瓷器供应商未付欠款分别为27,756.629及3,887.798两。这两笔未付款即该季该公司出口的瓷器总价。至于当季新发出的

　　然而在十八世纪最后一二十年，欧洲的瓷器采购却突然降到微不足道的状况。荷兰东印度公司已经摇摇欲坠，没有出口瓷器实属正常。但是拜"折抵法案"之赐，如日中天的英国东印度公司却也停止出口瓷器，这就有意思了。英国公司停止出口瓷器的借口是出口关税太高，但事实上还有别的原因。①

　　英国停止进口中国瓷器的最主要原因是造瓷技术的改进与社会风尚的改变。十八世纪间风行一时的"中国风"（chinoiserie）在世纪末已经褪色，欧洲流行起"古典主义"（classicism）的复古风潮。中国瓷器遂被批评为"缺乏雅趣与形制"，因此被认为不及"由天才横溢的卫基伍德先生带给现代使用的无与伦比的希腊、罗马式花瓶之典型"② 。也就是说，卫基伍德（Josiah Wedgwood）在瓷器制作与行销技巧上的改进击败了中国制品。③ 英国东印度公司停止出口瓷器，可以将其有限的资金集中用于茶叶采购，而不装载瓷器所多余出来

订单则为31,644.427两，或44,000圆。（IOLR, G/12/180, p. 1.）由于现金不足，在1785—1786年贸易季终了时，广州特别委员会对西成行及Synchong两家瓷器供应商的累计未付款高达65,671.911、11,574.297两。他们设法付给两家共77,246.208两或107,286.400圆，清偿了部分债务。见IOLR, G/12/85, p. 1; G/12/87, p. 1; G/12/95, p. 1; G/12/97, p. 1。

　　① 早在1783年时，粤海关监督就已打算将瓷器的出口税加收一倍，但因外国人的反对而作罢。然而，因为瓷器商通常不是行商，而行商必须分摊送礼给与贸易有关的各级官员的费用，因此行商也很想向瓷器出口商收取规费。他们看来似乎是成功了，而瓷器的出口价格当然也跟着上涨了。参考IOLR, G/12/77, pp. 122, 145, 169—170; G/12/110, p. 15; G/12/122, p. 108。

　　② Margaret and R. Soame Jenyns Jourdain, *Chinese Export Art in the Eighteenth Century* (London: Country Life, 1950), p. 54.

　　③ N. McKendrick, "Josiah Wedgwood: An Eighteenth-Century Entrepreneur in Salesmanship and Marketing Techniques", *The Economic History Review*, second series, 12:3 (1960), pp. 408—433.

的空间也正好用来运茶。

1780年代及其稍后数年间，美国商人的加入、皇家菲律宾公司的设立、马尼拉港的开放、中国瓷器失去欧洲市场等等，对"折抵法案"来说都是独立的事件。但间接地，都有助于英国公司的茶叶采买、装运与融资。这样的结果使得英国东印度公司能保持对华贸易的霸主地位。

四、结语

由以上粗略的观察，我们看到1780—1800年之间中西贸易上确实发生了很大的变化。在这一段期间，原本相当活跃于中国贸易的欧陆国家，如荷兰、法国、丹麦与瑞典都陆续从中国市场退出，而使得英国东印度公司在无强劲竞争对手的情形下，独领一时的风骚。

除了上述因素之外，英国在中西贸易上的卓越地位实拜"折抵法案"之赐。这个法案不但使得欧陆国家自中国出口茶叶到欧洲后找不到一个销货的市场，将以往走私者的市场还给英国东印度公司，而且因为税金大幅地降低，国内市场也紧跟着扩大。然而，如果英国东印度公司不能满足市场的需求，其地位的确保也可能会有问题。在1784年以后的十年，该公司却能应付得当。一方面改组了广州办事处，加强其采购、议价能力；设置一名茶师，维持了茶叶的品质。更重要的是，大量茶叶采购需要大笔资金，而他们也成功地克服这方面的难题。

现金筹措的问题之所以能够解决，部分是东印度公司本身的安排，部分是历史的巧合。东印度公司一则利用其印度殖民地的税收，融资给"港脚商人"来推展中印间的贸易，其次则利用汇款的服务，将流通于广州的现金收为己用。事实证明后者显然更为重要。在1784年以后，正巧美国商人加入对华贸易，西班牙人设立"皇家菲律宾公司"经营欧洲、南美与亚洲之间的直接贸易，二者都自南美运来大量的白银。这些白银几经转手，纷纷被带到东印度公司广州办事处购买汇票，东印度公司也就有足够的现金可用。相形之下，利用印度的财政收入来融通中印贸易以间接取得现金的做法倒不是那么重要了。

英国东印度公司的财务安排与1784年以后中西贸易史上的偶发事件对中国的进口商品也产生不小的影响。中印贸易被发展出来以后，印度棉花成为中国最主要的进口品，其次则为鸦片，只是其地位于十八世纪结束以前远不及棉花。此外，新商品如人参、皮毛等也都曾被开发为进口品。另一方面，传统大量出口到欧洲的中国瓷器却因其他因素丧失了欧洲市场。这一切都发生在十八世纪结束前的一二十年。

英国公司的高涨热情、新贸易伙伴及新商品的加入、旧贸易伙伴与旧商品的退出，造就了一个新的贸易形势。中国政府对这些事情似未深入了解，而中国商人则在其他因素上，也未能成功地应付。于是，1780年代以后，中西贸易中国方面的垄断者——行商——日益经营困难，而破产歇业的事也就时有所闻。①

总之，1780年代后的一二十年正是中西贸易史上很重要的几年。其实，就整个鸦片战争以前清朝的海上贸易来说，也是同等重要。"东洋往市"的对日帆船贸易在这一二十年间开始急速走下坡；南洋方面，东部的马尼拉与巴达维亚对中国帆船

① 陈国栋，《论清代中叶广东行商经营不善的原因》，收入本书。

的吸引力正快速让步给西部的槟榔屿、新加坡和马来半岛。在出帆地与南洋贸易的从事者方面，福建厦门也先见夺于潮州，继之以海南岛等地。本文仅止于讨论中西贸易，东洋与南洋的问题就暂且罢论了。

原刊于《中国海洋发展史论文集》第六辑（台北：台湾"中央研究院"中山人文社会科学研究所，1977），第249—280页。

1760—1833年间中国茶叶出口的习惯做法[①]

　　以下的讨论将只限定在出售给英国东印度公司，由他们从中国出口的那些茶叶。做这样的考量，有一点是因为英国东印度公司在中国茶叶的出口贸易上，享有举足轻重的地位。在1760至1784年之间，差不多有50%的中国茶叶总出口量是装到英国船舶上出口的。而在1784年以后，由于英国首相威廉·庇特（William Pitt）执行"折抵法案"（The Commutation Act）[②]，大幅度降低了茶叶输入英国的进口税，导致英国东印度公司从广州出口的茶叶数量大幅度地增长。（参考图一）结果从那时候开始，一直到1833年为止，该公司都成为无与匹敌的最大出口商。[③]

---

　　① 本文使用的主要材料为存放在英国伦敦印度办公室图书档案馆（the India Office Library and Records, IOLR）的英国东印度公司档案。笔者参考的两个主要的系列分别为"商馆档案：中国及日本之部"（档号为G/12）以及"中国档案"（档号R/10），细节详见Noel Matthews与M. Doreen Wainwright合编，*A Guide to Manuscripts and Documents in the British Isles relating to the Far East*（Oxford: Oxford University Press, 1979），pp. 37—38及p. 43。本文引用这些档案时，会依序写出档号、册号、记录登载日期，然后如果有页码再加上页码，无时则在页码的位置记上"n. p."。

　　② Hoh-cheung and Lorna H. Mui, "William Pitt and the Enforcement of The Commutation Act, 1784—1788", *English Historical Review*, vol. 76, no. 300（July, 1961）.

　　③ 在十八世纪后期，大不列颠及其殖民地大约消费了从中国出口出去的茶叶之70%或者更多一些。参考Earl H. Pritchard, "The Struggle for Control of the China Trade during the Eighteenth Century", *The Pacific Historical Review*,

本文只处理英国东印度公司自中国出口的茶叶，还有另一个理
由，那就是本文是以英国东印度公司的档案为主要素材来撰写
的，这批材料对于自己公司的记录自然比较详尽。

　　本论文分成两大部分。头一个部分处理交易制度的结构，
这包括由茶叶生产地到广州的运输路线及运输手段、相关人员
彼此之间交易茶叶的模式等林林总总的问题；后面一个部分则
探讨这样的一个制度得以维持下去的道理何在，分析茶叶买卖
的获利情况，并且也将检讨一些企图改变现行制度的骚动所带
来的影响。

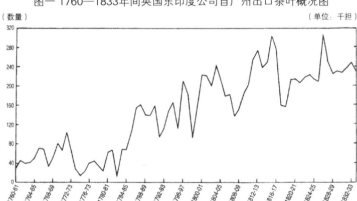

图一 1760—1833年间英国东印度公司自广州出口茶叶概况图

资料来源：Earl H. Pritchard, *The Crucial Years of Early Anglo-Chinese Relations, 1750–1800* (Washington, D. C.: State College of Washington, 1936), p. 395; H. B. Morse, The *Chronicles of the East India Company Trading to China*, vol. II, III, and IV (Oxford: Oxford University Press, 1926–29), passim.

vol. III （1934），p. 28。 而在十九世纪时，以1821—1822年这一季为例，
由英国东印度公司出口的茶叶总价为7,362,138（墨西哥）银元；而由英国私
商（公司以外的英国商人）出口的茶叶总价为1,037,380银元；至于由另外一
批主要出口商美国商人出口的则为3,385,720银元。三者合计11,785,238元。这
当中英国公司就占了62.5%。见Hosea Ballou Morse, *The Chronicles of the East
India Company trading to China, 1645—1834*（Oxford: Oxford University Press,
1926—29），vol. IV, p. 22 and passim。

一、出口茶的交易方式

在本论文所讨论的时期当中，中国的出口茶叶产在两个主要的区域：黑茶产于福建与江西交界的武夷山，绿茶则产于安徽的东南区块。茶叶的收购由茶商或者由介于他们与茶农之间的牙人来进行。茶商随后把收购来的茶叶运下广州，先把这些茶叶寄放在城中茶行（亦称茶栈）的仓库里，然后再将它们售给行商（即外洋行商人，俗称"十三行"），其后行商再转售给英国东印度公司。偶尔，茶商也会请行商当中间人，经由后者将茶叶直接卖给英国公司。不过，在正常的情况下，茶商并不亲自与行商进行交易，而是委请茶行老板居间与行商磋商。① 因为在茶叶出口的做法上有这样的习惯，因此东印度公司的"大班"等人就把茶行老板们叫作"茶牙子"（tea-brokers）。②

且让我们从茶叶的运输开始说起吧。以广州市场为目标的绿茶，先会被运到安徽省最南端的婺源；经由水路，从婺源转运到江西省的南昌，自南昌经由赣江水面到南安（大庾）。在南安这个地方，这些茶叶必须改由陆运，越过梅岭，以到达广东省北部的南雄。在南雄时，再度上船，经由北江运到广州。黑茶先在武夷山区的星村集货、包装，用竹筏运到崇安。其后，由挑夫挑过山岭，到达江西省的铅山。这以后，它们经过多次转运，先到河口镇，继到南昌。打从南昌起，就依循与绿茶一样的路线来到广州。③

① IOLR, R/10/28, 1820/01/06, pp. 84—85.
② IOLR, G/12/214, 1819/02/25, p. 114.
③ Samuel Ball, "Observations on the Expediency of Opening a New Port

　　将茶叶由产茶区运下来到广州是一件千辛万苦而所费不赀的工作，一如绿茶商的夫子自道：

　　　　……在运送它（茶叶）时，要换过七次船，并且得在三处税关缴税；沿途经过许多的危险，有无数的艰辛要克服，这使得把茶叶从一地搬运到另一地的工作成为一项辛苦的事情。①

　　这样下来，加到这些茶叶的成本就相当可观了。英国东印度公司派驻在广州的茶师（tea inspector）波耳（Samuel Ball）就曾估计：从星村搬运一担（100斤）工夫茶下来广州的代价若不是3.65两银子，② 那就该是3.92两，③ 这样的数字约略相当于"栽种与制造"成本的三分之一。④ 英国公司的大班们也承认：

in China", in Rhoads Murphey ed., *Nineteenth Century China: Five Imperialist Perspectives*, Michigan Papers in Chinese Studies, no. 13 （Ann Arbor: Center for Chinese Studies, the University of Michigan, 1972）, p. 19; Samuel Ball, *An Account of the Cultivation and Manufacture of Tea in China* （London: Longman, Brown, Green and Longmans, 1848）, pp. 351—352; Hoh-cheung and Lorna H. Mui, *The Management of Monopoly: A Study of the East India Company's Conduct of Its Tea Trade, 1784—1833* （Vancouver: University of British Columbia Press, 1984）, pp. 4—11.

　　① IOLR, G/12/214, 1819/02/25, p. 115.

　　② Samuel Ball, "Observations on the Expediency of Opening a New Port in China", p. 9.

　　③ Hoh-cheung and Lorna H. Mui, *The Management of Monopoly: A Study of the East India Company's Conduct of Its Tea Trade, 1784—1833*, pp. 353, 354 and 356.

　　④ Ibid., p. 354.

　　运输茶叶到广州的费用绝对占他们（按：茶商）成本中相当高的比重，而完全由茶商承担的抢劫及耗损等风险无疑也很不小。①

　　茶商们当然有考虑过替代性的运输路线。在崇安，经由闽江，可以透过水运将茶叶运到福州。从福州，又可以利用沿海航运把茶叶进一步送往广州。依据波耳的估算，如此一来所花费的成本每担也只不过0.43两银子而已。② 由内陆路线改采此一替代路线所能省下来的金钱是十分可观的。可是很不幸的是，既存的法律禁止黑茶经由福州或其他福建省的港口出口。③ 此一禁令的动机显而易见：福建省内陆没有税关。若允许黑茶经过福州或厦门出口，则国库的收入将遭受巨额的损失。

　　即便如此，当时也还有另外一种替代可能性。不管是绿茶商还是黑茶商都可以利用钱塘江及其支流把他们的茶叶先运到杭州，从杭州经沿海海运再到广州。采用这条路线运茶的费用要比经过江西省到广州少很多。乾隆年间（1736—1795），茶商们的确断断续续地利用过这一途径。可是嘉庆（1796—1820）初年时，中国沿海海盗充斥，茶商们也就被迫只能走回使用内陆路线运茶的老路了。④

① IOLR, R/10/26, 1812/03/03, p. 104.

② Samuel Ball, "Observations on the Expediency of Opening a New Port in China", pp. 9 and 20; Samuel Ball, *An Account of the Cultivation and Manufacture of Tea in China*, p. 356.

③ 周凯，《厦门志》（台北：台湾银行经济研究室，《台湾文献丛刊》第95种，1961），第177页。

④ IOLR, G/12/116, 1797/01/22, p. 85.

不过，接近嘉庆十四年（1809）时，所有的海盗若不是已经投降，就是已经被戡平了。经由杭州的海路再次打开。① 茶商们很快地从嘉庆十八年（1813）起重新采用这条路线，而光是在那一年就有7,648担茶叶从海上运出去。三年之后，这个数目增长到67,231担，② 这差不多是同一年英国东印度公司出口总量的四分之一。③

正当茶商们高高兴兴地享受着海运带来的好处的时刻，地方上的官员们却不认为海运茶叶数量的急遽增长是个好兆头。没多久，两广总督蒋攸铦就给皇帝上了一个奏折，请求禁止这样的做法。在其论述当中，蒋攸铦极力撇清他的动机与税收的关系，他说，赣关（在江西）与韶关（在广东）所少收的关税，可由浙海关（此处征收出口税）及粤海关（此处征收进口税）多收的部分加以弥补。他更进一步辩说，他的动机是考虑茶叶经过大洋外海，稽查不易，同时也考虑到违禁物品可能借由茶箱、茶篓的掩护而被偷偷地运入广州。为了避免这些困扰，他才主张禁止茶商装运货物从大海上走。不过，他又画蛇添足地指出：此项禁令应该只对销往广州的茶叶生效，至于那些供给华北地区消费的茶叶就不在此限制之下了。皇帝很快地

① 台北故宫博物院藏，军机处奏折录副，第048576号（嘉庆二十二年六月十七日，蒋攸铦奏折）；Wei Peh-ti, "Internal Security and Coastal Control: Juan Yuan and the Pirate Suppression in Chekiang, 1799—1809", *Ch'ing-shih Wen-t'i*, vol. 4, no. 2（December, 1979），pp. 8—12; Dian H. Murray, *Pirates of the South China Coast, 1790—1810*（Stanford: Stanford University Press, 1987）。

② 军机处奏折录副，第048576号。

③ 在1816—1817年这一个贸易季，英国公司从中国出口了274,914担的茶叶。见Hosea Ballou Morse, *The Chronicles of the East India Company trading to China, 1645—1834*, vol. III, p. 243。

就批准了他的建议。①

其实会在销往广州的箱篓上出现的问题，难道说就不会出现在那些销往华北的包装中吗？蒋攸铦的说法未免太过于牵强！至于他坚称说他的想法与税收无关，也不完全可靠。虽然就整个国库的收入而言，海运茶叶或许不会给国家带来损失，可是针对那几个受到影响的税关来说，冲击可大了。我们也许可以猜想蒋攸铦关心的可能只是广东省内地税关（韶关）的税收。因为他的身份是两广总督，他必须为广东省内的税关能否征足户部规定的年度定额负责。② 至于销往北方的茶叶，原本就不经过广东省境，无论是采用海运还是陆运，都不会影响到他身为两广总督的职责，他根本不用在乎。

不管蒋攸铦是怎么想的，反正从嘉庆二十三年（1818）起，海运一途就已对茶商关闭了。③ 他们被迫选取花费高的陆路。虽然说，如果他们的茶叶能顺利脱手，他们的运输成本也就因为包含在售价中而得以收回；可是，万一茶叶在广州销售不出去时，他们便不可能再承担另一笔昂贵的运费，把这些茶叶运出广州求售。到了这个地步，茶商的处境也就十分尴尬了。

在广州，那些从茶乡搬运下来的茶叶，最后卖给了东印度公司的大班们。因为这层关系，在广州的交易就或多或少受

<hr />

① 军机处奏折录副，第048576号；蒋攸铦，《绳枢斋年谱》，收入"中国近代史料丛刊"第191种（台北：文海出版社，1968），p.98；IOLR, G/12/208, 1817/10/22, pp. 48—49。

② 阮元（编），《广东通志》（道光二年版），167/13ab。

③ 蒋攸铦不久之后即去职。然而他所定下的政策继续由继任的阮元施行，不做丝毫更动。见IOLR, G/12/211, 1818/01/16, pp. 26—27。

到大班们办事方式的左右了。大班们通常采用三种方式来替公司买进茶叶,好让公司的船舶运回欧洲。这三种方式分别为:(1)与行商订定合约;(2)在公开市场上增加采购;(3)在一个贸易季即将结束时向茶商购买他们手上剩余的茶叶,然后在下个贸易季时装船运回欧洲。

公司所需的茶叶主要是透过合约来供应的。每一年,当商贸季接近终了(大约在阳历三月)时,大班们计算出下一个贸易季所需茶叶的种类及数量,然后和行商签订合同,预订很大的一部分。① 为了启动这样的合同,公司大班们通常得先支付定金给行商。② 相对地,行商就必须以约定的价格供应特定品质和数量的茶叶。若是合约中的某些部分不能执行,行商就得要受罚。

合约茶之外,当季所需的其余茶叶大都由前一个贸易季季尾,在公开市场上买到的茶叶来应付。每年二月底或三月初,当公司的船只都扬帆离港后,而在广州的其他买家也都完成了当季的买卖时,市场上多少会剩下一些茶叶没有在当季卖出去。公司大班们通常利用这样的一个机会,以大幅降低的价格向行商购买或者透过行商的中介向茶商购买这些茶叶。英国人把这种性质的采购称作"冬季采买"(winter purchase),而透过"冬季采买"所购得的茶叶就叫作"冬茶",或者用广州当地的用法来说,叫作"押冬"。③

由于合约茶与冬茶的采购都发生在当季公司船实际抵达广

---

① 计算年度茶叶需求的实例可参考Hosea Ballou Morse, *The Chronicles of the East India Company trading to China, 1645—1834*, vol. II, pp. 126—127。

② Hosea Ballou Morse, *The Chronicles of the East India Company trading to China, 1645—1834*, vol. II, pp. 53 and 126.

③ IOLR, G/12/248, 1832/07/14, p. 119.

州港之前，因此这两种采购加起来有时候会不够装满所有的来船。在此情况下，公司大班们也会在广州的市场上，以与合约茶相等的价位购买现货茶。这种采购就是所谓的"增加购买"（additional purchase），通常发生于一个贸易季里较前面的那个阶段。①

在茶叶的交易当中，茶商（或茶行）是不允许直接与外国人买卖的。因此，茶叶的供应理论上应该由行商来备办。行商为了实现这样的目的，一般可以做如下的安排：（1）派出他的行伙到产茶区去买茶；（2）与茶商订约，由茶商运来指定品质和数量的茶叶；（3）从广州的现货市场上购买茶叶；（4）充当茶商与公司大班之间的中介者，促成两者之间的买卖。

由下乡采买所备办的茶叶通常带有特定的品牌（称作"字号"），点明它们是某某行商的财产。这类型的茶叶统称为"本庄"，意思就是说是行商自己的商品。② 虽然说，如果行商派遣自己的行伙到产茶地去买茶，运回广州卖给公司可能创造很大的利润，可是也不能不说还是有一些不利的地方。首先，该行伙所拥有的茶叶知识以及他本人在茶乡的信用未必比得上茶商。其次，在产茶区买茶通常要使用现金，因此该行伙就得携带一大笔银子在身边。再次，如前所述，要把茶叶从茶产地搬运下来颇为费事，麻烦不少。各家行商与英国东印度公司的买卖都很大，需要很多的茶叶。如果这些茶叶都用下

---

① IOLR, G/12/113, 1796/06/24, p. 9.

② 英国公司大班认为行商派人下乡采买茶叶可以"对付广东茶商与茶行哄抬价格的企图"，因为可以在没有这两种人介入的情形下供应茶叶。参考IOLR, R/10/27, 1812/04/30, n.p.; R/10/26, 1816/04/03, p. 36; R/10/26, 1816/04/18, p. 43; R/10/68, 1818/12/02, n.p.

乡采购的方式来供应，那么该行商就必须派出好几位行伙，带去大量的现金。实际上，这并不容易办到。老实说，大多数行商经常都面临着资金不足、周转困难的问题，因此也只有少数几家行商有能力派遣行伙下乡去采买。而当有能力这么做的时候，行商也只会选购几种字号而已，他一般还是依赖向茶商订茶的方法来履行大部分的合约义务。

订立合约的安排是供应茶叶最可靠的方法。这种方法的细节，一如行商们自己所说的，差不多是以下这个样子：

> 订约的办法在于茶商，透过茶行与行商议定之后，讲明数量与价格，取得特定字号的茶叶，约定茶叶送到广州及提交给外国人的时间点。在行商先支付茶商一笔定金后，完成协议，交付有关各方收执。[1]

要让合约生效，定金是不可或缺的（行商向茶商订茶的合约称为"议单"，所支付的定金称为"定单银"）。这也是诱使茶商把他们的茶叶运到广州最不可或缺的手段。[2] 此种行商透过合约而到手的茶叶称作"包庄"，意思就是依合约取得的商品。[3] "包庄"构成广州茶叶供应上最大的一部分。举例而言，如同图三所见，1828—1829年贸易季工夫茶的总供给量大约有400个字号，而当中的320或330个字号是依合约而取得的商品。其比率约为百分之八十。

---

① IOLR, G/12/240, 1828/09/18, p. 339.

② 英国大班观察到："给茶商一些定金绝对能保证茶叶被运下广州。"见IOLR, R/10/26, 1811/04/11, p. 27 and cf. R/10/26, 1812/03/03, p. 107。

③ 佐佐木正哉（编），《鸦片战争前中英交涉文书》（东京：岩南堂，1967），第37页。

行商交茶给英国公司人员的第三种方法是在现货市场上采买。一旦采取这样的做法，行商就不用在交茶给公司之前九到十个月就先预付出去定金。行商之所以有机会在现货市场采

图三　行商谢治安致英国茶师礼富士函（部分）

买，那是因为茶商通常会带下来比他们的合约数量多的茶叶到广州，以"碰碰运气"，看看能不能在市况佳时捞上一笔。①从茶商的观点而言，以这种方式被带到广州市面的茶叶就叫作"卖庄"，意思就是待价而沽的商品。②

由于现货市场上茶叶的价格是由供需条件来决定的，因此没有办法在相当一段时间以前就能预期。如果一家行商在上一个季度末就已跟大班们签下了合约，而他选择或者不得不在履约期限接近时只靠在现货市场上买茶交货，那么他一定会在他的交易上招致极大的风险，造成损失。达成行的行东倪秉发（榜官）和会隆行的郑崇谦（侣官）的经验就是血淋淋的实例。在1800年代末期，这两家行商陷入财务上的困境。他们付不出任何的定金以便与茶商签下合约，于是就被迫在广州买茶交货。结果，广州现货市场上的茶叶需求暴增，而价格也就跟着飞涨。这两家行商的交易也就完全无利可图。③

在以上所提到的三种交易茶叶的模式当中，茶叶是先由行商买下，然后再转卖给东印度公司的。因此行商本身很在乎他们自己的得失。不过，偶尔他们也充当中介者，透过他们让茶商把茶交给公司大班。在此场合，他们收受一份佣金，而不用管该次交易的盈亏如何。④

不管采取哪一种方式来供给茶叶，所有以卖给外国人消费为目的的茶叶都在阳历十月、十一月间运达广州。茶叶一到

---

① IOLR, R/10/68, 1818/06/17, n.p.

② 佐佐木正哉（编），《鸦片战争前中英交涉文书》，第37页；IOLR, G/12/240, 1828/09/18, p. 338.

③ IOLR, R/10/68, 1816/12/02, n.p.

④ IOLR, G/12/125, 1799/01/05, p. 14; G/12/221, 1818/03/10, p. 74.

广州，就先存放到茶行（茶栈）的栈房。接下来，行商就从各种茶叶的不同字号中做出"样茶"，交给大班们验货。经过这样的检查之后，大班们就和行商确认合约的交易，暂定一个成交价格（与合约价格相当或略加增减）。在乾隆五十五年（1790）以前，大班们自己验茶；那年以后，东印度公司在广州安排了一名"茶师"，专门负责这项工作。[1]

在验货时圆满成交的茶叶就在阳历十二月或次年正月左右装船运离广州。不过，在装船之前，整个字号的茶叶还要以抽样的方式再被检查一次，看看其他的茶箱内的茶叶是否与"样茶"的品质一致，或者更好或更坏。要是一个字号的茶叶经过再次抽查后发现品质完全一致，那么验货时讲定的价钱就完全确定了。如果发现茶叶比样茶还好，价钱就提高一些；[2] 而如果发现品质不及样茶，价钱就被拉下，甚至于整个字号都会被拒收。[3] 在大班与行商调整过价钱之后，行商转过来再去和茶商按照同样的方式增减最后的价格。

---

[1] Hosea Ballou Morse, *The Chronicles of the East India Company trading to China, 1645—1834*, vol. II, p. 181; Hoh-cheung and Lorna H. Mui, *The Management of Monopoly: A Study of the East India Company's Conduct of Its Tea Trade, 1784—1833*, p. 164, note 69.

[2] 例如在1810—1811年这一季，由天宝行行商梁经国（经官）经手交给公司检验的茶叶，就被茶师认定为品质高于"样茶"。结果该字号的茶价也就被公司大班从每担25两提高为26两。见IOLR, G/12/176, 1811/04/10, p. 78。

[3] 例如在1801—1802年这一季，由广利行行商卢观恒（茂官）经手交给公司检验的一个字号的茶叶，就被认为品质不及"样茶"。公司大班让卢观恒就以下两项做一选择，看他是要每担减价4两银子，还是说整个字号的茶都被拒收。卢观恒选择被拒收。见IOLR, G/1/2/138, 1802/03/13, pp. 162—163。

二、茶叶交易的利润问题

在茶叶的交易中，行商通常是获利者。一般而言，在大班付给行商与行商付给茶商的价格之间，都会存在着一个差额。这个差额有一个特别的叫法，称作"饷磅"，意思是指预留下来缴纳关税的保留款。实际上，这个差额通常远比支付关税所需的数目大得多。老实说，"饷磅"根本可以视为行商的"毛利润"。[①]

嘉庆（1796—1820）中期，有几家行商陷入资金周转的困境。一些情况比较好的大行商与英国东印度公司的大班们想出一种办法来帮助这些不幸的小行商纾困。办法是由大行商以周转不灵的行商的名义与公司交易茶叶，然后把从"饷磅"中扣除实际支付的关税之后剩余的利润记到个别周转困难的小行商名下，协助他们清偿积欠公司的债务。福隆行的关成发与西成行的黎光远就是这样的两家困难行商。英国公司大班们派给这两家小行商的获利可能是这个样子：

茶叶种类	箱数	重量（担）	每担的饷磅（两）	饷磅总数（两）
工夫茶	15,000	10,000	9	90,000
屯溪茶	4,000	2,300	8	18,400
冬茶	15,000	10,000	7	70,000
累计	34,000	22,300		178,400

由于有关此一交易而衍生的关税与各项使费都应由名义上办理交易的行商来支付，因此以下的数目必须从饷磅的总数中

---

① 佐佐木正哉（编），《鸦片战争前中英交涉文书》，第37页。"饷磅"也称作"包饷费"，见梁廷枬，《夷氛闻记》，收在"鸦片战争文献汇编"（台北：鼎文书局，1973），第六册，第13页。

扣除，情况如下：①

出口关税	28,800两
分摊对政府的捐输	10,000两
分摊偿付已破产行商的外国债务	10,000两
总　数	48,800两

各项费用扣除之后，两家行商在这一次22,300担的茶叶交易中可望获得的饷磅总额还剩下129,600两。此一余额可以看作是该行商的"净利润"。平均下来，每担茶叶的"净利润"要比5两多一些。② 在1819—1820年这个贸易季，东印度公司从广州出口的茶叶总量为213,882担，③ 意味着可能带给全体11家行商的总利润高达100万两以上！如果把个别行商与英国公司交易的不同比重考虑进来，④ 拥有比较大分量交易的个别行商可获利约140,000两；而交易规模较小的行商也可获利约70,000两。当然，只有把事业经营得好的行商才能真正完全享受到这笔利润。

茶叶交易其实是行商仅有的获利来源，⑤ 他们整家行号的开销以及其他交易所可能招致的损失（例如买卖英国毛料，这是与英国公司交易茶叶的附带买卖，行商不得拒绝，却几乎笃定赔钱），都必须由茶叶的利润来支付。于是他最终所能支配的利润也就大幅度削减了。不过，光就茶叶单项商品的交易来说，行商一直都是赢家，尤其是在合约茶的场合，他们总能把

---

① 档案原文作"进口关税"（Import Duties），不合文意，可能是抄写错误所致。

② IOLR, R/10/28, 1819/12/01, pp. 27—28.

③ Hosea Ballou Morse, *The Chronicles of the East India Company trading to China, 1645—1834*, vol. III, p. 347.

④ 同上注，p. 350。

⑤ 佐佐木正哉（编），《鸦片战争前中英交涉文书》，第37页。

被公司大班杀价的损失转嫁给茶商，从而确保免于任何实质的损失。

行商固然享有自茶叶获利的好处，茶商可就没有这么安稳，而且后者的获利空间也相对小得多了。因为我们的资料很不足，因此茶商的获利状况很难具体描述。[1] 然而，就算是存在着获利的空间，茶商也因为公司大班经常在装茶叶上船时减价从而蒙受损失，此等做法几乎消磨掉他们大部分的利润。更严重的是还有以下两种状况进一步侵蚀了他们的利润，甚至于消耗掉他们的资本。往往，他们当中的某些人就陷入破产的境地。

首先，他们深受广州出口茶叶市场波动起伏的影响。就"卖庄"而言，这种情况尤其严重。以下我们就举一些例子说明市场波动给茶商带来的不幸。

在1781—1782年与1782—1783年两个连续的贸易季当中，只有极稀少的几艘船只来到广州，因此公司的采购也就相对有限。（参考图一）茶商们根本卖不出去手边多余的茶叶。结果，"许多最值得尊敬的乡下商人，亦即买卖工夫、熙春和松萝的茶商"全都垮了。[2]

与此相似，1791—1792年贸易季对熙春茶的茶商来说也是一个不景气的年份。这一部分是因为市场的萧条，另一部分则肇因于茶叶品质的下降——这是掺假所造成的后果。茶

---

[1] 依据茶师波耳（Samuel Ball）所言，茶行的佣金是每担白银0.60两。或许我们可以假定留给茶商的获利空间要比这个数字大一些，好比说，每担一二两银子。参考Samuel Ball, *An Account of the Cultivation and Manufacture of Tea in China*, p. 381。

[2] IOLR, G/12/77, 1783/01/17, p. 9; G/12/77, 1783/02/24, p. 21; G/12/77, 1783/12/06, p. 175.

商被指责说：他们"想赚钱想过头了"。由于绿茶商人的茶叶卖得很糟糕，他们"在1791年那一季被迫面对大量茶叶被削减价格而束手无策，……而在最近的一季（1792—1793），总共搬回去好几千箱卖不出去的（绿茶）"。绿茶商人的损失必然大得吓人。公司大班们丝毫不爽地记录下一家接着一家绿茶商的绝境。① 同样的状况，在1795—1796年、1798—1799年、1807—1808年和1817—1818年各贸易季都再度出现，并且正好与其前一个贸易季的茶叶需求大幅削减互相呼应。② 茶商自然大为受害。四个贸易季当中，后面两个年份比起前面两个更为严重。

在1807—1808年季末的时候，茶商手上持有非常大量的、卖不出去的茶叶。由于数量实在庞大，因此大班们不得不忧虑这些茶叶"将会被用来掺和到下一季的茶里"，而"他们（茶商）将会蒙受沉重的损失"。③ 很不幸的是：紧接而来的那一季也看不到任何好转的迹象。结果，在英国公司的船只全都扬帆出港之后，市面上还没有卖出去的茶叶就高达120,000箱（重80,000担；以茶商的供应价来计算，约值1,600,000两）。大班们不得不想办法增加冬茶的采购，以纾解行商及茶商的困境，结果一口气总共买了40,000箱，后来更追加至50,000箱。④ 即便如此，还是有许许多多箱的茶叶只能留待下一季以更低的价格再卖给公司。⑤ 我们不难想象茶商的财务困境有多么糟糕。⑥

① IOLR, G/12/106, 1793/12/27, p. 9.
② IOLR, G/12/113, 1796/06/24, p. 5.
③ IOLR, G/12/162, 1808/02/25, p. 115.
④ IOLR, G/12/167, 1809/03/03, p. 32; G/12/167, 1809/03/17, p. 54.
⑤ IOLR, G/12/170, 1810/02/24, p. 70.
⑥ IOLR, G/12/179, 1812/01/11, p. 50.

行商倪秉发与郑崇谦在再下来的一季（1810—1811）里破产了。而茶商在这两个行商名下交付公司的茶叶凑巧也被评定出很低的价格。茶商先是拒绝接受这样的低价，但又无法坚持太久，终究还是被迫接受了公司的开价，因为市场上根本没有其他的买家！就连大班们也不得不承认这些茶商"无疑成为凄惨的受害者"，而在接下来两个贸易季中，果然有好几家茶商倒闭了。① 在1811—1812年这一季，茶叶的供应自然减少，而茶价也就涨回一些。② 可是在1813—1814年这一季，茶叶的需求又变小了，于是当季冬茶的茶价又跌得很低。茶商抱怨连连，不想与行商讲定价钱。他们坚称因为在茶乡付出的价格很高，所以损失很大；而情况更惨、损失更大的是有很多字号的茶叶在称重（装箱）时被（公司大班）拒收，理由是品质不及"样茶"。此外，他们手上还有好几个字号的茶叶根本卖不出去。

茶商威胁说，他们不打算与七家小行商（这几家行商的财务状况堪虞）订立任何新约，除非这几家小行商能替他们的冬茶争取到比较好的价格。③

市场上对茶叶的需要很快地再度回升，而在1815—1816年这一季达到其顶点。在该季，大班们就没办法用自己的开价买到冬茶了。④ 于是在下一季，英国公司缩小其采购，但减价效果不大。大体说来，从1810—1811年到1816—1817年这几个贸

---

① IOLR, R/10/26, 1812/01/24, p. 83; G/12/175, 1811/02/26, pp. 210—211; G/12/175, 1811/03/16, pp. 241—242; G/12/176, 1811/03/27, pp. 51—52; G/12/176, 1811/04/21, p. 87.

② IOLR, R/10/26, 1812/10/26, 1812/01/24, pp. 82—84.

③ IOLR, G/12/190, 1814/06/01, p. 38.

④ IOLR, R/10/26, 1816/03/04, p. 17.

易季，公司的需求量其实都很高，每年都超过200,000担。①

可是在1817—1818年这一季，需求量却大幅度降低。就拿工夫茶当作一个指标吧。对照大班们在前一季立约订了16,860,000磅（126,450担），但在1817—1818年这季却只订了130,000箱（约74,500担）。② 与1816—1817年那一季相差了大约40%。行商们实在不相信公司只需要那么少量的茶叶，而茶商们更难以置信。行商与茶商两者之间所订的合同大大超过了公司要他们供应的数量，而行商为此也依例付给茶商定金。在1817—1818年贸易季中，过多的茶叶被运到广州。其中备有"样茶"送到公司商馆供大班们检验的茶叶总量就高达240,000箱（约180,000担）。大班们嘀咕："即使是那些小行商，他们的合约只有81个字号，送来给我们（检验的样茶）就多达120个字号。"③

因为大班们拒绝收购超过他们与行商的合同所订购的茶叶，大量的茶叶就留在行商的手上，等待看看能不能以冬茶的方式出售。行商名下多余的茶叶，加上茶商多带下来的茶叶充斥各处，使得冬茶的市场也有供应过度的问题。价格不用说是低得不得了。大班们只肯付给茶商非常低的价格，也就是说不含"饷磅"，工夫茶每担只出价实价9两。假定行商的"饷磅"空间每担还是能够有7两之多，则行商能从公司得到的茶价每担也才16两；比起合约价的26两来说，足足少了10两。④

茶商死命不肯接受公司的开价，而大班们也坚决不肯提高价格。行商们根本无法拉拢双方的差距。最后，他们自己先

---

① IOLR, R/10/68, 1818/06/17, n.p., Mr. Urmston的备忘录。

② IOLR, R/10/26, 1817/03/17, p. 270.

③ IOLR, R/10/68, 1818/06/17, n.p., Mr. Molony的备忘录。

④ IOLR, R/10/68, 1818/06/17, n.p., Sir Theophilus Metcafe致英国东印度公司特别委员会（the Select Committee）函件。

妥协，由自己吃点亏，答应给茶商每担11.3两。[1] 然而，就算如此，茶商还是损失惨重。更惨的是，由于冬茶的需求是那么低，因此在冬茶交易过后，市场上没有成交的茶叶还是堆积如山。茶商的处境凄惨，正如以下这段话的描述：

> 品格高尚、财力雄厚的人顾及自己的名声，硬吞下上一年蒙受到的损失；而财力薄弱的人就被逼入绝境、顿失常轨。有些人卖掉了妻女，无意于人生。[2]

由于某些茶商的茶叶在验茶时无法过关，于是在协助财务困难的小行商周转的设计下，英国公司原本为小行商预付出去的定金，也就无法收回了。

大班们认为茶叶供给来得太多，肇因于合约有支付定金的规定，他们推想可能因此使茶商们误以为公司最后总是会收下他们交来的茶叶。于是在1818年3月14日的会议中，大班们决定中止预付定金的办法。他们同时责成小行商们遵从此一决议。不过，这个决定后来又改变了，而支付定金的办法还是继续下去了。[3]

除了市场的起落无常之外，茶商们也经常被卷入行商的财务困境。虽然一般而言，所有的行商在茶叶交易上都享有厚利，可是因为他们自己的经营不当与官府的需索无度，也常周转不灵。在1760至1843年间，总共有43家行商关门。每一回，当有行商倒闭时，政府当局通常会照例叫继续营业的其他行商

---

① IOLR, Y/10/68, 1818/06/17, n.p.

② 同上注。

③ IOLR, R/10/68, 1818/06/17, passim.; R/10/68, 1818/06/26, n.p.; R/10/28, 1820/01/06, pp. 82—84.

扛下破产者积欠外国人的债务，分年摊还；可是破产行商积欠本国人的债务就没人理了。很不幸的是：茶商由于与行商关系密切，常常也就是被破产行商欠债的本国商人当中的大户。

我们权且举两三个例子来说吧。在1780—1781年这一季，泰和行颜时瑛（瑛秀）与裕源行张天球（球秀）倒闭了。前者积欠茶商西班牙银元1,300,000元，后者欠600,000元。[①] 在另一个个案中，当万和行的蔡世文（文官）死后，他的继承人也在1797年破产，积欠茶商超过300,000两银子。[②] 再说一个，1810年年初，当郑崇谦濒临破产边缘时，他亏欠本国人的债务就高达400,000两。[③] 西成行的黎光远在1822年倒闭，倒闭时，他光是积欠绿茶商的未偿债务，就已高达130,000两银子。[④]

在英国东印度公司的出口盛期，茶商供应该公司的方式以办理"包庄"货及"卖庄"为主。"包庄"货在交货时有时被减价，有时更可能被大班们拒收。而他们的"卖庄"与冬茶则受到冬茶市场的市况所左右。此外，他们又无法避免被卷入行的财务困境。他们实在是出口茶叶贸易的终极受难者。因此，茶商们如果不想些办法来改善自己的处境，那岂不太奇怪了吗？然而茶商毕竟得透过行商才能将茶叶卖给外国商人，因而被周转不灵或者破产的行商所拖累，乃是无可奈何之事，无从着力。此外，他们所能获得的救济之道，不外还是要在茶叶交易制度上去设想。因此，茶商自然想要去设法改变既有的制度。这在1817—1818年的危机之后就果然发生了。

---

① IOLR, G/12/270, 1780/11/16, p. 234.

② IOLR, G/12/118, 1797/09/11, p. 127.

③ IOLR, G/12/168, 1810/01/11, p. 191.

④ IOLR, G/12/227, 1822/11/16, p. 459.

1819年2月，在该季的茶事终了之后，绿茶商们在其"公所"集会，决意要采取集体行动。这些绿茶商都来自安徽，据说有400人出席了那场聚会。他们责怪合约制度造成他们的不幸，决心针对松萝、熙春、皮茶、珠茶、雨前等各类茶，日后不再订约承办。① 进一步，他们也决定不理制作"样茶"交付行商，转交给英国东印度公司检验的做法。因为如他们所言，检验"样茶"及称重装箱时的查验带给公司大班操纵价格的机会。对他们来说，在检验"样茶"时讲定的价格在称重时还要被更动，实在是一件难以忍受、极其不便的事情。后面的那个时机出现时，贸易季已趋近尾声，对茶商来说很难再找到其他的出售机会，以致不管大班们提出多么不合理的价格，他们往往都不得不屈从接受。

众绿茶商们废止合约制度的论点持之有故，言之成理。首先，在前一季度末签订合同时，完全无法预测下一季茶叶产出的概况。万一发生任何天然灾害，诸如干旱、淫雨之类，产茶区的茶价无疑会飙涨而茶叶的品质下降。可是即便如此，茶商还是得依照约定的价格、约定的品质备办茶叶。结果自然损失惨重。

而针对两阶段评定其茶价这件事来说，虽然在少数的个案中，也有茶商的茶叶被认定整体品质优于"样茶"，从而被给予比起在检验"样茶"时讲定的价钱为高的情形，但这种情况毕竟不多。更常见到的是一整个字号都被认为不及"样茶"，从而被削减价格或者根本被公司拒收。当茶叶被拒收时，茶商只能想办法卖到别处或卖给别人（而这种机会不多），要不然就只好以更低的价格在公司采买冬茶时再提出给大班们考虑。

① IOLR, G/12/214, 1819/02/25, p. 115.

　　茶商们于是决定要采取一种新的交易形式：当茶叶运下来到广州时，它们还是照旧堆放到茶行的栈房里。而当有买卖时，茶行与行商应自全部的茶箱当中抽取若干箱作为样本来讲定价钱。一旦买卖完成，立刻就在相关的各种人物的见证下称重，重新装箱；而当茶叶要运交给买主时，都必须让茶行与茶商在场。在茶叶售出完结之后，如果再有任何短缺，就只有茶行应负责任，茶商就不用管了。① 在这样的安排下，茶叶的价格就只在第一次（也就是唯一的一次）检验时讲定，而买卖也就在当下确认，不得翻悔。采用这种做法后，茶商将不再受到茶价更动的困扰。他们也毋庸为任何重量上的问题负责。

　　然而，话说回来，此一全新的提议也不见得没有缺失。首先，在没有合约的情况下，他们的茶叶能不能卖出去就完全没有保证了。其次，要所有的茶商自行协调出运下广州的茶叶总量几乎是办不到的，因为他们没有统一的组织，习惯于独自行动。茶商没有合约规范，任意自行搬运茶叶到广州，可能使广州市场的茶叶供给远超过需求，从而造成市价重挫。再次，没有合约就没有定金，大多数茶商必然受害。因为他们的营运资金一向并不宽裕，短少了定金，周转起来不免困难重重。

　　行商们当然关切绿茶商的举动。英国大班们虽然声称不在乎要不要合约的问题，但也让大家知道"他们的职责与意愿都会与行商齐步，给予协助"。② 然而，即便大班的立场倾向于支持行商，行商还是没有办法让茶商妥协。茶商们随即离开广州，返回家乡或茶乡。

<hr>

① IOLR, G/12/214, 1819/02/25, pp. 116—119.

② IOLR, G/12/216, 1819/03/30, p. 30.

茶商走掉之后，茶行成为他们的代言人。行商于是和茶行磋商，达成以下的协议：订立合约的做法大体上还是要保留下来，可是茶叶到广州之后的交易办法可以改变。在"包庄"茶搬进栈房之后，先行分成两大区块，然后从两大区块之中，随机各抽出一箱作为"样茶"，交给公司检验。如果公司接受了"样茶"，那么，行商还可以再查验看看同一字号的其他的茶箱里的茶叶是否与"样茶"的品质相符。一旦这样的查验告终，而所有其他的茶叶也与"样茶"不相上下，那么，行商就被假定已经接受了这批茶叶，而要为此后公司的减价或拒收负完全的责任。如此一来，绿茶商也就成功地规避了公司二度查验所滋生的损失。①

正当绿茶商与行商之间争论不休的时候，黑茶商也没有乖乖地保持安静。他们一样聚集在一起，以争取较好的条件。谈判从2月或3月间就已开始，可是一直到同年的12月都还没法达成任何协议。② 黑茶商的困扰，一如在他们事后写给大班们的信函中所说的，同样也是公司在称重下船前的减价作为。他们说到减价或拒收之害使得：

> 资本大者被降为小，资本小者全归于无。更令人摧心捣肺的是：有些茶人完全丧失其所有，被迫抛家弃子，而本人则变成流浪的亡命之徒，无力返家。种种痛苦不堪的情状多到不可细数，而且他们所遭受的困乏与伤害也罄竹难书。③

---

① IOLR, G/12/216, 1819/04/25, pp. 35—39.
② IOLR, G/12/217, 1819/12/21, pp. 134—135.
③ IOLR, G/12/217, 1819/12/04, pp. 96—97.

为了除去这些弊害，他们想到和绿茶商类似的办法。不过他们不去碰合约与定金的问题，只要求不管是在检验"样茶"还是在称重出货时，都就查验茶叶、评定茶价两事做一些调整。他们认为，在第一回检验"样茶"时，他们的茶叶一般都被评价评得比他们想象的低。而在茶叶被宣告不及"样茶"时，他们又被削减价格。黑茶商们指控：即使连他们的茶叶大致都与"样茶"不分上下，"已经没有缺点可挑时，（大班们）还使用进一步的强制手段以便杀低价格。其接下来的意图显然是想把那些茶叶丢到一旁，好让它们变成冬茶。于是各种吹毛求疵的手法都用上来了"。[1]

黑茶商于是做出如下的提议：他们依旧同意照先前的做法制作一份"样茶"，其后再自每个字号（各种黑茶每一个字号皆为六百箱）中随机取出三十箱来与"样茶"做比较。如果这三十箱都和"样茶"的品质相符，那么，整个字号的茶叶就应被称重收受，而买卖便宣告完结。如果不然，交易就停止，而整个字号的茶叶也就留在茶行的栈房。照此办法，减价或拒收的事就不可能被强加到黑茶商身上，而后者的损失也就不会扩大。[2]

东印度公司的大班们不愿意接受此一提议。行商们于是设法寻找其他可能的解决方案。在磋商期间，"首名商人"同孚行行商潘致祥建议：一旦茶商拒绝承认某个字号的茶叶品质不及其"样茶"时，应由"公所"（行商的公会）来担任茶商与公司之茶师两者之间的仲裁者；此外，其他的做法一如其旧。然而大班们同样也听不进去这样的建议，辩称他们必须信赖自

① IOLR, G/12/217, 1819/12/21, p. 136.
② IOLR, G/12/217, 1819/12/21, p. 135.

己的茶师的判断。接下来，他们就按照自己的办法展开行动，借以打破茶商的联合行动。方法是挑选几位茶商，出比较高的价钱给他们，诱导这些人卖茶给公司。不过，大班们的努力还是白费心机。①

行商们继续寻求妥协。在1820年1月5日这天，出乎大班们的预料，众小行商突然通知说：他们已经与黑茶商达成协议！他们已经部分满足了黑茶商的要求。行商方面让步的部分是：当减价一事发生时，行商同意自行承担所减价钱的一半。② 而没过多久，广州府南海县知县也下令黑茶商解散，不许再行联合。③

在1819—1820年这回的抗争中，绿茶商与黑茶商都从行商那边获得一些让步。从那个时间点开始，茶商就不再独自承担他们的商品被东印度公司减价或被完全拒收所衍生的损失。然而他们也不能完全遂其所愿。在未来的年头里，他们持续奋斗以争取其交易的获利空间。关键性的问题依旧存在于英国大班们对茶叶的评价问题。④ 然而，只要英国东印度公司继续营业，同时又是最有力的茶叶买家，那么行商与茶商就都没有办法再越雷池一步。事实上，由于公司通常都会支持行商的利益，因此茶商的利益也就比较可能被牺牲。不过，很快地，这个问题就消失了。1833年英国政府取消东印度公司的对华贸易特权，开放所有的英国公民到中国做生意。这件事给广州茶叶出口商的结构带来了剧烈的改变。茶商利用此一时机，脱离行商的影响力，从而交易茶叶以供出口的做法也

---

① IOLR, G/12/217, 1819/12/25, p. 150.
② IOLR, G/12/217, 1820/01/06, pp. 167—169.
③ IOLR, G/12/217, 1820/01/24, pp. 186-187.
④ IOLR, G/12/236, 1826, p. 410.

就大异于前。① 在1833—1834年这个贸易季以后，延续多年的传统做法也就成了明日黄花。

结束语

在1760至1833年间，以外国市场为目标而在广州从事的茶叶交易涉及四个群体，亦即茶商、茶行、行商以及英国东印度公司的大班（或其他出口商）。茶叶由茶商从产地装运下来，送到广州。随后茶行就居间担任茶商与行商之间的媒介以进行交易。这些茶行因为其所提供的服务而获得一笔佣金，但不用分担任何交易的赚赔。因此，单就获利问题来说，在中国商人这方面，只有茶商与行商会受到交易结果的影响。

绝大多数的茶叶是通过合约完成交易的。在此做法之下，行商的利润受到保障，可是相反地，茶商却承受一切赔钱的风险。他们先是必须忍受公司大班减价或拒收的损失，进而经常被牵连到行商的财务困境当中。在此之外，茶商更免不了要承受广州市场供需条件起伏变化的后果。结局是茶商所遭受的损失可能极为沉重。即使想要改善他们在茶叶交易中的处境，茶商还是无法不理会行商，因为法令要求他们只能透过行商把茶叶卖给最终的出口商。再者，茶商也没有办法透过操纵市场上的供需以抬高价格，因为他们的同行人数相当多，而他们每一家的资本额又不大，要以集体或个别的力量来操纵市场几乎是

---

① W. E. Cheong, *Mandarins and Merchants: Jardine Matheson & Co., A China Agency of the Early Nineteenth Century*, Scandinavian Institute of Asian Studies Monograph Series, no. 26 (London: Curzon Press, 1979), pp. 195—200.

天方夜谭。于是，他们仅有的可能的救济方法，不外是群起抗争以稍稍改变交易模式。在1833年英国东印度公司的特许权废止之前，绿茶商与黑茶商多多少少也获得了一点成功。

原刊于The Second Conference on Modern Chinese Economic History（Taipei: the Institute of Economics, Academia Sinica, 1989），第745—770页。原刊出时以英文发表，本次重刊之中文稿由陈国栋译出。

附录

佐佐木正哉，《鸦片战争前中英交涉文书》（东京：岩南堂，1967），第34—39页收录的第五十一号文件为道光十四年（1834）十月间，万源洋行商人李应桂的禀文。当时英国东印度公司已经停止对华贸易。李应桂在禀文书讲述他自己对东印度公司时代茶叶交易制度的理解，颇有参考价值。兹抄录相关文字如后：

至茶叶为外夷所必需，洋行经理夷人出入口货物，惟茶叶向可坐享其利。

从前英咭唎公司向各行分大小股，定买黑、绿茶。议明所定正额给价若干，分别头、二、三盘，洋商转向茶客包定，名曰"包庄"。照番价每百斤，除饷磅八九两及十两不等。

正额之外，名为"押冬"，每百斤亦可除饷磅五六两。

无力洋行，不能先附茶客定单者，正额亦得饷磅六两七钱，载明包单；押冬饷磅四五两。

即茶客未向洋行包定者，名曰"卖庄"；洋行交番，除扣饷磅，照"包庄"无异。

其余花旗、港脚及各国夷人，凡买茶叶，亦得饷磅五六两不等。夷人茶客，均所明知，历来毫无异议。

计公司正额、押冬及各国夷人饷磅，通扯每百斤六两。除先完饷外，总可盈余四五两不等，此即坐享之茶利也。

其余一切货物，价无一定，涨跌匪常。间之各货滞消，损多益少，但能得饷银、行用而不亏折者，即是好运气、大便宜。如遇一货而稍获微利，实近来罕见罕闻之事也。

若谓何至如此？即总商禀称：入口货某行出价高者，将货卖与该行；出口货某行要价低者，即与该行定买。此即争夺亏折之明证也。然又何以争夺，甘心亏折？

贫乏之商，因人赔累，急于转输，出于无可如何。希冀受其进口之货，虽然亏折，望其多消茶叶，稍微弥缝。其如夷人枭薄性成，并不向亏折之行定买茶叶。看平日趋奉如何，能得夷人之欢心，则消茶必多；不惯逢迎，消茶必少。且行友贤愚不一，利己不顾损人，见某行已受夷人进口亏折之货，恐夷人多买某行茶叶，必向夷人谓某行茶叶不好，不可受某行愚弄。夷人一闻此言，虽向受进口货亏折之号买茶，必存心大杀其价，使此行进口、出口皆亏，自然交易不成。便可向趋奉之行多多买茶，此从前谢五馈送夷人轿子之所为也。虽已奉拿究办，岁远日长，恐暗中未必竟再无其人，似不可不防其渐。

因思洋行设有会馆，延请司事，原以稽查税饷、行用、摊捐等事。若将茶叶一款归总，设立总柜，无论何国何夷，向何行买茶；经手之行向茶客议价，无论贵贱，每百斤酌中扣除饷磅五两五钱，无减无增，以五钱归经理之行支出完纳，

其余饷磅盈余，及① 五日内交贮会馆总柜。此外一切进出口
货物应完正饷若干，由该行自纳外，其向有行用者，照沽价
抽用；其无行用者，应抽公费，率由旧章，统定五日内交入
会馆总柜。凡有起货、下货，由经理之行报验发艇，均由会
馆核明，盖用公戳，方准报验起货、下货。如应交行用、公
费有一单误期拖延者，会馆公所不得将该行报单盖用公戳报
验。每月派总商一人、散商三人，协同公请会馆诚笃司事，
佩带柜匙，总理出入。如各行有应完公款，知会值月行友、
会馆司事，眼同开柜，支出若干、尚存若干，由支银之行亲笔
登部② ，交会馆总理、司事，协同稽核收查。年终结算，除支
消一切公费外，如有盈余，按股均分：总商得两股、散商得一
股，作各行需用之费。如此变通事宜，立定章程，则此后饷项
可免亏折，且可岁有盈余，弥补前亏，而又与夷人毫无窒碍，
利几利人，事归画一。

若谓设立章程，恐夷人哓哓借口，窒碍难行。伏思各货饷
磅、行用、公费，以及茶叶饷磅盈余，皆率由旧章，并非起于
今日。且茶叶饷磅盈余，定议五两五钱，较前有减无增，存贮
总柜，便于办公支用。非如从前开设公行垄断，将各货画归公
买公卖；亦非如百前宪③ 请将夷货官为签撤，奉部驳者不同。

今只请将按照旧章之茶叶饷磅溢息归公，其余各货，除照
旧扣除饷磅、公费外，为其按照市值，平买平卖，并令夷人看
货还钱，两相情愿，毫无抑勒。夷人有何窒碍垄断？如有哓哓
借口者，此即不愿定立章程，将茶息归公之辈暗中主咬，希图

---

① 应作"即"才是。全句是说在五日之内将饷磅盈余交会馆总柜收贮。
② 应作"登簿"。
③ 百龄。

吴善其身，窃恐将来富有者日富，贫者日贫，又须代人赔累，转致挪移亏欠。此穷行无一生机之实在苦情也。倘蒙俯如所请，则商① 与梁承禧亏欠虽多于别商，无须十年即可弥补清楚，转乏为殷。具（？且）茶息归公，心无所私，自无趋奉夷人之獘，汉奸自绝。从此华夷相安于无事，岂非裕课恤商也。

---

① 李应桂。

论清代中叶广东行商经营不善的原因

前言

过去数十年关于鸦片战争以前中国近代经济史的研究，基本上都环绕着一个问题，那就是如果没有外国势力介入，中国是否能够自行发展出现代资本主义的问题。从大陆上通行的术语来说，那就是鸦片战争以前，中国有否资本主义萌芽的问题。讲到资本主义的萌芽，首要的事，当然要提及商业资本与商人。因为当时其他形式的资本并不发达。从大陆知名学者傅衣凌的巨著《明清时代商人及商业资本》以及其他中外学者的研究中，我们可以清楚地了解，清代的主要商人，依籍贯来分，以徽州（新安）商人、山西商人与福建商人最为杰出；以其经营事业的地点与内容来分，以两淮盐商、广东行商以及江浙铜商最为重要。从交易的总量来说，后面这三类商人也拥有最大的规模。在清代中叶（约1760—1843）两淮盐业与江浙洋铜业差不多都由徽州商人与山西商人所操纵，而福建商人则在相当长的一段时间中为广东行商的主要来源。

关于两淮盐商，从何炳棣1954年在《哈佛亚洲学报》的一篇文章开始，已经有了许多出色的研究。[①] 而关于江浙洋铜

[①] Ping-ti Ho（何炳棣），"The Salt Merchants of Yang-chou: A Study of Commercial Capitalism in Eighteenth-Century China"，*Harvard*

商，在过去数十年中，也有佐伯富、松浦章、大庭修等日本学者精彩的探讨。① 至于有关广东行商的研究，虽然有汗牛充栋的著作，可是除了梁嘉彬的《广东十三行考》外，并无更严谨深入的成就。大部分的作品都以 H. B. Morse 的《东印度公司和中国贸易的历年记录（1635—1843）》为史源。Morse 的书一方面只是英国东印度公司档案的摘要，另一方面他所参考的材料并不完整。因此，有关行商的研究不但流于印象式，而且也缺乏完整性。② 为了弥补这个缺憾，笔者于1986—1989年间分别在北美与英国从事有关行商史料的研究，并撰成《中国行

Journal of Asiatic Studies, vol. XVII （1954），pp. 130—168；萧国亮，《清代两淮盐商的奢侈性消费及其影响》，《历史研究》，1982:4 （1982年8月），第135—144页。

① 其中尤以松浦章的研究最为杰出，例如《乍浦の日本商问屋について——日清贸易における牙行》，《日本历史》，第305期 （1973年10月），第100—115页；《唐船乘组员の个人贸易について——日清贸易における别段卖荷物》，《社会经济史学》，41:3 （1975年10月），第25—46页；《长崎贸易における在唐荷主について——乾隆～咸丰期の日清贸易の官商·民商》，《社会经济史学》，45:1 （1979年6月），第77—95页；《中国商人と长崎贸易——嘉庆·道光期を中心に》，《史泉》，第54期（1980年3月），第39—64页。最近的研究有刘序枫的《清代前期の福建商人と长崎贸易》，《九州大学东洋史论集》，第16期 （1988年1月），第133—160页。

② H. B. Morse, *The Chronicles of the East India Company trading to China, 1635—1834*, 5 vols. （Oxford: Oxford University Press, 1926—1929）；Earl H. Pritchard, *The Crucial Years of Early Anglo-Chinese Relations, 1750—1800*（台北：虹桥书店影印本，1970）；以及*Anglo-Chinese Relations during the Seventeenth and Eighteenth Centuries*（台北：虹桥书店影印本，1972）；Louis Dermigny, *La Chine et L'Occident: le Commerce à Canton au XVIIIe Siècle, 1719—1833*, 4 vols. （Paris: S.E.V.P.E.N., 1964）。此外，有两篇博士论文亦处理行商的一般问题，即Ann Bolbach White, "The Hong Merchants of Canton", University of Pennsylvania, 1967; Dilip Kumar Basu, "Asian Merchants and Western Trade: A Comparative Study of Calcutta and Canton, 1800—1840", University of California, Berkeley, 1975。

商的破产（1769—1843）》一书，本文即为该书主要论点之详细摘要，请当行学者多多指教。

本文所使用的原始材料，主要有三个来源：（1）英国东印度公司档案；（2）中国清代档案；（3）美国的商业文书及账册。英国东印度公司档案有三个系列，其中两个系列典藏于英国伦敦的印度办公室图书档案馆（India Office Library and Records）：（1）"中日商馆档案"（G/12: Factory Records: China and Japan），包括了有关广州贸易的日记（diaries）和议事录（consultations）等等。这批档案是每一年贸易季终了，由东印度公司广州商馆职员誊录寄回伦敦总公司的记录。（2）"中国档案"（R/10: China Records），这个系列除了也包含了日记与议事录外，同时也收录了广州商馆与总公司之间往来的书信。这个系列是广州商馆逐日登录的稿本，材料的价值当然比前一个高，因为前一个系列根本就是从这个系列誊录出来的。由于两个系列都分别遗失了某些年份，因此合并使用两个系列，对于史实的重建，自然可收截长补短之效。除了以上两个系列之外，美国康奈尔大学的"华生文库"（Wason Collection, Cornell University）亦藏有一份特殊的东印度公司档案，即"马戛尔尼文书"（Macartney Documents）。这个系列由二十一册稿本组成，是东印度公司理事会（Court of Directors）为1792—1793年马戛尔尼出使中国而自公司档案中整理出来供马戛尔尼参考的材料。对于前述两个系列，此一文书亦有补充讯息的功能。

本文所使用的第二组原始材料为台北故宫博物院所藏的宫中档奏折原件、军机档与外纪档奏折录副以及其他相关档案。这些材料配合二十世纪三十年代北京故宫博物院出版的清代文献，如《史料旬刊》《文献丛编》《清代外交史料》等等，可以补充一些英文资料所缺的讯息。

最后一项原始材料则为美国一些地方历史学会及博物馆所庋藏的商业书信与账册。美国自1784年独立战争结束后开始与中国直接贸易。该国的商人遗留下来许多宝贵的商业文书。这些文书不但保留了中美商人往来的史实，而且对于个别行商也不乏深入有趣的刻画，对于了解行商的种种问题有很多助益。由于这类材料分别收藏在不同的地方，作者限于财力与时间未能逐一查阅，仅使用了麻州历史学会（Massachusetts Historical Society）所藏之各项档案，并利用了该学会及塞勒姆（Salem, Massachusetts）的伊塞克斯文物馆（Essex Institute）所出版的各种中国贸易（China Trade）书信。不过由于塞勒姆与波士顿在鸦片战争以前在中美贸易上的地位十分重要，本文利用的材料其实已具有很高的代表性了。其他一时未能参考的材料对本文的立论影响应是相当有限的。

一、行商经营困难的事实

根据以上各项资料，我们得知从1760年广东行商成立"公行"开始到1843年行商制度废止为止，前后共八十四年，共有四十七家洋行先后营业（参考表一），这四十七家当中的三十七家在1771至1839年间陆续停业。平均不到两年即有一家停止营业。停业的洋行中，有两家是因为行商退休，有四家洋行停业的原因不明，有八家因能力不足或涉及官方认定的违法情势而被勒令歇业，另有三家因业主（行商）死亡，后继无人而关闭。其余的二十家洋行之所以不能继续营业，都是因为周转不灵而破产（参考表二）。破产的洋行数目因此占停业行商的二分之一以上，而超过全部洋行的五分之二。事实上，除了业主退休的两家洋行外，所有其他三十五位歇业的行商，在结束营业的时候，即使形式上没有破产，负债也都早已大过资产，继续营业的可能性已微乎其微了。

1843年以前停业的洋行固然大多遭遇过周转不灵的困难，侥幸维持到1843年的十家洋行在其结束营业时，除了同孚行（潘正炜）与怡和行（伍秉鉴）外，其他八家的情况大多也很不好。尤其是其中的天宝行（梁承禧）与广利行（卢继光）在1843年时，分别负欠外国商人白银一百多万两，实质上已经是破产了。[1]

---

① 东印度公司档案，G/12/262, p. 28, 1838/11/28; G/12/263, pp. 5—6, 1839/05/22; G/12/248, p. 76, 1832/05/15; G/12/248, p. 84, 1832/05/21; R/10/29, pp. 254—155, 无日期；R/10/29, p. 386, 1829/11/20; *The Chinese Repository*, vol. XII（November, 1843）, p. 615; H. B. Morse, *The International Relations of the Chinese Empire*（台北：成文出版社影印本，1978）, vol. I, p. 165; Anonymous, *The Chinese Security Merchants in Canton and Their Debts*（London: J. M. Richardson, 1838）, p. 37; J. B. Eames, *The English in China*（London: Curzon Press reprint, 1974）, p. 309; T. F. Tsiang（蒋廷黻），"The Government and the Co-hong of Canton, 1839", *The Chinese Social and Political Science Review*, vol. XV, no. 4（January, 1932）; W. E. Cheong（张荣洋）, *Mandarins and Merchants: Jardine Matheson & Co., A China Agency of the Early Nineteenth Century*, Scandinavian Institute of Asian Studies Monograph Series, no. 26（London: Curzon Press, 1979）, pp. 96—97; Yen-p'ing Hao（郝延平）, *The Commercial Revolution in Nineteenth Century China: The Rise of Sino-Western Mercantile Capitalism*（Los Angeles and Berkeley: University of California Press, 1986）, p. 308; H. B. Morse, *The Chronicles*, vol. IV, pp. 207, 327; 梁嘉彬，《广东十三行考》（台中：东海大学，1960）, p. 165。

表一　行商名称及年代表，1760—1843年

	西文称谓	中文称谓	姓名	行名	担任行商年代
1.1	Puau Khequa I	潘启官	潘文严	同文	1760以前—1788
1.2	Puan Khequa II	—	潘致祥	同文	1788—1807
2.1	Sweetia	—	颜——	泰和	1760以前—1762
2.2	Yngshaw	瑛　秀	颜时瑛	泰和	1762—1780
3.1	Ton Suqua	陈寿官	陈——	广顺	1760以前—1760
3.2	Ton Chetqua	—	陈——	广顺	1760—1771
3.3	Tinqua	陈汀官	陈——	广顺	1771—1776
3.4	Conqua	—	陈——	广顺	1776—1778
4.1	Chai Hunqua	—	蔡——	义丰	1776以前—1770
4.2	Sy Anqua	—	蔡——	义丰	1770—1775
4.3	Seunqua	—	蔡昭复	义丰	1775—1784
5.1	Sweequa	蔡瑞官	蔡——	聚丰	1760以前—1761
5.2	Yokqua	—	蔡——	聚丰	1761—1771
6.1	Chowqua I	—	陈文扩	源泉	1760以前—1789
6.2	Chowqua II	—	陈——	源泉	1789—1792
7.1	Teunqua	—	蔡——	逢源	1760以前—1760
7.2	Munqua	蔡文官	蔡世文	逢源	1760—1796
				万和	
7.3	Seequa	—	蔡——	万和	1796—1797
8.1	Footia	—	张——	裕源	1760以前—1760
8.2	Kewshaw	球　秀	张天球	裕源	1760—1780
9.1	Ton Honqua	—	陈——	远来	1760以前—1760
9.2	Conqua	—	陈——	远来	1760—1781
10.1	Geequa	—	叶——	广源	1760以前—1768
10.2	Teowqua	—	叶——	广源	1768—1775
11.1	Shy Kinqua II	石鲸官	石梦鲸	而益	1778—1790
11.2	Shy Kinqua III	—	石中和	而益	1790(1778)—1795
12.1	Sinqua	—	吴——	丰泰	1782—1785
12.2	Eequa	—	吴昭平	丰泰	1785—1790
13	Geowqua	钊　官	伍国钊	源顺	1782—1798
14	Pinqua	丙　官	杨岺龚	隆和	1782—1793
15	Seequa	—	—	—	1782—1784
16.1	Lunshaw	—	—	—	1782—1784
16.2	Conqua	—	—	—	1784—1786
17	Howqua	—	林时懋	泰来	1784—1788
18	Chetai	—	李——	—	1791—1791
19.1	Mowqua I	懋　官	卢观恒	广利	1792—1812
19.2	Mowqua II	—	卢文锦	广利	1812—1835
19.3	Mowqua III	—	卢继光	广利	1835—1843

续表

	西文称谓	中文称谓	姓名	行名	担任行商年代
20	Yanqua	叶仁官	叶上林	义成	1792—1804
21.1	Puiqua	伍沛官	伍秉钧	怡和	1792—1801
21.2	Howqua I	伍浩官	伍秉鉴	怡和	1801—1826(1843)
21.3	Howqua II	—	伍元华	怡和	1826—1833
21.4	Howqua III	—	伍元薇	怡和	1833—1843
22	Ponqua	榜 官	倪秉发	达成	1792—1810
23	Tackqua	—	—	—	1792—1794
24.1	Gnewqua I	侣 官	郑尚乾	会隆	1793—1795
24.2	Gnewqua II	—	郑崇谦	会隆	1795—1810
25.1	Chunqua I	中 官	刘德章	东生	1794—1824
25.2	Chunqua II	—	刘承霈	东生	1824—1827
25.3	Chunqua III	—	刘 东	东生	1827—1830
26	Conseequa	昆水官	潘长耀	丽泉	1797—1823
27.1	Loqua	黎六官	黎颜裕	西成	1802—1814
27.2	Pacqua	黎柏官	黎光远	西成	1814—1826
28	Inqua	—	邓兆祥	福隆	1802—1810
29	Poonequa	麦觐官	麦觐廷	同泰	1804—1827
30	Lyqua	周礼官	周信昭	—	1804—1809
31	Fonqua	方 官	沐士方	万成	1807—1809
32.1	Kinqua I	梁经官	梁经国	天宝	1807—1837
32.2	Kinqua II	—	梁承禧	天宝	1837—1843
33.1	Fatqua I	发 官	李协发	万源	1808—1822
33.2	Fatqual II	—	李应桂	万源	1822—1835
34.1	Puan Khequa II	—	潘致祥	同孚	1815—1820
34.2	Puan Khequa III	—	潘正炜	同孚	1821—1843
35.1	Manhop I	—	关祥	福隆	(1811—1828)
35.2	Manhop II	—	关成发	福隆	1811—1828
36.1	Goqua I	谢鳌官	谢嘉梧	东裕	1809—1826
36.2	Goqua II	—	谢有仁	东裕	1826—1843
37	Hingtae	—	严启昌	东兴兴泰	1830—1837
38	Minqua	潘明官	潘文涛	中和	1830—1843
39	Pwanhoyqua	潘海官	潘文海	仁和	1830—1843
40	Saoqua	—	马佐良	顺泰	1830—1843
41	Chingqua	—	林应奎	茂生	1830—1831
42	Tuckune	—	—	—	1830—1831
43	Samqua	吴爽官	吴天垣	同顺	1832—1843
44	Tungqua	通 官	王达通	福泉	1832—1835
45	Footae	—	易元昌	孚泰	1835—1843
46	Lamqua	—	罗福泰	东昌	1835—1837
47	Takqua	—	容有光	安昌	1836—1839

资料来源: Kuo-tung Ch'en, *The Insolvency of the Chinese Hong Merchants, 1760—1843* (台北: 台湾"中央研究院"经济研究所, 1990)。

表二 行商停业年份及停业形式表

	行名	停业年份	停业形式
5	聚丰	1771	A
10	广源	1775	D
3	广顺	1778	B
2	泰和	1780	B*
8	裕源	1780	B*
9	远来	1781	D
4	义丰	1784	B*
15	Seequa's	1784	D
16	Lunshaw's	1786	C
17	泰来	1788	B
12	丰泰	1790	B*
18	Chetai's	1791	A
6	源泉	1792	B
14	隆和	1793	C
23	Tackqua's	1794	A
11	而益	1795	B*
7	万和	1797	B
13	源顺	1798	B
20	义成	1804	R
1	同文	1807	R
30	Lyqua's	1809	C
31	万成	1809	B*
22	达成	1810	B*
24	会隆	1810	B*
28	福隆A	1810	C
26	丽泉	1823	B*
27	西成	1826	B*
29	同泰	1827	B*
35	福隆B	1828	B*
25	东生	1830	B*
42	Tuchune's	1831	C
41	Chingqua's	1831	C
44	福泉	1835	A
33	万源	1835	B
46	Lamqua's	1837	C
37	兴泰	1837	B*
47	安昌	1839	C

说明：停业形式栏之符号分表如下：
A：有关该行一切记载表中列举之各年份后不再出现。
B：由地方官宣告破产，案情未经奏报中央。
B*：由地方官宣告破产，并将案情奏报中央。
C：因能力不足或违法情势被地方官勒令歇业。
D：因行商死亡而歇业。
R：经地方官同意而退休。

资料来源：Kuo-tung Ch'en, *The Insolvency of the Chinese Hong Merchants, 1760-1843*（台北：台湾"中央研究院"经济研究所，1990）。

从洋行周转不灵的情形来看，洋行经营困难的事实是相当显著的。

再从洋行与行商存在的时间长短来看。四十七家洋行中，有十家开始于1760年以前，又有十家维持到1843年，这二十家的存在时间不适合与另外于1760至1843年间开业、停业的二十七家一起看。我们分别计算，结果发现1760年以前即已存在的十行在1760年后，平均各继续了25.5年（最多48年，最少12年）；维持到1843年的十行平均各存在了26.7年（最多52年，最少9年）。此外的二十七行则平均只各存在12年（最多37年，最少只有1年）（参考表三）。若从这二十七家洋行各自的最后一任行商营业的时间来看，平均则只有9.5年（参考表一）。以上这些数字多少也说明了洋行与行商均难维持相当长时间的营业。

综上所述，在整个清代中叶，广东洋行的经营普遍地相当困难，同时大部分的洋行也都不容易维持长时期的营业。这个事实与传闻中行商的富有可以说是南辕北辙。其实，行商富有的传闻也不完全是空穴来风。因为行商的某些事业获利性确实很高，这给人行商富有的必然推断。其次，行商的生活方式比一般人奢侈，他们经手的交易价值又很大，政府更从他们手上获得巨额的关税与捐输报效的收入。这些事实确实予人行商富有的印象，下文便从这几个方面来检讨行商营收与开支的情形，以便说明何以行商普遍经营困难。必须先说明的一点是以下的探讨系以全体行商作为讨论的对象，而不就个别行商的特殊情形另作分析。

表三 广东洋行营业时间表

	行名	开业年代	总年数
1	同文行	1760以前—1807	48年以上
2	泰和行	1760以前—1780	21年以上
3	广顺行	1760以前—1778	19年以上
4	义丰行	1760以前—1784	25年以上
5	聚丰行	1760以前—1771	12年以上
6	源泉行	1760以前—1792	33年以上
7	逢源、万和	1760以前—1797	38年以上
8	裕源行	1760以前—1780	21年以上
9	远来行	1760以前—1781	22年以上
10	广源行	1760以前—1775	16年以上
11	而益行	1778—1795	18年
12	丰泰行	1782—1790	9年
13	源顺行	1782—1798	17年
14	隆和行	1782—1793	12年
15	Seequa's	1782—1784	3年
16	Lunshaw's	1782—1786	5年
17	泰来行	1784—1788	5年
18	Chetai's	1791—1791	1年
19	广利行	1792—1843	52年
20	义成行	1792—1804	13年
21	怡和行	1792—1843	52年
22	远成行	1792—1810	19年
23	Tackqua's	1792—1794	3年
24	会隆行	1793—1810	18年
25	东生行	1794—1830	37年
26	丽泉行	1797—1823	27年
27	西成行	1802—1826	25年
28	福隆行A	1802—1810	9年
29	同泰行	1804—1827	24年
30	Lyqua's	1804—1809	6年
31	万成行	1807—1809	3年
32	天宝行	1807—1843	37年
33	万源行	1808—1835	28年
34	同孚行	1815—1843	29年
35	福隆行B	1811—1828	18年
36	东裕、东兴	1809—1843	34年
37	兴泰行	1830—1837	8年

续表

38	中和行	1830—1843	14年
39	仁和行	1830—1843	14年
40	顺泰行	1830—1843	14年
41	茂生行	1830—1831	2年
42	Tuckune's	1830—1831	2年
43	同顺行	1832—1843	12年
44	福泉行	1832—1835	4年
45	孚泰行	1835—1843	9年
46	东昌行	1835—1837	3年
47	安昌行	1836—1839	4年

资料来源：同表一。

二、行商的可获利性

行商普遍经营困难并不意味着行商的事业无利可图。相反地，他们的可获利性很高。因为可获利性很高，所以尽管失败的例子层出不穷，广东洋行中还是出了两家发大财的商人，即怡和行（伍秉鉴）与同孚行（潘致祥与潘正炜）。就怡和行而言，在1792年由伍秉钧开业时，资产甚微。① 1798年，其叔伯伍国钊（源顺行）破产时，伍秉钧还替他承担了所有负欠外国商人的债务。② 伍秉钧于1801年去世，怡和行由伍秉鉴继承。到了1834年，伍秉鉴自己估计已拥有26,000,000元（墨西哥银

---

① 东印度公司档案，G/12/103, p. 39, 1792/09/21："Puiqua is Brother to Geowqua & is supposed to have some capital, but hitherto we know little of him, except occasionally purchasing a few Chops of tea." 引文中之Puiqua当作"Puiqua's father"。

② 东印度公司档案，G/12/119, p. 97, 1798/01/26; G/12/119, pp. 117 &121, 1798/02/06; G/12/119, pp. 126—127, 1798/02/11; G/12/119, pp. 129—130, 1798/02/12。

元，下同）的资产，相当于市平白银18,720,000两。则怡和行在这三四十年获利的情形至为可观。① 就同孚行而言，第一位业主潘致祥虽然在1788—1807年间担任同文行的行商，但同文行在1807年歇业时，潘致祥已经把所有的财产与他的家族分割了，因此他只继承了部分同文行的资产。潘致祥于1815年新开了同孚行，于1820年去世。去世时留下的财产已达10,000,000元（7,200,000两）。潘致祥的儿子潘正炜从1821年起继续经营同孚行，直到1843年整个行商制度废止为止。数年后，潘正炜的家族所拥有的财产据说更多达20,000,000元（14,400,000两）。② 怡和、同孚两行都在少数几十年间累积大量的资财，显然行商的事业相当地有利可图。

对整体行商而言，经手中外贸易有利可图的事实更清楚地反映在商品的获利性上。我们先就行商与英国东印度公司交易茶业的情形做一研究，便可证明。

英国东印度公司在1760—1833年间为广东行商最主要的贸易对手。尤其是1784年英国国会通过所谓的"折抵法案"（The Commutation Act），将茶业的进口税由平均120%以上降为12.5%，大大鼓励了茶叶的消费。此后由英国东印度公司

---

① William C. Hunter, *The "Fan Kwae" of Canton Before Treaty Days, 1820—1844* (Shanghai: Oriental Affairs, 1938), pp. 29—31; H. B. Morse, *The Chronicles*, vol. IV, pp. 59, 348.

② William C. Hunter, *Bits of Old China* (Shanghai: Kelly and Walsh, 1911), pp. 78—80; Lawrence Waters Jenkins, "An Old Mandarin Home", *Historical Collections* (Essex Institute), vol. LXXI, no. 2 (April, 1935), p. 106; Cf. W. E. Cheong（张荣洋）, "The Hong Merchants of Canton", *Hong Kong-Denmark Lectures on Science and Humanities* (Hong Kong University Press, 1983), pp. 19—36。关于1807年潘致祥与其族人分割同文行资产一事，见东印度公司档案，G/12/273, pp. 101—107, 1821/10/11。

出口的茶叶数量便急速增加（参考图一）。在此年以前，英国公司每年自中国出口的茶叶，平均不到80,000担（一担等于100斤，或60公斤）。从1784—1785年到十八世纪末，每年约输出160,000担。到了1810年以后，平均每年就高达240,000担上下。根据笔者在1989年第二届中国近代经济史会议的一篇文章[1]的研究，行商可以从经手交易的茶叶上，获得平均每担四至五两的利润。以每担四两来说，整个行商团体在1784年以前，每年可以从与英国公司的茶叶交易上获取320,000两银子的利润。1784至1800年间，每年的利润约为640,000两。1810年以后则每年高达960,000两。因此，单就与英国东印度公司交易茶叶而言，整个行商团体所能获得的总利润是相当可观的。

图一　英国东印度公司自广州出口之茶叶数量图

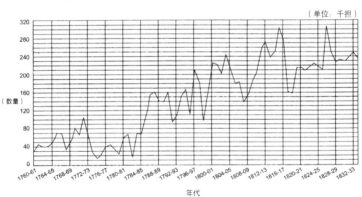

资料来源：Earl H. Pritchard, *The Crucial Years of Early Anglo-Chinese Reltions, 1750—1800* (Washington, D. C.: State College of Washington, 1936), p. 395; H. B. Morse, *The Chronicles of the East India Company Trading to China*, vols. Ⅱ, Ⅲ and Ⅳ (Oxford: Oxford University Press, 1926), passim.

　　不过，行商与东印度公司交易茶叶，依双方契约的规定，

---

[1]　陈国栋，《1760—1833年间中国茶叶出口的习惯做法》，收入本书。

个别行商必须按照其出售给公司茶叶的多寡，等比例地购入
公司进口到中国的英国毛料。由于茶叶与毛料的买卖互为要
件，因此在计算茶叶利润时也应该同时考虑经手毛料交易的
盈亏问题。一般而言，毛料的买卖对行商是不利的。毛料的
价格，如同茶叶，也是行商与公司双方议定的。公司要求的
价格往往高于中国市面上的价格。（因为公司的成本原本就
高于中国的市价，但是为了平衡中英之间的贸易，公司又不
得不进口毛料到中国。）由于经手茶叶交易的利润很高，行
商为了争取出售茶叶给公司的机会，也就只好在毛料的价格
上稍做让步。因此，行商将毛料转手出去的时候，大多都有
所亏损。换言之，把毛料与茶叶的交易合并考虑时，行商的
获利情形就稍为差些。

表四　茶叶及毛料的获利率（%）

交易资料	茶叶单项	茶叶及毛料合并	毛料单项
怡和行代西成行买卖，1823—1824	19.62	17.20	2.42
西成行买卖，1822—1823	15.38	12.97	2.41
怡和行代同泰、天宝、万源三行买卖，1826—1827	16.00	9.44	6.56
广利行代西成行买卖，1823—1824	19.62	16.95	2.67
广利行自行买卖，1826—1827	16.00	8.97	7.03
东生行代西成行买卖，1823—1824	19.62	17.20	2.42
东生行代西成行买卖，1823—1824，另案	11.92	9.51	2.41
平均	16.88	13.18	3.70

资料来源：东印度公司档案，R/10/28,1828/01/23, pp. 175–177。

　　表四为1823—1827年间几家行商获利率的资料，代表一般获利的情形。据此，行商若只出售茶叶给公司而不购入毛料，则有平均16%的利润。当毛料的交易也纳入考虑时，平均获利率就降到13%。表四的获利率是依东印度公司的买入价格计算的。在1824—1825年一年的交易中，行商总共出售210,000担茶叶给东印度公司，总售价超过7,500,000元（5,400,000两）。我们即以13%的利润率计算，全体行商当可获得702,000两左右的利润。当年英国公司把他们的交易分成大略相等的二十五份。其中怡和行拥有四份；广利、同孚与东生三行各自拥有三份；西成、福隆、东裕、同泰、天宝与万源各行则分别拥有两份交易。依据这些比例来计算，大行商怡和行伍秉鉴可以获得112,320两的利润，中行商如同孚行潘正炜可得84,240两，小行商如天宝行梁经国可得56,160两。

　　一般而言，行商如果只与英国东印度公司买卖茶叶，则不但风险不大，而且可以稳获相当可观的利润。因此，一个行商如果周转不灵，则只有两种可能：（1）开销太大，远非此项交易之利润所能完全支付；（2）基于某些动机，该行商与英国东印度公司从事茶叶—毛料以外的交易，或者与该公司以外的其他外国商人做生意。以下就依此两方面对行商的开支与经营的情形加以探讨。

三、行商的重大支出

　　过去学术界对于行商经营困难以至于破产的解释偏重于强调行商的开支过大。这些说法可以分成两点：其一是说他们的生活侈靡；其二则是说政府及有关的官员剥削他们太过分。这两点说法揭示了炫耀性消费与官方的榨取同为行商的重大支出之事实。此外，行商的重大支出尚有一项，那就是维持其营业设施（店面、栈房、雇工等）以及家人或家族的费用。

先说设施及家族的维持费。上节在估计行商经手茶叶交易之利润时并未把他们的固定成本算进去——这也是当时的商业习惯。所谓的固定成本，就是维持店面、栈房以及雇用账房、伙计与工人等的费用。商业上交际应酬的开支也包括在内。至于家族生计的维持，行商的支出也相当可观。例如十九世纪初仰赖天宝行为生的梁氏家族就有上百家之多。[1] 设施与家族的维持费两项合并起来，一个大行商每年大约要支出50,000—60,000元，小行商20,000元。平均约40,000元或30,000两。[2] 就整个行商团体而言，一年的支出约为300,000两。

其次说到行商的炫耀性消费。这一类支出表现在三方面：（1）生活方式的侈靡；（2）个人社会地位的提升；（3）促进家族成员向上的社会流动。第一方面关于生活方式侈靡的问题，事实上并不如一般想象的那么严重。比起两淮盐商争奇斗富的情况而言，广东行商显得相当保守。他们既不像盐商一样大造庭园，也不似某些盐商从事种种骇人听闻的怪癖性收藏或活动。[3] 外国人眼中所见行商的侈靡行为主要是后者的筵席。

---

[1] 梁氏家传云："嘉庆十三年，（梁经国）遂承充洋商。……当洋行盛时，族乡待举火者，百数十家。病者药之，急者周之。朋友称贷，未尝不予。"见梁嘉彬，《广东十三行考》，第266页。

[2] Anonymous, "A Dissertation upon the Commerce of China", in Rhoads Murphey ed., *Nineteenth Century China: Five Imperialist Perspectives*, Michigan Papers in Chinese Studies, no. 13（Ann Arbor: Center for Chinese Studies, the University of Michigan, 1972）, p. 39；东印度公司档案，G/12/211, p. 45, 1818/02/02。

[3] 有关两淮盐商的奢侈性行为,请参考注1。类似的行为在行商身上极少见到。

然而，筵席的开销在中国商场上本为不可或缺的项目；再者与宴的外国商人有时候也须分摊部分的费用。① 更重要的是，这些费用已经算在前述的固定成本中，只占每行每年平均30,000两当中的一部分，对行商财富的流失，影响应该不至于太大。

炫耀性支出的第二方面为行商在提升个人社会地位方面的花费。行商大都拥有官衔。这些官衔毫无例外地是他们捐钱给政府的回报。因此，有些学者也将求取官衔以提高行商本人的社会地位视为一种炫耀性的消费行为。其实，在取得官衔一事上，我们必须澄清，行商有时完全是出于被动的。不管主动或被动，对于在职的行商而言，参与科举考试以获得功名——担任官员的资格——几乎是不可能的。只有经由金钱的媒介，通过"捐纳"或"捐输"的手续，他们才有可能获得官衔。所谓"捐纳"是政府在国家有特殊财政需要的时候，将某些官衔或资格订定一个价目表，让人民来购买。几乎所有的行商在开业之初或开业之前都已透过这种方式取得某种官衔。这种捐官方式花费不大。普通为数百两或数千两，少时则不过数十两银子而已。② 因为价钱不高，所以稍有资财的商人都有能力捐纳官衔，③ 更不用说行商了。"捐输"实际上是政府向商人要求的一种强迫捐献。就行商的情况而言，这种要求通常都以全体行商为

① Josiah Quincy ed., *The Journal of Major Samuel Shaw, the First American Consul at Canton*（Boston: Crosby & Nichols, 1847），p. 179。

② 许大龄，《清代捐纳制度》（北京：燕京大学，1950），第97—112页；近藤秀树，《清代の捐纳と官僚社会の终末》，《史林》，46:2—4（1963年3、5、7月）。

③ 举例言之，在一部清代福建省地方行政的参考书《福建省例》中，我们甚至可以看到1770年前后，漳州府龙溪县一个小小的买卖黄麻的牙行商人（柯西铭）和他的儿子（柯冰霜）都有能力捐纳。见《福建省例》（台北：台湾银行经济研究室，1964），第五册，第611—612页。

对象。政府一次提出一笔数目，然后由全体行商分期来缴纳。由于每家行商的交易规模大小不同，他们所个别分摊的捐输也就有多寡的差别。政府在每次捐输终了就依个别行商分摊数额的多寡，分别给予不同的官衔或其他奖励。行商在捐输上的支出虽然很大，而且随着时间的下移又有增加的趋势（参考表五），但是自1780年为始，行商团体就以"行用"的名义，在经手每笔交易时加收一定分量的费用，以应付各类政府对全体行商的需索。捐输的支出自然也用"行用"来支付。因此，捐输对于行商既得的利润并不产生减少的作用。总之，无论捐输与捐纳，行商都因而获得官衔，然而却很少影响到他们财富的流失。

第三点要提到行商为促进家族成员向上的社会流动而增加的费用。为了达到这方面的目的，行商应当积极地从事艺文活动、交结文人名士，并且培养子弟参与科举考试。可是实际这样做的行商并不多。与同时代的两淮盐商不同，广东行商很少大规模地赞助艺文活动，也不曾造就出多位举人或进士。事实上，由于大部分的行商很难维持超过本身这一代的经营，因此很少行商有余力或余暇去从事艺文活动与教育子弟。在四十七家行商中，只有同文行、同孚行、怡和行与天宝行的成员在这方面略有表现。[1] 这四家行商，除了天宝行以外，都是经营情况极好的行商。

---

[1] 1840年以前，同文行和同孚行的潘氏家族产生过两位进士（潘有为、潘正常）、两位举人（潘正绵、潘正琛）。怡和行的伍氏家族虽然产生了三位举人，但是除了伍元芳是自己考取的外，另两名都是因为参与捐输而由皇帝赏赐的。天宝行的梁氏家族则出了一名进士梁纶机（及第后改名梁同新）。见《广州府志》（1879版），41/15b—16a, 18b; 45/8b, 11b, 13a, 14b；《番禺县续志》（1871版），19/13b—14a, 45/5b; Wilfram Eberhard, *Social Mobility in Traditional China*（Leiden: E. J. Brill, 1962），pp. 83—84；东印度公司档案，G/12/203, p. 182, 1816/10/30。

表五　行商历年捐输总额表，1773—1835年

年代	事由	总额（银两）
1773	四川军需	200,000
1787	台湾军需	300,000
1792	廓尔喀军需	300,000
1799	湖广军需	120,000
1800	川陕军需	250,000
1801	同上	75,000*
	顺天（北京）工赈	250,000*
1803	惠州剿匪	100,000
1804	黄河河工	200,000
	防御海盗	60,000*
1806	同上	100,000*
1808	南河（黄河）河工	300,000
1809	嘉庆皇帝五旬万寿	120,000
1811	南河河工	600,000
1814	剿平山东林清之乱	240,000
1818	嘉庆皇帝六旬万寿	200,000
1819	东河（黄河）河工	600,000
1826	新疆（喀什噶尔）回乱	600,000
1830	新疆回乱	200,000
1832	广东（连山）猺乱	210,000
1835	兴建广东虎门炮台	60,000
	总计	5,085,000

*这几次捐输是由广东行商与两广盐商合捐来的。依据《广东十三行考》及《两广盐法志》，在1808年以前，这类捐输皆由行商与盐商平均分摊。因此，这几个数字即由总数除以二得来。东印度公司的资料证明这样的计算是正确的。1801年行商确实被要求250,000两的工赈捐输。

资料来源：梁嘉彬，《广东十三行考》，第164—165页，第297页及第281页；《粤东省例新纂》，第309—310页，第587页；外纪档，嘉庆二十五年二月册；宫中档，乾隆028903（39/05/19），048289（51/06/02）；宫中档，嘉庆000219（01/02/25），005766（06/08/01），008450（07/07/18），011095（13/闰05/26），011961附件（13/09/09），012745（13/12/14）；军机档，053987（道光06/09/28），054007（道光06/11/05朱批），061900（道光06/09/28），062373（道光12/12/24）；伦敦公共档案馆（Public Records Office），外交部档案，F. O. 233/189,no. 164；T. F. Tsiang（蒋廷黻），"The Government and the Co-hong of Canton,1839"，*The Chinese Social and Political Science Review*, 15: 4（1932年1月），pp.603,605；H. B. Morse, *The Chronicles of the East India Company Trading to China,1635-1834*,vol.Ⅲ,p.167,vol. Ⅳ, p.130。

要言之，行商对炫耀性的消费并不像一般想象的那么热衷。相反地，有些行商，如怡和行的伍秉鉴，更因为他的俭朴而为人称道。[①] 因此，所谓行商为了彰显己身或家人而挥霍无度，并不是事实，自然也不足以用来说明他们普遍经营困难的缘由。

影响行商财富的流失以致周转困难的最有力的传统解释是官府的剥削。事实上，这也确实是造成行商经营困难的一大因素。但是，官府的剥削究竟如何影响行商的经营能力，则值得进一步深入探讨。前述捐输的花费由于行商已透过行用来支付，可以不论。可是有关官员（包括粤海关监督、广东的地方官及各衙门胥吏）的榨取却以个别的行商为对象，从而必须用行商个人的财产来支付。对于一个已经开业的行商，官吏们可以透过两种方式向他们榨取金钱。其一是借着将行商罗织到涉外的走私或刑事案件，造成他们种种的不方便与不安，迫使他们不得不花钱贿赂以求免。其二则是纯粹的勒索。粤海关监督由于经常要赔补到任前在其他财税职务上对户部的欠项，对金钱的需要往往十分迫切。[②] 他们又了解行商在与英国东印度公司的交易上有着巨额的利润可得，因此时常强迫行商按照他们与英国公司交易的比例，每年交给监督一笔或多或少的金钱。以上两种榨取加起来，整个行商团体在十八世纪末叶以后，一年的财富流失多达二三十万两。不过，粤海关监督也很明白

① William C. Hunter, *The "Fan Kwae" of Canton*, pp. 29—30: "He（Houqua, 伍秉鉴）was a person of remarkably frugal habits（as regards his style of living）from choice and from being of a feeble frame of body."

② 参考拙文《清代前期粤海关的利益分配》,《食货月刊》, 11:10（1982年1月）;《清代中叶以后重要税差专由内务府包衣担任的几点解释》,《第二届中国社会经济史研讨会论文集》（台北：汉学研究资料及服务中心, 1983）。

"择肥而噬"的道理，总是向有钱的行商要得多些，而向周转困难的行商要得少些，甚至于放过那些极端困难的行商。[①]

以上粗略地检讨了行商的三大开支，包括：（1）设施及家族的维持费；（2）所谓炫耀性的消费；（3）官吏的剥削。这三个项目加起来，除去已考虑在成本的部分不算，在十八世纪末、十九世纪初每年平均为600,000两上下 （参考表六）。同一时期整个行商团体可从与英国东印度公司交易茶叶及毛料上，获得相等规模甚至于更多的利润。换言之，如果全体行商都将他们的交易限定在与英国公司买卖茶叶及毛料上，则其收支平衡应该不至于发生困难，而其营业应当可以维持下去才对。然而，事实却与此相反。因为行商经手的交易对象与内容并不以东印度公司买卖的茶叶及毛料为限。行商之所以必须扩大他们的营业范围，则是受其资金的规模与周转的能力的约束所致。

表六 行商每年所需最低总周转金表 （单位：两）

项目	1760—1784	1784—1800	1800—1843
关税	600,000	1,000,000	1,500,000
捐输	80,000	80,000	80,000
夷债	—	120,000	120,000
设施及家族费用	300,000	300,000	300,000
官吏榨取	—	300,000	300,000
小计	980,000	1,800,000	2,300,000
与港脚商人结账	—	2,000,000	4,000,000
总计	980,000	3,800,000	6,300,000

资料来源：见本文。

---

① 关于广东地方官吏剥削行商的事实，详细的讨论见Kuo-tung Ch'en, *The Insolvency of the Chinese Hong Merchants*, ch. Ⅲ, pp. 121—136.

四、行商的资金规模与周转能力

以上的讨论，说明了在特定情况下（只与东印度公司交易两种商品，且不考虑行商的营运资本），行商的收支至少可以平衡。然而如果把行商经营与资金运作的情形也纳入考虑，行商周转困难的问题就凸显出来了。以下即将说明，行商由于资本的规模太小，而所需周转的现金数额太大，加上他们又没有退出这个行业的自由，因此他们不得不采取饮鸩止渴的手段以拖延时日。结果多数的行商到后来都累积了大量的债务，终于不得不因为周转困难而失败。

先说资本的规模太小。东印度公司的档案以及当时其他外国商人的记载大多证实行商在开业时资本十分有限。一般而言，行商在准备领取执照的时候，手上的资金往往只有四五万两，至多的情形也不过是二十万两。① 从第一代行商在开业以前所经营的事业，或从其社会关系来看，他们也不可能自筹或募集到更多的资金（参考表七）。

如表七所示，十八世纪后期加入为行商的人，大抵原来就与行商的贸易有些关联（如已开业行商的伙计、账房或亲戚；或者是依托于行商的无行照商人）；十九世纪前期成为行商的人士则原来差不多都是"铺户"（店铺老板）、买办或通事。由于这些行业都不可能创造大规模的利润，因此这些人也不大可能从他们的旧行业中累积大量的资本。兹举兴泰行为例。兴泰行行东严启昌、严启祥兄弟的资金来自其父亲的遗产。他们的父亲自十八世纪末年以来即在广州开设了一家金店，与当时来华贸易的印度港脚商人（country traders）有不少生意上的

① Ibid., ch. IV, "Hong Merchants Financial Predicaments", pp. 152—162.

来往。他在1820年代去世。到他去世时，他的金店已经营业了
二三十年。然而他留给两兄弟的遗产却不过四万两左右。[1] 这
也就是严氏兄弟全部资金的来源了。

行商能为预备开业所筹集的资金本已十分有限。这有限的
资金在他们领取执照的时候又立刻被有关的官员（两广总督、
广东巡抚、粤海关监督）和其手下人强行取走了其中的一大部
分。东印度公司的记录和其他有关的资料一再地提到每位行商
在请领执照的时候都分别被榨取20,000至60,000两不等的银子。
因此有不少行商一开始营业就缺乏可供周转的资金，甚至于一
开始就陷入负债的局面。[2]

等到行商真正开始营业以后，他很快地就面临着需要现
金周转的压力。这方面的现金需求包括了缴给政府的关税与捐
输、替已经破产的行商摊还的"夷债"、维持营运设施与家族
生计的费用、官吏榨取的款项，以及真正的商业周转。在关税
方面，粤海关每年的总税收在1783—1784年以前约为600,000
两，从那时候到十八世纪末约为1,000,000两；十九世纪初年约
为1,500,000两。[3] 这些关税虽然也包括了一部分广东本地船舶
海上贸易的税收，但是绝大部分仍是经过行商之手进出口的
贸易关税。捐输的数目每年多寡不一，拢总说来，自1773年至

---

① Anonymous, *The Chinese Security Merchants in Canton and Their Debts*,
p. 34；Michael Greenberg, *British Trade and the Opening of China, 1800—1842*
（Cambridge: Cambridge University Press, 1951），pp. 66—67.

② 万成行的沐士方提供一个显著的例子。他于1807年开业时被官方榨取
了70,000元（约合50,000两银子），于是一开业就处于负债的局面。见东印度公
司档案，G/12/167, p. 110, 1809/06/21, 东印度公司广州特别委员会（Select
Committee）致全体行商函件。

③ 梁廷枏，《粤海关志》（台北：成文出版社，"清末民初史料丛
书"，第21种），第二册，第703—734页。

表七 行商开业前社会关系表

	行名	开业年份	社会关系
11	而益	1778	某盐商之侄，无行照商人
12	丰泰	1782	鸦片贩子
13	源顺	1782	泰和行掌柜
14	隆和	1782	瓷器商人
15	Seequa's	1782	同文行伙计
16	Lunshaw's	1782	珍珠及珊瑚贩子
17	泰来	1784	同文行伙计，无行照商人
18	Chetai's	1791	无行照商人，曾为Lunshaw's合伙人
19	广利	1792	无行照商人
20	义成	1792	同文行伙计
21	怡和	1792	源顺行东伍国钊之侄
22	达成	1792	源泉行伙计
23	Tackqua's	1792	不详
24	会隆	1793	无行照商人，隆和行合伙人
25	东生	1794	无行照商人
26	丽泉	1797	同文行行东潘文岩之侄，无行照商人
27	西成	1802	瓷器商人
28	福隆A	1802	生丝商人
29	同泰	1804	本人不详，其合伙人Youqua为一生丝商人
30	Lyqua's	1804	绒布商人
31	万成	1807	其父为一棉花及绒布商人
32	天宝	1808	某行商之伙计，曾经营南洋贸易
33	万源	1808	广利行行东卢观恒之亲戚
35	福隆B	1811	曾为茶商Ton Anqua之家仆，后为Inqua之合伙人
36	东裕	1809	通事，曾为Lyqua之合伙人
37	兴泰	1830	其父为一金匠
38	中和	1830	其父为一茶商
39	仁和	1830	其父为粤海关书吏
40	顺泰	1830	曾在澳门与外人交易，后与一鸦片贩子合伙
41	茂生	1830	不详
42	Tuchun's	1830	开业后与一铺商合伙
43	同顺	1832	其兄弟为英商Magniac&Co.买办，开业后与一茶商合伙
44	福泉	1832	开业后先与一通事合伙，后与一买办合伙
45	孚泰	1835	与美商交易之无行照商人
46	Lamqua's	1835	不详
47	Takqua's	1836	不详

资料来源：Kuo-tung Ch'en, *The Insolvency of the Chinese Hong Merchants, 1760—1843.*

1835年共被要求了5,085,000两；平均每年全体行商要共同付出80,000两（参考表五）。在"夷债"方面，自1780年起，清廷要求全体行商承摊历年破产行商负欠外国商人的债务（此即所谓的"夷债"），行商即以收取行用的方式来支付。但是行用的收取是个别的行商从每笔交易中零星收集的，用来支付"夷债"时，如同支付捐输的款项一样，却是要整批付出的。因此每次支付"夷债"时都对行商构成现金需求的压力。自1780年到1843年，整个行商团体共负担了7,846,000两"夷债"，平均每年约80,000两（参考表八）。至于设施及家族的维持费以及个别行商所需应付的官吏榨取，如前所述，全体行商每年共需付出600,000两。以上所提及的关税、捐输、"夷债"、维持设施及提供家族生计各项，都必须以现金支付。其总数在1760至1784年间，每年的需要约为1,000,000两；1784到1800年间约为1,800,000两；十九世纪上半叶约为2,300,000两（参考表六）。

行商在纯粹商品交易以外的支出每年需要1,000,000至2,300,000两白银。然而行商自有的资金极其有限。即使他们在开业之初未曾被地方官吏剥削，每家的资本以100,000两计，全体行商的资本总额也不过只有1,000,000两。若把开业之初被地方官吏强行取去的数目去掉，行商真正可用来周转的资金可就少得可怜了。虽然关税、捐输与夷债等款项都可以自其交易中取回，或者可以转嫁到本国商人身上，可是行商往往得预先支付。由于行商自有的资金远不及需要周转的总数，因此行商除了以各种方式筹款外，也不得不扩大交易的对象与商品的种类，借着买空卖空的手段，增加现金周转的速率，挪新掩旧，以应付燃眉之急。因此，行商在商品交易上所需的周转金也跟着扩大了。

表八 行商代破产同业清偿之夷债表　　（单位：两）

负债行名	破产年份	总额★	清偿年数	每年金额
泰和行、裕源行	1780	600,000	10	60,000
义丰行	1784	166,000	n.a.	—
丰泰行	1790	255,000	6	42,500
而益行	1795	600,000	6	100,000
万成行	1809	259,000	3	86,333
达成行、会隆行	1810	1,447,000	10	144,700
丽泉行	1823	372,000	5★★	74,400
西成行	1826	475,000	5	95,000
同泰行	1827	86,000	3	28,667
福隆行	1828	792,000	6	132,000
东生行	1830	418,000	3	139,333
兴泰行	1837	1,656,000	8.5	194,824
天宝行★★★	1838	720,000	10	72,000
总计		7,846,000		

★以下所列各数均为整数。
★★前两年只支付与东印度公司，后三年则包括所有外国债权人。
★★★天宝行并未被正式宣告破产，但政府命令全体行商代为清偿该行债务。
资料来源：《清代外交史料》，道光朝，2／25b—26a；宫中档，嘉庆000219（01／02／250；
东印度公司档案，G／12／72，1781/04/25，pp.80—81；G/12/72，1781/04/30，p.83；G/12/98,
1790/10/03，p.52；G/12/110，1796/03/22，pp.259—260；G/12/179，1812/02/24，p.141；G/12/181,
1812/12/24，p.78；G/12/189，1814/02/15，p.127；G/12/274，1823/02/01，p.132；G/12/231,
1824/09/01，p.111；G/12/238，1827/07/14，p.92；G/12/238，1827/07/01，p.83；G/12/236,
1827/02/07，p.530；Anonymous, *The Chinese Security Merchants in Canton and Their Debts*
(London, J. M. Richardson, 1838), p17。

　　先就茶叶的买卖而言。行商每年卖给东印度公司的茶叶总价在3,000,000两到9,000,000两之间。为了取得这些茶叶，无论是透过事先订购或是在广州市场上现地采购，行商都必须在茶叶到手之前先付给茶商及茶行相当高比率的定金。幸而东印度公司本身为了确保茶叶的品质与数量，在其手头资金许可的情形下，也愿意垫发定金给行商。（当然，在此情形下行商必须牺牲一部分利润。）因此，行商在与东印度公司交易茶叶一事上对周转金的需求倒不是那么迫切。但是在其他商品或与其他贸易对手交易时，情况就不同了。行商与印度港脚商人的棉花买卖就是一个显著的例子。港脚商人自1784年以后大量地进口棉花到中国（参考图二），行商竞相购买转售。然而他们很少出口中国的商品。因此，行商对港脚商人就有很大的逆差。港脚商人在每年七八月间来华，而于十二月底以前返航。返航之前行商必须以现金和他们结清债务。这时候行商手上的棉花通常尚未脱手，因而需要大笔现金来周转。以一担棉花十两白银计算，行商在棉花的交易上所需的现金一年在2,000,000至4,000,000两。

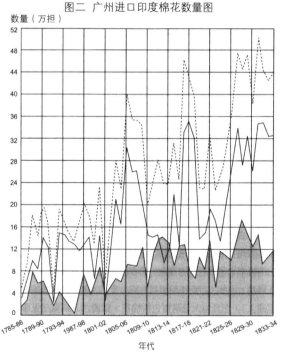

图二 广州进口印度棉花数量图

说明：（1）阴影区域为英国东印度公司所载运。

　　　（2）中间线条以下区域为港脚商船所载运。

　　　（3）虚线以下区域为当年总量。

资料来源：H. B. Morse, *The Chronicles of the East India Company Trading to China, 1635—1834*, vols. II, III及IV, 各处。

　　假定茶叶方面的周转问题都由东印度公司代为解决了（实际上行商往往还是得自行设法筹措部分的资金），而且棉花之外也没有其他商品需要现金周转（事实上则有此需要），则整个行商团体一年所需的周转总金额当在1,000,000两到6,000,000两之谱（参考表六）。为了筹措这些周转金，行商采取了以下三种方式：（1）扩大交易的对象，增加买卖的商品；（2）向货币市场借贷；（3）操作关税。

　　第一种方式牵涉到行商的经营问题，表现出来的则是对进口商品不加拣择地抢购。前文已提及行商若没有周转的问题，在仅与东印度公司交易茶叶及毛料的情况下，至少可以确保收支平衡。但是事实上行商的资金极其有限，因此不得不以多角化的经营方式，扩大交易的内容与对象，以高速度的周转率来利用有限的资金，或者根本就是买空卖空，挪新掩旧，以求苟延残喘。因此，行商不但与其他商人交易（其中最主要的为港脚商人与美国商人），而且也大量购买包括棉花、檀香木、胡椒、人参、皮草、铅锡等在内的进口品，再转手出售。买卖这些商品的风险较大，获利的可能性也较小。可是大部分的行商不但不采取审慎的态度，反而常常竞出高价来抢购这些商品，越是周转困难的行商越倾向这种作风。

　　行商抢购进口商品其实有双重目的。一则抢购到手的商品可以尽速求售以换取现金来应付迫在眉睫的需要。再则有了商品堆放在栈房里，场面上比较好看，信用比较容易维持，要借钱比较容易借到，要拖欠债务也比较容易获得债权人的首肯。然而抢购的结果是个别行商必须付出较高的价格，尽速求现的结果却是必须压低售价。一来一往间，行商遂蒙受了巨大的损失。

　　棉花、人参、皮草等进口商品主要是由港脚商人和美国商人载运来华的。如前所述，港脚商人进口大量棉花到中国而出口极少商品。为此，每当港脚商人返航时，行商就得承受极大的周转压力。至于美国商人，虽然他们也自中国出口相当数量的茶叶，但是这些交易有很大的一部分属于赊欠买卖（credit sale）。由于部分美国商人经营不善，以及受到美国本土内政、外交政策（如禁止白银出口的杰斐逊主义和英美之间的"1812年战争"）的影响，行商因而遭受了很多坏账，无法收回他们的债权，从而加深了他们的财务困难。①

行商筹措资金的第二种方式为直接的借贷。不过行商的借贷往往不能遂其所愿。这是因为一则行商同业破产的实例经常发生，行商的一般信用难以建立；再则广州市面上经常短少白银，现金的来源就已不足。虽然在1820年代以前中国基本上出超，白银持续地流入广州一带，可是这些白银很快地又透过租税、捐输和商品（茶叶等）的购买等途径迅速地流向内地，因此广州仍然经常缺银。在此情形下，行商要向货币市场寻求资金便往往不能遂其所愿。即令有办法借得，利息也很高。一般而言，18%的年利率最为通行。然而一旦有急切短期融资的必要时，行商就不得不承受高达40%的利率。②

行商筹措资金的第三种方式为操作关税。依据清朝政府的

① Frederick D. Grant, Jr., "Hong Merchant Litigation in the American Courts", *The Proceedings* (Massachusetts Historical Society), vol. IC (1987), pp. 43—62; and "The Failure of Li-ch'uan Hong: Litigation as a Hazard of Nineteenth Century Foreign Trade", *The American Neptune* (Peabody Museum of Salem), vol. XLVIII, no. 4 (Fall, 1988), pp. 243—260; John D. Forbes, "European Wars and Boston Trade", *New England Quarterly*, vol. XI (1938).

② Michael Greenberg, op. cit., p. 153; G/12/185, p. 267, 1813/09/12. 参考William C. Hunter, *The "Fan Kwae" of Canton*, p. 24。

体制，不论进口货还是出口货都必须经由行商之手向粤海关缴纳关税。此外，外国进口船只还得缴纳一笔为数三四千两的"船钞"与"规礼"（相当于吨税和港口服务费），同样也由行商代办。这些税金往往都有数个月到一整年的缴纳迟滞期。迫切需要现金的行商往往先打个七折八扣向当事的中外商人预收这些现金来周转，等到到期后才向粤海关缴纳全额。一收一付之间的差额（通常约为20%—30%）就是挪用这些税金的代价了。[1]

综上所述，由于资金微薄而需要周转的现金数额很大，行商不得不采取种种不利的筹措资金的办法，结果使得他们的债务也随之增加。恶性循环的结果就是，许多行商在破产时，仅是负欠外国债权人的债务常常就高达数十万两乃至一二百万两（参考表八），更不用说他们同时也都拖欠中国政府关税，积欠中国商人大笔债务了。

五、结语

由于资金有限与周转的困难，行商筹措现金的代价十分高昂，远大于他们的可支配利润（即商品交易的利润减去营业设施及行商家族的维持费用，再减去官吏的榨取），因此绝大多数的行商都免不了以破产终结。这种情形当时的中国人也看得

---

[1] 丽泉行、天宝行、万源行皆以此而享恶名，但是其他行商，如同泰行与福隆行等，也都经常采取这种做法以图周转。见东印度公司档案，G/12/144, p. 60, 1803/05/06; G/12/174, p. 31, 1810/10/29; G/12/185, p. 53, 1813/06/09; G/12/207, p. 5, 1817/03/30; G/12/231, pp. 44—45, 1824/05/13; G/12/231, p. 8, 1824/05/29; Ann Bolbach White, "The Hong Merchants of Canton", pp. 112—113。

很清楚。因此时代越往下走，就越少人肯当行商。十八世纪新任的行商尚有少数是出于自愿的，十九世纪的新行商则差不多都是政府强迫为之了。这也说明了为什么十八世纪的新行商大多原来即已从事中外贸易，而十九世纪的新手则多来自广州城外的小商人或原先地位很低的通事、买办之流了。

事实上行商除了不易赚钱外，行商个人或其经理人也常常遭受到官吏的人身骚扰。因此不但清白富实的人士不愿意充当行商，就是侥幸能赚钱的少数行商也想急流勇退。而行商的子孙更视洋行之业为畏途。相反地，地方官则千方百计地想办法来罗致稍有资财的人士来担任行商，而一旦这些人入其牢笼就设法不让他们退出。义成行的叶上林可以说是唯一成功退休的例子。同文行的潘致祥虽然在1807年退休（为此他付出了500,000两银子的代价），却在1815年被迫另外开张了同孚行。当他于1820年去世时，他的长子潘正亨就设法规避政府的命令，拒绝继任同孚行行商。潘正亨甚至说："宁为一只狗，不为行商之首。"① 可见得拒绝的意志有多强烈了。可是他的幼弟潘正炜却逃不了充当行商的命运。行商中最富有的伍秉鉴三番两次地想要退休，都得不到官府的许可（他虽然在1826年时以900,000元或900,000两的代价将官府注册的怡和行行商的名字改由他的儿子顶替，政府仍然要他负担行商一切的责任）。他甚至说他愿意把十分之八的财产（约20,000,000元）捐给政府，只要求政府允许他结束怡和行，安享他所余下的十分之二的财产（约6,000,000元）。② 他的愿望未能实现。鸦片战争期间，

---

① 东印度公司档案，R/10/29, pp. 233—234, 1829/10/05；R/10/27, 1821/03/15, 无页码。

② Ann B. White, "The Hong Merchants of Canton", p. 121.

他的麻烦更多了。而他也已是个七十岁的老人了。他写信给一位远在马萨诸塞州的美国友人J. P. Cushing，说他若不是年纪太大，经不起漂洋过海的折腾，他实在十分想移居美国。^① 看来鼎鼎大名的伍浩官不但对洋行的工作失望了，对整个中国的社会制度也失望了。

富有的人不肯当行商，当行商后幸而致富的人也不肯留在他的行业里，因此政府只有强迫财力更差的人当行商。这些财力不足的人当了行商之后，自然要面对严重的周转压力。然而当事的政府官员不但没有协助他们解决财务上的困难，反而无止休地向他们榨取金钱，加深他们的困难。因此，对绝大多数的行商而言，破产根本是必然的，早在他们一当行商的时候就已注定了。唯一的差别是能力稍强的拖得久些，能力差的早早就破产罢了。

原刊于《新史学》，第一卷第四期（1990年12月），第1—40页。

---

① "Houqua's Letterbook" （Massachusetts Historical Society 所藏稿本），no. 33，伍秉鉴给 J. P. Cushing 的信函，1842/12/23。

"旧中国贸易"中的不确定性

——广东洋行福隆行的个案研究[①]

引言

在1760至1843年间，当"旧中国贸易"（the Old China Trade）处在其兴盛时期的时候，在中国的这方面是由广东行商来进行的。行商享有与愿意前来中国贸易的西洋贸易家交易的垄断性特权。既然垄断这个贸易，想来他们也应该享有可观的获利。然而与一般想象大相径庭的是：他们当中的绝大多数都以倒闭歇业终局。此一现象的背后有着一些共通的理由，笔者已经把他们当成同一组商人在博士论文《论广州行商周转不灵的问题（1760—1843）》[②] 中处理过了。在该论文中，我的重点在说明行商的事业有利可图是不成问题的，而且如果资

[①] 本文所使用的主要材料出自两份档案：一是存放在英国伦敦印度办公室图书档案馆（the India Office Library and Records, IOLR）的英国东印度公司档案，一是存放在剑桥大学总图书馆手稿室的怡和洋行档案（Jardine Matheson Archives）。笔者使用了前者的*Factory Records*（G/12）和*China Records*（R/10）、后者的*India Letter Books*（C/10）。引用时，将简要注出系列号、册号与页码。

[②] Kuo-tung Ch'en, *The Insolvency of the Chinese Hong Merchants, 1760—1843*. Monograph Series No. 45, The Institute of Economics, Academia Sinica, 1990.

金充裕的话，他们所得的利润也足以支应各种经费及花费。不幸的是，事情毕竟不是这样。行商资本不足，加上广州市面经常缺乏现金，常常把行商拖入财务困境，终究迫使他们接受重利剥削，或者只好诉诸其他十分不利的手段以筹措金钱，周转贸易。福隆行行商关祥、关成发父子的破产也不过是诸多这种例子当中的一个。不过，他们的经历比起别人的情况更加曲折离奇。本文拟整理关祥、关成发经营失败的故事，作为一个个案，借以指出行商在经营其业务的时候所曾采用的一些饮鸩止渴的做法，并且说明"旧中国贸易"当中的不确定性。

一、关祥开业时即已负债

时间是1828年2月的第四天，大约凌晨两点钟。在广州开业的英商万益洋行（Magniac & Co.）的大股东威廉·渣甸（William Jardine）熬夜写信给他住在印度孟买的朋友占时治（Jamsetjee Jejeebhoy），这个巴斯商人（即祆教徒商人）是他的通信贸易伙伴。他无法等到天亮后再提笔写信，因为帆船"简西纳号"（the Jamesina）即将扬帆前往孟买，他要赶在该船离港之前把信送出去；不过，更重要的原因是行商关祥父子的倒闭已经火烧眉头，而占时治的利益也被牵扯进去了。渣甸心乱如麻，如果不能早一刻把信给发出去，他就一刻安不了心。稍早一段时间，占时治曾经交由帆船"拜伦戈尔号"（the Byramgore）装载大量的棉花运到广州，委托万益洋行代为求售；关成发的福隆行买下了，可是还没有付清全数的货款。虽然依据广东商场上行之有年的旧例，一旦福隆行破产确定，积欠占时治的货款最后会由其余的行商代赔,可是那得花上相当长的时间、忍受很多的麻烦,才能如数收回。渣甸一点也不想看到由他经手的生意给搞得乌烟瘴气,更何况这还牵扯到他最好的朋友与长期的事业伙伴。然而事情还是发生了,与他的期待相违背,同时也是一如顾星(John Perkins Cushing)这样经验老到的其他做中国贸易的欧美商人所不愿意想到的。顾星是一家波士顿行号在中国的代表,这家公司在这一回的事件中损失最为重大,介乎300,000—400,000元之间。渣甸在寄给占时治的信中写道:

> 你一定会被吓一大跳!就在(英国东印度)公司从大班以下,人人都对他抱持最大的信心、贷款给他好生利息的时刻,行商关祥竟处于破产,或说即将破产的境地,欠款高达一百万银元以上![①]

为什么一个受到英国东印度公司上上下下信赖,也受到公司以外的贸易家,像是顾星和渣甸这般人信赖有加的行商,会在一夕之间倒闭破产呢?这是一个值得深入探究的有趣问题。而这个个案或许也可以显示出鸦片战争以前,外商与中国商人交易时所面对的困难与不确定性的景况。

外国人把关祥叫作Manhop,其实他们也用这个名字叫他的儿子关成发。关祥原先在一位名字叫作"陈安官"(译音,英国人记作Ton Anqua)的茶商行号里担任职员或家仆。陈安官并没有行商的执照,但私下卖茶叶给英国东印度公司。(这违背当时的法律规定,但并不常被取缔。)在陈安官过世

---

① C/10/8, 1828/02/03, pp. 305—307.

（1790）后，关祥继续打着故主的名号，每年卖给公司三到四个"字号"（同一个"字号"为同一品质的茶叶，数量多寡不定）的茶叶。①

关祥后来在广州开张一家店铺，外国人把它叫作"Manhop"，可能就是中文"万福"两个字的方言发音，而外国人也就拿店名来称呼关祥本人。不过，对他的同胞而言，就像是收藏在怡和洋行档案（the Jardine Matheson Archives）内的一封中文书信所见，他通常被叫作"九官"。②

在1802年的夏天，关祥与一位原来做生丝生意的商人邓兆祥合伙，从粤海关监督手上取得一张行商的执照，开设了一家洋行，由邓兆祥出任行商。新的行号就叫作"福隆行"。③ 虽然邓兆祥是名义上的行商，可是英国东印度公司在广州的管理部门，也就是所谓的"特别委员会"（the Select Committee）因为与关祥熟稔，于是就用他们称呼关祥的名字"Manhop"来记录他们与福隆行的一切交易。

在邓兆祥的经营下，福隆行的生意做得并不好。因为对资金的需要孔急，没多久，邓兆祥就被一家英国的私商巴灵洋行（Baring & Co.）诱导去贩卖鸦片，一直到1809年。④ 在这几年当中，虽然邓兆祥不惜冒险从事非法的买卖，身受一旦被官方揭发就会受到严惩的风险，可是从与巴灵洋行狼狈为奸所带

① G/12/96, 1790/01/06, p. 128; G/12/142, 1802/12/14, p. 149; G/12/142, 1802/12/17, p. 155; G/12/174, 1810/10/31, p. 35; G/12/174, 1810/11/09, pp. 67—68; G/12/174, 1810/11/17, p. 92; G/12/174, 1811/03/10, p. 224; G/12/176, 1811/04/29, p. 94; G/12/179, 1812/01/11, p. 41.

② 杨联升，《剑桥大学所藏怡和洋行中文档案选注》，《清华学报》，第3卷第1期（1958年9月），第53页。

③ G/12/139, 1802/08/20, p. 88.

④ G/12/166, 1809/02/19, p. 69.

来的预想的高额利润并没有让邓兆祥从财务困境中解脱出来。
而在1810年时，达成行的倪秉发与会隆行的郑崇谦都为其无可
救药的财务状况而落跑潜逃时，邓兆祥也依样画葫芦从福隆行
中开溜，逃得不知去向。① 一时之间，他被发现积欠外国债权
人700,000两银子的债务，此外还有一笔应该缴给政府的未完关
税，此外，更拖欠本国同胞大笔金钱。②

　　由于福隆行的行商邓兆祥已经逃逸，广东当局就要求合伙
人关祥来承担包括债务在内的一切责任。也就是在此当儿，英国
人的"特别委员会"也设法游说关祥，要他承受债务，继续把福
隆行经营下去。关祥稍稍推诿，但还是很快就答应了。事实上，
福隆行的负债很高。然而，不管是粤海关监督，还是英国东印度
公司的"特别委员会"都希望不要让福隆行倒闭。为何如此呢？
原因很简单：当时已经有会隆行（郑崇谦）、达成行（倪秉发）
两家洋行风雨飘摇，他们都不想再增加新的麻烦。关祥虽然得要
背负整个福隆行的债务，但是由于粤海关监督不希望福隆行就此
垮掉，因此愿意免费换发给他新的福隆行执照——按照当时的惯
例，洋行的行东换人就必须换发执照，这通常得花上数万两的银
子来打通关节。关祥决定在新的执照中登记他的儿子关成发（发
官）③ 为行东，以免将来他本人物故时，重新换照还是要花
上一大笔金钱。至于掌权的，那当然还是关祥本人。在1810—
1811年贸易季接近终了时，关家拿到了新的执照。④

---

　　① G/12/174, 1810/10/30, pp. 33—34.

　　② G/12/174, 1810/11/17, pp. 92.

　　③ G/12/176, 1811/09/27, p. 253.

　　④ G/12/174, 1810/10/31, p. 35; G/12/174, 1810/11/09, pp. 67—68;
G/12/174, 1810/11/17, p. 92; G/12/174, 1811/03/10, p. 224; G/12/176,
1811/04/29, p. 94; G/12/179, 1812/01/11, p. 41.

关氏父子正式接手了福隆行，背负着从上一段合伙关系带过来的沉重的债务；而在1810—1811年后，他们又债上加债。于是在1813年的年初，不算欠英国东印度公司的部分，光是欠其他外国商人的债务加总起来就已高达1,237,681银元，即891,130银两！显然要看到福隆行自行清理完债务的机会是不大了。于是它的债权人互推出来三个人担任"受信托人"（trustees），来管理福隆行的债务，设法协助该行解决财务问题。

二、"受信托人"管理下的福隆行债务

关祥、关成发父子在接手福隆行时，同时继承了庞大的债务，能撑多久，广州商场上的每一个人都很好奇。巧的是就在那时候，周转困难的行商并不止福隆行一家。于是在各界的合作下，福隆行获得了一个喘息的机会。

在1809年、1810年两年中，有五家行商倒闭歇业。分别是周信昭（周礼官，行名不详）、沐士方（方官，万成行）、倪秉发（榜官，达成行）、郑崇谦（侣官，会隆行）及邓兆祥。当时还能继续营业的行商，加上这两年新开业的行商，总共为十家。这十家当中，只有伍秉鉴（浩官，怡和行）、卢观恒（茂官，广利行）与刘德章（章官，东生行）三家的财务状况良好，英国东印度公司的广州"特别委员会"把他们叫作"大行商"（senior merchants）。相较之下，财务状况较差或者根本已经周转困难的行商，不管在业多久，都被叫作"小行商"（junior merchants）。1810—1811年贸易季中，小行商当中的黎颜裕（西成行）与麦觐廷（磻官，同泰行）情况岌岌可危。

依照当时的惯例，当贸易季进入尾声、茶商要返回产茶区时，行商应该付给他们定金、签下茶叶买卖合同，以便下一季茶商能依约运茶来广州。当此之际，这两家行商完全没办法弄到现金。幸好大行商与"特别委员会"共同伸出援手，纾解了他们的燃眉之急，总算能让合约生效。同样的窘态在下一个贸易季（1811—1812）又重复发生一次。①

更糟糕的是，这两家小行商还各自欠下两笔款项：一笔是应该付给政府的关税及各行分摊的捐输报效，另一笔是各行分摊赔偿已破产行商积欠外国商人的债务。许多小行商都没有办法靠自己的力量来应付这些需求，从而不得不向"特别委员会"求助，而他们周转困难的状况也就被摊开在众人眼前。于是，"特别委员会"就在1812年对这些行商的情况做一通盘检讨，决议要协助这些周转不灵的行商给撑下来，以免行商的家数骤然减少导致剩下来的行商形成垄断性的联盟；回过头来，这样的一个联盟将会对公司的利益造成重大的损害。他们决定，一旦接到小行商的请求，公司将从库房中提出金钱融通给他们，然后在每个贸易季终了时，从各行商与公司往来的公司应付结余款项中扣回该笔金钱。这样一来，"特别委员会"也就把经理小行商的部分财务工作包揽到自己身上了。②

然而众小行商的困难还没有完全解决。他们的麻烦层出不穷。他们还积欠其他外国商人为数可观的债务。如果债权人加速求偿，他们必定应声倒地。东印度公司的职员还是不能袖手旁观，只能介入处理。在大班们的协助下，潘长耀（昆水官，丽泉行）、黎颜裕与黎光远（西成行）、关祥与关成发、麦觐

① R/10/26, 1811/04/18, p. 27; R/10/26, 1812/03/03, p. 106; R/10/26, 1812/03/26, p. 109; R/10/27, 1812/04/07, n.p.

② R/10/27, 1812/07/17, n.p.

廷（同泰行）以及谢嘉梧（东裕行）等五家小行的"私商"（公司以外的外国商人被称为"私商"）债权人也决定不采取进一步的动作，以免他们立即破产。这些有债权在身的"私商"相互选出三名"受信托人"（trustees），授权他们追讨债务。他们同意针对这五家出问题的行商在1813年以前欠下的债务不再计算利息，静待在未来几年间从这几家行商预期可获得的商业利润来清偿他们的债务。"特别委员会"将在每一个贸易季的终了，从他们所经理的五家小行商的账目中，拨出一定数额的款项交付"受信托人"，好让他们进一步再分派给个别的债权人。"特别委员会"之所以能够办到这点，那是因为他们通常向行商买进比较多的货物，而卖给他们的东西总价不到那么多，因此在当期公司与洋行的往来账目中，公司总有一笔差额余款要付给行商。①

福隆行积欠外国"私商"的债务也交付"受信托人"管理。而"特别委员会"也紧盯着该行与公司往来的账目，帮忙该行清偿债务。在"特别委员会"及"受信托人"的细心管理下，在最初的五个年头中，关祥、关成发父子只清还外国"私商" 435,664元（313,678两），约占这方面债务的35.2%。虽然清偿的比率看起来并不显眼，但其偿付的金额却不亚于也在相同管理下的丽泉行、东裕行、西成行与同泰行。

在这五年间，福隆行似乎不加拣择地与形形色色的商人交易，而"特别委员会"也指控关祥、关成发父子试图"膨胀他们（与东印度公司往来）会计账目的负债项"、拖延解决积欠"私商"债务的速度，而把他们的资金挪去用到别的地方。②

---

① G/12/184, 1813/02/14, p. 136; R/10/27, 1813/01/26, n.p.

② G/12/203, 1816/10/25, p. 157; G/12/211, 1818/03/11, pp. 72—73.

受到"特别委员会"严厉指摘，关祥、关成发等人在随后的几年间就只做英国公司的生意，而不与其他外商买卖。①

在1810年代后期，福隆行的景况仍然不稳。他们除了要不断付款以逐步清偿积欠外国"私商"的债务外，福隆行也不时地向"特别委员会"求助，请求他们帮忙解决支应关税与捐输报效的需求。② 有些时候，福隆行的恶劣财务也迫使他们把公司交给他们的定金（预购茶叶或其他商品）挪去做别的用途；而这样一来，他们也就经常被发现无法履行合约的义务。③

这样看来，福隆行似乎完全不可能把债务给还清了，事实也是如此。在"受信托人"与"特别委员会"的合作管理下，其他小行商的债务一个接着一个都清理完毕了。潘长耀、谢嘉梧与麦觐廷等人在1821—1822年贸易季或者更早之前，都已经还清所欠的钱。而在该季接近收尾之时，就只剩下西成行的黎光远与福隆行的关祥还有债务未清，数目分别是200,000元和630,000元。④

由于黎光远和关祥两人显然不可能靠自己的努力，按照"特别委员会"所希望的那样快地清偿债务，因此委员会就向全体行商建议用"行用"来替这两家行商偿债——"行用"是各行商在交易时抽取的一笔费用，原来用于支应全体行商的公共支出。委员会的论点是：反正如果福隆行倒闭了，政府还不是会要全体行商来摊还关氏父子积欠外国人的债务。不如趁早拿行用来分赔，以免福隆行破产。这样的一个建议在1818—1819年季末提出过一次，1819—1820年又提了一次，但行商们

① G/12/211, 1818/02/02, p. 44.
② G/12/216, 1819/06/18, pp. 60—62.
③ R/10/28, 1820/01/06, p. 84.
④ G/12/273, 1822/04/12, pp. 371—372.

显然听不进去。①

不过，怡和行伍秉鉴、广利行卢文锦和东生行刘德章三家大行商还是答应用另一种方式来帮忙。办法是在照顾这两家周转困难行商的名义下，三家大行商额外替英国东印度公司承做一组茶叶的买卖，因此而产生的利润，全数拿来替这两家小行商偿债。② 经此安排，"特别委员会"希望黎光远的债务能在四年内偿清，而关祥、关成发的债务能在六年内解决。③ 有别人替他做生意还债，自己落得轻松，关祥父子应该感激不尽、欣然接受这样的安排了吧。可是出乎广东商界意表的是：关祥竟然能靠自己的力量与他的债权人达成债务协商，使他能以一次付清债务总额之半的方式，在1823—1824年这一季解决了他的债务。他实际付出的数目为310,000元，筹到这笔款项的方式如下④：

单位：银元

来自亲友	60,000
来自他在当季（1823—1824）与英国东印度公司交易的利润	90,000
来自一位美国贸易商顾星（J. P. Cushing）的贷款	160,000

---

① R/10/68, 1819/03/16, n.p., R/10/28, 1819/12/01, p. 26.

② R/10/28, 1819/12/01, pp. 27—34; R/10/28, 1820/01/06, p. 87.

③ R/10/28, 1819/12/01, p. 89.

④ R/10/69, 1826/03/31, letter from the Court of Directors to the Select Committee （London to Canton）, n.p.; Anonymous, *The Chinese Security Merchants in Canton and Their Debts* （London, 1838）, p. 16; Henrietta M. Larson, "A China Trader Turns Investor‐A Biographical Chapter in American Business History", *Harvard Business Review*, vol. XII （April, 1934）, p .348; and "John P. Cushing as an Investor, 1828—1862", in N. S. B. Gras and Henrietta M. Larson eds., *Casebook in American Business History*（New York: Crofts & Co., 1939）, p. 120; L.Vernon Briggs, *History and Genealogy of the Cabot Family, 1475—1927* （Boston: Goodspeed & Co., 1927）, vol. I, p. 321.

东印度公司"特别委员会"记录道：从顾星手上借到的金额将于三年内偿还，年利率10%。他们也注明：顾星之所以借钱给关祥，"一方面是出于想给那名商人一些帮忙的雅意，另一方面则是把这个借贷当成是运用其手上部分资金的一个有利的模式，因为当时市场上几乎没有利用那笔庞大的资金的其他机会"。① 不过，最重要的是：顾星对关祥还债这件事情深具信心。

关祥靠一己之力清偿债务所表现出来的诚意（即使这样的诚意有可能是装出来的），他能与他的债权人达成债务协商的本事，还有他不只是能从亲友处借到钱，而且还能从诸如顾星等这类有名望的商人处获得融资——顾星已经在广州做了很长一段时间的生意，并且他是老牌行商、传说中的巨富伍秉鉴的好朋友——这一切都让关祥的商业信用在外国商人间被抬得很高。威廉·渣甸，还有"特别委员会"的一些成员都这么想。

三、关祥的棉花投机事业（1827—1828）

关祥在解决了"受信托人"管理下的债务后，大规模地买进卖出，尤其是从事棉花的交易。此等作为，终于在1827—1828年那一季造成他的破产倒闭。

1827—1828年这个贸易季，大约包括了从1827年7月到1828

---

① R/10/69, 1826/03/31, letter from the Court of Directors to the Select Committee.

年6月的一段期间。在这一段期间内，广州的棉花市场十分萧条。万益洋行在1827年7月4日写信给一位孟买当地的商人时，就说道：

> 不管任何条件，棉花都卖不出去。名目上的价格则是每担七两五钱至九两五钱。①

两天之后，万益洋行又谈到广州的棉花市场。内容说：

> 商人们出价每担九两，但仅限于新到的棉花，至于旧棉花……根本没人出价。②

我们发现在下一天万益洋行的信件中又提到：由于价格是那么低，因此预期手上有棉花的商人都不可能接受。③

广州市上的棉花价格真的低到不行了。万益洋行坚定地指出：就算是中国自产的棉花大丰收，市面的价格再也没有下降的空间了。④ 于是，万益洋行在计算印度棉的供应量后，断言说棉花的价格稍后一定会上扬。他们的算法如下：上一季从印度送来的棉花大约在200,000袋以上，但在本季，估计不会超过180,000袋。上一季的平均价格是十二两，而本季的报价几乎跌了三两，相当于跌了25%。既然本季的供给

---

① C/10/8, 1827/07/04, p. 11.

② C/10/8, 1827/07/06, the Magniac & Co. to Jazee Goolam Hoosine Mahary（Canton to Bombay），p. 14.

③ C/10/8, 1827/07/07, the Magniac & Co. to Jamsetjee Jejeebhoy & Co.（Canton to Bombay），p. 25.

④ 同上注。

量比较低，那么从长时间来看，价格也不应该再往下走。①
还有，从其他地方（其实也就是长江三角洲）运来广州的棉
花，即使是在收成丰稔、产量过大的年份，也很少卖到一担
十二两以下。② 于是，他们下决心不肯把交给他们托售的棉花
轻易出手。这样的推论虽然不无道理，但恐怕也未必正是市
场行情。

　　不过，居然连万益洋行都这样设想，或许福隆行的关祥心
里也打着同样的如意算盘吧。那，其他商人呢？上一年广州市
上的棉花价格虽然平均达到每担十二两，可是行商与棉花商人
其实都因为这项买卖而损失惨重！因此在这一季时，除了关祥
以外，所有在广州的中国商人都十分谨慎。③ 且让我们来看看
大行商怎么做吧。在1827年10月间，三位大行商（伍秉鉴、卢
文锦与刘德章）应英国东印度公司的要求，买下了他们装载进
口的棉花，随即"以几乎是白忙一场的价格"，转手卖给本国
的棉花商人，而不肯在手上多留一点时间。④ 威廉·渣甸和他
的合伙人们想不通为什么这些大行商会这么做。他们深深相信
价格势将上扬，因为除了前面的推测之外，当前广州市场的存
货，比起上一季同一时间点来说，已经少了很多。⑤

---

① C/10/8, 1827/07/15, William Jardine to Jamsetjee Jejeebhoy（Canton
to Bombay）, p. 46.

② C/10/8, 1827/08/28, the Magniac & Co. to the Remington, Crawford
& Co.（Canton to Bombay）, p. 99.

③ C/10/8, 1827/07/07, the Magniac & Co. to Jamsetjee Jejeebhoy & Co.
（Canton to Bombay）, p. 25.

④ C/10/8, 1827/10/20, the Magniac & Co. to Cursetjee Jehangeer
Ardaseer（Canton to Bombay）, p. 150; 1827/10/20, the Magniac & Co to M.
DeVitre（Canton to Bombay）, p. 152.

⑤ C/10/8, 1827/10/20, the Magniac & Co to M. DeVitre（Canton to
Bombay）, p. 152.

棉花滞销的情势在整个贸易季中几乎完全无法打开。然而威廉·渣甸一伙人却始终坚信市况应会好转。而在11月底和12月初的少数几天，确实也一度交易热络，而成交价格也抬高了一到两钱。也就在这个阶段的最后一天（1827年12月6日），万益洋行把占时治经由"拜伦戈尔号"运交他们托售的棉花卖给了福隆行。这批已经在万益洋行手上存放了将近半年的棉花，总数约1,800包，差不多有3,400担重。成交条件为每担九两一钱，约定一个月内付清货款。

此一价格虽然还是相当低，可是威廉·渣甸已经十分满意。他写信给占时治说：

> 这是我得到的唯一一次高过每担八两五钱的出价；与同一艘船载运进来，而在七八月间售出的棉花相比，我得让你知道坚持下来已获得利益。①

每担九两一钱的价格其实好不到哪里去。显然威廉·渣甸或他的合伙人们还是做了一些变通，跟自己妥协，好将交给他们托售的棉花脱手。但对关祥而言，就不是这样了。

我们可以从福隆行购入"拜伦戈尔号"的船货这件事一窥关祥大批采购棉花的心态。借由付出比市价略高的价格买进棉花，一时之间，他就变成印度棉花的独占者，因为在买进"拜伦戈尔号"的船货之前，早在1827年11月间，他的栈房中就已经堆积了30,000包的棉花。② 一个月之前，即1827年10月底，整个广州地区的棉花存量，包括行商、棉花商人手上的数目，

---

① C/10/8, 1827/10/20, the Magniac & Co to M. DeVitre（Canton to Bombay），p. 152.

② G/12/240, 1828/03/06, p. 6.

也包括那些仍然留在受托人手上而尚未销出的数量，估计为70,000包；而在1828年1月则稍增为73,000包。① 光是在福隆行手上的部分就高达市场存量总数的40%！

关祥继续把大量的棉花留在手边。万益洋行相信他是在静待价格上扬，因为在中国商人当中，他已经拥有绝大多数的棉花了。他们打从心底对福隆行有信心，从而向他们在印度加尔各答的通信伙伴报告广东棉花市场的状况，说道：

> 这些（棉花）存货的绝大部分都由资本雄厚的人物持有在手边，他们都是因为受到市场上低廉的价格所引诱而买进，而不愿在只有一点点蝇头小利的时候就卖出。②

威廉·渣甸和万益洋行其余的合伙人所谓的"资本雄厚的人物"之一，甚至于是当中最大的一个，无疑就是关祥。可是，他们错了。他们轻忽了周转状况不佳的行商在棉花买卖一事上所采取的杀鸡取卵的做法，因为他们的内心中，早被福隆行先前能在短期间内解决债务的先入为主之见所左右，从而无法做出正确的观察。

虽然威廉·渣甸坚称：在福隆行破产迹象出现以前，即使是英国公司的大班也对关祥充满信心，可是（以大班为主席的）公司"特别委员会"还是因为基于长时间的观察而能做出比较妥帖的判断。在稍早的几年间，他们已经看到：各家小行

---

① C/10/8, 1827/10/20, the Magniac & Co. to Cursetjee Jehangeer Ardaseer（Canton to Bombay），p. 151; 1828/01/23, the Magniac & Co. to the Ferguson & Co.（Canton to Calcutta），p. 282.

② C/10/8, 1828/01/23, the Magniac & Co. to the Ferguson & Co.（Canton to Calcutta），p. 282.

商在其极不利的条件下买卖棉花所带来的祸害。我们权且引用
两段观察来说明小行商们所采取的不利于己的棉花交易方式。

1818年时，"特别委员会"在他们的记录中登载了如下的
字句：

> 就印度与中国之间的贸易而言，中国方面买进的多、
> 卖出的少，结算下来，对中国不利；而对一个短缺资金
> 的行商而言，要在买卖棉花一事上占到便宜，想都不要
> 想。……虽然从欧洲人的观点来看，在此情况下进行投机
> 买卖是很不应当的事情，可是这正是中国商人被迫采用的
> 短视近利的手法；他们认为场面上的生意会提升他们在本
> 国同胞之间的信誉，从而舍不得不这么做。①

同样地，在1822年也有如下的记录：

> 小行商用超过市价二至三两的价格买进棉花，用来
> 换取一时的现金，好去缴纳关税或应付其他燃眉之急的款
> 项，全然不顾最终的后果，结果招致严重的损失，这样的
> 事情经常受到（我们的）注意。②

就算关祥也有独占当季棉花市场的雄心，但他大把大把
地买进进口棉花，也不离以上的观察太远。然而想要成为棉
花交易的垄断者可没那么容易。如同前面指出的，在某一特
定的时间，棉花存量总数是在70,000袋左右（重量约当132,000

---

① G/12/211, 1818/03/10, pp. 74—75.
② G/12/227, 1822/10/07, pp. 285-286.

担）。以每担九两一钱的价格来合计，要买光这批棉花需要有1,201,200两资金来应付。而在此一价格下，他只能有一个月（三十天）的时间去筹钱付款。如果他要求一个比较长的付款期限，那他就得付出更高的单价。不过，即使他愿意支付任何价钱，付款期限最多也只能拉长到六个月。另一方面，如果他能找到买家，他也还是要给下手的买主三个月到一百天的期限去筹款。① 在这种情形下，福隆行还是得要有一大笔流通资金才能周转，而关祥父子显然并没有这样的一大笔金钱。

结果就不妙了。一旦外国卖家向福隆行索取货款，关祥父子就不得不快速卖出他们的存货。一旦如此，转手出脱的价格必然对他们不利，自然也就不必说了。这样的道理，关氏父子不应该不懂。那么，我们就只能说，他们之所以要买进这么大批的棉花，无非是要撑起场面，让世人从他们与外商之间存在着大规模交易的表象，误判他们的财务没有问题。

四、福隆行的终极失败

1828年1月底前后，威廉·渣甸在与顾星的一场谈话之后，发现福隆行已经周转不过来了。这大概是因为关祥被发现付不出应该付给顾星的利息吧。同一个时间，人们也发现关祥应该为"拜伦戈尔号"所载来的、属于占时治的棉花付款的时间也已经超过了——付款期限的最后一天是1月5日。威廉·渣甸让关祥延长付款期限，但抬高了价格；以防万一，他派了

---

① C/10/8, 1827/12/06, William Jardine to Jamsetjee Jejeebhoy, p.217; G/12/227, 1822/09/16, pp. 223–224; R/10/29, 1829/09/25, n.p.

一名苦力驻守在福隆行的栈房外，如果有任何人企图搬走里头的棉花，就要尽速通知他本人。做过这些安排后，威廉·渣甸自认为一切妥当啦！可是大大出乎他预料的是，人们很快就发现，在某一个晚上，除了不到一百袋还在外，所有的其他棉花都被搬个精光了！被搬走的不只是威廉·渣甸经手的棉花，所有其他福隆行名下的棉花也全都不见了！不见的时间大约是道光八年（1828年）的元旦前两个星期。①

关祥被指控把这些棉花挪交给他的"秘密合伙人"——一群绒布商与银师（鉴定银子真假及成色高低的人），要不然就是提交给他的本国债权人，因为年关将近，依照中国习俗，结清账目的时间到了。② 稍后，威廉·渣甸也找到了那些从福隆行栈房搬走棉花的人，设法要拿回占时治的财物或是取得一个令他满意的解决办法。（参见本文附录）他无所不用其极，甚至于亲自捧着一份陈情书到广州城门外头等候，意图交给路过的官员。官员们不理睬他，还挥棒敲他的头，他也不肯放弃。这为他赢得了"铁头老鼠"（Iron-headed Rat）这样的绰号。③

外国人一闹，关祥父子的命运也就决定了。在此当儿，他积欠外国贸易家庞大的债款。然而他并没有立即被宣告破产，因为这时候的粤海关监督一职正好由两广总督暂时代理，他不想在代理期间关闭任何行商。④ 不过，事情倒也没有拖延太

---

① C/10/8, 1828/02/03,William Jardine to Jamsetjee Jejeebhoy （Canton to Bombay）, pp. 305—307.

② G/12/238, 1828/02/01, p.15; G/12/238, 1828/02/02, pp.18—19; G/12/240, 1828/03/06, p. 6.

③ Maurice Collis, *Foreign Mud* （London: Faber and Faber, 1946）, p. 78.

④ G/12/240, 1828/03/10, p. 17.

久。1828年4月7日，新任监督延隆抵达广州，开印视事。一个月后，官方还是正式宣告福隆行破产。[1]

依照往例，监督延隆命令全体行商接下关祥父子积欠外国人的债务。原定的还债时程为八年，但在债权人的抗议下，先是减为七年，后来再进一步减为六年。[2] 他的资产全都被变卖拿来偿抵一部分的债务。扣掉这样偿抵的部分后，福隆行还积欠政府关税余额262,600两、欠外国人的债务1,099,300元（791,496两），这两笔大钱都要由其他行商分摊。[3] 可能还有其他安排得处理，再过一年，这个案子才被奏报到朝廷。朝廷依惯例就把福隆行名义上的行商关成发发配到伊犁（在中国西北的新疆）去充军。他凑巧是最后一位被流放到该处的广东行商。[4]

据说关成发还是有办法带着一万两银子上路，而且还有几名仆人跟从服侍，[5] "风格上更适合一名富有的官员，而非一名被褫夺荣誉、即将服刑的破产商人"。[6] 至于关祥这个人，就再也没有资料提到他了。他也许从此逍遥自在，庆幸着重获自由的喜悦。因为很讽刺的是：破产是脱离行商职务的唯一门径！[7]

---

① G/12/240, 1828/05/10, p. 107.

② G/12/240, 1828/08/18, p. 251; G/12/240, 1828/09/08, p.293; R/10/30, 1830/12/28, n.p.

③ 依据Anonymous, *The Chinese Security Merchants in Canton and Their Debts*（London: J. M. Richardson, 1838），p. 17，积欠政府的款项为385,148元，积欠外国人的债务为1,125,538元。

④ 《清代外交史料：道光朝》（北京：故宫博物院，1932—1933），3/14a—15a。这当然不是说此后破产的行商不再受到惩处，而是说他们从此再被充军到广州以外的地方。

⑤ William C. Hunter, *The "Fan-Kwae" at Canton Before Treaty Days, 1825—1844*（Shanghai: The Oriental Affairs, 1938），pp. 23—24.

⑥ G/12/244, 1830/04/12, p. 13.

⑦ John Robert Morrison, *A Chinese Commercial Guide*（Canton, 1834），p. 14.

结束语

在本文的标题中，笔者提到了"旧中国贸易"的不稳定性这件事。笔者意在指出，在鸦片战争以前广州的中外贸易上，存在着许多难以预料的因素，因此即使是经验老到的外国贸易商也可能做出极错误的判断。威廉·渣甸就是这样一个明显的例子。差不多在福隆行倒闭之前十年起，他就已经活跃在广州商场上；后来他还与孖地臣（James Matheson）一起创立了渣甸洋行（后来改称作"怡和洋行"）。这家洋行发展得很好，直到今天都还在营业。占时治也是一名成功的商人，他也是由英国维多利亚女王册封的第一位印度籍从男爵（baronet）。在福隆行垮掉以前，占时治本人也曾三度亲身到过广州，对广州的商务也不完全陌生。① 而当威廉·渣甸通知他把他委托的棉花卖给关祥时，他也没有表示异议。结果证明他们两个人都判断错了。

顾星是另一个例子。他在1800年就已经来到广州，在当地一待就将近三十年。他不但是行商伍秉鉴的朋友，而且帮助他经理部分国外的投资事业。伍秉鉴当时被公认是信用最为可靠也最成功的行商。在福隆行歇业后两年，顾星也从中国贸易中退休，回到故乡美国马萨诸塞州的水城定居，从中国带回了一笔高达600,000元的财产。显然他如果不是一名精明干练的商人，至少能力也不差。可是在福隆行这件事情上，他也做出了不恰当的判断。

---

① Maggie Keswick ed., *The Thistle and the Jade*（London: Octopus, 1982），p. 17.关于占时治的生平传记，请参考Jal H. Wahdia, *The Life of Sir Jamsetjee Jejeebhoy, First Baronet*（Bombay, 1950）。

行商们当然记账给自己用，可是外人总不得其门径去探知账目的内容。这些账目从来没让公证人看过，因为中国并没有公证人的制度。因此对行号外的任何人来说，行商的内部情况总是个大秘密。外人只能从表面上的征兆来揣度行商的情况，而"旧中国贸易"中最大的不确定性恐怕也就在这里。

附录

英国剑桥大学所藏怡和洋行档案（the Jardine Matheson Archives）当中，有一件William Jardine的禀稿，可为福隆行的破产做一注脚。抄录如下（方括弧内文字为笔者所加）：

禀明

两广总督。敬禀者于本月二十一日蒙奉钧谕，批商等于上年十二月十九日所转递之禀，言及关成发诡骗，私移去属商等棉花一千八百二十包、货银五万九千八百二十三圆零。谨读谕时，极谢大人明公施行。

惟关成发与总商等不肯依谕奉办。伏思商等棉花交福隆行存下一事，与往常贸易买卖不同。因当下约以未【蚀毁，缺一二字】之先，不可搬去该货。但关成发同怡隆号伙伴之刘【蚀毁，缺一二字】观，一夜之间，私移该货。且该两人并非出其棉花之价，乃当之为旧债之长水银，则是事与贼偷窃何异哉？商等既为外国之远客，不能自讨该贼，且洋行商不肯代理，故我们无奈何，势必复禀大人，恳乞代伸屈，而令洋行商照前发之谕，即日料理，使商等得收福隆偷去棉花之价。特此禀上。

【以下有一段英文注记及渣甸签名，皆为铅笔所书】

道光八年正月廿六日　即番一千八百二十八年三月十一日

原刊于郝延平、魏秀梅主编，《近世中国之传统与蜕变：刘广京院士七十五岁祝寿论文集》（台北：台湾"中央研究院"近代史研究所，1998），第889—906页。原刊出时以英文发表，本次重刊之中文稿由作者自行译出。

潘有度（潘启官二世）

——一位成功的洋行商人

前言

清代的广州洋商① 经常被认为是鸦片战争以前，中国最富有的商人群体之一，而其总合资本也仅略逊于两淮盐商。② 但笔者过去的研究却发现厚实的洋商其实少之又少。绝大部分的洋商都在开业后一二十年间倒闭歇业。③ 例外的情形不多，主要为同文行及同孚行的潘家与怡和行的伍家。不过，这两家洋商倒是十分富裕。潘家在1820年时，财产据说高达一千万银元（墨西哥银元，一银元约等于0.72两）；在1840年代末期则多达两千万银元。伍家则在1834年时，自行估计已有两千六百万

---

① 鸦片战争以前，在广州从事对外贸易的中国商人通称为"行商"，英文也称之为"hong merchants"。不过，在1760至1843年间，他们的正式称呼应为"外洋行商人"，简称为"洋商"。至于来华贸易的外国商人则被称为"夷商"。官方文书皆作如此用法。本文采用"洋商"这一称呼主要在提醒读者"洋商"才是广东洋行商人正式简称的事实，非为标新立异，敬请读者谅察。

② 类似的说法可以以何炳棣的主张为代表。参考 Ping-ti Ho（何炳棣），"The Salt Merchants of Yang-chou: A Study of Commercial Capitalism in Eighteenth-Century China", *Harvard Journal of Asiatic Studies*, vol. 17, nos. 1—2（June 1954），p. 130。

③ 陈国栋，《论清代中叶广东行商经营不善的原因》，收入本书。

银元的家产。① 潘、伍两家的巨大财富实在是洋商给中外人士富厚印象的主要因素。

在过去的研究中，笔者已就大多数洋商普遍而常年周转不灵的现象做过分析。但在同样的时代与环境条件下，潘、伍两家却能累积大量资财的事实似乎也应赋予一些合理的解释。关于伍家的材料极多，分散世界各地，要做一完整的研究一时尚有困难。然而由于伍秉鉴（浩官）本人与美国商人的密切关系，使他格外地受到重视，因此相关的研究并不缺乏。② 相反地，关于潘家的研究则甚为少见。为了弥补这项缺憾，笔者乃决定先对潘氏洋行做一探讨。

不过，潘氏洋行存在于广州的时间前后长达一百年左右，历经祖孙三代，牵涉的范围很广，不可能在一篇短文里加以处理。为了缩短篇幅，笔者选择了潘家第二代潘有度担任洋商的一段时间作为研究的对象。这段时间，相当于1788年到1820年。就大环境而言，这是广州贸易历经重大变迁，同时全体洋商遭遇来自官方强大需索的时代。就潘氏家族而言，这是他们的洋行事业在稳定发展中，面对家族内部争议与改组的时代。借着对潘有度的研究，我们或许可以看出他个人的风格与智慧

---

① 陈国栋，《论清代中叶广东行商经营不善的原因》，收入本书。

② 有关怡和行伍家的商业文书，除了美国的公、私收藏外，英国及印度也有极丰富的资料可资参考。直接研究伍家的文献以刘广京先生的 "Houqua: The Sources and Disposition of His Wealth"（手稿）最出名。参考Dilip K. Basu, "Asian Merchants and Western Trade: A Comparative Study of Calcutta and Canton, 1800—1840"，（Ph.D. dissertation, University of California at Berkeley, 1975）；Yen–p'ing Hao （郝延平），*The Commercial Revolution in Nineteenth-Century China: The Rise of Sino-Western Mercantile Capitalism*（Berkeley and Los Angeles: University of California Press, 1986）；Asiya Siddiqi, "The Business World of Jamsetjee Jejeebhoy"，*The Indian Economic and Social History Review*, vol. 19, nos. 3—4 （July–December 1982），pp. 301—324.

如何使他平安地度过一个多变而困难重重的阶段，顺利而成功地发展事业与累积巨额的财富。

一、潘有度及其家族

潘有度的父亲潘文岩（潘启官一世）为潘能敬堂一支入粤的始祖。他在1740年左右到达广州，在一陈姓洋商的行中经理事务。迨陈姓洋商结束营业，潘文岩便自行开设了一家洋行——同文洋行。潘文岩生于康熙五十三年（1714），所以他到广东之时至少已二十七岁。这之前，他可能从事中国沿海或南洋一带的帆船贸易事业，所以瑞士籍的航海家Charles de Constant称他为"前水路运输家"（ancien porteur d'eau）[1]。据说他曾三度前往吕宋（菲律宾），并于1770年到过瑞典。[2]可以说他是洋行商人中极少数到过国外的人士之一。而他做生意的对象也很广泛，除了与英国、法国、瑞典的商人往来外，自己还一直有船做马尼拉生意。[3]要言之，他拥有开阔的胸襟与拓展商业的魄力。[4]

---

[1] Louis Dermigny, *Les Mémoires de Charles de Constant sur le Commerce à la Chine*（Paris: S.E.V.P.E.N., 1964），p. 411.

[2] Dillip Basu, op. cit., p. 355 及 p. 376, note 77。

[3] Kuo-tung Anthony Ch'en, *The Insolvency of the Chinese Hong Merchants, 1760—1843*（Taipei: Academia Sinica, 1990），p. 278.

[4] 以上参考Ann B. White, "The Hong Merchants of Canton"，（Ph. D. dissertation, University of Pennsylvania, 1967），pp. 47—79; Dillip K. Basu, op. cit., pp. 354—355; W. E. Cheong（张荣洋），"The Hong Merchants of Canton"，*Hong Kong-Denmark Lectures on Science and Humanities*（Hong Kong: Hong Kong University Press, 1983），pp. 19—20; 梁嘉彬，《广东十三行考》（台中：东海大学，1960），第205—208页。

　　潘文岩在1770年时协助英国东印度公司促成中国政府取消
"公行"的组织，而在1780年又协助中国政府处理两位破产洋
商张天球（裕源行）、颜时瑛（泰和行）的债务，因而成为中
外公认的洋商领袖，在官方文书中被称为"商总"或"首名商
人"。① 在他死后，能敬堂七房子孙并未分产，大家公议由潘
有度负责经理同文行，利润则由各房子孙均沾。②

　　潘有度为潘文岩的儿子，并且是他洋行事业的继承人。张
维屏（1780—1859）云：

　　　　潘有度，字容谷，番禺人，官盐运使司衔。容谷
　　之父曰潘启官。夷人到粤必先见潘启官。启官卒，容谷
　　承父业，夷仍以启官称之。盖自乾隆四十年至嘉庆二十
　　年，夷事皆潘商父子经理。潘商（有度）殁而伍商（秉
　　鉴）继之。③

　　这一段记述对于两代的潘启官作为广东洋商领导人的年代
略有出入，但却清楚地点明潘启官父子在广东对外贸易上的重
要性。

　　潘有度在官方登记的名字为潘致祥。在东印度公司的档案
中，他确实与他的父亲一样被称为潘启官（Puan Khequa）。但
在后世的著述中，为了与潘文岩做区别，通常将之称作潘启官

　　① 广东洋商领袖在1813年（嘉庆十八年）以前只称为"商总"或"首名
商人"。1813年后，因为监督德庆有仿盐商制度设总商之举，故此后官方文
书也常使用"总商"这样的称呼。参考Kuo-tung Anthony Ch'en, *Insolvency of
the Chinese Hong Merchants*, pp. 22—23。
　　② G/12/273, 1821/10/11, pp. 101—107.
　　③ 张维屏，《艺谈录》卷下，第16a页。

二世（Puan Khequa Ⅱ）。① 他生于1755年（乾隆二十年），②
卒于1820年11月18日（嘉庆二十五年十月十三日）。③ 虚岁
六十六岁。

潘文岩有七个儿子。④ 知名的有四个。梁嘉彬引潘月槎
《潘启传略》，系节录之故，引文中"启生七子，长有能……次
有度"一段易使人误以为有度是次子。其实，潘文岩的次子叫有
为。英国东印度公司的职员在1821年时正确地记录了：

Puan Yuou-wei（the second brother, who died this year,
the Squire）.⑤

《河南龙溪潘氏族谱》更清楚地记载：

有为乃文岩次子，生乾隆九年，终道光元年。⑥

潘有为可能是移居番禺的龙溪潘氏家族中最早获得进士
功名的一员。他于乾隆三十五年（1770）中顺天举人，三十七
年（1772）进士及第，官内阁中书，与修《四库全书》。在

---

① 最先这样做的例子当推H. B. Morse, *The Chronicles of the East India Company Trading to China*（Oxford: Oxford University Press, 1926—1929）一书。

② Lawrence Waters Jenkins, "An Old Mandarin Home", *Essex Institute Historical Collections*, vol. 71, no. 2（April 1935），p. 105。由于Jenkins该文所载潘有度的卒年并不正确，因此1755年是否真的为有度的生年仍待其他资料证实。此处姑且采用这个说法以供参考。

③ G/12/221, 1820/11/18, pp. 6—7.

④ G/12/273, 1821/10/11, pp. 101—107；梁嘉彬，前引书，p. 206引潘月槎，《潘启传略》。

⑤ G/12/273, 1821/10/11, p. 102.

⑥ 黄佛颐，《广州城坊志》（广州，1948），6/37b。

京十余年，然后回到广东，退居林下。① 因此，潘文岩过世时
（1788），他可能已回到了广东。无论如何，潘有度继任为同
文行的洋商是曾获得有为的支持的。② 有为无子，过继远房的
侄子潘正锦为嗣子。③ 不过，有为显然与有度的儿子们相处融
洽。张维屏记载：

> （潘有为）晚好声乐，尝畜梨园菊部，演戏为寿母
> 娱。余时未弱冠，读书之暇，辄偕先生犹子伯临昆季往观
> 焉。笙歌院落、灯火楼台，历历若前日事。越十余年，先
> 生归道山，所藏书画鼎彝亦皆星散。惟张樗寮书《古柏
> 行》一卷，银钩铁画，墨宝堪珍，今归伯临比部，可谓得
> 所矣。④

伯临即正亨，为潘有度的长子。张维屏因为其父张炳文受聘为
正亨兄弟的老师，而他本人自十二岁至二十岁（1791—1799）
的九年中也在潘家伴读，对潘有度的家庭相当熟悉。⑤ 这段记
载很能反映有为与正亨兄弟的良好关系。由于潘有能早卒，⑥
潘有为为众兄弟之长，同时又有功名，因此在家族中应有崇高

① 《番禺县志》（1871），45/5ab；《广州府志》（1879），
130/19ab；汪兆镛（1961），3/12。不知何故，张维屏在《国朝诗人征略》
（40/22ab）及《艺谈录》（卷下，第17a页）潘有为的传记中均只提到当事人
为庚寅举人，而未提到他中进士的事。

② G/12/273, 1821/10/11, pp. 101—107.

③ 黄佛颐，《广州城坊志》，5/48a引潘福燊，《河南龙溪潘氏族谱》
云："潘有量，号涵谷，生十四子。…… 十一子正锦，出嗣能敬堂有为。"

④ 张维屏，《国朝诗人征略》，40/22b.

⑤ 黄佛颐，《广州城坊志》，6/38a、39a.

⑥ R/10/6, 1764/06/20, p. 35.潘文岩的另一子亦先他而卒，见G/12/68,
1780/09/08, p. 183.

的地位。而他对潘有度的支持，对于有度的事业发展自然有不可忽略的重要性了。

潘有度可能排行第三或第四。东印度公司记载了他有一位排行第五的弟弟叫Coqua。Coqua或许即"五官"的译音。至于本名是何，尚未查出，但知他有一长子名Ching-hung。① Ching-hung大概即正衡的译音。正衡字钧石，《广州府志》及《番禺县志》有传。② Coqua与潘有度同卒于1820年，但早了几天。生前曾积极地以个人的身份参与广东的对外贸易。③ 潘正衡则于潘有度死后，强烈地争取潘家洋行的经营权，但没有成功。④

至于潘文岩的其他几个儿子，我们一无所知。但他们可能都曾支持潘正衡，想分潘氏家族洋行的一杯羹。⑤

潘有度有几位堂兄弟。其中一位也曾经活跃于广州外贸商场，并且开设有自己的洋行。他的名字叫作潘长耀，通称为潘昆水官（一作坤水官），西人称之为Conseequa。潘长耀在十八世纪末，当潘启官一世（潘文岩）还在世时，即已活跃地以个人身份从事对外贸易；并在1796年，在粤海关监督的胁迫下取得洋行的执照，开设了丽泉洋行。他本人卒于道光三年（1823），而丽泉行也随即破产。⑥

---

① G/12/273, 1821/10/11, pp. 101—107。

② 《广州府志》（1879），130/29ab；《番禺县志》（1871），45/5b。

③ G/12/220, 1820/10/31, p. 214, Coqua卒于十月三十日。参考Kuo-tung Anthony Ch'en, *The Insolvency of the Chinese Hong Merchants*, pp. 105—106。

④ G/12/273, 1821/10/11, pp. 101—107.

⑤ G/12/273, 1821/10/11, pp. 101—107.

⑥ Kuo-tung Anthony Ch'en, *The Insolvency of the Chinese Hong Merchants*, pp. 330—339.

潘有度有四个儿子。据英国东印度公司的记载，长子为
Shinqua（或作Ashinqua），次子能力不佳，三子先潘有度而
逝，四子为Heemqua。① 依张维屏的记载，这四个儿子的情形
分别如下：

> 潘正亨，字伯临，番禺人，官员外郎。伯临为容谷之
> 子。工制艺、工书法，而不获青一衿。……
> 伯临弟正纲，读宋儒书，言动不苟，人见而远之，遂
> 得心病。
> 正常工制艺，嘉庆己巳进士，选庶吉士，数年病卒。
> 正炜性好收藏书画，数年前病卒，书画亦出售矣。
> 三人无诗可录，故附于其兄之后，略存其人。②

潘有度虽然有四个儿子，却始终未曾培养其中的任何一
位接任洋商的工作。因为洋商的职责其实很令他痛苦，他显
然不愿自己的孩子步入他的后尘。借由同孚行缺乏适当继承
人的事实，或许他的子孙可以逃脱洋商这项职务的枷锁。可
惜事与愿违。当他死后，广东当局执意要同孚行推出一人担
任洋商，继续洋行的事业；同时，英国东印度公司也极力推
动维持同孚行的存在。他们均希望潘正亨能继任当洋商，但
为正亨极力拒绝。因为正亨深深了解当洋行商人的苦处；在
他与东印度公司的通译Robert Morrison谈话时即露骨地表示：
"宁为一只狗，不为洋商之首。"③ 结果潘正炜由于排行最

---

① R/10/27, 1821/02/27, 无页码。
② 张维屏，《艺谈录》，卷下，第17a页。
③ R/10/29, 1829/10/05, pp. 233—234.

末，就被安排担任名义上的洋商，而由一名名叫亭官的堂兄弟经理实际的业务。①

正亨与正炜在广州的地方志中都可找到他们的传记。《番禺县志》提及潘正亨云：

> （潘有为）从子正亨，字伯临，县贡生。捐刑部员外郎，负用世志，遇事能见其大。尝言于广州知府程含章，令洋船随时载米，免其舶税。含章以其言白大府，行之，于是洋米船络绎而至，广州遂鲜荒患。正亨弱冠能文，以善书名，尤工诗，有《万松山房诗集》。②

《番禺县续志》则记载潘正炜说：

> 潘正炜，字季彤，捕属人，世居河南龙溪。父有为，从兄正亨。③

这段文字不太正确，因为他应是有为之侄，正亨之弟。梁嘉彬《广东十三行考》引《潘氏族谱》云：

> 四房讳正炜，字榆庭，号季彤，乃容谷公四子。……生于乾隆五十六年……，终于道光三十年。④

---

① G/12/273, 1821/10/11, pp. 101—107; G/12/273, 1822/03/27, pp. 353—356.
② 《番禺县志》（1871），45/5b。
③ 《番禺县续志》（1931），19/30b—31a。
④ 梁嘉彬，前引书，第215页。

又引潘月槎《潘启传略》云：

> 正炜，字榆庭，号季彤，附贡生。即用郎中，钦加道
> 衔。开设同孚洋行，为十三洋行之一。道光间毁家纾难，
> 特赏道衔，并赐花翎。建"听帆楼"，贮书极宏富。刻
> 《古（铜）印谱》四卷，《（听帆楼）书画记》正、续编
> 七卷，《藏珍帖》六册。①

同孚洋行始于嘉庆二十年（1815）潘有度重为洋商之
时，而非道光元年（1821）潘正炜继任之时，梁嘉彬已曾辨
明。不过梁嘉彬却因正炜字（或号）榆庭而推测他即"庭官"
（Tinqua），② 则显然有误。

东印度公司的文献说 Tinqua 为潘长耀的侄子，并且早在
1801年时即已经以个人的身份在广州商场上从事中外贸易。③
潘正炜生于乾隆五十六年（1791），在那时候只不过十一岁，
自然不可能是 Tinqua。东印度公司的文献又说Tinqua名 Puan
Ching-wei，为潘启官二世（潘有度）的侄子。④ Puan Ching-
wei 的读音虽然与潘正炜相近，中文却当作潘正威，而Tinqua
则当作亭官。依潘福燊《河南龙溪潘氏族谱》，潘正威为潘
有量的次子，"字琼侯，号梅亭。由闽入粤，为怡怡堂始
祖"⑤。当1821—1822年潘正炜继任同孚行洋商后，由于他不

① 梁嘉彬，前引书，第207页所引。
② 同上注，第209页。
③ H. B. Morse, *The Chronicles*, vol. II, p. 354; G/12/134, 1801/08/03, p. 109; G/12/150, 1805/03/06, p. 27.
④ G/12/273, 1821/10/11, pp. 101—107.
⑤ 转引自黄佛颐，《广州城坊志》，5/48a。

通外文，所有涉外的事件全由亭官处理。由于外国人来往的对象为亭官，加上潘正炜、潘正威的读音相仿，因此许多西文的著述常常误以潘正威为潘启官三世，其实并不正确。较正确的说法当如香港大学的张荣洋教授根据英商怡和洋行（Jardine Matheson and Co.）档案所主张的：

> 亭官其实是潘启官正支的一位贫乏而相当没用的亲戚。在潘启官三世经手的年代，他经常被用作一个"台前人物"（frontman）。[1]

潘正威从十九世纪初年起即已在广东活动，经常透过潘长耀丽泉行行照的掩护与英国东印度公司交易，偶尔也到潘有度的洋行里帮点忙。他不止一次地想要取得执照，自己当洋商，但都未能得到粤海关监督批准。[2]

潘正威卒于1838年11月20日。[3] 其妻则以七十五岁高龄卒于1843年。[4] 因此可以推断潘正威卒时也应该在七十岁左右。他的儿子即赫赫有名的海山仙馆主人潘仕成。梁嘉彬引张锡麟《先祖通守公事略》说"潘公梅亭为德舆廉访父"[5]。潘德舆即潘仕成，《广州府志》及《番禺县续志》有传。[6] 他与广州

---

① W. E. Cheong, *Mandarins and Merchants*, p. 206, note 85.
② G/12/167, 1809/03/17, p. 54; G/12/168, 1809/11/04, p. 65; G/12/229, 1823/12/02, pp. 118—119; R/10/27, 1821/02/27, 无页码。
③ *The Chinese Repository*, vol. 7 no. 11 （March, 1839）, pp. 573—574。执业于广州的美国医生伯驾 （Peter Parker）在他的医事报告上写下："这个人与外国人差不多有四十年的来往，并且也累积了一份属于自己的财富。"
④ Ibid., vol. 13, no. 6 （June, 1844）, p. 309.
⑤ 转引自梁嘉彬，前引书，第213页。
⑥ 《广州府志》，131/26b—27b；《番禺县续志》，19/29b—30b。

的外商相当熟悉，但与洋行业的关系应该不深。

总之，潘有度继任洋商时，他的父亲潘文岩已为他立下良好的基础。而他担任同文行洋商期间虽然免不了其他家族成员的竞争，但因获得拥有进士功名且曾服官北京的兄长潘有为的支持，所以基本上也没有遭逢太大的阻力。他的亲族中，潘长耀也同时为洋商，而Coqua和潘正威也都与外国商人从事交易。由于他的善于应付与防患于未然的审慎作风，这些其他家族成员的商业活动并没有为他带来不良的影响。他虽然有四个儿子，并且为他们延聘教师教读，其中一子还中过进士，但他却未曾培养当中的任何一人接办他的洋行事业。这使得潘家洋行在他死后一时面临着找不到事业继承人的困难。

二、潘有度的个性与生活态度

潘有度的平常日子过得更像一位文人，而非商人。张维屏为他写的传记即说：

> 容谷丈理洋务数十年。暇日喜观史，尤喜哦诗。有园在河南，曰"南墅"。方塘数亩，一桥跨之。水松数十株，有两松交干而生，因名其堂曰"义松"，所居曰"漱石山房"，旁有小室曰"芥舟"。[1]

他也作诗，留下了少数的诗句。这些诗句中固然免不了有一般文人描写风花雪月的文字，如《赠珠江校书》这样的

---

[1] 张维屏，《国朝诗人征略》，56/6a。

字句：

> 薄暮云鬟重整后，素馨如雪为谁开？ ①

但长期接触外国人与外国文物、风俗也使他在诗句中留下一些印象，如《西洋杂咏》里的片段字句：

> 镜中照见炊烟起，可是人家住广寒。（用大千里镜照见月中有烟起如炊烟云。）
> 忽吐光芒生两孔，圭形三尺此星奇。（用观星镜照见一星圭形，长三尺，头尾各穿一孔。）
> 昏姻自择无媒妁，缱绻闺闱只一妻。（夷人男女自择配。既娶妻，不得纳妾。违者以犯法论。）
> 素衣减食悲三月（夷人丧服：父、母、妻皆期年，朋友三月），易箦遗囊友亦分。（夷人重友谊，临终分财，友亦与焉。）②

这少数几句诗境界或许不高，观察或许不够正确，但却看得出潘有度这个人对于外国事务有一些好奇心。美国学者Lawrence Waters Jenkins根据一位曾于1815年（嘉庆二十年），受邀到南墅访问的波士顿（Boston）商人Bryant Parrott Tilden日记的描述，形容潘有度这个人：

> 虽然举止十分威严，但与聪明的外国人在一起时则

---

① 张维屏，《艺谈录》，卷下，第16a页。
② 张维屏，《国朝诗人征略》，56/6a—b。

和蔼可亲。他爱探询有关中国以外其他国家的事情；而与他大多数的同胞不同，他坦诚而自在地谈论宗教等题目。1819年时，他还成了麻州农学会（the Massachusetts Agricultural Society）的会员。①

"麻州农学会会员"对潘有度而言，当然只是个荣誉头衔。而这个荣誉头衔却也正是美国商人对他的求知精神的肯定。

根据Tilden的记载，南墅要比伍浩官（怡和行伍秉鉴）的宅院典雅，且更纯然为传统中国式风格，几乎不夹杂任何外国饰物。南墅的收藏也以图书及古董为主。这些古董包括一些鼎彝，也有一些Tilden认为很奇异的古老中国世界地图。但Tilden也同时提到，在广州洋行的住所中，潘有度却保有一些当时最佳的世界地图与航海图。这些地图与航海图的原件是外国商人与航海家带到中国的，潘有度借来仔细地抄绘，并在英文地名旁边标注上国家、大城与海港的中文名字以供他自己使用。这些地图的原件有的还是探险家刚刚完成，尚来不及在欧洲出版的作品呢！除此之外，在广州，潘有度也收集了一些罗盘。这些东西在他想要与人讨论外国事务的时候就拿出来展示。当他听 Tilden 等人谈过航海经验后，曾一度感叹地说："啊！为什么能这样把船放在海上两个月、四个月而不让它们看到陆地？为什么能由欧洲、美洲经海而来而船不碰上礁石？啊！真的，实在有很多奇怪的事情中国人都不能照样做啊！"潘有度也与他的贵宾讨论拿破仑战争，证明他对欧洲的时事有些知识。他很关心有关英国的话题，知道它的国力强盛，并且在印度开疆

____
① Lawrence Waters Jenkins, "An Old Mandarin Home", pp. 105—106.

421

拓土。① 由此可以看出潘有度这个人对于海事活动与世界知识至少都有相当高的兴趣。

潘有度在他的洋商世界里，表现得进取与好学。但他却不是一个爱好夸耀展示其身份与财力的人。1793—1794年间马戛尔尼（Macartney）出使中国时，分别与潘有度与石中和见面。他的观察也说明了这两大洋商的处事态度：

> 我与此间的主要洋商有过一些谈话。潘启官为主要洋商之一，是一个精明有概念的人物。从重要性的观点来说，石鲸官排名居次，但从富有的程度来看，则毫不逊色。后者较年轻，个性较率直。对我而言，他表现得对英国十分尊重，而且毫无保留地宣示他愿意尝试交易任何我们商馆要他去尝试的新事物。……潘启官在他帽子上头戴了一个白色半透明的顶子，而石鲸官则戴着一个水晶顶子，（其代表的官衔）比潘启官的高了一级。但我很快就知道其中的缘故。潘启官比较审慎，而石鲸官则较爱炫耀。石鲸官告诉我说他（潘启官）还有一个蓝顶子，可是他在家与家人在一起的时候虽然常戴它，却从不戴出门，以免衙门里的官老爷因此而找上门，而且以此为借口向他索贿，想当然尔地假定一个曾经付出万两银子……以取得这种荣耀的人当然拿得出来。②

① Ibid., pp.110—111 and 117.

② J. L. Cranmer-Byng, *An Embassy to China: Being the Journal Kept by Lord Macartney During His Embassy to the Emperor Ch'ien-lung, 1793—1794* (London: Longmans. 1962), p. 207。按："白色半透明的顶子"为砗磲顶子，相当于六品官衔。水晶顶子为五品官衔。蓝顶子可能为青金石顶子，四品官衔；或是蓝宝石顶子，三品官衔。参考中川忠英，《清俗纪闻》，第一册（东京：平凡社，1989），第132页。

潘有度的求知精神使他或多或少比同时代的其他洋行商人更能准确地掌握时代的脉动，察觉商场上的有利与不利因素的变化，而成功地做出适当的对策。而他的审慎态度不但使他规避了一些官府的骚扰，而且事先防止了一些可能使他陷于万劫不复的困境。

三、潘有度的时代背景

潘有度出任行商的年代，包括他退休在家的几个年头，为乾隆五十三年（1788）到嘉庆二十五年（1820）。这三十多年期间，直接影响到国际贸易的中外环境有很大的变化。

在整个中国大环境方面：自乾隆末期始，吏治败坏，贪污盛行，国势转衰。由于行政上统治能力的衰退、社会上不公义情况的严重，以及一般人民生计上的困难，这也是民间叛乱迭起的一段期间。由政府负责维修的公共工程也因行政效率不佳与贪渎横行而败坏，抢修与救济又加重了财政的负担。

由于国用无节，又因祖训不得加赋，因此财政上的负担便要转嫁给农人以外的其他百姓。商人以其富厚，自然首当其冲。政府扩大财政收入的途径少不了捐纳与捐输，两者皆以富人为对象。有钱或公认有钱的商人大都逃不了被剥削的命运。其中尤以捐输对商人的影响最大，数额往往很高。以广东洋商所承受的捐输负担而言，1787年（乾隆五十二年）才因台湾军需（林爽文、庄大田之役）强迫洋商捐银三十万两。随后自1788年到1820年，前后三十三年中间，又以廓尔喀军需、湖广军需、川陕军需、北京工赈、惠州剿匪、黄河河

工、征剿海盗、嘉庆万寿及山东剿匪等为借口，共向洋商勒捐
了三百五十一万五千两。平均洋商每年的负担超过了十万两。
除此之外，自乾隆五十一年（1786）起，广东洋商还得以"备
贡"的名义，每年缴交给内务府五万五千两银子。[①]

广东洋商还有一项共同的负担，即破产洋商所积欠外国
商人的债务（称为"夷债"）的清偿问题。在潘文岩还在世
的1780年（乾隆四十五年），由于张天球（裕源行）、颜时瑛
（泰和行）两名洋商积欠外商债务近两百万两，被政府宣告破
产。他们的债务经过处分财产清算后，所有不足的数目，政府
下令由全体开业中的洋商共同清偿。为此，洋商只得就某些特
定的商品（以茶叶为主）的交易值收取3%作为"行用"来分年
偿付。原先拟定在清完张、颜两人的债务之后应该停止收取这
种行用的。但是1780年以后，洋商破产的情形却日益严重。其
中多家破产时，也因资产有限，债欠皆由全体洋商共同负担。
收取"行用"的事也就无法中止。由于"行用"的存在，洋商
自然以此收入来支付纷至沓来的捐输负担。同时也因有此"行
用"的名目，政府更放心大胆地扩大捐输的要求。对整个洋商
团体而言，捐输加上夷债的负担也就日益沉重了。"行用"的
征收原先是以设置专柜（称为"公柜"）的方式，于每笔交易
之后即将应收的款项置入此一专柜。有所需要时即自此一专柜
中取出所需数目，年终时再将剩余的部分依当初交纳的比例退
还给个别洋商。但在十八世纪末以后则改变方式，由个别洋商
保有应收的"行用"，有需要时再依各商应该负担的比例分别

---

① 陈国栋，《论清代中叶广东行商经营不善的原因》，表五："行商历年捐输总额表，1773—1835年"；陈国栋，《清代前期粤海关的利益分配》，《食货月刊》，12：1（1982年4月），第22页。

支付。这一来，个别的洋商就把"行用"当成是自己正当收入的一部分，随意支配，而必须支付捐输与夷债时则视之为额外的重大负担了。①

　　乾隆末年由于皇帝宠信和珅，和珅又招权纳贿，使得贪渎之风盛行。加上乾隆皇帝本人的好大喜功、挥霍无度，一般人民，尤其是商人的负担日益加重。和珅的贪婪前人研究已详。② 以下之例，亦可为一佐证：

> 　　吴县石远梅，名钧，善吟诗，尝刻诗集，亦倜傥人也。以贩珠为业。每至扬州，未三十里，逆者如州县之接督抚……而盐贾日候其门。远梅出一小匣，锦囊缊裹。以赤金作丸，破之，则大珠在焉。重者一粒价二万，轻者或一万，至轻者亦八千。争买之，唯恐不可得。余尝以问远梅，远梅曰："所以献和中堂也。中堂每日清晨以珠作食，服此珠则心窍灵明，过目即记……珠之旧者与已穿孔者不中用，故海上采珠之人不惮风涛，虽死不恤。今日之货，无如此物之奇者也。"③

　　为了应付在上位者的贪婪需索，官员们自然只好转而剥

　　① Kuo-tung Anthony Ch'en, *The Insolvency of Chinese Hong Merchants*, pp. 88—92.

　　② 代表作品如：David S. Nivison, "Ho-shen and His Accusers: Ideology and Political Behavior in the Eighteenth Century", in David S. Nivison and Arthur F. Wright eds., *Confucianism in Action*（Stanford: Stanford University Press, 1959）；牟润孙，《论乾隆时期的贪污》，《注史斋丛稿》（台北：台湾商务印书馆，1990）。

　　③ 焦循，《忆书》，（收在上海：商务"丛书集成初编"，第2966册，1936），2/15。

削百姓。洋商不但被认为有钱，而且能提供特殊商品，无疑也不能幸免。和珅被查抄时，抄出的财产清单中出现了大量的钟表。① 而1794年（乾隆五十九年）洋商石中和（石鲸官二世，而益行）破产时，价值约二十万两的存货几乎全都是钟表。东印度公司的职员推断这些钟表是用来行贿的。② 粤海关监督无疑是他行贿的直接对象，但和珅绝对是这些贿赂的最后收受人之一。应付上官的需索只是粤海关监督等广东官员索贿的动机之一。此外，还有个人贪婪的习性，以及一些制度上的因素使得粤海关监督更不得不向洋商施加巧取豪夺的压力。

自从乾隆年间开始，出任各处税关监督的官员（大多是内务府包衣）必须负责让每年所收的税金不少于前一个年度的收入。如有不足，除了要受到行政上的处分之外，还得负责赔补差额。然而由于国内经济情况的变化，中国国内的长距离贸易到了乾隆末年已处在衰退的趋势中，因而大部分的关差均很难收足税额。为了应付此一趋势，嘉庆初年曾经为各税关制定了一个较低的税额标准表，监督们只要达到表列的数字即可不用赔补，不再因为要与上年比较而得一年多收过一年。然而，由

---

① 佚名，《查抄和珅家产清单》，收在《明武宗外纪》，（台北：广文书局，"中国近代内乱外祸历史故事丛书"，1967），第279页记录了和珅被查抄时，抄出的财物中有"大自鸣钟十座、小自鸣钟一百五十六座、桌钟三百座、时辰表八十个"。此外当然还有多种显然来自广州的外洋商品。这些包括钟表在内的外洋商品显然透过粤海关监督取得，并有一大部分转呈给皇帝本人，所以嘉庆查抄和珅家产的上谕也提道："朕自嘉庆元年至三年凡御用衣服和珅自称系伊备办……朕方谓所需用项……未必系伊……自出己资，或系……于包衣人员中之现任盐政、关差得项较厚者派令承办，而和珅……则自居其名以为进奉见好之地。"衣服一项如此，其他物件想亦相仿。见《史料旬刊》（台北：台联国风出版社，1963），第150页。

② G/12/108, 1794/11/29, p. 139; Kuo-tung Anthony Ch'en, *The Insolvency of the Chinese Hong Merchants*, p. 111.

于长距离贸易衰退的趋势没有改变，绝大多数的税关收入仍在递减之中，每个监督在离任时都为自己招来一大笔债务。仅有的例外是粤海关。由于中外贸易的繁荣，税收年年都在成长之中。粤海关监督一般都不会在职务上增加新的债务。政府为了调剂在其他关差任上因为赔补税饷缺额而积欠债务的内务府官员，最后都把他们派到粤海关担任监督。表面上，这些监督因为不会增添债务，因此可以从容筹款。实际上等于也默许了监督们在广州以非法的方式取得偿债所需的款项。①

由于赔补欠帑以及应付馈赠上司而来的财政压力，粤海关监督自然就只有诉诸剥削洋商的手段以取得金钱了。他们榨取洋商的一般情形，照英国东印度公司职员的记载，监督苏楞额（在职：乾隆五十八年八月至五十九年九月）离任时，共带走了超过三十万两的银子。其继任者舒玺（在职：乾隆五十九年十月至嘉庆元年七月十四日）到任后，于六个月内即已收受了二十四万元（约十七万两）。由此可见粤海关监督贪婪的一斑。大致说来，粤海关监督每年取自洋商的金额在二三十万两。②

粤海关监督向洋商榨取贿赂的途径主要有三：一是在有人申请成立新洋行或者旧洋行更换行东（即洋商）等场合，监督因为握有核准执照的权力，因而能向当事人需索大笔金钱；二是借着将洋商罗织到莫须有的罪名下，造成当事人极大的不方

① 参考陈国栋，《清代前期粤海关的利益分配》，第19—21页；陈国栋，《清代中叶以后重要税差专由内务府包衣担任的几点解释》，收在许倬云等主编，《第二届中国社会经济史研讨会论文集》（台北："汉学研究及服务中心"，1983），第183页；Kuo-tung Anthony Ch'en, *The Insolvency of the Chinese Hong Merchants*, pp. 131—137。

② G/12/108, 1795/04/28, p. 276.

便，因而只好拿钱出来贿赂求免；三是赤裸裸的直接索取。最后这种情形在嘉庆初年起甚至还有"制度化"的倾向！大约自1796年起，粤海关监督干脆按照个别洋商与英国东印度公司交易数额的多寡，每一份交易（东印度公司将其交易分成二三十个等份，每家洋行可能拥有一个到数个等份）的所有人交给他一定数额的现金。以1806年为例，每一份交易要交出三到四千元；而1812年时每份交易的持有人要交出八千元！ ①

在广州的对外贸易上，潘有度的时代与他父亲潘文岩所处的时代也有显著的差异。造成此种差异的变化始于潘文岩在世时，但在潘有度的时代才对广州贸易产生重大的影响。这些变化差不多都发生在1784年，当时潘有度已在潘文岩的同文行中担任左右手。

1784年所发生的重大事件可分几个方面来观察：

首先为英国东印度公司开始成为中国茶叶的支配性出口者。中国茶叶在欧洲的最终市场主要为英国，但在当时除了英国东印度公司之外，其他欧陆的商人也自中国进口茶叶到欧洲。英国的法律禁止这些欧陆商人将茶叶卖到英国，但因英国茶税（包括进口税与国内通过税）过高，欧陆商人乃将其自中国进口的茶叶走私倾销到英国，造成英国财政收入的重大损失。为了对付这个问题，英国国会在1784年通过了首相庇特（William Pitt）所提的"折抵法案"（The Commutation Act），大幅度降低茶税（由原来平均120%以上遽减为划一的12.5%），因而招致的财政损失则以收取一种名为"窗户税"的新税来补足。这个措施不但大幅度减低了走私客的利润，从而

---

① Kuo-tung Anthony Ch'en, *The Insolvency of the Chinese Hong Merchants*, pp. 129—130.

解决了走私的问题；同时由于英国国内的茶价也大幅度降低，更促成英国人饮茶风气的盛行。结果一方面整个欧洲对中国茶叶的需要大量增加，另一方面这些茶叶也几乎全由英国东印度公司来载运。相反，其他欧陆商人在失去英国市场后，也就减少在中国购买茶叶。不过，在"折抵法案"通过时，由于法案规定英国东印度公司必须随时保有足供英国全国一年消费需要的茶叶，而派船前往中国增加采购尚需一两年的时间，因此英国东印度公司一时还到欧陆采买。到了1790年前夕，英国东印度公司已有能力满足"折抵法案"的规定，其他欧陆商人则因失去英国市场而式微。其中原本在中国贸易中占有相当分量的荷兰东印度公司更因受到法国大革命的波及，几乎无法派船前往中国。最后更在1799年解散了。其他欧陆公司，如瑞典、丹麦及法国也都日益凋零。[①] 因此，"折抵法案"通过后的几年中，英国东印度公司迅速独霸了欧洲与中国的贸易。换言之，英国东印度公司也就成了洋商最大、最主要的交易对象。由于英国东印度公司在购买茶叶时容许洋商有四至五两的净利润，[②] 因此洋商与他们交易不但风险低，而且享有稳定的获利机会。他们因此成为洋商极力争取的交易对象。

1784年左右发生的第二项重大变化为所谓的"港脚商人"的兴起。十八、十九世纪的英国人将当时亚洲境内的区间贸易称为"country trade"，而从事此一贸易的商人则称为"country

---

① C. R. Boxer, "The Dutch East India Company and the China Trade", *History Today*, vol. 29（1979）, pp. 741—750; C. J. A. Jörg, *Porcelain and the Dutch China Trade*（The Hague: Martinus Nijhoff, 1982）, pp. 43—45。

② 陈国栋，《1760—1833年间中国茶叶出口的习惯做法》，收入本书。

traders"，中国方面因此称之为"港脚商人"。对华贸易的港脚商人以印度为基地，从事中、印之间的贸易。他们大致可分为两类。一类是居留于印度的欧洲人，尤以英国人为主。由于英国东印度公司自认为是一个"公共的"（public）团体，他们便把这些独立于公司之外的英国商人称为"私商"（private traders）。另一类的港脚商人为印度一带的商人，主要为亚美尼亚人（Armenians）及波斯裔的祆教徒（Parsis, Parsees），尤以后者为最重要。港脚商人的发达与中英贸易的不平衡有关。由于英国自中国出口的茶叶价值远超过东印度公司自本国进口到中国的商品与现银所能支付，因此经常得设法弥补这类差额。而自1757年普列西之役之后，东印度公司开始在印度拥有领土，随之而来有许多税收。因此东印度公司先是仰赖印度的财政收入来应付在中国采购商品之所需。不过，在哈斯汀（Warren Hastings）担任英国东印度公司在印度最高的指挥官孟加拉总督（the Governor-General of Fort William）的年代，为了防止白银大量外流对印度本地经济产生不利的影响，禁止白银出口。于是东印度公司改变方式，鼓励港脚商人运送印度本地的物产到中国，以其售价交给公司在广州办事处的人员支付购买中国产品的货款，而广州办事处则开立在印度或伦敦兑现的汇票给当事的港脚商人。由于东印度公司给予港脚商人的条件相当优渥，于是大量的印度商品就被输入中国。从1780年代到1820年代初期，棉花是印度输入中国的主要商品，1820年代以后，棉花每年的输入量仍然有增无减，但由于鸦片进口的急速成长，棉花的相对重要性退居第二位。要之，在潘有度的时代，棉花是港脚商人的主要商品。活跃于印度棉花主要产地固加拉特（Gujerat）附近孟买（Bombay）的祆教商人也就具有举足轻重的地位了。然而棉花的进口在1784年以后，每年都在二十万担以上，1800年以后更超过了三十万担。进口数量大，市场价格也因而趋于激烈，交易此项产品的风险也就跟着扩大了。然而风险虽大，获利的可能性却不高，因此财务状况良好的洋商并不轻易从事棉花的买卖。①

　　1784年左右发生在广东国际贸易上的第三个重大事件是美国商人的加入。1783年，北美十三州的独立获得英、法等国承认后，新独立的美国发现英国及其殖民地都封闭了与它贸易的大门。于是它的子民尝试开拓与遥远的中国之间的贸易，发现这个贸易极为有利可图。在1784年，纽约市的"中国皇后号"（the Empress of China）首先到达中国，随后中美贸易即蓬勃展开。美国人最初开发的商品原为人参，但随后因人参为清皇室的专卖品而被禁止。美国商人因而改行进口皮草。他们自北美洲哥伦比亚河流域的努特卡海峡（Nootka Sound）一带大量取得海狸、海獭、海狗的皮毛来供应中国市场。大约到了1820年代初期，由于过度捕杀这些海洋动物，结果努特卡海峡皮草急遽减产。中国市场则因供给价格过高而缩小，皮草贸易变得无利可图，于是绝大多数的美国商人都转而加入当时方兴未艾的鸦片贸易。② 至于美国商人自广州出口的中国商品则以茶

---

　　① Kuo-tung Anthony Ch'en, *The Insolvency of the Chinese Hong Merchants*, pp. 31—34；袁传伟、袁放生译（N. Benjamin 原著），《印度孟买与中国之间的"港脚贸易"（1765—1865年）》，收在中外关系史学会、复旦大学历史系编，《中外关系史译丛》，第四辑（上海：译文出版社，1988），第101—114页。

　　② Jacques M. Downs, "American Merchants and the China Opium Trade, 1800—1840", *Business History Review*, vol. 42, no. 4 （Winter 1968）; "Fair Game: Exploitive Role-Myths and the American Opium Trade", *The Pacific Historical Review*, vol. 41, no. 2 （May 1972）; Samuel Eliot Morison, *The Maritime Trade of Massachusetts, 1783—1860*（Boston, 1921）.

叶为主。由于他们比较不计较茶叶的品质，同时资金也较微薄，广东的洋商往往在每年贸易季终了时（约为阳历5月前后）将手上未曾卖完的茶叶（称为"冬茶"，winter teas）以"赊欠交易"（credit sale）或"委托贸易"（consignment trade）的方式交给美国商人运往美国或欧陆转售。等到货款到手后才将茶价汇交广东洋商。这样的交易虽然一时解决了洋商的存货问题，然而却因债权不易收回，洋商常因被美国商人倒账而亏本。①

总而言之，茶叶出口的大量增加、欧陆商人的衰微、英国东印度公司的独霸欧洲贸易，以及港脚商人、美国商人的兴起，都使得潘有度所面临的贸易环境迥异于他父亲的时代。其实，当时的国际贸易受到国际局势的影响也非常大。英国东印度公司在印度半岛的霸业发展固然影响到公司与港脚商人的活动，法国大革命所带来的欧洲扰攘与拿破仑（Napoleon Bonaparte）称帝后所引起的拿破仑战争（the Napoleonic Wars）及间接受此影响的英美1812年战争（the War of 1812），促使交战各方在海上拦劫对方船只，也为潘有度时代的中外贸易增加了许多不稳定的因素。②

面对一个崭新而多变的时代，潘有度一方面尽早透过与外国商人的交谈扩展自己的见闻以增加应变的能力，另一方面则采取了一贯审慎的作风，竭力维持与英国东印度公司有最大的

① Frederic D. Grant, Jr., "Hong Merchant Litigation in the American Courts", *The Massachusetts Historical Society Proceedings*, vol. 99 （1987）; "The Failure of Li-ch'uan Hong: Litigation as a Hazard of Nineteenth Century Foreign Trade", *The American Neptune*, vol. 48, no. 4 （Fall 1988）.

② John D. Forbes, "European Wars and Boston Trade", *New England Quarterly*, vo. 11 （1938）.

交易额，同时又避免与美国及印度的商人做买卖。借着这样的作风，他既确保了稳定的获利，而且避免了不必要的风险。这对他的财富的扩大与确保是很有关键性的意义的。当然，潘有度能这样自由地选择交易的对象与商品，是需要自己有充裕的资金与良好的信用做后盾的。这点除了他本人的努力之外，也得感谢他的父亲为他所奠下的稳固的基础。

四、潘有度的事业经营

　　潘文岩卒于1788年1月10日。在家族的同意下，潘有度接手担任起同文行的洋商，[①]　在守丧期间透过行里的伙计开始与英国东印度公司有所接触。[②] 潘有度的行事方针大抵十分谨慎。他的父亲潘文岩在世的最后一二十年一直担任众洋商的领袖，也就是所谓的"商总"或"首名商人"。潘有度一开始就力图回避这个头衔与伴随而来的麻烦。因此，当1787—1788年贸易季终了，英国东印度公司必须与洋商展开下一年度合约的磋商时，潘有度婉拒了由他为第一个磋商对象的要求，以避免被当成第一顺位的商人。他建议第一顺位应让给石中和（石鲸官，而益行）或其他洋商。表面上的理由是这些人在洋行界的资历都比他深。[③] 随后在1788年8月28日，即贸易季终了后东印度公司的职员在澳门"压冬"时，大班布朗（Browne）接到了潘有度的信，声明他已婉拒了首名商人之职，而蔡世文（蔡

　　① G/12/88, 1788/01/10, p. 80; G/12/88, 1788/01/18, p. 95 ff, letter to the Court of Directors, Canton to London.

　　② G/12/88, 1788/01/17, p. 91; G/12/88, 1788/01/18, p. 93.

　　③ G/12/88, 1788/04/02, p. 188.

文官，万和行）则在监督的命令下出任该职。信中并说明他在
众洋商中的排名应为第三，列于蔡世文与陈文扩（源泉行）之
后。① 事实上，若以行号来说，同文行、万和行与源泉行皆在
1760年以前即已开业为洋行。只是潘有度以他本人新任洋商为
借口，故意把同文行的排名拉到第三位而已。而实际上，同文
行无论在财力上或是营运情况上都是所有洋商中最好的。就是
在潘有度接手的1780年代末期与1790年代初期，同文行与英国
东印度公司的交易额也最大（同时也即在整个广东对外贸易额
中占有最大的比率），仅有而益行堪与之颉颃。② 而东印度公
司的职员在贸易季终了后往澳门"压冬"时，手头用存的资金
也都交予这两家洋行代为保管。③ 只不过潘有度是真有实力，
而石中和表面上场面做得很大，但实际上则东挪西掩，一时未
被察觉而已。直到1794年时，石中和挪用了代为保管的东印度

---

① G/12/89, 1788/08/28, p. 77. "他已经婉拒了首名商人之职"一
句，原文作"[H]e had declined acting as first Hong Merchant." H. B.
Morse, *The Chronicles*, vol. II, pp. 152—153, 叙述更换首名商人一事，记
载如下："Consequent on the death of old Puankhequa it became necessary
to designate a new head of the Cohong. His son, also called Puankhequa,
having declined the honour, Munqua was appointed to the position." 梁嘉彬
依此段文字却说："自 Puankhequa I 死后，总商之继任人选遂发生问题：以
Puankhequa I 之子……名望未孚，遂于乾隆五十三年……由蔡世文……代理总
商。" "declined"是婉拒而非名望未孚；蔡世文是真的被任命为商总，而非
代理。梁嘉彬对整个事件的了解有误。见梁嘉彬，前引书，第208页。

② 举例而言，1788—1789年洋商与东印度公司的合约，潘有度占有十六
分之五，石中和十六分之四；1790—1791年合约，潘有度与石中和亦各为
十六分之五与十六分之四；1793—1794年合约则同为十六分之四。见G/12/88,
1788/04/03, p. 194; G/12/96, 1790/02/12, p. 145; G/12/103, 1793/02/09, pp.
234—241。

③ 例见 G/12/103, 1792/11/26, p. 134。

公司资金，他的窘境才被发觉，而益行也随即破产。①

由于潘有度的信用佳，财务状况稳定，加上其他的因素，因此他虽然名义上不担任首名商人，清朝政府却不止一次地要他负起一些原本应由首名商人负责的义务。例如，1793年当源泉行的继承人陈文扩的儿子（Chowqua Ⅱ）因为被粤海关剥夺了一位得力的助手（倪秉发，他被任命为独立的洋商，因而无法继续在源泉行服务），而在经营上出现严重困难，无能力履行契约义务，有破产之虞时，潘有度即与蔡世文、伍国钊、倪秉发三人一起被粤海关监督要求负责清理与清偿源泉行的债务。其中蔡世文是首名商人，伍国钊是陈文扩的好朋友，倪秉发原为源泉行伙计，都与当事人有些牵连。潘有度也被要求分担义务，则纯粹只因他是最有钱的洋商罢了。②

又如1794—1795年间，石中和的而益行周转不灵时，粤海关监督舒玺也要求包括潘有度在内的五名主要洋商（其他四名分别为蔡世文、伍国钊、卢观恒及伍秉钧）出面清理。舒玺的理由是1778年而益行开业时，同文行（潘文岩）曾经为之作保；但何尝不是看上潘有度有钱，必要时可以从他身上榨出钱来弥补而益行的债务？同时，东印度公司与其他外国商人因为潘有度的财力与能力，也都把索回债权的希望寄托在潘有度一人身上。③ 在处理石中和的债务问题上，潘有度的特殊能力展露无遗。

---

① G/12/108, 1794/11/17, p. 117。参考 Kuo-tung Anthony Ch'en, *The Insolvency of the Chinese Hong Merchants*, pp. 299—300。

② G/12/105, 1793/03/15, p. 10。参考 Kuo-tung Anthony Ch'en, *The Insolvency of the Chinese Hong Merchants*, pp. 294—296。

③ G/12/108, 1794/11/17, p. 117; G/12/108, 1795/01/12, p. 167; G/12/108, pp. 195—196, letter to the Court of Directors, Canton to London; G/12/110, 1795/06/22, p. 32.

石中和由于本人与家族的奢华，而在事业经营上又不肯务实，结果累积了一笔烂账。有欠本国商人的，有欠外国商人的，也有一笔应付给粤海关的关税。由于官员的本位主义作风，因此首先就得确保税饷。潘有度很有技巧地处理掉这个难题。在粤海关监督的默许下，他设法逼使石中和的行伙与亲友拿出二十万两银子，付清了当期而益行名下的关税，粤海关监督遂答应由洋商团体私下解决石中和的债务问题。这二十万两中，叶仁官（叶上林）因为曾与石中和的兄长合作过，被迫拿出了五万两，而同文行以保证者的关系，原本应负责清缴而益行关税的，却不用拿出一分钱！①

在初步解决了关税的问题之后，潘有度接着必须处理的是而益行的"夷债"。因为自1780年张天球、颜时瑛破产的案例以后，如果当事洋商无法清偿这一部分的债务，则其他洋商必须代为清偿。而益行名目上虽然以石中和为洋商，实际上的行务则都由他的弟弟石怀连（Wyequa，怀官）所左右。在石怀连的影响下，而益行意图隐匿大部分的资产，不肯拿出来偿债。潘有度认为，而益行的负债庞大，若非石氏兄弟有相当数目的资产，何以能取得如许大的信用？然而石氏兄弟提交给粤海关监督及众行商的资产负债表②却显示他们已无多少可支配的财产。由于石中和、石怀连兄弟坚拒承认有隐匿的财产，并且而益行当时最大的外国债主为英国东印度公司，双方在当年尚有未履行的茶叶合约，而东印度公司事先已为该契约付过高额的定金，构成而益行债务的一

① G/12/108, 1795/01/19, p. 197, letter to the Court of Directors, Canon to London.

② Kuo-tung Anthony Ch'en, *The Insolvency of the Chinese Hong Merchants*, p. 302.

大部分，当时内地茶商已将石氏兄弟所订的茶叶运到广州，只要他们能拿到货款自然就肯交货，潘有度于是建议粤海关监督对石氏兄弟施加压力。石中和与石怀连果然有办法拿出相当于百分之七十五的货款给茶商，于是茶商就将茶叶提交给东印度公司。由于这些茶叶能抵销的价格大于而益行的成本，而益行的债务因而大幅度减少。① 茶商交茶完毕之后，石氏兄弟原本应付给他们剩余的茶价（约十五万两），石氏兄弟却嗾使茶商向潘有度索取，但阴谋没有得逞。茶商回头逼迫石家兄弟，他们遂将房地契拿出来交给茶商。② 这又大大出乎潘有度的意料。因为照他的计划，而益行的房地产将来出售后，所得也是要拿来替而益行偿付夷债的。现在房地契交给了茶商，即少掉了这部分的资源，将来众洋商必须代偿的债务总额自然就无法减轻了。

原先粤海关监督答应让众行商私下处理而益行的债务，因此外国债权人也同意不控告石家兄弟，所以石家兄弟也没有被逮捕。潘有度认为石中和、石怀连两人既无诚意，而外国债权人也知道有关房地契的问题，因此不坚持私下解决的办法。外国商人于是正式控告而益行。石家兄弟遂被逮捕。在石中和经过严刑拷打后，石家兄弟才拿出了相当于十万两银子的黄金，赎回了房地契。③ 由于外国商人已经首告，粤海关监督只好将整个案子奏报朝廷，而依1780年的先例，在完清所有关税的前提下，所有积欠外国人的债务就交给全体行商来分赔了。（至于本国商人的债务就不了了之了。） 而益行的债务被认定为

① G/12/108, 1795/03/24, p. 245 ff.
② G/12/108, 1795/04/07, p. 267.
③ G/12/110, 1795/05/14, p. 4.

六十万两，分六年摊还。① 依惯例，各洋行分担的数额是以各行当年应收"行用"的多寡为准，有的商品交易应收行用（如茶叶），有的则否（如绒布），因此善加处理即可减轻夷债的负担。潘有度在这一点上也充分取巧，因此只分担了极少数的债务。举例而言，1799—1800年潘有度占了英国东印度公司总交易额的十八分之四（22.22%）②，但他对而益行第五期债务的负担却不到0.45%。（参考表一）

表一 洋行公所议定清偿而益行第五期夷债各行分摊额数表（单位：两）

行名	英国东印度公司部分	个别外商部分	总计
同文行（潘有度）	130.862	317.846	448.708
广利行（卢观恒）	9,655.394	23,451.629	33,107.023
怡和行（伍秉钧）	5,455.882	13,252.588	18,708.470
义成行（叶上林）	1,146.808	2,785.441	3,932.249
达成行（倪秉发）	4,050.902	9,839.087	13,889.989
东生行（刘德章）	3,910.308	9,497.600	13,407.908
会隆行（郑崇谦）	4,489.682	10,904.821	15,394.503
丽泉行（潘长耀）	262.687	638.030	900.717
	29,102.525	70,687.042	99,789.567

资料来源：G/12/128, 1800/03/21, p. 137.

依年资排名在潘有度之前的源泉行在1792年失败，而财力上与潘有度相当的而益行也在1795年破产。因此在1795年时，潘有度在众洋商之中仅排名在商总蔡世文之后。但论起事实上的财力与能力，其他洋商实在无一堪与潘有度相提并论。蔡世文的万和行多年来其实早已周转不灵，而首名商人一职更使他在金钱与精力上都陷于困顿。终于他在1796年4月10日清晨吞服

---

① G/12/110, 1795/12/26, pp. 99—100; G/12/110, 1796/05/222, pp. 259—261; 梁廷枏，《粤海关志》，25/10a。

② G/12/126, 1799/02/14, p. 48; G/12/124, 1799/01/27, p. 48.

鸦片自杀。① 潘有度再次被粤海关监督要求与蔡世文的好友卢观恒负责清理万和行的财产。② 而此时无论从洋行历史的长短或资力的大小来看，众洋商都远不及潘有度，于是他终究推辞不了首名商人的头衔与责任。③

蔡世文的自杀使得潘有度不得不成为名实相符的首名商人，在他个人而言，是十分不情愿的。当他没有这项头衔的时候，政府虽然偶尔要求他出面解决某些与广州对外贸易有关的难题，但毕竟这类义务只是临时性质，不是挥之不去的长久压力。一旦他成了名义上的商总，除了要定期到粤海关及督、抚衙门听候指示之外，而且他还得处理所有有关外国商人与政府之间的交涉以及有关全体行商共同利害的种种事务，这不但浪费他许多时间与精力，而且常常要拿钱出来取悦有关的当事人。因此，当形势上他无法拒绝充当商总的时候，他便兴起辞去洋商的职务，以彻底脱离所有麻烦的念头。到了1800年年初，广州商界果然盛传他要歇业的消息。这一点随着卢观恒（卢茂官，广利行）被任命与他一起担任商总的工作而增加了几分可靠性。④ 但是实际上潘有度暂时仍不能遂其所愿，而且有了更大的麻烦。因为在1799年9月11日到1801年11月17日之间担任粤海关监督的佶山不但以贪婪出名，⑤ 而且行事乖张，对

① G/12/110, 1796/04/10, p. 238; G/12/113, 1796/06/24, p. 7, letter to the Court of Directors, Canton to London.

② G/12/110, 1796/04/19, p. 243.

③ G/12/114, 1796/12/16, pp. 53—54. 潘有度的排名自此时起自然也就居于首位了。

④ G/12/128, 1802/03/07, p. 110—111; G/12/128, 1802/03/08, p. 111.

⑤ H. B. Morse, *The Chronicles*, vol. II, pp. 347—356在叙述佶山担任监督的一段历史时干脆就以"贪婪的监督"（The Rapacious Hoppo）作为他的篇名。笔者怀疑出版于嘉庆九年（1804）的《蜃楼志》这本小说中，有关粤海

资财富厚的潘有度更是充满敌意。在此情况下，潘有度根本不可能提出停业的要求。

　　潘有度与佶山的冲突中有一件是关于"行用"方面的。自从1780年因为要清偿张天球、颜时瑛的夷债以来，绒布类一向是不收取"行用"的。佶山为了增加收取"行用"的对象，提高洋商的支付能力，以便利政府与官员的剥削，于是一方面遍翻档案，寻求对所有商品收取"行用"的依据，一方面要潘有度特别为绒布类商品免收"行用"的理由提出说明。潘有度则提出绒布类一向无利可图，且经常有15%到25%的损失，所以从前征得前任监督的同意，不收取"行用"以免增加洋商的损失。① 潘有度的说辞言而有据，使得佶山一时无法可想，但彼此的冲突也变得更加严重。

　　就在这个问题悬而未决的时候（1801年，嘉庆六年），北京一带因为永定河大水造成灾害，政府下令全国捐款赈灾。佶山以此为借口要全体行商捐输二十五万两，其中潘有度出了五万两。若依过去的惯例，捐输由各洋商应征收的"行用"比率来分摊，潘有度原本不用出这么高的数字。然而，即使如此，佶山仍然不满足。他认为以潘有度和同文行的财力及事

关监督赫广大压迫洋行商总苏万魁的故事就是影射佶山与潘有度的关系。详细的考证尚需假以时日。但如下述广州粮道劝阻监督莫做过分无理压迫的事件也完整地出现在《蜃楼志》故事中的事实，恐怕不能不说作者是有意将现实的历史编入这本谴责意味浓厚的小说中的意图。参考王孝廉，《〈蜃楼志〉——一部承先启后的谴责小说》，收入禺山老人，《蜃楼志》（中国古艳稀品丛刊，第三辑第二册），第303—339页。佶山于嘉庆四年（1799）初曾受命参与查抄和珅家产的工作，获得"交部议叙"的奖励。同年夏天即以"武备院卿"衔出任粤海关监督。参考《清实录：嘉庆朝》，39/33b—34a，嘉庆四年二月乙卯（二十七日）上谕内阁。

　　① G/12/134, 1801/09/03, p. 149; G/12/136, 1801/10/14, pp. 4—5.

业规模，五万两太少。于是他毫无理由地要潘有度再独力捐出五十万两银子。①

　　佶山威胁：如果潘有度不照办，他马上会上奏皇帝，加以后者严重的罪名——这可能会使潘有度遭受被抄家、财产被充公，而本人被充军的命运。潘有度招集族人商议（因为同文行的产权是由他父亲的七个兄弟所共有），决定捐献十万两银子，但也绝不增加。佶山自然不满意，一再对潘有度施加压力。潘有度与亲戚、朋友、同行多次磋商，最后仍然决定捐款以十万两为限，并且立即解交粤海关银库。在面子尽失的情形下，恼羞成怒的佶山真的在1801年10月18日拜发奏折。然而他的鲁莽做法连广州的其他高级官员也深不以为然，因为潘有度与同文行事实上并无任何不法的情事。在总督及巡抚均表达了他们的不满情绪与广东粮道亲赴粤海关衙门游说的情形下，三天之后，佶山只得派人半途拦截折差，收回奏折。不到一个月，新任监督三义助上任，不但退回潘有度已经缴纳的十万两捐献，而且也与总督共同决定不再要求洋商增加对既有应收"行用"以外的其他商品（包括绒布类）收取"行用"。东印度公司还特别记载佶山离任时，广州官员无一人到码头相送，与中国官场的礼节大相径庭，也显示了潘有度本人的坚持使他获得了重大的胜利。②

　　佶山的离任固然让潘有度大大地舒了一口气，但是作为一名洋商，同时又是众洋商之首的商总，伴随而来的种种麻烦

---

　　① G/12/136, 1801/10/16, pp. 11—12.

　　② G/12/136, 1801/10/16, pp. 11—13; G/12/136, 1801/10/17, p. 14; G/12/136, 1801/10/18, p. 16; G/12/136, 1801/10/26, p. 32; G/12/136, 1801/11/18, p. 74; G/12/136, 1802/01/06, p. 214; G/12/136, 1802/01/11, p. 226; G/12/138, 1802/02/13, pp. 111—112.

仍是如影随形，成为他挥之不去的梦魇。于是在接下来的几年中，退出这个行业的计划仍然萦绕于他的胸怀。

嘉庆初年，洋商一般在事业的维持上都遭遇到很大的困难。如前所述，一方面欧洲各国间的战争（拿破仑战争）增加了中西贸易上的不稳定性，使得洋商在经营上面临了许多不可预测的因素，风险因而扩大。另一方面洋商被政府要求捐输报效的次数与数目也越来越多，为破产同行摊赔的夷债负担也越来越重。而主管贸易的粤海关监督除了不断地向洋商要钱之外，也没有帮助洋商脱离困境的能力。研究此一时期的学者H. B. Morse即有以下的观察：

> 监督……的首要任务是散发礼物给宫廷及朝臣，其后他可以累积一笔为数不少的盈余以充实他个人的钱包。他通常没有什么行政经验，又是一个一向贪婪的宫廷——自从嘉庆君嗣位以来，也是一个唯钱是图而又放荡浪费的宫廷——的臣仆。因此，除了与金钱的收受有关的事务外，他在面对任何问题的时候，自然也就畏葸不前了。①

事实上，皇帝本人也意识到捐输过重对洋商的永续经营的可能性有很大的负面影响，所以曾在嘉庆六年（1801）的上谕中提到：

> 捐输报效已非一次，自当培养商行，令其家道殷实，

---

① H. B. Morse, *The Chronicles*, vol. II, p. 329. 参考陈国栋，《清代前期粤海关的利益分配》，第21页。

方不致稍行赔累。①

　　但也不过是说说而已！前不久，佶山建议政府将洋商每年以"备贡"（买东西送给皇帝）名义捐给政府的数目，由五万五千两调整为十五万两。皇帝虽然没有同意长期这么做，却也指示嘉庆七年、八年（1802、1803）两年每年先缴十五万两，等到嘉庆九年（1804）才恢复年缴五万五千两。② 而在往后的数年，由于财政上的压力，政府强迫洋商捐输的状况，更是日甚一日。③

　　大体而言，到了嘉庆初年，洋商的事业几乎都面临极端的困难。面对这种情况，周转不灵的洋商只能设法买空卖空，苟延残喘。因为他们若想中止洋行业务，必然因无法偿清关税及个人的夷债而被宣告破产，进而抄家流放。反过来，有幸能清偿债务的洋商则个个都想求去。

　　潘有度早在1800年即已表达了辞去洋商职务的意图，但一时未能遂其所愿。随后叶上林在1803年开始着手与中国政府及他主要的贸易对手英国东印度公司安排结束营业的事，并且出人意表地获得有关各方面的同意，而在1804年成功地离开洋行业。④ 叶上林的成功给一些财务状况较好的洋商很大的鼓励。卢观恒（卢茂官，广利行）、伍秉鉴（伍浩官，怡和行）也都

---

① 宫中档奏折原件，嘉庆朝，第007167号，嘉庆七年一月十一日，两广总督觉罗吉庆、粤海关监督三义助会衔折。

② 同上注。

③ 参考陈国栋，《论清代中叶广东行商经营不善的原因》，表五"行商历年捐输总额表，1773—1835年"。

④ G/12/142，1803/01/30，pp. 213—214。参考 Kuo-tung Anthony Ch'en, *The Insolvency of the Chinese Hong Merchants*, p. 315.

先后酝酿辞去洋商的工作，但都无法取得相关官员的首肯。①

在这期间，潘有度也再次表示了想要退休的强烈意愿，并且也积极着手与官方及东印度公司磋商退出洋行业务的种种安排。与官方的交涉表面上看起来旷时费日，困难重重。但只要肯花大笔金钱来取得有关官员、胥吏的合作，还是有取得同意的可能。英国东印度公司的广州职员原先以为潘有度是绝不肯付出任何贿款来买取中国官吏的许可的。② 但是他们显然判断错误。潘有度这回的决心十分强烈，因此也就不择手段。事后他虽然不肯表示曾经付出多少金钱，但广州商界则盛传他付出了五十万两银子的代价才取得有关官吏的同意。③

由于潘有度的能力与财力，英国东印度公司原本极其不愿意同意他离开广州的洋行业，因此想尽办法要说服他打消辞职的念头。但是发生在1806—1807年的一个事件却使他们改变了立场。

嘉庆十一年（1806）初，广州粮价高涨，一担米售至四五银元。而受到前一年台湾府凤山县吴淮四事件的影响，加上数年以来海盗蔡牵、朱濆等持续骚扰中国东南沿海的考虑，都使广州的官员深信粮食的供给可能会有困难，因而担心米价暴涨。透过洋行首名商人潘有度，广州官员向东印度公司表达了希望自印度进口食米的愿望。并进一步由潘有度与公司大班多林文（James Drummond）达成口头协议：港脚商人若在农历九

① G/12/145, 1804/02/16, p. 229; G/12/154, 1807/01/04, p. 136, letter to the Court of Directors, Canton to London; G/12/170, 1810/0/24, p. 67.

② G/12/153, 1806/03/31, pp. 21—22.

③ 官中档奏折原件，嘉庆朝，第009868号附件，嘉庆十三年二月一日，粤海关监督奏折；G/12/160, 1808/01/07, p. 21; G/12/160, 1807/12/10, p. 78; G/12/162, 1801/01/07, p. 21, letter to the Court of Directors, Canton to London.

月底（公历十一月九日）以前载米到广州，粤海关监督同意免除该进口船只的进口规礼及船料（二者合称为 port charges）。在这有利条件的鼓励下，多林文估计可能会有三十艘以内的港脚船载来约二十万袋米（重约二十四万六千担）。他还估计这些米到达广州时的成本每担约为3.25元（2.34两）。对多林文所提供的讯息，潘有度表示满意，并且声明他本人以及卢观恒、伍秉鉴、潘长耀几位洋商将为此各自认捐银元二万五千元（共十万元）来购买这样进口的一部分白米。于是多林文写信给东印度公司在印度半岛的三个行政区（Presidencies）请求当地的政府协助。印度当地的反应很好。在1806—1807年的贸易季中，共有三十万零八千担米进口到广州。这些米从公历九月间开始到达，可是广州的米价在稍早之前却已开始大幅度下跌，跌到每担2.34两以下。进口者面临此一情况，于是请求东印度公司的广州委员会出面协调，希望能至少免于赔本。卢观恒及伍秉鉴都同意以一袋四元（即每担2.34两）的成本价格收购。但潘有度却认为他与多林文的协议中并不包括以成本无条件收购的承诺而执意拒绝东印度公司的请求。①

如何处理这批进口米的问题一时遂被悬宕着。到了1806年11月，粤海关监督要求潘有度出面与他研究解决此一难题的办法。潘有度却以身体不适为由避不见面。最后，除了潘有度以外的所有洋商协议，由各商依其承揽东印度公司交易的比例分别认买。由于潘有度占有东印度公司交易额的十六分之四，理应负责承购同比率的进口米，但他却拒绝分摊这个数目。②

---

① 以上参考H. B. Morse, *The Chronicles*, vol. Ⅲ, pp. 27, 38—39; G/12/153, 1806/10/08, p. 131 ff。

② G/12/157, 1807/05/02, p. 45; G/12/153, p. 220 ff。

最后，卢观恒与伍秉鉴做了牺牲，各自再多认买了三十二分之一，使潘有度应该分担的比率减为十六分之三，才使这个问题得到解决。① 潘有度减少承购十六分之一的进口米只减少支出四万五千两银子。转售后的损失，若以成本的三分之一计算，也只有一万五千两左右。对他而言并不是一个很大的数目。但他的做法一方面违背了惯例上依照与东印度公司交易的规模分摊洋商共同义务的原则，一方面也引起了该公司职员的反感，若非他此刻已下定决心不再当洋商，对他的事业必有不利的影响。或许引起东印度公司职员的不快正是他策略上的运用，以免他们为了自身的利益而阻挠他的退休计划。无论如何，这个事件果然引起东印度公司广州委员会的成员十分不快，他们因此也就不再强烈地反对潘有度从洋行业上退休。

东印度公司的职员回顾整个进口米事件，以及过去十年来因为潘有度担任首名商人的关系，他们都不得不透过他与中国官府交涉。对他们而言，这些经验相当不愉快。但是即使在严厉批评潘有度的同时，多林文等人也不得不承认，作为一名洋商，潘有度拥有一些其他商人难以望其项背的优点，使他们认为潘有度如果能留下来继续当洋商，也依然有很高的价值。

首先，潘有度在众洋商中居于绝对优越的地位。这除了他的财富优势外，多林文认为潘有度比其他洋商懂得官场上的酬酢，与官方议事时能保持坚定的态度，并且也很会适时送礼。这一切都使他能与官府维持良好的关系，并且在有所交涉时较能成功地达到目的。在其他方面，多林文认为潘有度至少还有以下两项优点：（1）潘有度的事业稳定，经营认真，一向供应优良商品。（2）同文行年代久远，与所有的欧洲商人都有大笔

① G/12154, 1806/11/29, p. 31.

生意往来，一般的商誉极佳。而潘有度本人在各方面也比其他商人优秀。①

基于以上各种因素的考量，东印度公司决定，只要潘有度愿意继续当洋商，他们仍然要与同文行做生意，只是针对潘有度在进口印度米一事上的表现，决定削减他一份交易额（由原来的十六分之四减为十六分之三），以示薄惩。② 他们将此决议通知潘有度。但这样带着羞辱目的的处分其实也只能加重潘有度退休的决心而已。

另一个发生于1807年年初，但潘有度并没有直接牵连在内的事件也可能强化了他急流勇退的念头。此即著名的"海神号"事件。在这年公历二月二十四日，东印度公司船"海神号"（the Neptune）上岸度假的水手与广州当地居民发生冲突，导致一名华人死亡而凶手逃逸。广利行的卢观恒由于是"海神号"的保商，因此被广州官员责成缉访凶手到案。为了应付官府，卢观恒只得上下使钱，又出赏缉凶。结果一无所获，财产损失大半，本人则受到官吏的拷打与羞辱。③ 潘有度看在眼里，只有暗自庆幸自己不是当事的保商而已。于是他更积极地展开结束与东印度公司交易的行动。

1807年3月间，潘有度向东印度公司新任大班喇佛（John William Roberts）表明了绝对离开洋行业的决心。他也请求公司买下他手上余存未出清的茶叶（1806—1807年季末的"冬茶"），喇佛也同意了。这些茶叶在四月三日交货后，公司职员在其日志上写下了潘有度"这个商人，在过去数年中与公司

---

① G/12/154, 1806/12/04, pp. 45—50.

② G/12/154, 1806/12/04, p. 53; G/12/154, 1806/12/06, p. 62.

③ 有关整个事件的摘要叙述，见 H. B. Morse, *The Chronicles*, vol. III, pp. 49—50。

从事庞大的交易，而其做法也最具信用，最令人满意"这样的
赞扬。①

潘有度还有一个要求。他希望广州的东印度公司的职员在
写信给伦敦的理事会（the Court of Directors）时，向理事们说
明除了其他因素外，他的健康情况不佳，而且多年来尚未能将
其父母的灵柩送回福建安葬等原因都是他必须离开洋行业的考
虑。公司职员由于已经不反对他退休，因此也乐得送这个人情
给他。同时，他们也再次表达了对潘有度处理商务的准时与信
实的赞扬。②

自1807—1808年贸易季开始，潘有度已完全停止商业活
动。他也处分了同文行的财产，与他六房兄弟的家人办好分家
的手续。③ 不过，官方的核准动作来得稍迟。直到嘉庆十二年
十一月（1807年12月），常显担任粤海关监督时，准许他退休
的公告才在广州张贴出来，初步确认他不再是洋商。④ 到了次
年年初，准许他退商的上谕也送达广州，完成了全部的官方
手续。上谕同时要求他缴出十万两银子充公。这是他在佶山
任监督时被迫捐输，而在三义助任内退回的一笔钱。现在他
不再继续当洋商，政府乃再度要他捐出这笔款项，作为退休
的公开代价。⑤

退休后潘有度大部分的时间仍然留在广州。他曾表明有

---

① G/12/154, 1807/03/02, pp. 283—284; G/12/154, 1807/04/03, pp. 163—165.

② G/12/154, 1807/04/03, pp. 166—167; G/12/157, 1807/04/29, pp. 24—25.

③ G/12/273, 1821/10/11, pp. 101—107.

④ G/12/160, 1807/12/10, p. 78; G/12/163, 1808/03/09, p. 26.

⑤ G/12/162, 1808/02/24, p. 112.

意前往北京，但不知何故并未成行。① 他虽然曾于嘉庆十三年
（1808）返回福建原籍待过一段时间，② 但作为他退休借口之一
的归葬父母一事却一直未付诸实现。事实上，他要到嘉庆二十三
年（1818）春夏之交才护送乃父（潘启官一世，潘文岩）的灵柩
回福建。此时他早已重作冯妇，重新回到洋行业有三年左右的时
光了。③ 留在广州，潘有度与当地的商场与官场仍有一些瓜葛。

首先是他还欠英国东印度公司一笔尚未到期的债务。但
是就在1807—1808年时，由于公司在印度的三个行政区缺乏现
银，需要广州委员会的协助，当公司职员向潘有度表达这种需
要时，潘有度毫不迟疑地将所欠的全部款项（211,598.232元，
或152,350.720两）提前交给该公司。④

第二件事是当他停业之初，瑞典东印度公司还欠他数笔债
务。为了索回这些债务，他先将有关的单据寄给以前曾在广州服
务而当时已经返回英国的英国东印度公司职员（John Harrison, C.
E. Pigou, Richard Hall及Samuel Peach等人），委托他们就近在欧
洲为他索债。他并且进一步透过广州委员会请求伦敦的理事会准
许该公司的职员为他做这些事情，同时请该公司利用自有的管道
将收回的债款汇寄给他。这些要求英国公司全都答应了。我们也
发现，迟至1819年，伦敦理事会还为代他收回的瑞典公司债务汇
了六千英镑（约一万八千两银子）的款项给他。⑤

---

① G/12/163, 1808/03/09, p. 26, Letter to the Court of Directors,
Canton to London.

② 宫中档奏折原件，嘉庆朝，第012706号附件3，嘉庆十三年十二月九
日，粤海关监督常显奏折附片。

③ G/12/212, 1818/05/07, pp. 49—50.

④ G/12/162, 1808/02/16, p. 104; G/12/162, 1808/02/22, p. 110.

⑤ G/12/163, 1808/03/09, p. 26; R/10/28, 1819/04/28, 无页码; G/12/171, p.
62引1809/01/11, Court's Instruction to the Select Committee, London to Canton.

在广州，潘有度虽然不再具有洋商的身份，但他却为过去曾有这样的身份而免不了地方官员的骚扰。嘉庆十三年（1808），政府因为南河河工之需，要求广州洋商捐输三十万两银子，并且要求已退休的叶上林、潘有度两人捐输报效。有此借口，广州的官员们终于强迫潘有度捐出了十二万两银子。① 潘有度独自捐输了这么大一笔款项，可能与当时广州谣传他即将被召回重为洋商有关。② 而嘉庆十三年（1808）十月十七日的上谕也确曾查问："该商资本宽裕，充商日久，办理正资熟手，前此因何告退？"③ 同一年年初，皇帝才核准潘有度的退休，此时竟有此一问，不禁令人纳闷。或许这只是作为强迫潘有度捐输的一种动作吧！当时的粤海关监督仍是当初核准潘有度退休的常显，他更不好意思出尔反尔，于是回奏道："窃查潘致祥于嘉庆十二年退行时，奴才曾经详细访察。该商近年来因病久未与夷人交易，兼之精力难支，是以告退。"④ 大概是得到了潘有度这一大笔捐输，清廷一时也就放过了潘有度，而他也暂时得以维持退休的状态。随后在嘉庆十九年（1814），因为前一年有天理教（八卦教）之乱，朝廷又要求广州官、商捐输。结果，洋商负担了二十四万两，盐商负担了十六万两，而退休在家的潘有度也被迫捐出白银二万两。⑤

嘉庆二十年（1815）左右的广州洋行界，事实上是处在一

---

① G/12/167, 1809/03/03, p. 25; 并参见宫中档奏折原件，嘉庆朝，第012706号附件3。

② G/12/167, 1803/03/03, p. 25.

③ 宫中档奏折原件，嘉庆朝，第012706号附件3。

④ 同上注。

⑤ G/12/189, 1814/02/23, p. 189; H. B. Morse, *The Chronicles*, vol. III, p. 194。

个十分困难的情况下。在潘有度刚退休不久的1809—1810年间，就有五家洋商倒闭。其他幸存的洋商中，至少有七家（丽泉行、西成行、福隆行、同泰行、东裕行、天宝行及万源行）都陷入严重周转不灵的困境中。在中国政府不愿意看到有更多的洋行破产，而东印度公司与洋商领袖伍秉鉴（怡和行）又都愿意加以极力扶持之下，这些周转不灵的洋商虽然得以苟延残喘，但整个洋行界的普遍困难却也展露无遗。① 广州缺乏有实力的商人，对政府而言，毕竟有种种的不便。于是在两广总督蒋攸铦的主导下，潘有度重新被召回充当洋商。蒋攸铦的奏折说：

> 其（潘有度）身家素称殷实，洋务最为熟练，为夷人及内地商民所信服。从前退商，本属取巧。现当洋商疲弊之时，何得任其置身事外，私享厚利？应饬仍充洋商，即令同总商伍敦元等清理一切。②

到了1815年3月3日，广州商场已获悉在上谕的指示下，潘有度即将重任洋商，并与伍秉鉴同为总商。③ 而伍秉鉴更通知东印度公司此后潘有度的排名应居首位，他自己则居于第二。④ 至迟到同年四月二日，潘有度亦已以总商的资格执行职务。⑤

对于潘有度的重作冯妇，英国东印度公司深表欢迎。它的职员说：

① Kuo-tung Anthony Ch'en, *The Insolvency of the Chinese Hong Merchants*, pp. 241—249.

② 《清嘉庆朝外交史料》（1932—1933），4/23b—24a，嘉庆十九年十月十九日，《两广总督蒋攸铦等奏退商潘致祥熟练洋务请另仍充洋商片》。

③ G/12/193, 1815/03/03, p. 64; G/12/200, 1815/12/01, p. 25.

④ G/12/271, 1815/04/10, pp. 9—10.

⑤ G/12/193, 1815/04/02, p. 84.

看来潘启官重操旧业可以被期待会带来有利的效果。
这是可能的。我们可以期望他会拥有足以压制任何恶意企
图的权力，而他为人所知的坚定不移也将使他能更自在地
向政府的高级官员们解释事情。①

由于1807年潘有度退休时已经结束了同文行，并与其兄弟
分割了家产，重为洋商时他便为新开设的洋行取了一个新名字
"同孚行"，以示与同文行有所区别。② 他自1815—1816年度
与东印度公司有两份交易，次一个年度起增加了一份。③ 他的
基本行事作风仍与往昔相同。如他善于利用其交易品的结构以减
少"行用"负担的做法，也无改变。（参考表二）而他受到东印
度公司信赖的情形，也与过去相仿。东印度公司仍在贸易季终了
将用剩的白银交给他保管。④ 他这样继续经营了四年多，而在
1820年11月18日逝世。东印度公司的职员在其日志上写下：

由于此一想都想不到的事件，公司损失了一位最为正
直而极可尊敬的商人，而我们每一个人也都哀悼这一位最
亲切、最周到的朋友。⑤

由于只要与英国东印度公司维持大量的交易即有稳定的巨
额利润可得，因此潘有度的事业经营，最主要的课题，其实只
在想尽一切的办法来减少或者避免中国政府强加在他身上的任

① G/12/193, 1815/03/03, p. 64.
② G/12/271, 1815/04/30, p. 17, letter to the Court of Directors, Canton to London.
③ G/12/271, 1815/04/10, p. 9; R/10/26, 1816/03/04, p. 22.
④ G/12/207, 1817/04/02, p. 11.
⑤ G/12/221, 1820/11/18, pp. 6—7.

务所造成的财产损失而已。

从以上的叙述，我们发现潘有度是一位很有决心的商人，他十分清楚地了解自己的处境，而能尽量配合有利于自己的状况将他的计划付诸实行。他不惜代价地在1807—1815年间退出洋行业，使他在大多数洋行都处在极度困难的情况时免于遭到波及。而他巧于利用分摊"行用"的原则也使他比一般洋商为夷债与捐输的负担支付较少的金钱。他敢于在某种程度上与粤海关监督对抗，也成功地维护了他的产业。此外，他的信实、正直也得到主要贸易对手东印度公司职员的尊敬。这一切对他事业的成功均有积极的作用。

表二 广东洋商分摊达成、会隆两行夷债第六期债务表 （单位：两）

行名	数额
怡和行（伍秉鉴）	32,166.896
广利行（卢文锦）	15,197.890
同孚行（潘有度）	5,776.776
东生行（刘德章）	21,643.445
丽泉行（潘长耀）	10,307.597
西成行（黎光远）	8,651.908
福隆行（关成发）	5,818.359
同泰行（麦觐廷）	7,372.111
东裕行（谢嘉梧）	6,498.449
天宝行（梁经国）	20,964.388
万源行（李协发）	11,088.229
总计	145,486.048

资料来源：G/12/205, 1817/01/11, p. 137.

五、潘有度成功的其他因素

笔者过去的研究发现清代中叶广东洋行商人普遍经营不善的现象，最根本的原因在于资金不足。为了筹措周转金，经常不得不透过扩大交易对象、增加买卖商品、向货币市场借贷、操作关税等几种方式以解决燃眉之急。[①] 结果一般洋商都必须为此付出重大的代价，加重了己身的债务负担，因而陷入周转不灵的境地。

潘有度自他父亲那里继承了良好的基础，资金基本上不成问题。因此他能慎选交易对手与商品，而做合理的经营。这可以说是他成功的基本条件。此外，他在事业经营上还有其他一些优点。

茶叶一般是洋商获利的主要商品。[②] 潘有度一直和东印度公司维持很大的交易量，掌握了巨额的利润来源。事实上，潘有度在茶叶的交易上一般也比其他洋商获得较高的利润。这一方面是因为他的资金充裕，可以直接到产地批购茶叶，减低他的成本。另一方面则是因为他供应品质较高的茶叶，并且做好较佳的品质管制，从而能卖得较高的价钱。以1798年初众洋商与英国东印度公司签订的1798—1799年的茶叶合同为例，单就工夫茶而言，倪秉发的茶叶每担价格为26—29两，叶上林的茶叶每担价格27—30两，而潘有度的茶叶则每担卖到27—32两。[③] 东印度公司的职员回顾1797—1798年交易的情形时也有如下的评论：

---

① 陈国栋，《论清代中叶广东行商经营不善的原因》，收入本书。

② 陈国栋，《1760—1833年间中国茶叶出口的习惯做法》，收入本书；Kuo-tung Anthony Ch'en, *The Insolvency of the Chinese Hong Merchants*, pp. 44—53。

③ G/12/119, 1798/01/05, p. 54; G/12/119, 1798/01/13, p. 73.

由于潘启官的茶叶价格平均高于任何其他商人，我们必须在此指出：在与他订的契约中经常规定如果验货时他的工夫茶被认定较优，他应得到相符的价钱。而我们也不得不承认，在本季整体的比较上，它们（潘有度的工夫茶）值得我们所给予的特别看待。[1]

潘有度之所以能维持茶叶的品质，一方面是因为他有固定的货源，一方面则是因为他绝不因贪做生意而随便向不熟悉的茶商进货。同样以1798年的例子做说明。当一般的契约都签订后，东印度公司想要向潘有度为下一季（1798—1799）多订五千箱屯溪茶时，潘有度立即加以婉拒。他说：

因为他通常只向特定的某些人购买某些特定的牌子，而他与这些人已有多年来往。他不希望为了增加它们的数量而损及其品质。[2]

当1806年年底，英国东印度公司在考虑是否停止与潘有度交易时，他们还特别考虑是否可能继续取得原先由潘有度供应的几种牌子的茶叶。公司大班多林文认为：潘有度之所以能取得这些品质优良的茶叶，一方面可能是因为他与产地的茶农长期相熟，一方面则可能是因为他资金充裕，能直接到产地购买。[3]

---

① G/12/119, 1798/01/13, p. 74.

② G/12/121, 1798/04/26, p. 66.

③ G/12/154, 1806/12/04, p. 50。洋商派人携带资金前往产地收购得来的茶叶称作"本庄"。一般而言，"本庄"的品质较高，同时洋商又可省去应付给茶商的佣金，获利的空间因此也更大。参考陈国栋，《1760—1833年间中国茶叶出口的习惯做法》，收入本书。

　　潘有度的茶叶有较佳的品质管制也可从东印度公司退货求偿的情形获得了解。通常洋商交茶给东印度公司，公司验货只进行抽验。但是茶叶在伦敦拍卖后，如果发现品质不符或有瑕疵，仍可送回广州向卖主（洋商）求偿。表三所列为1800年东印度公司向各洋商求偿的资料，出问题的茶叶是1795—1796年或1796—1797年自广州出口的。在5,145两的求偿总值中，潘有度应付的只有440两，不到8.6%。但1795—1796年及1796—1797年两季东印度公司的交易中，潘有度均分别占有十六分之四（25%）。① 相较之下，潘有度品质不符的茶叶偏少。（参考表三）

表三 1800年东印度公司向各洋商索偿之坏茶价值表（单位：两）

行名	数额
同文行（潘有度）	439.927
广利行（卢观恒）	1,516.506
怡和行（伍秉钧）	1,026.873
义成行（叶上林）	471.894
达成行（倪秉发）	1,080.663
东生行（刘德章）	159.765
会隆行（郑崇谦）	176.538
丽泉行（潘长耀）	272.728
总计	5,144.894

资料来源：东印度公司档案G/12/128, 1800/03/21, p. 138。

　　潘有度的成功一方面也表现在他回避卷入发生问题的洋商事务，以免为自己招致麻烦或损失上。他的这种行事作风，英国东印度公司的职员看得很清楚。他们曾拿他与刘德章（刘章

① G/12/110, 1795/05/27, pp. 22—25; G/12/110, 1796/05/23, pp. 264—266.

官，东生行）的为人处世风格做一比较，他们认为：

> 潘启官在专业上不受成规拘泥，然而不大愿意采取任
> 何他的人身或荷包可能会受到伤害的手段。[1]

他的这种审慎态度，我们可以举两个例子做说明：

第一个例子是佶山当监督的时候积极办理一些他所认定为走私的事件。由于外国船只及其商人、水手在入港时都必须寻求一名洋商作为他们的"保商"。这些保商不但要为税饷的完纳负完全的责任，而且也得为其所保的船只及人员的任何越轨的行为负完全的责任，尽管洋商实际上并没有约束这些船只或人员的手段。外国人携带物品进入广州而未经合法上税，一经查获即视为走私，依惯例保商必须于原关税之外多付一倍的罚金，称为"罚倍银"。但在佶山任上，一方面对走私行为没有一个客观的认定标准，是否为走私全凭监督的好恶来决定，另一方面则是他对自己所认定的走私经常向当事的保商课以数十倍于原税额的惩罚。如1801年1月29日佶山就为一件应由伍秉钧（怡和行）负责的走私手表事件处罚伍秉钧五十倍于原额的罚款。[2] 稍后，潘长耀因所保的东印度公司船"昔巾西沙来的号"（the Cirencester）涉及一件四十八匹羽纱（camlets）的走私案，被佶山处以一百倍于原税额的惩罚。即在原关税之外，潘长耀被迫缴交48,384两（即西班牙银元67,200元）的罚款，这是一笔相当大的数目，对正式开业才四年的丽泉行而言是个很沉重的负担。虽然潘长耀是潘有度的堂兄弟，而且英国东印度

---

[1] G/12/148, 1804/01/03, p. 55.

[2] G/12/133, 1801/01/29, p. 270.

公司也请求潘有度出面干涉，希望能减轻潘长耀罚款的数额，但是潘有度却以包括儿女婚事在即等为托辞而拒绝为潘长耀向两广总督或粤海关监督交涉。①

第二个例子则与倪秉发（倪榜官，达成行）有关。倪秉发自充当洋商以来，经营状况一直不佳，周转极度困难，一再濒于破产边缘。而在1803年时几乎要立即倒闭。英国东印度公司为他请求潘有度出面帮他渡过难关。潘有度却断然拒绝，理由是他自己在北京与南京（即华北与江苏一带）均有广泛的交易，不可能介入倪秉发的事务，以免使他个人的商誉受到影响，进而使他的事业合伙人退出与他合作的行列。②

潘有度不仅不愿介入倪秉发的事务，而且他还试图阻止他的亲人卷入倪秉发的困难中。潘有度有一名女婿，名叫Foqua（科官？），为倪秉发的至交。他愿意出面替倪秉发处理洋行事务，助他脱离难关。潘有度断然反对。Foqua原来替潘有度经理一家绒布店。潘有度威胁他，如果他执意为倪秉发处理行务，则他必须立即结清账目，并且交出为数不小的账面结余。③ 这年夏初，Foqua伴随倪秉发前往澳门，与在当地“压冬”的东印度公司广州委员会研商解决倪秉发困境的办法。事为潘有度发觉，潘有度立即透过Foqua的母亲写信将他召回广州。④ Foqua后来还是私底下帮了倪秉发的忙，暂时解决了达成行的难题，但畏于潘有度的权威，终究不敢正式公开为倪秉

① G/12/134, 1801/05/06, p. 13 ff; G/12/134, 1801/08/31, p. 145; Public Records Office（London）档案，F.O. 233/189, no. 45。

② G/12/144, 1803/05/14, p. 63。

③ G/12/144, 1803/05/06, p. 63; G/12/144, 1803/05/27, p. 66。

④ G/12/144, 1803/05/28, pp. 68—69。

发工作。^① 潘有度这种不愿自己或亲人介入的态度，显然是
怕一旦达成行破产，自己会被卷入。这样的顾虑并非毫无因
由，潘有度本人在1790年代的经历使他确实有理由这么想。
而事实也证明达成行并不能支撑多久，它在1810年终告完全
破产。潘有度与Foqua当时大概都与倪秉发无所瓜葛，因此不
必出面为达成行清理债务。同时，潘有度当时已因退休而失
去洋商的身份，因此也没有参与全体洋商分摊赔偿达成行夷
债的义务。

潘有度的成功与他慎选交易对手也有关系。他的父亲潘文
岩曾与瑞典商人交易。在十八世纪末，我们也看到潘有度与瑞
典、丹麦商人来往的记载。但对十八世纪末以来新兴的港脚商
人与美国商人，却只有选择性的交易。所以当伍秉鉴、潘长耀
等洋商都卷入美国商人的坏债纠纷时，或像伍国钏（钏官，源
顺行）、沐士方（方官，万成行）等洋商因与港脚商人交易而
蒙受重大损失的情形，都没有发生在潘有度身上。^②

潘有度的事业也不仅限于洋行业。可能他还继续他父亲的
南洋贸易事业。或许出于这个缘故，他虽然已是定居于广州的
潘能敬堂第二代，但仍与故乡保持密切的关系。例如1789年10
月8日，他便提供英国公司有关一艘港脚船在厦门以船舱漏水为
借口而获准就地开舱卸货的消息。^③ 我们已曾提到他拥有一家
绒布行，此外他还拥有多家夷馆。其中至少包括了丰泰行、保

① Kuo-tung Anthony Ch'en, *The Insolvency of the Chinese Hong Merchants*, pp. 324—325.

② Yen-p'ing Hao, *The Commercial Revolution in Nineteenth-Century China*, pp. 309—310; Kuo-tung Anthony Ch'en, *The Insolvency of the Chinese Hong Merchants*, pp. 311—312, 317—322 and 330—339.

③ G/12/96, 1789/10/08, p. 52.

和行及隆顺行。这几家夷馆分别租予英、美商人，而在1810年时着手进行出售给潘长耀的手续，但后来却因官方的阻挠，这笔交易并没有成功。潘有度因此继续拥有这些夷馆，享有收租的权利。①

　　总之，潘有度在茶叶上的经营建立有很高的商誉，得到英国东印度公司极大的信任，不但享有很大的交易配额，而且能得到比其他洋行商人更高的售价，从而累积大量利润。他审慎地选择交易对象，聪明地避免卷入于己不利的瓜葛，事先防止了许多不必要的损失。至于他在洋行业以外所从事的其他商业行为，显然对他的财富累积也有所帮助。

六、结语

　　潘有度充当洋商的年代，中国对外贸易的规模日见扩张，但绝大多数的洋商却陷入周转不灵的窘境。在同样的环境下，潘有度却能平稳地度过这个惊涛骇浪的时代，成功地积聚大量的财富。以上的研究发现他是一位能准确掌握各方面讯息，并能谨慎小心地处理事务的人。他一方面懂得追求低风险、高利润的商业经营，一方面也有回避或减轻损失的智慧。在他父亲留下的良好基础上，他的杰出能力得到充分发挥，因此他的成功在众洋商中虽属异数，但绝对不是意外。

---

　　① G/12/173, 1810/03/11, p. 7; G/12/171, 1801/03/05, p. 102; G/12/171.2, 1810/07/10, pp. 207—208。并请参考《清嘉庆朝外交史料》（1932—1933），4/23b—24a。

原刊于张彬村主编，《中国海洋发展史论文集》，第五辑（台北：台湾"中央研究院"中山人文社会科学研究所，1993），pp. 245—300。

★本文的主要材料为收藏于伦敦印度办公室图书档案馆（India Office Library and Records）的英国东印度公司档案。各注均以其序列号（G/12, R/10）列出。附于序列号之后的数字则为册数号码。

清代中叶厦门的海上贸易（1727—1833）

前言

本文的目的在探讨清代中叶厦门海上贸易的演变。时间的上限为1727年，即雍正五年。[①] 这一年清廷取消了康熙五十六年（1717）禁止中国人前往南洋贸易的禁令。时间的下限为1833年，即道光十三年，也就是有关厦门的重要文献《厦门志》终止记事的一年。在这一百多年当中，厦门的海上贸易大致经历了一段由兴起到繁荣到衰退的过程。

要讨论厦门（或其他海港）贸易的演变，最理想的情形是分析进出这个港口的商品价值的变化。可惜这样的材料甚为缺乏。然而海上贸易毕竟非由船只来运载不可，因此船只数目及其总载重量的变化应该也可以用来观察整个贸易演变的趋势。其次，依清朝的制度，船只进出口都必须经由牙行报关、纳税，因此牙行数目的增减及其生意的隆替也可以作为整个贸易景气与否的指标。最后，进出口贸易都必须纳税。厦门海关税收的消长，或多或少也反映了当地海上贸易的兴衰起落。

---

① 关于厦门在1727年以前的发展，吴振强已有深入的研究。见Ng Chin-keong, *Trade and Society: The Amoy Network on the China Coast, 1683—1735*（Singapore: Singapore University Press, 1983）。

　　清代中叶厦门的海上贸易几乎全是中国船只的天下。外国船只极少，可以不必加以考虑。① 中国船只因为航线的不同，依厦门一带当时的习惯，分为"商船"及"洋船"两大类。② "商船"乃从事中国沿海贸易的船只，"洋船"则从事国外贸易。厦门洋船前往贸易的国外地区原本有南洋、日本两地。南洋的贸易在雍正五年（1727）取消禁令后，大抵维持着相当程度的规模。日本的贸易则自康熙末年以来即已急遽地衰退，以致在清代中叶厦门的海上贸易中不再占有任何分量。③可以说，清代中叶厦门洋船的贸易地点只有南洋一隅。

　　由于船只有商船与洋船之分，因此为这些船只报关、纳税的牙行也就顺理成章地分为商行与洋行两大类。同理，厦门海关的税收也就分成商税与洋税两个科目。以下便依这样的分类

----

　　① 傅衣凌，《清代前期厦门洋行》，收入其《明清时代商人及商业资本》（北京：人民出版社，1956），第203—204页；赵泉澄，《十八世纪吕宋一咾哥航船来华记》，《禹贡半月刊》，6:11（1937年2月），第1—10页。

　　② 周凯，《厦门志》（台北：台湾银行经济研究室，《台湾文献丛刊》第95种，1961），第193页，云："厦门海关……凡商船越省及往外洋贸易者，出入官司征税。"即将一般商船作此二类划分。唯依厦门当地的习惯，"商船"一词虽亦泛指所有从事贸易活动的船只，但更取其狭义，专指从事于本国沿海贸易者，而不将从事国际贸易的"洋船"包括在内。

　　③ 厦门赴日船只的减少，首先肇因于康熙五十四年（日本正德五年，1715）日本采用"信牌"制度，规定必须持有信牌的船只方能进出长崎。在随后分配信牌的争执中，福建商人落了下风。在全数三十张的信牌中，只分到四张（其中厦门两张、台湾两张）。其次，中国自日本进口的主要商品为铸钱用的日本铜。为了确保全数收购这些"洋铜"，清代中叶规定只有政府指定的商人（官商和额商）才可从事中日贸易。长芦及两淮的盐商由于资力雄厚并且与政府的关系良好，因而迅速垄断了这项贸易。最后，在地缘上，乍浦由于便利联络苏、杭等重要商业城市，距离日本又近，也使得厦门无法与之颉颃。因此，乾隆二十六年（1761）以前厦门前往日本的船只一年也不过一两艘，而在这一年后更连一艘也没有了。参考刘序枫，《清代前期的福建商人与长崎贸易》，《九州大学东洋史论集》，第16期（1988年1月），第140页、第146页、第148页。

对厦门海上贸易的演变加以观察，并提出一些粗浅的分析，请
读者指教。

一、洋船与商船

对于船只的大小、数量的多寡以及总载重量的变化，我们
大致上可以从航程远近、个别船只的载重量、船只的体积、水
手人数、船只造价，以及每年船只出口、进口的数目等方面加
以探讨。

1.洋船

前面已经提及厦门洋船贸易的主要目的地为南洋地方。
《厦门志》云：

> 服贾者，以贩海为利薮，视汪洋巨浸如衽席。……外
> 至吕宋、苏禄、实力、噶喇吧，冬去夏回，一年一次。①

蓝鼎元的《论南洋事宜书》则云：

> 南洋番族最多：吕宋、噶喇吧为大，文莱、苏禄、
> 马六甲、丁机宜、亚齐、柔佛、马承、吉里门等数十国皆
> 渺小。……安南、占城势与两粤相接；此外有东（柬）埔
> 寨、六坤、斜仔、大泥诸国，而暹罗为西南之最。②

---

① 《厦门志》，第644页。同书，第177页亦有一稍详的南洋地名清单。
本注及下注并参考《史料旬刊》，第428—429页，乾隆七年二月三日，署两广
总督庆复奏折所提及的南洋地名。
② 蓝鼎元，《论南洋事宜书》，《鹿洲初集》（1880年闽漳素位堂刊

以上两段文字所提到的南洋地方即今日菲律宾、中南半岛、印度尼西亚（苏门答腊、爪哇、婆罗洲、西里伯）及苏禄群岛一带。这些地方距离厦门远近不同，因此厦门当地的习惯就依其往来的地方将洋船分成大船、中船、次中船及小船等四个等级。乾隆二十九年（1764），奉派到厦门查案的钦差裴曰修、舒赫德云：

> 厦门出入洋船，以往来噶喇吧、马辰者为大船；……往网加萨等处者为中船；……往把打、一老戈者为小船；……其余各项洋船俱酌中作为次中船。[①]

这四个等级的划分是厦门洋行为分摊同行所负担的各项开支（主要为应付官员的需索）而定下的标准。虽然这里提到的只是洋船的目的地，但是划分的标准显然与船只本身的大小有绝对的关联。

关于洋船的大小，从载重量上来说，福州将军新柱于乾隆十六年（1751）的一个奏折提到：

> 洋商船大者载货七八千石，其次载货五六千石。[②]

这是厦门洋船的情形。乾隆十七年（1752）两广总督阿里衮的奏折提及一位名叫林权的本港洋船商自暹罗返回广州。除

本），卷3，第2a页。参考《清实录》：康熙朝，卷277，第20b—21a页（康熙五十七年二月初八日丁亥条）。

　　[①]《宫中档乾隆朝奏折》，第21辑，第224—227页，乾隆二十九年四月初五日，裴曰修、舒赫德折。

　　[②] 同上注，第1辑，第815页，乾隆十六年九月二十八日。

了其他货物之外，还载米五千一百余石。① 则广州的洋船恐怕
也有载重七八千石的能力，与厦门的大洋船相仿。

　　自乾隆以后，闽、粤洋商自暹罗进口米谷很受清朝政府
的鼓励，定有减税等奖励办法。② 于是大多数的厦门洋船回航
时都同时载回一些米谷。据福建水师提督李有用的奏折，乾
隆十九年（1754），当年在七月六日以前入口厦门的洋船共
四十二艘，共带回食米八万三千四百五十余石。③ 平均每船约
载两千石。乾隆二十年（1755），在七月八日以前入口的洋船
共二十六艘，共带回食米七万三千一百余石。④ 平均每船接近
三千石。这两千石或三千石的平均量当然不能视为洋船的一
般装载能力。因为虽然清廷定有减税等措施，载米的实际利
益恐怕不大。正如蓝鼎元在稍早（雍正初年）时所言："洋
船所载货物，一担之位，收船租银四五两。一担之米，所值
几何？"⑤ 一担（一百斤）之米的售价很难达到四五两。换言
之，同样的载重空间还不如租给客商载货来得有利。洋商之所
以愿意载米，纯粹是因为载米回国，同船所载的其他商品可以
享受优惠关税。因此，李有用所提到的厦门洋船可能都只使用
部分的空间来运载米谷。同时，并非所有的洋船都是由暹罗或
其他产米的地方回航，因此也不见得每艘洋船都搭载食米。这
样看来，前述的两千石或三千石的平均载重量当然远小于洋船

　　① 《宫中档乾隆朝奏折》，第3辑，第771—772页，乾隆十七年九月初五日。
　　② 高崎美佐子，《十八世纪における清タイ交涉史——暹罗米贸易の
考察を中心として——》，《お茶の水史学》，第10期（1967年12月），第
18—32页；Sarasin Viraphol, *Tribute and Profit: Sino-Siamese Trade, 1652—1853*
（Cambridge: Harvard University Press, 1977），pp. 107—120.
　　③ 《宫中档乾隆朝奏折》，第9辑，第96—97页，乾隆十九年九月初六日。
　　④ 同上注，第12辑，第74页，乾隆二十年七月初八日。
　　⑤ 蓝鼎元，《论南洋事宜书》，第5a页。

实际的平均载重能力。如果我们假定洋船的一半载重量是用来
载米，则洋船的平均载重能力当在四千到六千石之间。这与前
引新柱奏折所说的七八千石大船和其次的五六千石船只的载重
能力也相去不远。不过，新柱并未提及较小的洋船，否则平
均起来也当在五千石上下。五千石等于六千担，或三百五十
（长）吨。① 这样的吨位比十八世纪上半期来华贸易的英国东
印度公司船显得略小。②

　　厦门洋船的大小还可以从其体积的三向度（长、宽、高）
的情形来加以考量。然而，直接记载厦门船只船身向度的资料
杳不可寻。所幸因为征税，有关所谓"梁头"宽度的材料还有
记载，我们可以拿来作为参考的标准。厦门船只梁头的宽度一
般指通过船身中间一处称为"含檀"的地方至左、右两舷（两
舶）内侧的横梁宽度，并不含两舷及舷上"水沟"的宽度。通
常船只愈大，梁头占船身宽度的比例愈小，反之则愈大。③ 厦
门船含的梁头，依据《大清会典事例》有关闽海关梁头的资
料，自七尺以上至一丈八尺以上分成八个等级。④ 厦门大洋船
的梁头大致即在一丈八尺以上。

---

　　① 关于容积单位"石"与重量单位"担"之间的换算问题，请参考Hansheng Chuan and Richard A. Kraus, *Mid-Ch'ing Rice Markets and Trade: An Essay in Price History*（Cambridge: Harvard University Press, 1975），p. 79。

　　② 关于英国东印度公司船舶的载运能力，请参考Jean Sutton, *Lords of the East: The East India Company and Its Ships*（London: Conway Maritime Press, 1981），pp. 162—168。

　　③ 关于梁头宽度的测量原则及船税的计算方式，参考樊百川，《中国轮船航运的兴起》（成都：四川人民出版社，1985），第67—68页；嘉庆《大清会典事例》，卷188，第9ab页；《福建省例》（台北：台湾银行经济研究室，《台湾文献丛刊》第199种，1968），第682—686页、第706页；《厦门志》，第167页、第170页。

　　④ 嘉庆《大清会典事例》，卷188，第9ab页。

关于厦门洋船的长度与高度，由于文献不足，不能直接探究。不过，广东洋船与厦门洋船的形制差别不大，因此有关的数据不妨也可拿来参考。粤海关征收船税，不仅考虑梁头大小，同时也考虑船只长度。两者相乘（以平方丈为单位）即为课税基数，如表一所示：

表一 粤海关梁头税的征收标准

等级	梁头	长度	课税基数	单位税额
1	2.2丈以上	7.3丈以上	16.06	15两
2	2丈以上	7丈以上	14	13两
3	1.8丈以上	6丈以上	10.8	11两
4	1.6丈以上	5丈以上	8	9两

资料来源：嘉庆《大清会典事例》，卷188，pp. 15ab。

依表一，梁头在一丈八尺以上复分成三个等级。大号洋船的长度在七丈三尺（约24.3米）以上，宽度在二丈二尺（约7.3米）以上。小号洋船长度在五丈（约16.7米）以上，宽度则大于一丈六尺（约5.3米）。广东洋船的高度资料也付之阙如。不过宋、元以来中国海船的宽度与高度的比率经常接近于一，[①] 厦门洋船的高度亦可准此原则加以推测。

---

① 泉州湾宋代海船复原小组、福建泉州造船厂，《泉州湾宋代海船复原初探》，《文物》，1975年第10期（10月），第29页之表。依据该表，中国历代海船宽度以略小于高度为常，以略大于高度为例外。关于厦门以外，清代海船的实际大小，田汝康于其《17—19世纪中叶中国帆船在东南亚洲》（上海：上海人民出版社，1957）一书中曾举出了三艘出使琉球的使臣所搭乘的官、民船的实际尺寸，长、宽、高俱全。这三艘船的梁头分别为二丈七尺五寸、二丈二尺及二丈八尺，显得相当大。类似的资料在中琉关系文书《历代宝案》中也可以发现。不过，值得留意的一点是：官方在测量梁头时，采用的实测标准差异甚大，因此不同海关所处理船舶资料未必简单地加以比对。田汝康的数字见该书，第17页注4及第20页注2。

洋船有大有小，因此搭载的商人的人数也有多寡。《国朝柔远记》引雍正五年（1727）福建总督高其倬的奏折说：

> 开洋一途，前经严禁。但察富者为船主、商人；贫者为头、舵、水手，一船几及百人。[1]

同一时期，蓝鼎元则云"洋船人数，极少百余"[2]。则一船百人当指较小号的洋船的情形。大号洋船则载人甚多。嘉庆十四年（1809）时，一艘厦门洋船在中国南海失事，被两艘英国兵船分别救起五百六十一人。[3] 单单获救的人数就多达五百多人，则全船所搭载的人数当然更多。十八世纪末年，据田汝康言，南洋华侨所拥有的帆船可以载客一千二百至一千六百人。不过，南洋华侨的船只可能较大，载重能力在五百至一千吨间，因此所载的人数当然也较多。[4] 但最大的厦门船只也有五百吨，载客人数达到千人并非不可能。

洋船的大小相差相当大，造价也有很大的变化。十八世纪初年的资料有如下的记载。《康熙五十六年兵部禁止南洋原案》说：

> 打造洋船，每只需用数千金或千余金。其船主多系绅衿富户。[5]

---

① 王之春，《国朝柔远记》（台北：华文书局，1968），第172页。
② 蓝鼎元，《论南洋事宜书》，第5b页。
③ 伦敦Public Records Office所藏档案：F. O. 233/189, no. 220。
④ 田汝康，前引书，第32—35页。
⑤ 台湾"中央研究院"历史语言研究所，《明清史料》丁编第八本，第774b页。

雍正初年，蓝鼎元则因评论禁止南洋贸易之不当而有这样的说法：

> （南洋）既禁以后，百货不通，民生日蹙。……故有（富户）以四五千金所造之洋艘系维朽蠹于断港荒岸之间。……
>
> 内地造一洋船，大者七八千金，小者二三千金。①

稍后，在乾隆六年（1741）时，因为前一年在印度尼西亚爪哇发生华侨集体被荷兰人屠杀的事件，② 清廷再度考虑禁止南洋贸易。当时厦门所在地漳州府的学者蔡新不赞成禁止贸易的做法。他在论理的过程中，提到：

> 闽、粤洋船不下百、十号。每船大者造作近万金，小者亦四五千金。一旦禁止，则船皆无用，已弃民间五六十万之业矣。③

照这几条资料来推断，洋船的一般造价，在十八世纪上半叶时，平均在白银五千两左右。大船造价当然高些，而小船则较少。不过，再少也要一两千两吧。因此若非由富户独资，往往就得由若干人共同出资，方能打造一船。④

---

① 蓝鼎元，《论南洋事宜书》，第3a—4b页。
② 此一事件，史称"红溪惨案"。事件的过程可参考包乐史著、庄国土译，《中荷交往史，1601—1989》（Amsterdam: Otto Cramwinckel, 1989），第120—121页。
③ 光绪三年（1877）重刻《漳州府志》，卷33，第64a页，《蔡新传》。
④ 《厦门志》，第649页说："闽俗……合数人开一店铺或制造一船，则姓'金'。'金'犹合也。（不）惟厦门，台湾亦然。"提到合伙开店或造船

当然，物价不可能长期不变。清代的物价，长期而言，更有上涨之趋势。因此船只造价也越来越高昂。在十九世纪上半叶，《厦门志》已经提到"造大船费数万金"① 的事实，比上个世纪高出很多，正是反映了造船成本增加的动向。

其次，让我们看看厦门洋船数量消长的情形。厦门的洋船，大抵在冬季和春季时出口，而在夏季和秋季时返回厦门，也就是所谓的"冬去夏回"② 。重新开放南洋贸易的那一年，依据福建总督高其倬的奏折，"雍正五年十月以后，六年三月以前，共船二十一只由厦门出口"。随后在六年六月及七月间，已经有"商船户"（按：船牌登记的洋船名字）"魏胜兴、林万春、谢合兴、陈永盛、高升、魏长兴、甘弘源、陈得胜、许隆兴、苏永兴、陈国泰、杨若心"等十二艘船回到了厦门。③ 下一个年度，依据高其倬的另一件奏折所云：自雍正六年十二月至七年三月，厦门贩洋的船只共有二十五只。④ 由于奏折所报告的出航及返港期间为主要行船时间，我们差不多可以说雍正年间厦门的南洋贸易船就在二十五艘左右。

的事，在厦门和台湾都很常见。必须注意的是，合伙有时确实是因为个人资金有限；但是至少在造船的场合可能也有分摊风险的考虑在内。一个人将他的资金分散投资打造不同的船，万一有一两艘失事，不会损失全部的投资。许多人合造一船，失事时，每位投资者只负担一部分的损失。

① 《厦门志》，第645页。

② 《官中档乾隆朝奏折》，第5辑，第8页，乾隆十八年三月二十九日，福州将军新柱折。"冬去夏回"主要是因为行船必须利用季风。帆船自厦门出发，利用东北季风。东北季风吹拂于阳历十月至三月间。考虑到必须于季风转向前抵达目的地，最好是在阳历十月至一二月间就离开厦门港；从东南亚返回中国，利用西南季风。西南季风吹拂于阳历四至九月间，考虑到路上所花费的时间，东南亚归帆大多于阳历六至九月间到达厦门。

③ 同上注，第11辑，第70—72页，雍正六年八月初十日。

④ 同上注，第12辑，第751—752页，雍正七年三月二十七日。

自此以后，厦门的洋船数目显然颇有增加。前引漳州学者蔡新的观察提及乾隆六年（1741）时，"闽、粤洋船不下百、十号"。他的意思应该是说，当时福建、广东两省洋船总数，加起来为数十艘或近百艘。

广东的南洋贸易船（当地称为"本港船"而不称"洋船"。"洋船"一名经常用来指外国船，也就是"夷船"）有多大的规模呢？依据粤海关的相关报告，在雍正九年（1731）时，全年共有二十余只入口。这被认为是很多的一年。① 雍正十年（1732）闰五月十一日至九月十五日则共有十七只入口。② 经过了二十年，在乾隆十七年（1752）时，两广总督阿里衮的奏折仍然说："今岁本港洋船到关一十八只。"③ 数字变化不大。显然，从雍正后期到乾隆二十年（1755）左右，广东省的南洋贸易船只不过二十艘上下罢了。由此推断，乾隆初年闽、粤两省为数近百艘的洋船中，福建（以厦门港为主）所拥有的数目远多于广东。确实也是如此。依据福州将军新柱的报告，当乾隆十六年（1751）时，"内地贩洋商船每年出口自五十余只至七十余只不等"④ 。加上广东的二十艘，差不多为近百艘或少些。从其他类似的报告中，我们还可以找到如下的数字：

〔乾隆十七年〕向年进口洋船多则五十余只。……本年七月初七、八等日，据船户禀称，外洋并无飓风，回棹洋船暨上年压冬之船，先后到厦门者，共计六十五只。⑤

---

① 《宫中档乾隆朝奏折》，第20辑，第247—248页，雍正十年七月二十三日，广州城守副将毛克明折。

② 同上注，第20辑，第590—592页，雍正十年九月二十九日，毛克明折。

③ 同上注，第3辑，第771—772页，乾隆十七年九月初五日，阿里衮折。

④ 同上注，第1辑，第815页，乾隆十六年九月二十八日。

⑤ 同上注，第3辑，第777页，乾隆十七年九月初五日，福州将军新柱折。

　　〔乾隆十八年〕窃照上年冬季及本年春季，时际北风盛发，正洋船陆续出口，往番贸易之候。……资据委员彭誉具报，现在洋船先后出口，计六十五只。①

　　〔乾隆十九年〕闽海关于乾隆十九年闰四月末旬起至八月中旬止，一切往洋贸易船只陆续回棹，共计六十八只，收入厦门关口。②

从以上连续三四年的资料看来，福建厦门的贩洋船只大约略少于七十艘。

　　随后在乾隆二十五年至二十九年（1760—1764）之间，厦门的洋船数目曾经显著地减少。减少的原因，据当时的洋行商人李锦等人的说法是"近年物价稍昂，而二十四、五等年厦门洋行连遭回禄，出洋船只比前较少"③。因此在乾隆二十五年到二十九年（1760—1764）间"每年往来洋船在四十只内外"④而已。

　　乾隆三十年（1765）后厦门洋船的数目变化，不得其详。但经手洋船事务的洋行数目在乾隆二十六年（1761）时只有六家，嘉庆元年（1796）时则有八家。⑤经过三十年，洋行的数目不减反增，因此我们可以推断在乾隆三十年（1765）以后，厦门洋船的数目可能略有增加，也许就恢复到乾隆二十年

---

　　① 《官中档乾隆朝奏折》，第5辑，第8页，乾隆十八年三月二十九日。

　　② 同上注，第9辑，第626—627页，乾隆十九年九月二十四日，福州将军新柱折。

　　③ 同上注，第21辑，第224—227页，乾隆二十九年四月十五日，裘曰修、舒赫德折；第247—249页，乾隆二十九年四月二十日，裘曰修、舒赫德折。

　　④ 同上注，第21辑，第224—227页，乾隆二十九年四月初五日，裘曰修、舒赫德折。

　　⑤ 请见讨论"洋行"的一节。

（1755）初期的水准（七十只左右）。

不过，厦门洋船衰退的因素在乾隆后期业已出现。这些因素当中，最主要的有三点：一是广东洋船的竞争，二是贸易地点的变化，三是福建当地商船的竞争。

广东洋船的数目在乾隆二十年（1755）以前，很少多过二十只。但在乾隆二十九年（1764）时，广东的"本港船"已有三四十只。①

广东洋船数目的增长自然对厦门洋船产生竞争的作用，不利于厦门洋船的营业。

其次是南洋的几个主要的贸易地点在政治和商业上的变化也不利于厦门。暹罗原为厦门洋船的一个主要的去处，但是在乾隆二十四年至三十二年间（1759—1767），当政的阿犹地亚（Ayuthia）王朝因内乱而招致缅甸的入侵。暹罗的内忧外患使得中、暹之间的贸易濒于中断。虽然稍后郑昭的曼古（Bangkok）王朝与继之而起的拉玛（Rama）王朝驱逐外患，重建了暹罗的社会秩序，可是中、暹之间的贸易却未能在短期之内恢复到雍正末、乾隆初的水准。②

南洋的另外两个主要的贸易地点为巴达维亚和马尼拉。这两个地方分别为荷兰和西班牙的殖民地。广州十三行的洋商（外洋行商人）由于经手这些国家来华贸易的事务，与他们维持一定的良好关系。他们进而利用这一层关系，携着远比一般商人雄厚的资本，插手经营广州与马尼拉及巴达维亚之间的帆

---

① 《官中档乾隆朝奏折》，第23辑，第88—90页，李侍尧、方体浴折云："今粤省本港洋船林长发等系往咖喇吧、暹罗港口、安南、吗辰、叮叽唦、旧港、东（東）埔寨等处贸易。……况本港洋船仅有三四十只。"

② 高崎美佐子，前引文，第24页。

船贸易。① 这样的竞争同样对厦门的洋船贸易构成威胁。

不过，乾隆末年以后厦门洋船的经营遭遇到的最大挑战，还是来自福建本身的商船（国内沿海贸易船）。福建由于粮食不足，因此必须从台湾输入米谷。为了便利运粮并且打击走私的行为，乾隆四十九年（1784）开放泉州的蚶江对渡台湾的鹿港；乾隆五十三年（1788），又开放福州的五虎门对渡台湾淡水的八里坌。厦门原本为对渡台湾的唯一口岸，往来南台湾的鹿耳门。两岸对渡口岸的增加，自然使厦门失去既有的垄断性的地位。福建开放的港口增加，商船可以假借赴台之名，利用蚶江和五虎门从事"商船"无权经营的南洋贸易，使得厦门合法的洋船业受到严重的打击。《厦门志》云：

> 后因蚶江、五虎门（与厦门）三口并开，奸商私用商船为洋驳，载货挂往广东虎门等处，另换大船贩夷，或径自贩夷。回棹，则以贵重之物由陆运回，粗物仍用洋驳载回，倚匿商行。关课仅纳日税而避洋税。以致洋船失利，

① 参考伦敦印度办公室档案馆（India Office Library and Records）所藏英国东印度公司档案：G/12/73, 1781/12/20, p. 92；G/12/76, 1782/06/25, p. 33；G/12/76, 1782/09/03, pp. 77—78；G/12/76, 1782/09/08, pp. 84—85；G/12/76, 1782/09/09, pp. 85—86；G/12/76, 1782/09/18, pp. 103—104；G/12/76, 1782/12/12, p. 174；G/12/76, 1782/12/23, p. 194；G/12/77, 1783/01/04, p. 2；G/12/77, 1783/02/08, p. 12。这些外洋商人或许与荷兰东印度公司有所往来，或许经手与马尼拉西班牙人交易，因此对这两个地方的帆船贸易具有相当程度的影响力。乾隆四十七、四十八年间（1782、1783），当英国与荷兰处在交战状态（第四次英荷战争），英国战船在南洋大行私掠（privateering）活动的时候，外洋行商人潘启官（潘文岩）还出面为自厦门出口的洋船向英国东印度公司索取证明，借以避免这些洋船因为被怀疑为荷兰东印度公司载货前往噶喇吧（巴达维亚）而遭受攻击。再参考G/12/77, 1782/01/04, p. 2。

洋行消乏、关课渐绌。①

基于以上各种因素，厦门的洋船到了嘉庆年间（1796—1820）便日渐零落。如同前面所指出的情形，在嘉庆十四年（1809）时还能有搭载五六百人的大洋船自厦门往贩东南亚，因此至少到那时候为止都还有真正的"洋船"出口。不过，这已是强弩之末了。后文将提到：到了嘉庆十八年（1813），经手洋船业务的洋行只剩下一家。而这一家洋行大概也由于没有洋船的生意可做，因而呈请当局将"洋驳归洋行保结"，争取一点生意。洋驳其实是"商船"，不是"洋船"，因此相关的业务原本是由厦门"商行"经手办理的。这唯一的一家洋行原本想要争取一些生意，可是没有成功。道光元年（1821），它也倒闭了。在这时节，厦门地方"以商船作洋驳者，尚有十余号"。但在随后的几年间，厦门商船业也没落了，因此洋驳也就所剩无几。资料提到在道光十二、十三年（1832、1833），必须"每岁饬令地方官劝谕，始有洋驳一、二号贩夷"② 。出洋贸易处于被动勉强为之，厦门的洋船与洋驳到此算是走到了末路。

从以上的资料加以归纳，我们对厦门的洋船得到以下的印象：（1）大洋船载重量在七八千石之间，搭乘人员可以多达千人，造价在十八世纪上半叶约为白银8,000两。中洋船载重在五千石上下，搭乘人员可至数百人，造价在5,000两附近。小洋船载重量为二三千石，载人一百名左右，造价约为2,000两。（2）雍正年间，厦门洋船的总数在二十只上下。乾隆

① 《厦门志》，第180页。
② 同上注。

年间，除去二十五至二十九年（1760—1764）衰退期间约为四十只外，其他时间大约有七十艘。假设中洋船足以代表全部洋船的平均状况，则可以算出雍正年间各年份洋船的总载重量约为100,000石，或7,000吨；总造价约为100,000两。乾隆年间洋船总载重量约为350,000石，或24,500吨；总造价约为350,000两。

2.商船

文献上关于厦门商船外形上的大小，还是只有梁头宽度的资料。 前引《大清会典事例》已经说明了厦门的洋船、商船依梁头丈尺共分为自七尺以上至一丈八尺以上的八个等级来课税。事实上，厦门商船的梁头，有的竟连七尺宽都不到！乾隆四十二年（1777）的一个文件指出，为了规定商船可以携带的铁钉、油灰、棕丝、黄麻等船舶用品的数量，而将商船做了以下三个等级的区分：

> 今该船户等船只出海贸易，近则福（州）、兴（化）、泉（州）、漳（州）四府；远而粤东、江、浙、山东，以抵盖州、天津、关东、锦州等处，虽属内地而海洋浩淼。……梁头一丈五尺以外者为大船，……梁头七尺以上者为中船，……梁头七尺以下者为小船。①

当然，小商船可能只从事短程的、省内的沿海贸易，而大商船才从事较远的航行与贸易。关于从事越省贸易的长距离航行商船，《厦门志》还指出有如下的分类：

> 商船自厦门贩货往来南洋及南北通商者，有"横洋

① 《福建省例》，卷5，第639页。

船""贩艚船"。横洋船者，由厦门对渡台湾鹿耳门，涉黑水洋。黑水南北流甚险，船则东西横渡，故谓之"横洋"。船身梁头二丈以上。……横洋船亦有自台湾载糖至天津贸易者，其船较大，谓之"糖船"，统谓之"透北船"。以其违例，加倍配谷。……

贩艚船又分"南艚""北艚"。南艚者，贩货至漳州、南澳、广东各处贸易之船。北艚者，至温州、宁波、上海、天津、登、莱、锦州贸易之船。船身略小，梁头一丈八九尺至二丈余不等。①

"横洋船"的梁头宽度长达二丈以上，与航行南洋的"洋船"中最大的已相去不远；而其中的"糖船"或"透北船"的梁头更宽，则与大号洋船不分上下了。只是洋船梁头在二丈二尺以上的，并没有更进一步的详细资料，因此不知道它们可以大到怎样的程度，也难以再与大商船做比较。至于《厦门志》在此处所提到的"商船"，指的都是梁头在一丈八尺以上的较大型商船。至于说到"糖船"或"透北船"因为梁头宽度过大而"违例"，因此在雍正三年（1725）以后开始的"台运"制度下被要求加倍配运台湾的米谷到厦门。这大概是指乾、嘉以后的事情。否则以上《厦门志》所载的商船梁头，依康熙四十二年（1703）的规定，都是违例的。康熙四十二年（1703）的规定是：

商贾船许用双桅，其梁头不得过一丈八尺，舵水人等不得过二十八名。其一丈六七尺梁头者，不得过

---

① 《厦门志》，第166页。

二十四名。①

若仅从舵工、水手的人数来看，康熙四十二年（1703）的规定一直到雍正年间都被严格遵守。尤其是行走于福建、天津间的船只更是如此。②

"糖船"或"透北船"虽然由台湾直接航行天津或华北、东北各港口，但是船籍大致上都属于厦门。如黄叔璥《台海使槎录》所云："（台湾）海船多漳、泉商贾贸易。"③ 又如姚莹在《筹议商运台谷》一文所称："台湾商船，皆漳、泉富民所制。"④ 这些船在泉州蚶江开港以前，想来都是由厦门出口的。⑤

"透北船"直航天津，有以下的例子。嘉庆二十一年（1816），英国使臣阿美士德（Amherst）来华。当他离开山东洋面之后，天津镇总兵奉命继续打探他下一步的行踪。随后在

① 《厦门志》，第166页。

② 香坂昌纪，《清代前期の沿岸贸易に关する一考察——特に雍正年间・福建——天津间に行われていたものについて》，《文化》，第35卷第1—2期合刊（1971年12月），第39—40页。参考松浦章，《清代における沿岸贸易について——帆船と商品流通》，收在小野和子编，《明清时代の政治と社会》（京都：京都大学人文科学研究所，1983），第595—650页；Ng Chin-keong，前引书；Bodo Wiethoff, "Interregional Coastal Trade between Fukien and Tientsin during the Yung-jeng Period, a Numerical Appraisal"，《台湾"中央研究院"第二届国际汉学会议论文集：明清与近代史组》（上册）（台北：台湾"中央研究院"，1989），第345—355页。

③ 黄叔璥，《台海使槎录》（台北：台湾银行经济研究室，《台湾文献丛刊》第4种，1957），卷2，《赤嵌笔谈》，第47页，"商贩"条。

④ 姚莹，《东溟文集》。收在丁曰健，《治台必告录》（台北：台湾银行经济研究室，《台湾文献丛刊》第17种，1958），第169页。

⑤ 《福建省例》，卷5，第627页："今溪邑（漳州府龙溪县）大小商船，均系寄泊厦港，俱由厦防厅查验出入。"此为乾隆四十一年（1776）的资料。

报告中，该总兵提到他于当年七月

> 初二日在洋面遇见福建装货商船一只。……据称商船
> 于六月十五日自台湾开行，闰六月初八日住泊庙岛卖糖，
> 二十八日开船放洋赴天津。⑥

据此，这艘帆船自台湾出发前往庙岛，前后只花了十四天。⑦
虽然其最终的目的地为天津，但在到达目的地之前，也停靠其
他港口做生意。从现在已受到广泛注意的十八世纪初年福建与
天津之间的贸易资料看来，每年接近五十只的福建商船中，恐
怕有不少就是由台湾出发的"糖船"或"透北船"。

　　当然，这些行走于福建、天津间的商船，也有自厦门直接
出口的北艚船。其他则是自福州或兴化府出口的。有关十八世
纪天津与福建间的贸易，已有松浦章、香坂昌纪、吴振强等人
的研究，此处应不必赘言。不过，还是有两点可以补充：（1）
厦门并未垄断这一条商路的贸易。即使把漳州籍和泉州籍的
船只都算作是厦门船，则厦门船也不过占总数的三分之二而
已。⑧ 换言之，厦门（包含台湾）走天津的商船在康熙末年与
雍正年间，一年也不过三十艘左右罢了。（2）由于闽、粤商人
前往天津贸易的人数可能不少，天津很早就设有闽粤会馆。⑨

---

　　⑥　《文献丛编》，第359页，乾隆二十一年七月初五日，天津镇总兵官李
东山折。

　　⑦　蓝鼎元，《鹿洲初集》，《奏疏：漕粮兼资海运疏》。同文亦提及一
艘由福建厦门出发的商船，"十余日即至天津"。

　　⑧　见附录，表三。

　　⑨　天津会馆的起始年代不详。可以了解的是它在嘉庆二十二年（1817）以
前已经存在相当长一段时间。见全汉昇，《中国行会制度史》（上海，1935），
第110—111页及第117—118页。

至于福建船往江、浙一带贸易的自然相当多。江苏方面，如乾隆十八年（1753）提督江南总兵官左都督林升君的奏折就提道：

> 刘河、川沙、吴淞、上海各口，有闽、粤糖船，肆、伍月南风时候来江贸易；玖、拾月间置买棉花回梓。①

在上海方面，由于闽人来此贸易的颇多，泉州同安、漳州龙溪、海澄三县商人于乾隆二十二年（1757）时，在当地捐建了一座漳泉会馆。道光初年，汀州、漳州、泉州三府经营棉花、蔗糖与洋货的商人更在同一地方设立了一座名为"点春堂"的公所。②

浙江由于地缘上与福建相邻，往来贸易想必更加发达。如乾隆十六年（1751）浙江缺粮时，厦门同知许逢元就指出：光是厦门一地，就有谢鸿恩、林合兴、林刘兴等十艘船运米到温州。③ 温州便有全闽会馆的组织。④ 此外，浙江其他港口也有闽商的会馆和公所，如乍浦。⑤ 而乍浦的天后宫则更为"闽人

---

① 《宫中档乾隆朝奏折》，第5辑，第689—690页，乾隆十八年七月初四日。

② 上海博物馆图书资料室编，《上海碑刻资料选辑》（上海：上海人民出版社，1980），第233—235页，《上海县为泉漳会馆地产不准盗卖告示碑》；《上海县续志》（台北：成文出版社，1970），第251页及第259页。

③ 《宫中档乾隆朝奏折》，第1辑，第447—448页，乾隆十六年八月十八日，福建巡抚潘思榘折。

④ 东亚同文会，《支那省别全志》，卷13，《浙江省》（1919），第766页。

⑤ 郭松义，《清代国内的海运贸易》，《清史论丛》，第4辑（1982），第97页。

之商于乍者"所崇祀。①

至于南艚往广东的，更不必说了。广东的牙行，有所谓的"福潮行"，专门负责申报及缴纳广州地区往来本省潮州及福建省一带之船只的关税。这正反衬了闽、粤两省间贸易发达的事实。② 而在嘉庆十八年至二十一年（1813—1816）间，福建茶叶经由海路运往广州的，一年由七千多担增加到接近七万担。③ 其中厦门的商船想必承载了相当高比例的数量。

厦门的商船，在康熙、雍正年间，梁头较窄（不得多于一丈八尺），船身当然较小。有关其造价也都说只要一两千两。例如康熙五十二年（1713），皇帝谕大学士说：

> 商船载重，入水数尺方能压浪。每造一船，费至一二千金。④

又如雍正七年（1729），福建观风整俗使刘师恕的奏折也提道：

> 上年有民郑合，住鼓浪屿。弟兄四五人造船三四只。内一最大者，价值千余金，牌名"林万春"，已经

---

① 许瑶光，光绪《嘉兴府志》，卷11，第20b—21a页。

② 梁廷枏，《粤海关志》，卷25，第1页、第10—11页。广东省往北行（通常前往潮州及福建）的商船，即通称为"福潮船"。见台北故宫博物院，军机处奏折录副，第032765号，乾隆四十八年四月二十五日，广东巡抚尚安折。

③ 以一船两千石计，七千担需要三个船次，七万担需要三十个船次方能载完。参考《厦门志》，第180—181页及陈国栋，《鸦片战争以前清朝政府对进出口商品的管理》，收入本书。

④ 《清实录：康熙朝》，卷253，第2b—3a页，康熙五十二年三月初二日（己卯）条。

出口多次。

这"林万春"船也跑台湾，算得上是一艘"横洋船"。①

　　商船在乾隆、嘉庆年间越造越大，几与洋船相当。因此最大的商船，造价也应与洋船相仿。至于小商船，如梁头不及七尺的，造价可能就少得多了。物价的长期变化当然也影响商船的造价，其一般趋势大约也与洋船的情形相去不远。

　　厦门商船的载重能力如何呢？前面既说最大号的商船足以与洋船相颉颃，那么其载重能力也可能超过五千石了。道光年间，姚莹便说：

　　　　商船大者载货六七千石，小者二三千石。②

但是姚莹这里提到的其实还都是中等以上的透北船，而不包括较小的类型。因为紧接着上文，姚莹说：

　　　　商船自台载货至宁波、上海、胶州、天津；远者或至盛京，然后还闽。往返经半年以上。③

也就是针对"透北船"而论。一般说来，不计小型商船，一般以载重两三千石的中型商船较为常见。例如《厦门志》提及官方雇用民间商船载运台湾米谷前往福建，每船即"以二千石为

---

　　① 《宫中档雍正朝奏折》，第14辑，第715页，雍正七年十月十六日，刘师恕折。
　　② 见丁曰健编，《治台必告录》，第169页。
　　③ 同上注。

率"①。又如乾隆十六年（1751）浙江缺粮时，福建船只运米前往接济。厦门共派出十艘船，共

> 运赴温州谷二万石。内谢鸿恩等四船装谷七千九百石；……林合兴等四船，装谷八千一百石；……林刘兴等二船，装谷四千石。②

平均载重量即为两千石。再如大陆学者郭松义引齐学裘的《见闻笔记》，也说艑船的载重能力"大者能装三千石，小者能装一千六百石"③。天津闽粤会馆的规约则认定"一千四百担以上者为大船，一千四百担以下者为小船"④。就此看来，中型商船的载重能力以二千石（240,000斤或140吨）来估计，应该颇为接近事实。

至于小商船，有的梁头尚不及七尺，载重能力自然也不大。乾隆二十九年（1764）重修的《凤山县志》便提及了三种双桅小商船的情形：一种称为"舟彭仔船"，可装谷四五百石至七八百石；一种称为"杉板头船"，可装三四百石至六七百石；另一种称为"一封书船"，则只可装二三百石。⑤或许厦门的小商船的情形与此相差不远。

---

① 《厦门志》，第192页。
② 《宫中档乾隆朝奏折》，第1辑，第447—448页，乾隆十六年八月十八日，福建巡抚潘思渠折。根据这份资料，当年也有莆田船运米至台州。其中"高捷进等六船，装谷五千九百五十石；……金元亨等六船，装谷五千五百五十石；……余德顺等七船，装谷八千五百石"。平均载重量在九百至一千两百石。相较于厦门船，莆田船显然平均要小得多。
③ 郭松义，前引文，第94—95页。
④ 全汉昇，前引书，第111页。
⑤ 王瑛曾，《重修凤山县志》（台北：台湾银行经济研究室，《台湾文献丛刊》第146种，1962），第118页。

厦门商船总数如何呢？这是一个不容易估计的问题。傅衣凌在《清代前期厦门洋行》一文中，提及厦门，于洋船之外，还有一千只商船，往来南北洋间。自台湾平后，政府复有四千余艘的军粮船运入厦门，名曰"台运"。①

这是一段没有具体根据并且讲不清楚的文字。傅衣凌可能并未真正了解"台运"是怎么回事，而他所谓涉及"台运"的船只数目太多，事实上不可能存在。尤其是他所谓的"军粮船"也不知是战船还是商船。如果指商船，数目还是太大。《厦门志》提到过"厦门商船对渡台湾鹿耳门"最多的时候为"千余号"，一千多艘或一千多个船次。②《厦门志》举出渡台商船千余号这件事，为的是要反衬道光年间渡台商船数目（约四五十号）的稀少。由此可知，一千多号是曾经有过的最高数字。

至于傅衣凌提到厦门"有一千只商船，往来南北洋间"这件事，也无史实根据。傅衣凌未曾指出其资料来源。我们推断他是从以下所引的《厦门志》里的一段话做出他的叙述。该书云：

> 至嘉庆元年，尚有洋行八家、大小商行三十余家；洋船、商船千余号。③

这段话是说厦门的洋船、商船的总数共一千余只。除掉洋船（不及百只），厦门商船在嘉庆元年（1796）时是该有一千艘左右。但是这一千艘商船，是把全部的"横洋船"与"贩艚

---

① 傅衣凌，前引书，第199页。
② 《厦门志》，第171页。
③ 同上注，第180页。

船"都计算在内了。如果扣除往来台湾的船只，则往来于南北洋之间越省贸易的商船以及在福建本省沿海贸易的商船，总数就达不到一千艘了。

嘉庆元年（1796）的船数，代表着商船业尚很发达的时期的情形。乾隆年间可能总数稍多，但相差亦有限。乾隆二十九年（1764）钦差舒赫德、裘曰修在查办厦门洋行陋规弊案的报告[1] 中，曾经提及了"乡船"一词。依其奏折所言：

> 各项洋船之外，尚有淡水、杉板等项船只，土人谓之"乡船"。[2]

"淡水""杉板"这两种船，在《厦门志》中是被归类为"小船"，有些也用于揽载客货。[3] 一般的商船正介乎"洋船"与"小船"之间。可怪的是裘曰修与舒赫德的报告既然提到了洋船，也提到了"乡船"，也就是"小船"，却几乎没有提及商船！

我个人猜想：裘曰修与舒赫德两人奉命到闽，负责查办有关洋行、洋船的弊端。他们似乎不想将问题牵连太广，因此有意将有关商船、商行的事情加以淡化。因此他们用"淡水、杉板等项船只"一语就算是把洋船以外的其他种类的船只都点到了。其实，所有的"乡船"，与"洋船"的情形相同，"出

---

[1] 有关此一弊案的初步研究及相关文献，见唐瑞裕，《乾隆廿九年厦门商船陋规案的探讨》，《中华文化复兴月刊》，第17卷第8期（1984年8月），第62—72页。

[2] 《官中档乾隆朝奏折》，第21辑，第224—227页，乾隆二十九年四月初五日，裘曰修、舒赫德折。

[3] 《厦门志》，第175—177页。

口、入口亦各有陋规"。① 而较大只的商船才有能力付出稍有分量的陋规吧。依据该两名钦差大臣的奏折，厦门总共有"乡船"两千余只。② 这两千余只的"乡船"假定就是全部的商船和小船的总和，那么扣除掉小船，在乾隆二十九年（1764）左右，厦门地区真正的商船最多也不过一千数百只。

前文提及雍正年间厦门行走天津一线的商船在三十只左右。乾隆二十九年（1764），裘曰修、舒赫德两人的报告则提及了在诸种"乡船"之中，有一种"大乡船"，为数七八十只。③ 如果这里所说的"大乡船"正好就是指行走天津、锦州、盖平一带的北艚船或透北船，则厦门与华北之间的贸易，在乾隆中期远比雍正时期发达。

至于往来江苏、浙江方面的商船数目，我们只有道光年间的资料。道光年间，商船的活动相当萧条，因此以下的数字仅代表相当不景气时的状况。首先，在江苏方面，上海为福建商船往来的主要口岸。依据道光十二年（1832）《兴修泉漳会馆碑》捐款名录的记载，除开洋船不计外，共有金晋德、新景万、黄春合等四十一艘船参与捐助兴修上海漳泉会馆的工作。④ 就算是这些船全都来自厦门港，那么在道光中期厦门往来上海的商船也不过四十只以上。至于乾隆年间的数目，不得其详。但总不至于多于百艘（道光时船数的两倍）吧！其次，在浙江方面，舟山群岛的普陀山为厦门商船的一个重要的停

---

① 《官中档乾隆朝奏折》，第21辑，第224—227页，乾隆二十九年四月初五日，裘曰修、舒赫德折。

② 同上注，第21辑，第753—757页，乾隆二十九年六月十三日，裘曰修、舒赫德折。

③ 同上注。

④ 《上海碑刻资料集》，第235—238页。

泊港。道光十一年（1831）时，停泊该处的商船因为遭到飓风（实为台风）而损失惨重。《厦门志》记载此事如下：

> 商船半伤于道光十一年七月，在浙江之普陀山，飓风沉船七十余号；计丧资百余万。①

如果引文中的"半"字可以取字面的意思来理解，则道光十一年七月前夕厦门商船的总数当是七十余艘的两倍，为一百五十艘左右。只是依《厦门志》的文义，这一百五十艘船应该是厦门港商船的总数，而非长年造访普陀山的厦门船数。再者，普陀山只是一个中继港，不是贸易船的终点港。商船经由该地，除了可以续航前往宁波、乍浦之外，也可以继续前往上海、华北或东北。因此，道光初年以浙江为贸易终点的厦门商船数目应该只是这一百五十艘船中的一小部分。

至于厦门往来广东或在福建本省沿海贸易的商船数目，尚无资料可以估计。不过，从距离较近这一点来推想，用于这一目的的商船应该是属于较小型的船只才是。

前面已经提及厦门对渡台湾鹿耳门的横洋船，最发达的时候可能达到一千多艘。不过，至迟在乾隆年间以后，横洋船的数目就已急速减少。到了道光十二年（1832）左右，竟然只剩下四五十艘。对于这样剧烈萎缩的现象，《厦门志》的作者提出这样的解释：

> 近因台地物产渐昂，又因五口并行，② 并以鹿耳门沙

---

① 《厦门志》，第171页。
② 同上注，第169—170页："按：道光四年（1824），又奏开彰化之五

线改易，往往商船失利，日渐稀少。至迩年渡台商船，仅四五十号矣。①

这里主张：台湾本地物价的上扬；厦门之对渡港——鹿耳门港口淤塞，船只出入不便；新开放的台湾其他合法口岸（并不以厦门为对渡点）抢走鹿耳门的生意等因素为横洋船没落的主要原因。

对于同一个问题，曾任台湾道的姚莹也有他的看法。他还考虑到别的因素。他说：

> 台湾商船，皆漳、泉富民所制。乾隆五十九年水灾后，二府械斗之风大炽。蔡牵骚扰海上，军兴几二十年。② 漳、泉之民益困，台湾亦敝，百货萧条。海船遭风，艰于复制，而泛海之艘日稀。③

姚莹提到了漳、泉械斗对物资的浪费，影响到漳、泉两府一般的造船能力；官兵与海盗的长期战斗阻挠海上贸易的进行；个别商人资金有限，船舶失事之后就没有再造的能力。

《厦门志》与姚莹所举的原因对横洋船的没落的确都有影

条港（即海丰港）、噶玛兰之乌石港。自此，五口通行。五百石之有照渔船，报称因风漂泊，皆得横洋往来；而厦口商船，日渐稀少矣。"

① 《厦门志》，第171页。

② 关于乾隆末、嘉庆初中国沿海的海盗问题，请参阅 Wei Peh-ti, "Internal Security and Coastal Control: Juan Yuan and the Pirate Suppression in Chekiang, 1799—1809", *Ch'ing-shih Wen-t'i*, vol. 4, no. 2 (December 1979); Dian H. Murray, *Pirates of South China Coast, 1790—1810* (Stanford: Stanford University Press, 1987)。《福建省例》，卷5，第667页所收录的一件乾隆六十年（1795）的文件也说："查得闽省近年以来，洋匪充斥。商船被劫之案，殆无虚日。"

③ 丁曰健，《治台必告录》，第169页。

响。但在此之外，姚莹与《厦门志》都另外提到的"台运"以及"大运"或"专运"更是不可忽略的原因。

"台运"始于雍正三年（1725）。凡是厦门渡台的船只都按照梁头宽度的大小，配运兵米和眷谷回厦门。其方式为：

> 商船大者载货六七千石，小者二三千石。定制：梁头宽二丈以上者，配官谷一百八十石；一丈六尺以上者，配官谷一百三十石。①

以三千石的船配载一百三十石谷子来算，商人需要腾挪出来的空间并不大。但是在三个方面，却造成了他们的损失或不便。万一商船失事，行保及船户必须经过旷日费时的调查，侥幸获得官府同意，才可豁免责任；否则，行保及船户必须负责赔补。商船运民货一石，运费三至六钱；配运官谷，官方发给的运费每石才六分六厘，商人蒙受一部分运费的损失。最重要的是配谷对"糖船"或"透北船"造成以下的麻烦：

> 商船自台湾载货至宁波、上海、胶州、天津，远者或至盛京，然后还闽，往返经半年以上。② 官谷在舱久，惧海气蒸变，故台地配谷，私皆易银买货。其返也，亦折色交仓。不可，然后买谷以应。官吏挟持为利，久之遂成陋规。③

于是商船设法规避，而兵米、眷谷积压待运的也越来越多。

---

① 丁曰健，《治台必告录》，第169页。
② 《福建省例》，卷5，第629页亦云："商船载货报往江、浙、广东、山东等省，必须迟待数月及经年始行驾回。"并请参考全汉昇，前引书，第117—118页。
③ 丁曰健，《治台必告录》，第169页。

这种情形在乾隆末年、嘉庆初年趋于严重。于是嘉庆十六年（1811）便以"大运"代替了"台运"。

"大运"又称为"专运"。政府放弃原来由全部商船分摊配运的做法，改为封雇少数商船的方式来搬运台米。当时为了"大运"，政府每年封雇大船十只。虽然只是十只，可是每一艘大商船都可能被选中。船只一旦被官府封雇，船户的损失就十分大。《厦门志》云：

> 不得已，为官雇商船，委员专运之举。载民货一石，水脚钱三钱至六钱不等。官谷例价，每石六分六厘。大运由司捐廉，酌加二分，合计每石止八分有奇。每船以二千石为率，船户仅得运脚银一百余两，不敷舵水饭食、工资、篷索、修理之需；加以兵役、供应、犒赏，行商赔累甚巨。①

在必然赔本的情形下，当然不会有人愿意制造两千石以上的大船，航行台、厦之间，以致沦为"大运"的运输工具。

最后还有一项原因也影响了横洋船的急遽减少。那就是台湾的主要出口货米和糖遇到竞争，市场缩小，出口减少，对横洋船的需要跟着减少。文献上说：

> 台湾所产，只有糖、米二种。近来粤省产糖充旺，纷纷外贩，致台地北贩之糖获利较薄。米谷一项，又以生齿日烦（？繁），其存积不能如昔日之多。……台米既多外贩，致本地价亦增昂，彰（？漳）、泉一带船户赴台贩米

---

① 《厦门志》，第191页。

者常虞亏本，因而裹足不前。①

综上所述，厦门商船的数目当以乾隆年间（1736—1795）为最多，而道光十一、十二年（1831、1832）间为最少。方其盛时，大、小商船共有一千余艘；及其没落，大、中型商船加起来总共仅有一百多艘，而在其同时小商船也为了规避"台运"，早已纷纷改作渔船。② 因此，厦门商船数目前后变化非常大。而影响此一变化最大的因素则为搬运台湾兵米、眷谷的"台运"与"大运"，其次则为漳、泉械斗，沿海海盗以及台风为患等问题。至于商船的总载重能力，以平均每艘二千石计，乾隆中期（一千余船）当在2,000,000石或140,000吨以上；道光初期（以一百五十船计）则降至300,000石或21,000吨左右。

二、洋行与商行

对于出入沿海的各式各样船只，厦门（乃至整个清代中国）都以牙行为主要的管理工具之一。③ 如《福建省例》云：

---

① 《明清史料》，戊编第2本，第189页。

② 《厦门志》，第172页。依《福建省例》，第632—633页，小商船改换渔船牌照是完全合法的事。

③ 最著名的例子自然是广州十三行。参考傅衣凌，前引书，第213页，注9。在八里坌设口时，有关官员就提到"查八里坌新设口港，应行召募行保、海保及口差、经书"。见《福建省例》，卷5，第712页。《厦门志》，第169页亦云："乾隆五十五年，又覆准台湾府属淡水八里坌对渡五虎门，设口开渡。往台湾商民，令行保具结，报福防同知就近给照。……均可直达台湾。"

> 厦门大小船只出入，向俱投行保结。凡有奸梢冒顶等弊，均系责成行保稽查举报。……厦门出口各船柁水，如有更换，取具行保、船户互结。①

这些牙行有种种的称呼，如云：行保、行户、行商、船行、船保、税行等等。②

厦门的船只有洋船，有商船（含"小船"），此外还有渔船。因此相关的牙行也大别为洋行、商行与鱼行三类。

关于鱼行，《厦门志》云：

> 厦门渔船，属鱼行保结。朝出暮归，在大担门南北采捕，风发则鱼贯而回。③

《福建省例》也指出"渔船到埠投牙"④。

关于洋行，《厦门志》云：

> 商民整发往夷贸易，设立洋行经理。其有外省洋船收泊进口，亦归洋行保结。⑤

又云：

> 洋船由厦门洋行保结出洋，海关征税，厦防同知、文武汛口查验放行。

---

① 《福建省例》，卷5，第658—659页。
② 这种种的叫法在《福建省例》中随处可见。
③ 《厦门志》，第174页。
④ 《福建省例》，卷5，第623页。参考同书，第634页。
⑤ 《厦门志》，第177—178页。

洋行的称呼有时候也有变化。乾隆二十九年（1764）裘曰修、舒赫德查办厦门洋行陋关案时，就随意地使用洋行、行户、船行、洋船行等种种的叫法。①

至于商行，《厦门志》云：

向来南北船商由商行保结出口。②

商船有大有小，商行也有大有小。所以"大小商行"或"大小行商"的名词也成为惯用的语汇。③

鱼行姑且不论。洋行与商行既为牙行，其基本功能自然是代替商人买卖货物、租赁船舶。因此，"整发"船只出口就成为他们的主要功能。如嘉庆十四年（1809）失事的金顺源船，就是由厦门昆和行的"家长"（经理）李西老（李宽）整发前往狪猊贸易的。④ 这艘船有板主（船只所有人）罗奎、阮耀两人，财副为周沛，伙长为江胆。不过，出事后的善后事宜仍然由洋行经理李宽负责。（参考图三）⑤ 因为行商是站在客商与船主之间，担任彼此的中介，也向双方负责。

对政府而言，牙行的主要功能是保纳税饷，这也就是它们也经常被称为"税行"的原因。牙行保结船只出口，除了保

① 参考唐瑞裕，前引文。
② 《厦门志》，第180页。
③ 《厦门志》，第180页。参考《福建省例》，卷5，第666页。
④ 狪猊也写作仝狪或同狪，它也叫作鹿洞或农耐大铺，当时属于越南边和省。该地位于今西贡东北方30—50公里处，是西贡兴起以前南圻的第一大城，为明郑旧部陈上川所建。参考陈荆和，《清初郑成功残部之移殖南圻（下）》，《新亚学报》，第8卷第2期（1968），第424页。
⑤ PRO, F.O. 233/189, nos. 220、227。

纳税饷之外，也负责查验水手年龄、籍贯等资料，并且保证这些资料的可靠性。例如《福建省例》提到船只水手，"倘有临期更换，着令该船户同税行具结禀明"① 。 就查验水手一事而言，牙行的责任与船主相同。但是遇到船只失事时，牙行就独自负起保识获救水手的责任。福州将军新柱在乾隆十七年（1752）时，曾经提起过这样的一个例子：

> 今据厦门口委员会同厦防同知详报：……郭元美船内水手刘祐、周喜等一十九名，于本年八月十二日附搭刘捷兴船只回闽。查阅年貌，并令原保行铺识纳，实系原出洋船户水手，应即发回原籍安插。②

船户出海是由牙行保结的，因此遇到承载官物而船只失事时，牙行还要负责将官物赔偿予政府。例如，乾隆五十五年（1790）时，当时权宜准许一种名为"白底舶"的渔船径渡台湾鹿港，从事商业活动。既然从事商业活动，因此比照商船，

> 如遇配运官谷，应以每船装米六十石，谷则倍之。倘有遭风失水，照例着落原保行户赔补。③

关于洋行、商行的数目与个别行商的名称，雍正五年（1727）以前的资料只提及厦门行户许藏兴一家。④ 乾隆二十年

---

① 《福建省例》，卷5，第620—622页。
② 《史料旬刊》，第469页，乾隆十七年十月初七日，新柱折。
③ 《福建省例》，卷5，第663页；参见第665页。
④ 《文献丛编》，第325—326页，雍正四年十月十二日，福建巡抚毛文铨折。

（1755）李有用的奏折提到厦门的"铺户林广和、郑德林二人"。傅衣凌认为这两个人应该就是"洋行中人"。① 可是并没有恰当的证据。九年之后，裘曰修、舒赫德提到厦门洋行有李锦、辛华等六家。② 嘉庆元年（1796），厦门洋行有八家。到嘉庆十八年（1813）时，洋行只剩下陈班观一家（行名"和合成"），而这硕果仅存的一家最后也在道光元年（1821）时倒闭。③

厦门洋行在乾隆时期较为兴盛，入嘉庆以后开始式微，而在道光元年走入历史。这种发展趋势与洋船的兴衰过程颇为一致。不过，讲到洋行的没落，也不得不提到洋行的额外负担。洋行因为经手南洋商品的买卖，因此被政府要求代购燕窝和黑铅。就像一般替官方采购的例子一样，官方发价给得很低，经手的胥吏还要再克扣一些，因此行商吃了极大的亏。采买之外，政府（或官员）又向洋行索取陋规。这类需索，在洋行生意好时尚可应付；等到洋行处于逆境时，官员仍不知节制，于是陋规的榨取对洋行的失败就产生了雪上加霜的作用。④

在商行方面，乾隆二十九年（1764）时舒赫德及裘曰修曾提及"商户三十余家"。这或许就是当时商行的总数。⑤

---

① 《史料旬刊》，第350页，乾隆二十年十一月十七日，李有用折；傅衣凌，前引书，第206页。

② 《宫中档乾隆朝奏折》，第21辑，第224—227页，乾隆二十九年四月十五日，裘曰修、舒赫德折；第247—249页，乾隆二十九年四月二十日，裘曰修、舒赫德折；第454—455页，乾隆二十九年五月十二日，裘曰修、舒赫德折。

③ 《厦门志》，第179—180页。

④ 参见傅衣凌，前引书，第208页；唐瑞裕，前引文。

⑤ 《宫中档乾隆朝奏折》，第21辑，第753—757页，乾隆二十九年六月十三日，裘曰修、舒赫德折。

图三 金顺源船失事获救文献

福建省廈門口崑和行家長李西老整發金順源船往狪狔在廈二月

初七日揚帆駛至十五夜到萬里長沙打破至二十一日幸有甲板

二隻

兵弟未氏簿時 兵弟未氏們 二位大船主

二十一日出杉扳到沙與来救命五百六十八人至二十九日駛到會安港

立刻上關報失水候至三月初六日會安官將人衆俻入關上計住甲

扳船中共十六日多蒙船主二位十分恭敬感恩不盡再蒙厚愛

另借出佛銀二百一十大員約到廣省立即奉還不敢忘恩此

上

船主未氏簿時 未氏們 二位大人尊照

眷弟李寬 財副周沛 彭長江胆

扳主羅耷 阮耀

资料来源：Public Records Office, F.O.233/189, no.220.

497

乾隆六十年（1795）的资料则指出，那时候有"大小商行金裕丰"等，未提及总数。① 次年（嘉庆元年，1796）则说共有"大小行商三十余家"② 。这样看来，乾隆年间商行的数目就在三十家左右。嘉庆年间商行的家数不详。知名的有嘉庆十一年（1806）的金藏和和嘉庆二十三年（1818）时的蒋元亨。③到了道光五年（1825），商行只剩下十四家，即金丰泰、金万成、金源丰、金恒远、金瑞安、金源泉、金长安、金丰胜、金元吉、金源益、金源瑞、金晋祥、金源发与金全益。过了十一二年，这十四行又锐减为五六家。④

　　商行兴于乾隆，渐衰于嘉庆，而在道光年间遽减的过程，与商船发展的历史也很一致。不过，前文曾提及乾隆末、嘉庆初，许多商船改作洋驳，倚匿商行，似乎对商行有利。但是这种好处并不能持久。因为洋驳抢了洋船的生意，终于使得洋行在道光元年全部倒闭。结果政府裁决由现存十四家商行共同负担起原来洋行的义务。可是这时候做洋驳生意的商船一则减少了，再则它们规避厦门，"私往诏安等小口整发"⑤ 。这回轮到商行失去生意。其他商船的数目在道光年间也少了很多，因此商行获利的可能性也降低了许多。然而商行还得承担起原来洋行代官方采买燕窝、黑铅等赔钱工作，更要缴交给官府原来由洋行负担的陋规。在这种情形下，商行难以支撑的事实也就

---

① 《福建省例》，卷5，第666页。

② 《厦门志》，第180页。

③ 《福建省例》，卷5，第696页及《厦门志》，第174—180页。傅衣凌，前引书，第209页将蒋元亨当作是洋行商人，那是不正确的。因为陈班观举他自代并没有成功。

④ 《厦门志》，第180页。

⑤ 同上注。

不难想象。①

三、洋税与商税

　　福建往贩东南亚的船只，全部由厦门出入；越省往华中、华北和广东的商船，来自厦门的比率也很高。对渡台湾的商船在鹿港、八里坌开放以前，厦门也是对渡鹿耳门的唯一口岸。因此，厦门的海上贸易占整个福建省海上贸易的一大部分乃是极自然的事。从关税上来看，闽海关的关税收入，"厦口居其过半"② 也就毫不意外。

　　由于厦门海关的税收占整个闽海关税收的一大部分，因此闽海关税收的消长，在相当大的程度上也就反映了厦门海上贸易的兴衰。依表二所示，闽海关的税收在雍正十三年（1735）为二十万两出头，乾隆初年（1736）略少于三十万两，乾隆十六年（1751）以后则多于三十万两。到了乾隆二十二至四十一年（1757—1776）间，更经常维持在三十五万两以上。嘉庆十六年（1811），税收减为二十一万两，次年略升为二十三万两，但是嘉庆二十五年（1820）又下降到十九万两。道光十七年（1837）时，该年税收也还是在十九万两左右。这个趋势显示出乾隆中期是闽海关税收最高的一段时间，而嘉庆年间则有了显著下降的现象。到了嘉庆末、道光年间，闽海关每年的税收还不及雍正十三年（1735）的水准。整个趋势与厦门洋船、商船的兴衰也颇为一致。

---

① 《厦门志》，第180页。
② 同上注，第195页。

闽海关的税收，依洋船、商船的区分，也分成洋税和商税两个部分。如乾隆十八年（1753）福州将军新柱的奏折说：

> 今年洋船回棹，所带番锡、胡椒甚少遂致厦门洋税较诸乾隆十七年分计少收银一万二千余两。……又查闽省今年出口花生、油麻等物，进口棉花、布匹等物，较诸乾隆十七年分亦皆减少，遂至日征商税计少收银五千余两。①

表二　闽海关税收：雍正十三年—道光十二年（1735—1832）

年份	期间	闽海关税收（单位：两）
雍正十三年	雍正13/02/20—乾隆01/01/19	203,336.410
乾隆五年	乾隆05/03/06—06/03/02	（277,821.582）
乾隆七年	乾隆07/03/03—08/0.02	（267,696.321）
乾隆八年	乾隆08/03/03—09/03/23	（291,677.169）
乾隆十年	乾隆10/03/24—11/03/23	（291,597.469）
乾隆十五年	乾隆15/12/16—16/11/15	308,885.760（338,515.970）
乾隆十六年	乾隆16/11/16—17/11/15	332,418.120（364,211.453）
乾隆十七年	乾隆17/11/16—18/11/15	314,448.160
乾隆二十二年	乾隆22/09/16—23/09/15	358,641.421
乾隆二十七年	乾隆27/07/16—28/07/15	355,497.730
乾隆二十八年	乾隆28/07/16—29/07/15	356,822.890
乾隆三十年	乾隆30/06/16—31/06/15	357,173.290
乾隆三十一年	乾隆31/06/16—31/06/15	357,149.610
乾隆四十年	乾隆40/03/16—41/02/15	354,297.640
乾隆四十一年	乾隆41/02/16—42/02/15	352,861.300
嘉庆十六年	嘉庆	280,368.200
嘉庆十七年	嘉庆	232,440.600
嘉庆二十五年	嘉庆25/10/16—道光01/10/15	192,688.456
道光十七年	道光17/04/16—18/04/15	191,665.077

---

① 《宫中档乾隆朝奏折》，卷7，第174—175页，乾隆十八年十二月十六日。

说明：括弧内数字系彭泽益从档中整理出来的结果。见彭泽益《清初四榷关地点和贸易量的考察》。《社会科学战线》，1984年第3期（1984年7月），p. 132。

资料来源：《史料旬刊》（台北：台联国风出版社，1963），pp. 593，785及790—791；《官中档乾隆朝奏折》（台北：台北故宫博物院），卷22，pp. 457—458；卷27，pp. 582—583；卷29，pp. 189—190；卷33，pp. 107—108；卷37，pp. 264—265；卷38，pp. 114—115。

　　如果我们能计算出洋税与商税在闽海关关税上的相对贡献，也当能推测出洋船与商税在福建一省海上贸易的相对重要性。洋税包含船税和货物税，后者又分成进口和出口两项。闽海关的船税依梁头的宽度折换成课税基数，每个基数课税五钱。最高的基数为八，课税不过四两。以一年五十艘洋船，进口、出口各计一次，船税也不会多过四百两。[1] 为数极少。

　　至于洋船的入口货物税，依乾隆十七年（1752）福州将军新柱的报告，在当年，

　　　　回棹洋船……内六十二只业经查验上税，共收税银三万七千八百六十九两零。[2]

　　平均每船六百一十两。新柱于乾隆十九年（1754）的报告则说：

　　　　闽海关于乾隆十九年闰四月末旬起至八月中旬止，一切往洋贸易船只陆续回棹，共计六十八只，收入厦门关口，征收洋货税银三万一千九百二十五两零。[3]

---

① 嘉庆《大清会典事例》，卷188，第9a页。
② 《官中档乾隆朝奏折》，卷3，第777页，乾隆十七年九月初五日。
③ 同上注，卷9，第626—627页，乾隆十九年九月二十四日。

平均每船的进口货物税为四百七十两。以上两个年份通计，平均每艘回国的洋船，各自支付了五百四十两左右的货物税。

关于出口货物税，新柱在乾隆十八年（1753）的另一件奏折中有如下的资料：

> 现在洋船先后出口，计六十五只，共征洋税银五千八百四十八两零。……臣查出口洋船所收货税，较诸乾隆十六年分征五千八百二十六两零之数，有盈无绌。[①]

依此，则乾隆十七年度（即乾隆17/11/16—18/11/15），洋船出口货物税平均每船才九十两而已！

乾隆十七年度闽海关的总税收为三十一万四千四百四十八两。洋船出入皆以六十五艘计，船税（进、出口各计一次）、进出口货物税合计约为四万一千四百七十两，差不多只占闽海关总税收的八分之一。其余的八分之七自然就是厦门与福建其他港口商船的贡献了。

当然，乾隆十七年（1752）前后的情形并不能代表各个时期洋税、商税的相对分量。我们只能说这是洋船与洋行较发达时的情形。至于乾隆末年洋船业日趋式微，洋税自然跟着减少。到了道光年间，洋船与洋行都不复存在，洋税自然也消失了。

---

① 《宫中档乾隆朝奏折》，第5辑，第8页，乾隆十八年三月二十九日，福州将军新柱折。

四、结语

清代中叶厦门的海上贸易大致上以乾隆时期最兴盛，而以道光十二年（1832）左右最衰微。方其盛时，商船总载重能力在两百万石以上，洋船在三十五万石以上。商船的总吨位远大于洋船，因而闽海关所征收的商税也远多于洋税。同样的道理，乾隆时期洋行只有六至八家，商行则有三十余家，商行也远多于洋行。因此从数量上来说，清代中叶国内沿海的贸易对厦门而言，远比南洋贸易重要。另一方面，南洋贸易的衰落在时间上也比沿海贸易来得早，程度上也来得更彻底。

附录

有关康熙、雍正年间，福建商船入口天津的资料，松浦章已经完全指出。[1] 依据这些资料，我们可以依船籍整理出表三，以显示出厦门与福建其他港口在天津贸易上的相对地位。表四则以资料较完整的雍正九年、十年（1731、1732）来计算各船的水手人数。结果我们发现除船主和客商外，没有一艘船的水手超过二十四名的规定。

---

[1] 松浦章，前引文，第635—636页，注18及19。

表三 入口天津之福建商船船籍

年份	公元	龙溪县	同安县	晋江县	莆田县	闽县	福清县	漳州府	泉州府	兴化府	福州府	不详	全省
康熙五十六年	1717			2					2				2
康熙五十七年	1718												
康熙五十八年	1719												
康熙五十九年	1720												
康熙六十年	1722												
雍正元年	1723	2	1	2				2	3				5
雍正二年	1724	3	1					3	1			3	7
雍正三年	1725	2	2	1		2		2	3		2		7
雍正四年	1726		1	1					2				2
雍正五年	1727												
雍正六年	1728												
雍正七年	1729	3	4	10		3	1	3	14		4		21
雍正八年	1730											5	5
雍正九年	1731	10	9	13	8	12		10	22	8	12		52
雍正十年	1732	10	7	6	2	17		10	13	2	17		42
雍正十一年	1733												
雍正十二年	1734												
雍正十三年	1735												
总计		30	25	35	10	34	1	30	60	10	35	8	143

表四 入口天津之福建商船水手人数

水手人数 ＼ 船数	雍正九年	雍正十年
16	1	0
17	4	5
18	6	2
19	2	7
20	3	2
21	11	8
22	5	1
23	20	17
水手人数 ＼ 总船数	52	42
平均数（mean）	20.98	20.83
中位数（medium）	20.91	20.63
众数（mode）	23	23

资料来源：香坂昌纪，《清代前期の沿岸贸易に关する一考察——特に雍正年间·福建——天津间に行われていたものについて》，《文化》，第35卷第1—2期合刊（1971年12月），pp. 39—40。参考松浦章，《清代における沿岸贸易について——帆船と商品流通》，收在小野和子编，《明清时代の政治と社会》（京都：京都大学人文科学研究所，1983），pp. 595—650；Ng Chin-keong, 前引书；Bodo Wiethoff, "Interregional Coastal Trade between Fukien and Tientsin during the Yung-jeng Period, a Numerical Appraisal"，《台湾"中央研究院"第二届国际汉学会议论文集：明清与近代史组》（上册）（台北：台湾"中央研究院"，1989），pp. 345—355。

原刊于吴剑雄主编《中国海洋发展史论文集》，第四辑（台北：台湾"中央研究院"中山人文社会科学研究所，1991），第61—100页。